Alexander Graf / Holger Schneider

Das E-Commerce-Buch

Alexander Graf / Holger Scheider

Das E-Commerce-Buch

Marktanalysen – Geschäftsmodelle – Strategien

2., komplett überarbeitete und erweiterte Auflage

dfv Mediengruppe
Fachbuch

dfv Mediengruppe
Fachbuch

Bibliografische Information der Deutschen Nationalbibliothek
Die Deutsche Nationalbibliothek verzeichnet diese Publikation in der Deutschen Nationalbibliografie; detaillierte bibliografische Daten sind im Internet über *http://dnb.d-nb.de* abrufbar.

Redaktionsschluss: 31.01.2017

2., komplett überarbeitete und erweiterte Auflage

ISBN 978-3-86641-307-8

Umschlag: Grafische Gestaltung Guido Klütsch, Köln
Lektorat und Koordination: Birga Andel, Lektorat & mehr, Rüsselsheim
Satz: Fotosatz L. Huhn, Linsengericht
Druck und Bindung: Westermann Druck Zwickau GmbH

Inhalt

Vorwort: Warum viele Unternehmen sein wollen wie Zalando

Seit der Abgabe des Manuskripts für die erste Auflage dieses E-Commerce Buchs sind mittlerweile fast zweieinhalb Jahre vergangen. So bietet es sich nun in dieser zweiten Auflage an, einen Blick darauf zu werfen, was in der Zwischenzeit passiert ist. Zeitgleich mit der Arbeit am Buch rief ich damals mit meinem Mitgründer Nils Seebach unsere neue Firma Spryker Systems ins Leben, weil wir in Dutzenden Beratungsprojekten gemerkt hatten, dass die bestehenden Werkzeuge und Methoden für die Bearbeitung digitaler Projekte ausgedient hatten. Noch deutlicher formuliert: Sie funktionierten einfach nicht.

Als 2009 das starke Wachstum von Zalando einsetzte, konnte man, wenn man es unbedingt wollte, das noch auf einige Sondereffekte zurückführen: „Die hatten halt sehr viel Geld", zum Beispiel, oder: „Die hatten ja einen Sonderdeal mit Pro Sieben." Aber das Wachstum hörte nicht auf – weder bei Zalando noch bei anderen Pure-Playern, die stark zulegten. Dabei hatten sie alle stets die Kernzielgruppe der Otto Group im Auge – meinem damaligen Arbeitgeber. Die Argumente, warum Zalando nun so erfolgreich war, wurden nicht weniger. Ich habe das irgendwann als unternehmerische Leistung anerkannt und gesagt: Zalando hat keine besseren Hosen als Otto verkauft, aber sie haben die Hosen besser verkauft. Doch wie war das möglich als Neueinsteiger am Markt – ohne Kontakte, mit deutlich weniger Leuten und Erfahrung?

Das einzig Beständige ist der Wandel

Fangen wir an mit einem von Jochen Krisch inspirierten Blick zurück. Als ich mit Holger Schneider bei der Otto Group anfing, waren Online-Shops oder generell Online-Geschäftsmodelle mit einem Umsatz von 10 Millionen Euro pro Jahr bereits „groß". So groß, dass man ihnen zutrauen konnte, aus eigener Kraft zu wachsen und ihre jeweilige Nische zu erobern (siehe *1.1 Die Geschichte einer Revolution*).

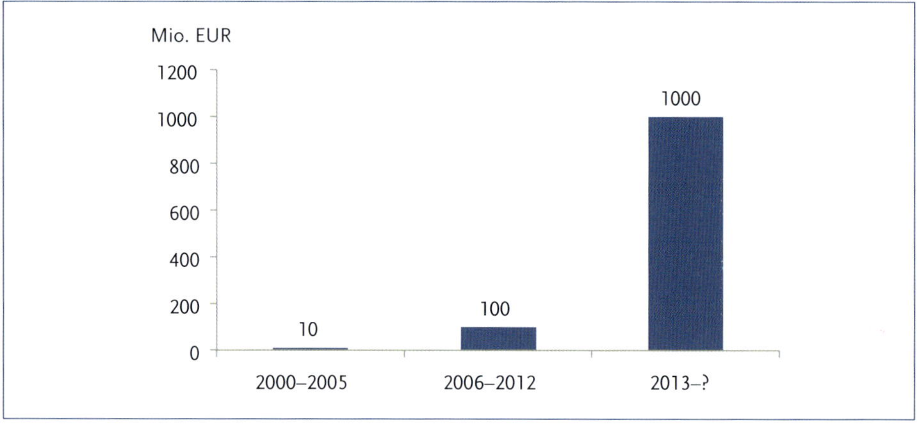

Abbildung 0.1: Die neue Definition von „groß"
Quelle: eigene Darstellung

In den Jahren danach verschob sich aber diese Untergrenze: Zwischen 2009 und 2012 hielten wir eher nach den 100-Millionen-Euro-Shops Ausschau. Und seitdem Zalando mit einer Milliarde Umsatz die Schwelle zur Profitabilität überschritten hat, hat sich die Definition von „groß" erneut verschoben. Im E-Commerce gibt es keine langlebigen Nischen – zumindest haben wir bis heute keine gesehen. Es gibt also wenige Alternativen zu „groß"

Das Verblüffende an dieser Entwicklung ist, dass sich mit der veränderten Definition von „groß" nicht nur die Wettbewerbslandschaft verändert hat, sondern auch das Handelsmodell an sich. Die großen E-Commerce-Unternehmen sind immer weniger angewiesen auf die Erlöse aus dem Handelsgeschäft und verlagern ihre Wertschöpfung in Services, die sie dann an Dritte vermieten können. Amazon ist hier mit seinen Web-Services (AWS) das bekannteste Beispiel, aber auch bei Zalando und Co. sind die Umsätze im B2B-Geschäft bereits signifikant. All diese Services haben eines gemeinsam: Sie konnten nicht durch kluges Business-Development entwickelt werden, sondern waren meist „Abfallprodukte" aus dem bestehenden Stammgeschäft. Bei Amazon war eben einiges an für die Abwicklung von E-Commerce benötigter Server-Kapazität übrig. Diese hat Amazon anderen dann zugänglich gemacht – und stieß dabei auf ein höchst profitables Wachstumsfeld.

Denn Amazon und andere Tech-Firmen haben sich die Fähigkeiten eines Start-ups erhalten, mit viel Verve in andere Services zu investieren, um sich permanent neu zu erfinden. Das macht es für uns alle schwierig – und spannend zugleich.

In einem Artikel auf meinem Blog Kassenzone.de habe ich zugegeben, dass ich nicht weiß, womit Zalando in fünf Jahren sein Geld verdient. Dabei bin ich mir sicher, dass die heute essenziellen Fähigkeiten dann keine entscheidende Rolle mehr spielen werden. Den Unternehmen bleibt also nichts anderes übrig, als sich neu zu erfinden.

Das gelingt Firmen, die im Kern auf Code und Daten basieren, deutlich einfacher. Sie sind eher dazu in der Lage, den Code permanent zu verändern, solange der Ehrgeiz groß genug ist – solange also eine Art Gründergeist im Unternehmen steckt. Zumindest Organisationen wie Amazon und Zalando fällt dieser Wandel wesentlich leichter, weil sich die jeweiligen Chefs gegenüber dem Markt nicht permanent erklären müssen. Unternehmen, die gemanagt werden, tun sich hingegen deutlich schwerer. Und die Unternehmen, die zudem im Kern auf analogen Produkten und Services beruhen, sind oft chancenlos.

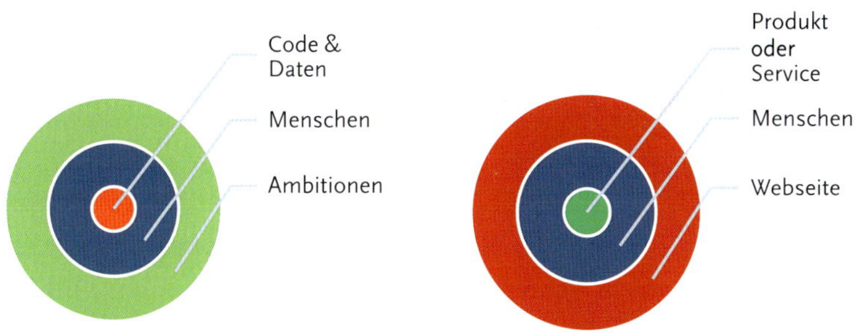

Abbildung 0.2: Unternehmensstruktur digital vs. analog
Quelle: eigene Darstellung

Zu welcher Kategorie ein Unternehmen gehört, lässt sich auch an seiner Vorstandsstruktur ablesen. Während bei klassischen Unternehmen die Vorstände noch um eine analoge Wertschöpfungskette herum angeordnet sind, stehen bei digitalen Unternehmen diejenigen im Vordergrund, die sich um Codes und Daten kümmern. In klassischen Unternehmen ist IT ein Cost-Center und wird vom Vorstand „für den Rest" verwaltet: Der heißt dann in der Regel „Vorstand Finanzen und IT" oder „Vorstand Personal und IT".

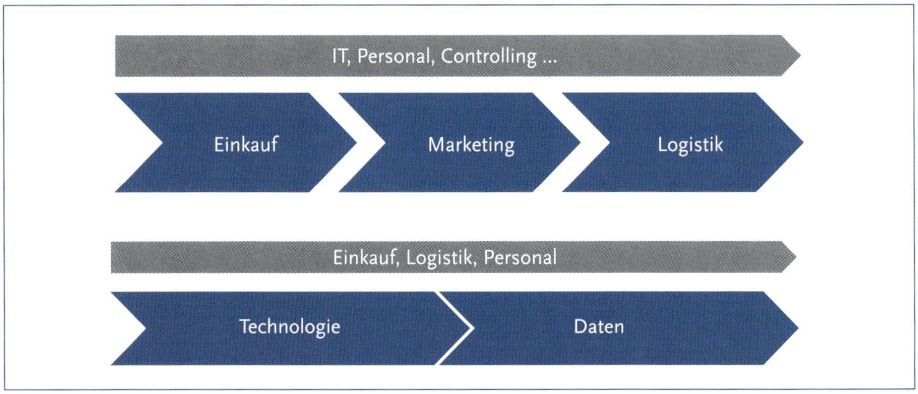

Abbildung 0.3: Wertschöpfungskette klassisch vs. digital
Quelle: eigene Darstellung

Zeit und Glück

In den letzten Jahren habe ich unzählige Versuche gesehen, den Wandel von klassisch zu digital zu gestalten. Dabei heißt „Gestaltung" oft einfach nur „Management". Und dieses Management ist nichts anderes als der Versuch, möglichst risikoarm zu investieren, um doch noch auf den Digitalzug aufzuspringen. Dabei wird die Herausforderung darin gesehen, aus unzähligen Optionen genau diejenige auszuwählen, die am ehesten zu den Stärken und Assets des jeweiligen Unternehmens passt. So versuchen Kataloghändler Online-Händler zu werden; Automobilunternehmen wollen dann Mobilitätsplattformen bauen.

Doch fast jeder scheitert dabei. Was nicht unbedingt daran liegt, dass die Unternehmen es nicht mit genügend Willen machten oder die falsche Option wählten, sondern eher daran, dass die Fehlerquote bei Online-Modellen naturgemäß hoch ist. Innovationen von der Stange gibt es nun einmal nicht. Dazu ist mittlerweile auch sehr viel Literatur entstanden, und Sam Altman, langjähriger Geschäftsführer des berühmten Y Combinators, hat das in einer an der Universität Stanford abgehaltenen Vorlesung in einer spannenden Formel ausgedrückt: Der Erfolg neuer Modelle sei das Produkt aus „Idea x Product x Team x Execution". Sollte nur einer dieser Inputfaktoren nicht gut genug sein, scheitere das ganze Vorhaben. Obendrauf komme noch eine Variable mit dem Namen „Zeit und Glück", die außerhalb des Gestaltungsraums jeder Firma liege und die einen Wert von 0 bis 1.000 annehmen könne. Damit erklärt Altmann, warum auch die besten Teams bei Y

Combinator scheitern können, obwohl sie einen sehr harten Auswahlprozess hinter sich haben. Diese Formel gelte dann auch für klassische Unternehmen. Und warum sollten sie besser sein können als der Markt? Erfolg ist nicht zu managen. Misserfolg ist daher der Default Case.

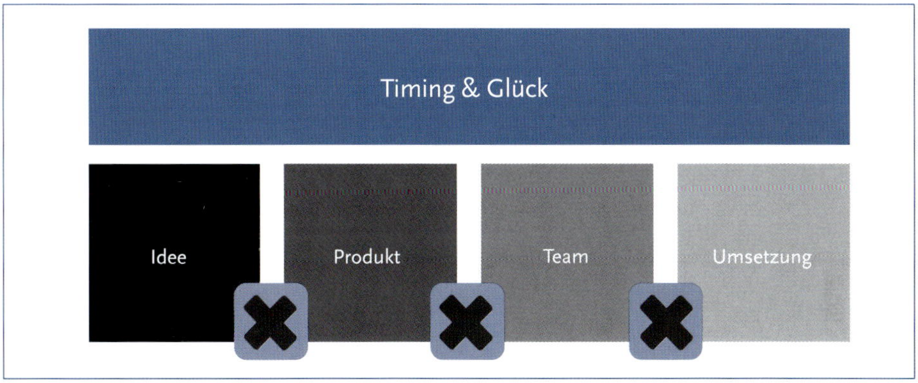

Abbildung 0.4: Die Formel für „digitalen" Erfolg
Quelle: eigene Darstellung

Ich habe diesen Effekt in einem Artikel bei Kassenzone verarbeitet, der den Namen „Die zweite Hälfte des Schachbretts" trägt. Zusammenfassend geht es darum, dass ich uns erst am Anfang einer sehr disruptiven Entwicklung sehe und sich Y Combinator glücklich schätzen kann, dass seine Leute noch eine Erfolgsquote von über 10 Prozent haben. Das klingt jetzt erst einmal abstrakt, aber die Effekte sind sehr real. Nehmen wir einmal das Thema Geräte: Vor gerade zehn Jahren wurde das erste Iphone vorgestellt. Im Rahmen eines Shop-Relaunches, damals musste man sich nur Gedanken darum machen, dass der Shop auf verschiedenen Monitorgrößen ordentlich aussieht. Das hat sich nach dem Iphone-Launch und der weiteren Verbreitung von Smartphones radikal geändert, und innerhalb von fünf Jahren hat sich die Strategie „Mobile First" als Standard etabliert. Und während sich gerade eine gewisse Kompetenz zum Thema Mobile-First-Screen-Design einstellt und sich bisherige Desktop-Experten haben umschulen lassen, entstehen mit Google Home und Amazon Alexa bildschirmfreie Devices, die sich innerhalb kurzer Zeit zum Standard-Eingabekanal entwickeln dürften. Wer soll so etwas vorab planen?

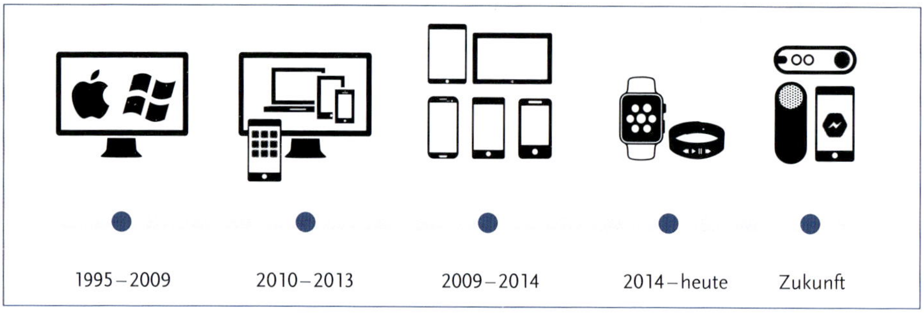

Abbildung 0.5: Was heißt schon „Frontend“?
Quelle: eigene Darstellung

Vom Shop zur Plattform

Neben den neuen Geräten sind es auch viele andere Effekte, die die Sicht auf E-Commerce-Systeme fundamental verändern. In den ersten Jahren des Online-Handels waren Shops eine Art Wurmfortsatz des ERP-Systems. Logik auf der einen Seite, Anzeigeebene auf der anderen. Mit dem Versprechen, unabhängig von der ERP-IT zu werden, haben dann Intershop und Hybris ihren Siegeszug angetreten, um in großen Unternehmen wie Neckermann oder dem Otto-Versand zu allumfassenden E-Commerce-Lösung zu werden. Im Grunde genommen war der Wettbewerb damals so strukturiert, dass die Unternehmen mit den besten Shops am stärksten vom Markt belohnt wurden und die Unternehmen, die das Thema nicht im Griff hatten, den Anschluss verloren. Heute sind wir aber bereits

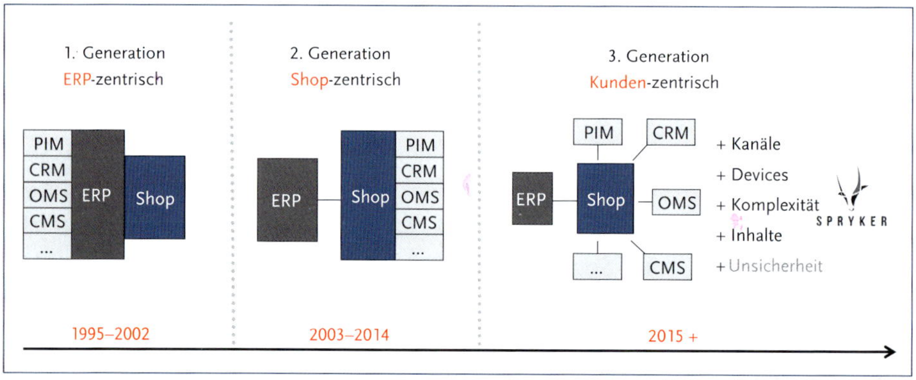

Abbildung 0.6: Drei Generationen Shopsysteme
Quelle: eigene Darstellung

in einer neuen Phase angekommen, in der der Shop eine Art Plattform sein muss, in der geschäftskritische Funktionen angelegt und weiterentwickelt werden müssen (zum Beispiel Personalisierungsfunktionen). Das ERP wird entmachtet und zurückgestutzt auf die Rolle einer Warenwirtschaft. Von Industrie zu Industrie unterscheidet sich dieser Vorgang etwas, aber grundsätzlich kann man festhalten, dass die meisten Business-Anforderungen heute Veränderungen an den Kunden-Interfaces verursachen. Folglich muss dort auch die größtmögliche Produktivität angelegt sein.

Vermittler zwischen den Welten

Vor der Gründung von Spryker haben Nils Seebach und ich einige Jahre das Beratungsunternehmen eTribes aufgebaut. Dabei hat sich in vielen der Beratungsprojekte zwischen 2011 und 2014 bereits abgezeichnet, dass Konzerne gerne den digitalen Weg von Springer und Otto kopieren möchten, indem sie selbst neue Projekte starten, die mit Zalando und Co. mithalten können. Die pauschale Empfehlung bei solchen Projekten war in der Regel: Dann macht es doch genauso wie diese Unternehmen. Sucht euch einen grandiosen CTO & Product Owner, nehmt ordentlich Geld in die Hand – und fahrt auf Risiko. Glück auf!

Meistens war das aber keine Empfehlung, die in den Konzernen umsetzbar gewesen wäre. Es fehlte nicht unbedingt an Geld, sondern schon an viel grundsätzlicheren Kompetenzen: „Was macht einen guten CTO aus?“ In dieser Situation habe ich mit Florian Heinemann, einem der Gründer von Project A, besprochen, wie Lösungsansätze aussehen könnten. Project A hatte aufgrund seiner Historie mit Rocket Internet eine Technologie entwickelt, die für diese neuartigen Projekte wie geschaffen war. Keine generische Software, sondern ein Framework – dafür gemacht, Developern möglichst viel zu ermöglichen und IT-Produktivität auch nach dem Launch einer Plattform hochzuhalten. Die Software, die wir vorgefunden haben, hieß bei Project A „Yves & Zed“ und war eine komplette Neuentwicklung des „Alice-&-Bob“-Systems, das auch heute noch bei Rocket Internet in fast allen großen E-Commerce-Projekten zum Einsatz kommt. In Summe werden heute bereits über drei Milliarden Euro Umsatz pro Jahr über das System gemacht.

Die technischen Analysen und das Feedback der Anwender haben uns schlussendlich zur Gründung von Spryker geführt. Ich glaube fest daran, dass in einer digitalen Welt nur noch technisch geprägte Unternehmen mitgestalten können. Und um das

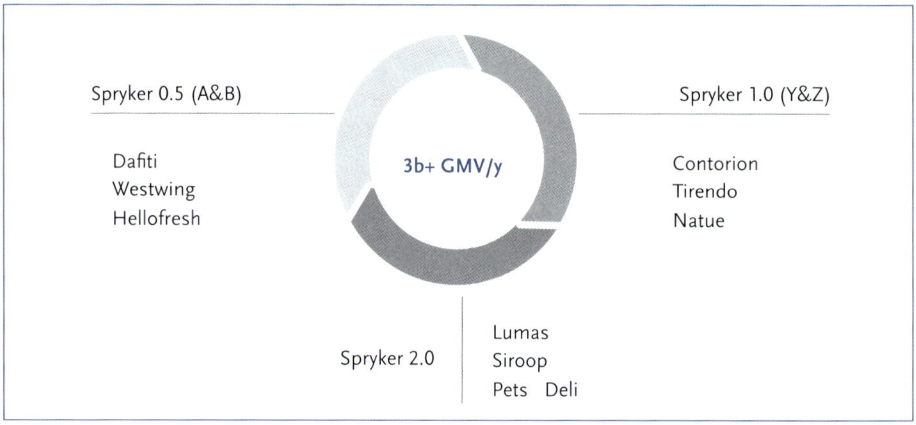

Abbildung 0.7: Das Spryker-Ökosystem
Quelle: eigene Darstellung

zu tun, müssen sie technische Fähigkeiten aufbauen. Dieses sehr abstrakte Modell ist schwierig in die Praxis zu überführen. Welches Unternehmen würde schon von sich sagen, nicht technisch führend zu sein oder das Thema Digitalisierung nicht wirklich ernst nehmen zu müssen? Das hat uns zum folgenden Bild geführt: Wir teilen den Markt seitdem in zwei „Welten" auf. In „Welt 1" verorten wir Unternehmen, die sich über ein analoges Produkt oder einen Service definieren und dort ihren Wettbewerbsvorteil suchen. Für sie ist Technologie nur ein nachrangiger interner Service. Dieser Service wird als Cost-Center verwaltet, da er in der Regel keine Einnahmen generiert. Er muss daher möglichst günstig sein und wird oft in einem Vorstandsbereich mit anderen internen Services wie Personal und Controlling angesiedelt. In der Vergangenheit waren fast alle Unternehmen in dieser ersten Welt, und heute befinden sich dort noch viele Unternehmen, die in der Regel eher aus der Produktherstellung kommen. Klassische Beispiele sind Adidas oder Ikea.

In „Welt 2" ist Technologie ein wesentlicher Werttreiber im Unternehmen, gegebenenfalls sogar der wichtigste. Aktuelle beispielhafte Vertreter dieser Welt sind Amazon, Zalando oder Etsy. Diese Unternehmen sind, wenn sie digital entstanden sind, um die Themen Code und Daten herum entstanden. Es gibt dort keinen „CIO" oder „Head of Digital". Die Gründer – oder die später hinzugekommenen Vorstände – repräsentieren das (digitale) Produkt. In dieser Welt ist IT eine Business-Unit, die auf Augenhöhe (oder höher) mit anderen Einheiten kooperiert, in der Regel dem Bereich Marketing. Es gibt dort kein Anforderungsmanagement mehr auf Business-Seite, was in einem mehrstufigen Wasserfallprozess von der IT

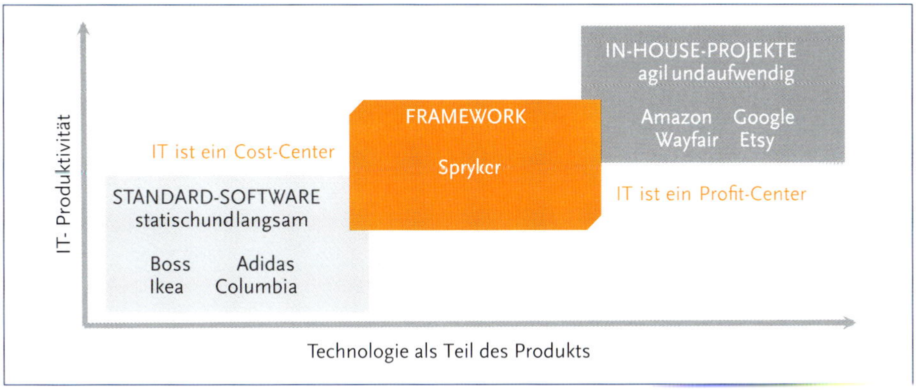

Abbildung 0.8: IT als Cost-Center oder Profit-Center
Quelle: eigene Darstellung

umgesetzt wird. Die Geschäftsmodelle dort verdienen Geld nicht, indem sie bessere Produkte auf ihrer Webseite anbieten als der Wettbewerb, sondern weil die Webseite, die App oder die Voice-Schnittstelle das bessere Produkt ist.

Welt 1 oder Welt 2 sind zueinander nicht besser oder schlechter. Es sind zwei verschiedene Modelle, und Unternehmen müssen sich entscheiden, in welcher dieser Welten sie ihr Glück suchen wollen. Ich gehe persönlich davon aus, dass es in der absehbaren Zukunft keine Unternehmen mehr in Welt 1 geben kann, die relevant sind, aber darüber kann man trefflich diskutieren. Auf jeden Fall funktionieren die IT-Konzepte von Welt 1 nicht mehr in Welt 2. Keine generische Standardsoftware kann dort helfen, kein SaaS-Anbieter (Software as a Service) wird zur Differenzierung beitragen und kein PaaS-Provider (Platform as a Service) vermag es, seinen Kunden zum Erfolg in Welt 2 zu verhelfen. Wenn man ganz ehrlich ist, müssen Unternehmen anfangen, proprietäres IT-Know-how aufzubauen, um sich vom Markt zu unterscheiden. Spryker ist nichts anderes als die Brücke in diese digitale Welt. Wir bieten nur drei Sachen an:

- eine Maximierung der IT-Produktivität,
- ein Softwaredesign, das auf hochgradig leistungsfähige Web-Anwendungen ausgelegt ist, und
- hohe Flexibilität, um sich auch nach dem Launch effektiv weiterentwickeln zu können.

In den letzten zwei Jahren wurde ich oft gefragt, was denn der Unterschied sei zwischen Spryker und Hybris oder Magento. Wir haben uns angewöhnt zu sagen, dass wir nicht besser oder schlechter sind als diese Plattformen: Wir lösen ein anderes Problem. Ein Problem der Welt 2. Wer in Welt 1 zu Hause ist, hat nämlich andere Probleme als die, die wir lösen. Die vielen Spryker-Kunden haben verstanden, warum Zalando so stark wachsen kann, und setzen Spryker ein, um diesem Weg zu folgen.

Alexander Graf

Bewerten Sie uns *****

Besonders im ersten Kapitel werden Sie sehen, wie schnell sich der E-Commerce-Markt verändert hat und dass er mittlerweile eine eigene Industrie darstellt. Die Regeln dieser Industrie wurden in wenigen Jahren mehrfach geändert, und zurzeit befinden wir uns in einer Situation, in der die großen Plattformen Google, Amazon und Facebook tonangebend sind. Wer dort nicht stattfindet, findet online überhaupt nicht statt. Wer keine Strategie hat, um mit diesen Plattformen umzugehen, hat wahrscheinlich keine stabile Online-Strategie.

Diese Situation wirkt sich auch auf uns als Autoren aus. Die Entscheidung, ob dieses Buch gekauft wird, hängt in vielen Fällen davon ab, wie wir auf den gängigen Plattformen für Bücher bewertet werden. Wie oft wir bewertet werden. Wie schnell wir auf Fragen zum Buch antworten. Wie gut die Buchinformationen eingepflegt sind. Wie oft das Buch gekauft wird. Wie oft das Buch in den Ergebnislisten der Plattformen auftaucht. Diese und viele andere Faktoren entscheiden darüber, ob unser Buch ausreichend Käufer findet. In Deutschland ist die alles entscheidende Plattform für diese Frage Amazon, und um diese Fragestellungen herum hat sich eine eigene Dienstleistungsbranche entwickelt, die so etwas wie Amazon-Suchmaschinenoptimierung anbietet. Als wir das Manuskript für die erste Ausgabe dieses Buchs im September 2014 fertiggestellt hatten, gab es diese Branche noch nicht einmal. Heute beschäftigt sie alleine in Deutschland Tausende Personen.

Ob wir es wollen oder nicht, auch wir müssen uns den Regeln beugen, und Sie, lieber Leser, können uns dabei helfen. Bitte bewerten Sie uns bei Amazon.de. Schreiben Sie auf, wie Ihnen das Buch gefallen hat, wie wir Ihnen helfen konnten und an wen Sie es bereits weiterempfohlen haben. Geben Sie uns ein paar Sterne und helfen Sie uns, ganz nach oben zu kommen in den Suchrankings bei Amazon. Danke, lieber Leser.

Link zum Buch bei Amazon: http://das-e-commerce-buch.de

Einleitung: Was ist E-Commerce?

Seitdem es das Wort „E-Commerce“ gibt, herrscht um seine Bedeutung Unklarheit. Fest steht: Von Anfang an beschrieb der Begriff mehr als nur einen weiteren Kanal für den Vertrieb von Gütern. Dadurch ist es aber nun fast zu einem Ding der Unmöglichkeit geworden, ihn zufriedenstellend zu definieren. Wikipedia versucht sich tapfer daran:

> *Elektronischer Handel, auch Internethandel, Online-Handel oder E-Commerce, bezeichnet Ein- und Verkaufsvorgänge mittels Internet (oder anderer Formen von Datenfernübertragung).*

Was sich einfach und abschließend anhört, wird aber schon wieder kniffelig, wenn Handelspraktiker versuchen, die Definition auf ihre eigene Rolle, ihr Unternehmen oder das berufliche Umfeld anzuwenden. Diese haben sich in den letzten zehn Jahren alle durch E-Commerce verändert – aber wie genau? Der Online-Handel ist überall hingekommen, in jeden Prozess, in jeden Kanal, in jedes Tool hat er Einzug gehalten. Noch nebulöser wird der Begriff durch Varianten wie „Multichannel-“ oder „Omnichannel-Commerce“, die dazu herangezogen werden, oft fragwürdige strategische Entscheidungen zu begründen. Durch das Smartphone wird die Entwicklung nun nur noch beschleunigt. Dabei bleiben echte Antworten jedoch oft aus, im Gegenteil: Immer wieder werden neue Begriffe in Umlauf gebracht, die oftmals noch mehr Ratlosigkeit und auch Verunsicherung verursachen.

Trotz unserer Expertise in diesem Bereich tun auch wir uns damit schwer, den sich gerade wandelnden Begriff E-Commerce genau auszudefinieren. Deswegen wollen wir uns stattdessen an eine rückwirkende Definition aus der Zukunftsperspektive wagen. Wir nehmen einmal das Jahr 2030. Sollte Wikipedia dann noch existieren, rechnen wir damit, dass der dortige Eintrag zu E-Commerce ungefähr wie folgt lauten wird:

> *E-Commerce – auch Online-Handel – begann in den frühen 1990er-Jahren als auf Desktop-Computern basierter Vertriebskanal. Dieser Kanal wurde von einer neuen*

Generation von Handelsunternehmen wie Amazon und Alibaba beherrscht. In den darauffolgenden Jahrzehnten ersetzten diese neuen Akteure eine Vielzahl der bis dahin aktiven Einzelhändler (siehe Karstadt und Walmart). Grund dafür waren das von den neuen Händlern angebotene bessere Preis-Leistungsverhältnis sowie deren günstigeren Kostenstrukturen. Heute ist der Online-Handel allerdings vollends im allgemeinen *Handel aufgegangen. Er stellt heute den üblichen Verkaufskanal für Güter aller Art dar. E-Commerce führte direkt zum Verschwinden von stationären Geschäften als primäre Vertriebsstruktur. Heute werden Ladenflächen von Händlern vorwiegend als Marketing-Instrument eingesetzt. Siehe auch folgende Einträge: Ende des stationären Handels, Der Große Gewerbeimmobilien-Crash 2022 und Liste von Insolvenzverfahren im stationären Handel (2000–2025).*

So unsere Vorhersage. In diesem Buch wollen wir Ihnen erzählen, was bisher geschehen ist – und Ihnen erklären, warum wir glauben, dass die Zukunft wie in diesem fiktiven Wikipedia-Eintrag verlaufen wird. Dabei wollen wir Ihnen ebenfalls einen Werkzeugkasten an die Hand geben, mit dem Sie die Entwicklungen werden nachvollziehen können.

1 E-Commerce: Was bisher geschah

Der Online-Handel ist seit seinen Anfängen vor 20 Jahren erwachsen geworden und heute aus der Handelslandschaft nicht mehr wegzudenken. Es gibt jedoch eine Vielzahl von Missverständnissen über die Gründe und Auswirkungen des E-Commerce-Wachstums. Wir wollen im Folgenden die Entstehung und Etablierung des Online-Handels betrachten und dabei herausstellen, welche Effekte das starke Wachstum der Online-Umsätze auf unterschiedliche Marktteilnehmer hatte und noch immer hat.

1.1 Die Geschichte einer Revolution

Die Anfänge

Mit dem ersten konsumentenfreundlichen Webbrowser (Mosaic, 1993) und der Entwicklung von Online-Payment-Systemen beginnt Mitte der 90er-Jahre die Ära des E-Commerce. Einer der Pioniere des Online-Handels ist Jeff Bezos, der 1995 die erste Buchbestellung über Amazon (in den Anfängen noch cadabra.com) in seiner Garage in Seattle verpackt und dann per Post verschickt. Drei Jahre später geht Amazon an die Börse und ist heute der wertvollste Händler der Welt.

Doch nicht allen ergeht es wie Bezos oder Ebay-Gründer Pierre Omidyar. Viele der Dotcom-Wunder sind einige Jahre später bereits wieder vom Markt verschwunden, und auch für traditionelle Geschäftsmodelle wird der Handel auf den Kopf gestellt, wie etwa die Insolvenzen etablierter Katalogversender oder auch die katastrophalen Ergebnisse der Department-Stores Sears in den USA und Karstadt in Deutschland in den letzten Jahren belegen. Die Entwicklungen von damals bis heute werden im Folgenden schrittweise und anhand von sechs wichtigen Handelsmodellen untersucht, um herauszustellen, wer von den jeweiligen Entwicklungen profitiert und wer am Markt verliert. Hierzu werden Effekte wie das E-Commerce-Wachstum, prägende Wachstumstreiber, Veränderungen der Kaufprozesse und Wettbewerbseffekte in der Analyse betrachtet. Die sechs untersuchten Handelsmodelle sind: Online-Marktplätze, Online-Händler, Intermediäre, Katalogversender, stationäre Händler sowie Hersteller beziehungsweise Marken.

Online-Marktplätze bieten eine Plattform für den Produktverkauf über verschiedene Anbieter. Dabei wird die Transaktion im Online-Shop des Marktplatzes durchgeführt, während Versand und Service in der Regel über den Drittverkäufer abgewickelt werden. Amazon verfolgt hier beispielsweise eine hybride Strategie mit eigenem Produkt- und Serviceangebot, während Ebay sich komplett auf die Marktplatzstrategie fokussiert.

Online-Händler sind Online-Pure-Player, die eigene Sortimente zusammenstellen und über das Internet anbieten. Diese sind oftmals spezialisiert auf bestimmte Produktgruppen oder Kundensegmente wie der Möbel-Online-Shop Wayfair (USA), der Shopping-Club Vente Privée (Frankreich) oder der Online-Modehändler Zalando (Deutschland).

Intermediäre sind Aggregatoren verschiedener Online-Angebote, die meist durch intelligente Suchfunktionen Kunden bei der Produktsuche unterstützen. Hierzu gehören allgemeine Produkt- und Preis-Suchmaschinen wie Google Shopping, das deutsche Dooyoo sowie das amerikanische Shopping.com als auch Nischenanbieter wie Reiseportale, die an Verkäufen beziehungsweise Buchungen mit einer Kommission beteiligt werden.

Katalogversender bestehen in den USA schon seit über einem Jahrhundert und haben auch in Deutschland eine lange Tradition im Distanzhandel. Ähnlich wie die Online-Pure-Player erstellen Kataloghäuser Sortimente mit Eigen- und Fremdmarken und versenden diese direkt an die Kunden. Bekannte Unternehmen in dieser Kategorie sind die deutsche Otto Group und seine bereits insolventen Wettbewerber Neckermann und Quelle. Traditionell gehörten auch die amerikanischen Firmen Sears, JC Penney und Bloomingdales zu den Katalogversendern.

Stationäre Händler wie Macy's (USA), Primark (UK) oder Media Markt (Deutschland) verkaufen ihre Waren vor allem im Filialgeschäft und setzen damit besonders auf Laufkundschaft in Innenstädten und Einkaufszentren. Viele der traditionellen Händler vertrauen seit Jahrzehnten auf die sofortige Verfügbarkeit, eine erlebbare Produktdarstellung und persönliche Beratung in den Filialen, um Kunden zu gewinnen. Diese müssen allerdings durch Ausgaben für Verkaufspersonal sowie entsprechende Mieten in der Innenstadt finanziert werden.

Hersteller(-Marken) produzieren Güter für den Endverbraucher (oder auch B2B-Kunden), wie zum Beispiel Samsung oder Adidas. Sie sind auf diverse Handelsstufen angewiesen, da sie oftmals nicht oder nur in geringem Maße selbst in den Verkauf gehen und somit den Großteil der Umsätze über Zwischenhändler im stationären und Distanzhandel verbuchen. Ausnahmen sind Unternehmen wie Apple oder H & M, die sowohl Produktion als auch Vertrieb der Waren stark inhouse kontrollieren.

In den folgenden fünf Zeitabschnitten werden die Entwicklungstendenzen und Aussichten der hier dargestellten sechs Handelsmodelle analysiert. Die allgemeine Stimmung der Marktteilnehmer ist dabei an den farbigen Symbolen ablesbar. Die Farbgebung entspricht einem Ampelsystem:

Grün = gute Stimmung, Rot = schlechte Aussichten, Gelb = weder gut noch schlecht.

1998: Ruhe vor dem Sturm

Missverständnis Beratung

„People will always want to buy books in bookstores and never online."

Riggio Brübder (Barnes & Nobles) zu Jeff Bezos (Amazon)[1]

Drei Jahre nach der Gründung von Ebay und Amazon steckt der Online-Handel in Deutschland noch in den Kinderschuhen. Weit unter 10 Prozent der Bevölkerung haben bisher eine Bestellung im Internet getätigt und der gesamte Online-Umsatz in Deutschland kratzt noch nicht einmal an der Marke von 1 Milliarde Euro. Doch auf der anderen Seite des großen Teichs verzeichnet der E-Commerce erste Erfolge und erzielt Umsätze von 8 Milliarden Dollar. Bereits 1997 knackt Dell als erster Online-Shop die 1-Million-Dollar-Umsatzmarke.[2] Derweilen hat Bezos mit seinem

1 www.huffingtonpost.com (abgerufen Dezember 2016)
2 www.internetretailer.com (abgerufen Dezember 2016)

Online-Buchhandel bewiesen, dass Kunden einfach zu handhabende Produkte wie Bücher und CDs online kaufen und zu sich nach Hause liefern lassen wollen. Mit einer riesigen Auswahl im Buchsortiment und bequemem Einkaufen schlägt Amazon zunehmend die persönliche Beratung im Ladengeschäft und gewinnt Kunden. 1998 entsteht außerdem mit Paypal ein zukunftsweisendes Online-Zahlungsmittel, das sich in wenigen Jahren als bedeutende Alternative zur Zahlung mit Kreditkarte und auf Rechnung etabliert.

In diesen frühen Tagen des E-Commerce sind die meisten Offline-Händler eher zurückhaltend damit, eine Digitalstrategie zu verfolgen. Diese würde mit einem hohen Investitionsaufwand einhergehen. Zudem besteht die Befürchtung, dass Umsätze aus den eigenen traditionellen Geschäften abwandern. Entsprechend verhält sich Amazons Mitbewerber im Büchermarkt, Barnes & Noble, in den USA sehr träge, sich dem neuen Marktsegment anzupassen. Warum nicht warten und erst dann in E-Commerce investieren und Amazon angreifen, wenn es ausreichend Online-Kunden gibt und sich das Ganze überhaupt erst lohnt? Jeff Bezos hat diesbezüglich eine ganz andere Ansicht:

> *(...) I think you might be underestimating the degree to which established brick-and-mortar business, or any company that might be used to doing things a certain way, will find it hard to be nimble or to focus attention on a new channel.*[3]

Im Nachhinein betrachtet soll Bezos recht behalten. In der Zwischenzeit schaltet Amazon einen Gang hoch und ergänzt Warenkategorien wie Spielzeug, Consumer Electronics und andere.

Ausblick der Handelsmodelle 1998

Online-Marktplätze sind die eindeutigen Gewinner der ersten Jahre im E-Commerce. Paradebeispiel ist das Auktionshaus Ebay, das schon 1998 solide Gewinne von 2,4 Millionen US-Dollar generiert, mit einem Umsatz von 47 Millionen US-Dollar und knapp 1,8 Millionen Auktionen von Konsument zu Konsument.[4]

Auch **Online-Händler** profitieren stark vom E-Commerce-Wachstum. Amazon, vor dem Jahr 2000 noch nicht als Marktplatz, sondern als Online-Pure-

3 Brad Stone, The Everything Store

4 www.referenceforbusiness.com (abgerufen Dezember 2016)

Player unterwegs, weist 1997 einen Umsatz von 150 Millionen US-Dollar mit einer beeindruckenden Wachstumsrate von 800 Prozent[5] vor und verbucht nebenbei einen erfolgreichen Börsengang.[6]

1998 tauchen erste **Intermediäre** auf, wie die Preis- und Produktsuchmaschinen Yahoo Stores und Shopping.com. Kurz darauf entstehen etliche europäische Modelle, wie beispielsweise Dooyoo (Deutschland), PriceRunner (Schweden) and Kelkoo (Frankreich). Sie profitieren vom Wachstum der Online-Händler und der bis dahin geringen Orientierung der Internetuser (Google startet gerade erst 1998).

Während viele der nordamerikanischen Katalogversender sich bereits in Richtung Stationärgeschäft diversifiziert haben, gibt sich das etablierte **Kataloggeschäft** in Deutschland noch wenig beeindruckt vom E-Commerce. So haben zwar schon einige Katalogversender einen Online-Shop oder eine Internetpräsenz, der E-Commerce wird aber von den meisten Kataloghäusern nur als weiterer Bestellkanal angesehen, ähnlich der Bestellung über Fax.

Der **stationäre Handel** hingegen erkennt in der anrollenden E-Commerce-Welle eine negative Entwicklung, wenn auch bislang wenige Händler selbst in den Online-Handel investieren. Barnes & Noble beispielsweise erkennt Amazon als ernst zu nehmenden Konkurrenten und klagt taktisch einen Tag vor Amazons Börsengang im Mai 1997 gegen Amazons Slogan „the world's largest bookstore" mit der Begründung, dass Amazon ja kein wirklicher Store sei – die Klage wird fünf Monate später aufgehoben.[7]

Für **Hersteller** stellt der Online-Handel zunächst eine große Herausforderung dar. Preis und Leistung der Online-Verkäufer sind praktisch nicht kontrollierbar und undurchsichtig für Marken und Hersteller. Außerdem fürchten die Hersteller einen Kontrollverlust des Markenauftritts und negative Imageeffekte. Insbesondere Ebay ist in diesem Zeitraum unter Markenherstellern noch stark verrufen und leidet unter einem schlechten Image.[8] Erste Hersteller versuchen sich online im Direktvertrieb, stoßen dabei aber oftmals auf neue Herausforderungen, sowohl mit Kunden (schlechte User-Experience) als auch mit Händlern (Gefährdung der bestehenden Handelsbeziehungen).

5 www.wikinvest.com (abgerufen Dezember 2016)
6 www.encyclopedia.com (abgerufen Dezember 2016)
7 www.news.cnet.com (abgerufen Dezember 2016)
8 www.handelsblatt.com (abgerufen Dezember 2016)

2002: Intermediäre gewinnen

Missverständnis Information

„Nobody is going to buy shoes without trying them on.“

Etliche Silicon Valley VCs zu Tony Hsieh und Nick Swinmurn, Zappos[9]

Um die Jahrtausendwende tut sich im Online-Handel eine ganze Menge: Der E-Commerce boomt und kommt 2002 auf stolze 54 Milliarden Dollar Umsatz in den USA sowie 8 Milliarden Euro in Deutschland.[10] Die „Dotcom“-Blase, wie man diese Zeit später nennen wird, ist die Zeit der Intermediäre und Online-Händler, in die Unmengen von Venture Capital investiert wird. Dabei beweisen vor allem Marktteilnehmer aus der Modebranche, dass auch emotionale und komplizierte Produkte wie Schuhe (Zappos) oder Damenunterwäsche (Victoria's Secret) im Internet gekauft werden. Dies gelingt vor allem durch kundenfreundliche Produktdarstellung und Fokus auf Service wie das 365 Tage kostenfreie Rückgaberecht bei Zappos.[11]

Sowohl die Technologie als auch die Internetuser haben sich weiterentwickelt und nutzen neue Kaufmechanismen zugunsten des E-Commerce-Wachstums. Beispielsweise hat sich PayPal als beliebtes Zahlungsmittel etabliert und verzeichnet Ende 2002 über 1 Million User. Generell ist in fast allen Branchen eine Machtverschiebung zum Endkunden hin messbar, welcher durch neues Kaufverhalten im Internet den Handel revolutioniert.

Traditionell sucht ein Kunde mit konkretem Kaufinteresse im stationären Handel erst einen Anbieter und nimmt dort die Produktauswahl vor. Allein durch den hohen zeitlichen Aufwand und die örtlichen Distanzen der Anbieter lohnt es sich selten, verschiedene Läden aufzusuchen, um sich für das ideale Angebot zu entscheiden. Im Internet gilt das jedoch nicht mehr. Der nächste Anbieter ist nur einen Klick entfernt, Preis- und Produktsuchmaschinen aggregieren deren Angebote sogar übersichtlich nach Preis und Leistung auf einen Blick. So kann der Kunde nun oftmals Zwischenhandelsstufen umgehen und damit attraktivere Angebote bekommen. Dieser Mechanismus sorgt in den meisten Fällen für einen Niedrigpreiseffekt, durch den der günstigste Anbieter oder der Anbieter mit der größten Auswahl

9 www.businessinsider.com (abgerufen Dezember 2016)
10 HDE, abgerufen über www.statista.com, Dezember 2016
11 www.zappos.com (abgerufen Dezember 2016)

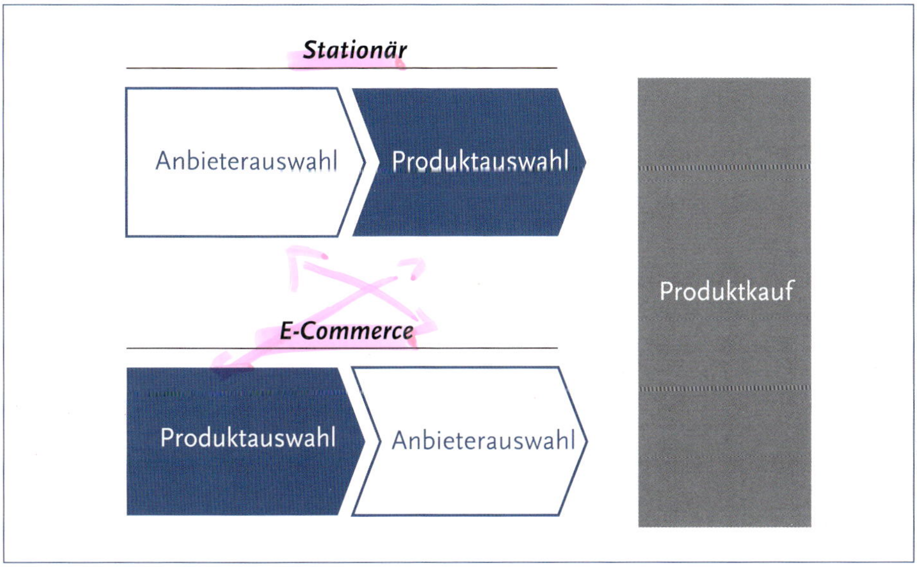

Abbildung 1.1: Kaufprozess im Vergleich – Stationär und E-Commerce
Quelle: Björn Schäfers, Social Shopping für Mode, Wohnen und Lifestyle am Beispiel Smatch.com in Web-Exzellenz im E-Commerce, Gabler, S. 313

zu einem wettbewerbsfähigen Preis gewinnt. Online ist der Händler also oft nur noch eine Art Transaktionsgehilfe und verdient im Preiswettbewerb deshalb auch weniger Geld als mit anderen Handelsmodellen. Die stationäre Positionierung eines Händlers bewahrt allerdings auch nicht vor dem Preiswettbewerb, wenn die Sortimente des Händlers mit dem Online-Handel im Wettbewerb stehen – was vor allem in der Elektronikbranche bei Händlern wie dem amerikanischen Best Buy oder dem deutschen Media Markt zu beobachten ist.[12]

Doch auch im Online-Handel geht nicht alles reibungslos vonstatten. Viele Online-Konzepte, die in den späten 90ern gestartet sind, fahren untragbar hohe Verluste ein und geben ihr Geschäft bereits 2002 wieder auf. Amazon betreibt 2002 sieben Fulfillment-Center und trifft die bedeutungsvolle Entscheidung, sich strategisch auf Distribution als Key Value Driver zu konzentrieren.[13]

12 www.presseportal.de (abgerufen Dezember 2016)
13 Brad Stone, The Everything Store

Insight

Grundsätzlich hat bei allen Handelsunternehmen 2002 das Thema E-Commerce bereits eine zentrale Bedeutung für die Unternehmensstrategie. Der in Abbildung 1.1 dargestellte Zusammenhang veränderter Kaufprozesse im Internet wird (auch heute noch) von vielen Handelsmanagern angefochten. Da sich viele der bestehenden Handelskonzepte auf bekannte Klassifizierungssysteme stützen, um so ihre Zielgruppen zu bestimmen und einzuordnen, kommt ihnen die Realität des „neuen" Kaufprozesses besonders unpassend. Angebote werden für Zielgruppen strukturiert, sodass sich Handelskonzepte beispielsweise an Geschlecht, Alter, Einkommen oder auch Konsumpräferenzen (buyer's preferences) ausrichten. Für Manager, die sehr stark in diesen Klassifizierungssystemen arbeiten und denken, ist deren Auflösung nur schwer hinnehmbar. Das gilt insbesondere dann, wenn sich ein ausreichend großer Teil der Kunden noch scheinbar analog zu den bekannten Milieus verhält. Neuere Geschäftsmodelle, wie das Projekt Collins der Otto Group, setzen bereits voraus, dass Kunden sich nicht mehr durch diese Systeme klassifizieren lassen.[14]

Ausblick der Marktteilnehmer 2002

Im Jahr 2000 öffnet Jeff Bezos mit dem **Marktplatzkonzept** Amazon Marketplace seinen Online-Shop für Drittanbieter, sowohl Händler als auch Endkunden. Somit sichert Amazon früh seine Marktposition im Marktplatzsegment und kann dem Kunden eine noch größere Auswahl und Informationstiefe bieten. Das Unternehmen kann bis 2002 den Jahresumsatz auf knappe 4 Milliarden US-Dollar steigern.[15]

Statt in die Produktbreite zu wachsen wie Amazon, konzentrieren sich die meisten **Online-Händler** auf konkrete Kategorien. Man geht davon aus, dass bald jedes Sortiment einen Champion haben wird, der hier den Marktanteil dominieren wird – Modelle wie Zappos in den USA, AO World im Vereinigten Königreich und MyToys in Deutschland entstehen.

2002 gewinnen vor allem die **Intermediäre**. Das über den Preis gesteuerte Kaufverhalten der Online-Kunden beflügelt Preissuchmaschinen über alle Kategorien hinweg. Der deutsche Preisvergleichsanbieter Dooyoo.de beispielsweise stockt seine sechs Mitarbeiter bis 2002 auf 170 auf[16] und Google startet seine eigene Produktsuche Google Shopping, die damals noch Froogle heißt.[17]

14 www.etailment.de (abgerufen Dezember 2016)
15 www.wikinvest.com (abgerufen Dezember 2016)
16 www.deutsche-startups.de (abgerufen Dezember 2016)
17 www.google.com (abgerufen Dezember 2016)

Auch die **Katalogversender** sind im neuen Jahrtausend angekommen und rüsten in Sachen E-Commerce ordentlich auf beziehungsweise nach. In den USA hatten die traditionellen Kataloghändler vorerst stark in die stationäre Expansion investiert, erkennen Anfang des Jahrtausends aber auch die Synergien des E-Commerce mit dem bestehenden Kataloggeschäft. Die drei deutschen Riesen Quelle, Neckermann und Otto bieten nun alle ihr Katalogsortiment auch online an. Vorreiter Otto Group verbucht 2002 einen Online-Umsatz von 1,7 Milliarden Euro, 56 Prozent über dem Umsatzniveau des Vorjahres.[18]

Der **stationäre Handel** spürt die Bedrohung des E-Commerce mehr und mehr. Als Antwort experimentieren große Einzelhändler wie Target (USA) und Thalia (D) mit dem E-Commerce und erstellen eigene Online-Konzepte. Bei Macy's und Tchibo ist der Online-Handel 2002 bereits etablierter Teil der Kundenansprache.[19]

Hersteller sehen sich durch den Online-Handel immer weiter in die Enge getrieben. Die neuen Verkaufskonzepte passen nicht in die Distributionsstrategie vieler Marken. Vor allem die geringen Margen im E-Commerce und der Kontrollverlust über die unzähligen Online-Angebote setzen Hersteller zunehmend unter Druck. So können Ebay-Powerseller beispielsweise im Großhandel Markenturnschuhe (Adidas, Nike, Asics) einkaufen und auf der Auktionsplattform deutlich unter regulären Einzelhandelspreisen, durch schlanke Kostenstrukturen aber dennoch gewinnbringend verkaufen.[20] Der damit verbundene Preisverfall der Markenprodukte stellt die Hersteller vor eine große Herausforderung.

2007: Online-Euphorie

Missverständnis Erlebnis

„We see that Internet and e-commerce is growing, but at the same time, when buying a new bed a lot of people want to try it first, and if you buy a sofa you may want to touch the fabric."

Peter Agnefjäll, CEO IKEA[21]

18 www.heise.de (abgerufen Dezember 2016)
19 www.ecckoeln.de (abgerufen Dezember 2016)
20 www.internethandel.de (abgerufen Dezember 2016)
21 www.wsj.com (abgerufen Dezember 2016), Zitat ist aus dem Jahr 2013, passt als Aussage ebenfalls zu 2007

Zwischen 2002 und 2007 verbucht der E-Commerce einen weiteren großen Wachstumsschub und wächst auf einen Jahresumsatz von 136 Milliarden Dollar in den USA[22] und 18 Milliarden Euro in Deutschland.[23] Mit einem Online-Käuferanteil von 60 Prozent verdoppelt der E-Commerce seine Reichweite seit 2002 (hier lag der Anteil bei 30 Prozent) und verzeichnet ein starkes Wachstum an Neukunden.[24] Zudem bestellen Kunden nicht mehr nur Bücher und Kleidung – auch große Anschaffungen wie Möbel und Großelektronik werden online getätigt. Dank ausführlicher Online-Beratung, Kundenbewertungssystemen und immer attraktiverer Produktdarstellung wird der Kunde nun auch online ausgiebig beraten und informiert. Ein anderes folgenreiches Internetphänomen wird zunehmend deutlich. Eine Handvoll Champions setzt sich durch und penetriert den Online-Handel. Diese Champions heißen 2007 vor allem Amazon, Ebay und Google. Besonders Amazon weist beispiellose Umsatz-Wachstumsraten vor, der Umsatz steigt bis 2007 auf beeindruckende 15 Milliarden US-Dollar.

Abbildung 1.2 erklärt, wie Amazon es schafft, nachhaltig den Markt zu dominieren: Am Anfang steht die große Auswahl an Produkten (Selection). Das schafft ein positives Kundenerlebnis (Customer Experience), welches durch hohe Wiederkaufraten und Weiterempfehlung die Besucherzahlen (Traffic) erhöht. Hat Amazon viele Besucher, so ist das Angebot zudem besonders attraktiv für Drittverkäufer beziehungsweise Marken/Hersteller (Sellers), die entsprechend das Angebot auf Amazon Marketplace erweitern. Dieser positive Kreislauf stärkt Amazons Wachstum (Growth). Diese Regel gilt gleichermaßen für jeden Marktplatz, doch bei dem Online-Riesen kommt eine Besonderheit in der Strategie hinzu: Anstatt das Wachstum zu nutzen, um mit hohen Margen möglichst profitabel am Markt zu agieren, nutzt Amazon die hohen Verkaufsmengen, um seine Kosten (Lower Cost Structure) und folglich auch die Preise (Lower Prices) für die Kunden möglichst niedrig zu halten, und kurbelt somit den Wachstumskreislauf weiter an. Amazon sichert sich damit einen permanenten Wettbewerbsvorteil und agiert mit dieser Strategie weniger wie ein Marktplatz, sondern mehr wie ein besonders effizienter Großhändler. Es zeigt sich ebenfalls, dass diese „Großhandelsstrategie“ zwar stationär in jeder Stadt funktioniert, im Internet jedoch – losgelöst von der Notwendigkeit regionaler Erreichbarkeit und Nähe zum Kunden – nur Platz für einen Champion pro Land beziehungsweise Region ist.

22 www.internetretailer.com (abgerufen Dezember 2016)
23 HDE, abgerufen über www.statista.com, Dezember 2016
24 Beruhend auf deutschen Marktstatistiken

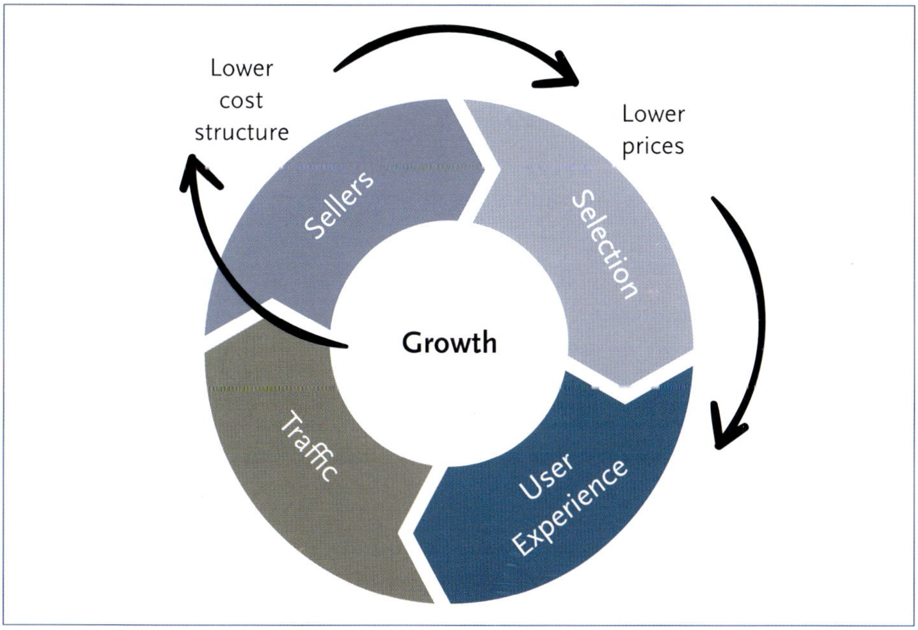

Abbildung 1.2: Amazons Virtuous Cycle
Quelle: nach Jeff Bezos, 2001

Ein weiteres Ass im Ärmel hat Jeff Bezos mit dem Prime-Service von Amazon: Seit 2004 steht Prime-Mitgliedern für 79 US-Dollar im Jahr das Two-Day-Shipping ohne weitere Kosten zur Verfügung. Obwohl Amazon hier pro Lieferung circa 8 Dollar an Logistikkosten verliert, erweist Prime sich als einer der größten Wachstumstreiber Amazons. Bezos stellt dazu ganz klar fest: „It was never about the $79. It was really about changing people's mentality so they wouldn't shop anywhere else."[25]

Auch die sich anbahnende Rezession (2007–2009) nimmt für Amazon einen günstigen Verlauf. Viele Wettbewerber gehen angesichts des wirtschaftlichen Abschwungs auf Sparflamme, Kunden werden preissensibler – Amazon investiert weiter in günstige Preise und Wachstum. [26]

25 Brad Stone, The Everything Store
26 Brad Stone, The Everything Store

Insight

Bezeichnend für diese Phase ist der massive Investitionsdruck in sogenannte „Category-Killer". Jedes Segment, jedes Sortiment wird aus Sicht der Investoren von einem dort beheimateten Marktführer dominiert. Für den Bereich Elektronik kann das Newegg sein, Fahrräder dominiert fahrrad.de und im Segment Möbel ist Wayfair klarer Category-Leader. 2007 sind die Umsätze im Online-Handel noch relativ stark über verschiedene Konzepte verteilt und der Siegeszug der Marktplätze ist noch nicht absehbar. Insbesondere ungenutzte Potenziale im Online-Marketing und im Bestandskundenmanagement lassen in den 2007 gültigen Business Cases noch genug Raum für Wachstumsfantasien.

Ausblick der Marktteilnehmer 2007

Online-Marktplätze wachsen weiter: Amazon und Ebay setzen ihr Wachstum fort und 2003 ist Amazon das erste Mal profitabel, allerdings mit geringen Gewinnen. Es setzen sich nationale Marktführer durch, dies sind Amazon und Ebay in Nordamerika und Westeuropa, Alibaba in Asien, Rakuten in Japan und Ozon in Russland. Innovative neue Marktplatzkonzepte wie Etsy ziehen riesige Mengen an Venture Capital an.

Online-Händler wachsen mit dem E-Commerce-Umsatz und verbuchen steten Kundenzuwachs. Die Hochphase der Online-Händler zieht ebenso weltweit Investoren an, die in Online-Konzepte wie Wayfair in den USA und Zalando in Deutschland Millionen investieren. Dabei machen vor allem Shopping-Clubs von sich reden wie Gilt, das 2007 gegründet wird, und Vente-Privée, das im selben Jahr eine große Spätrundenfinanzierung einsammelt.

Die Euphorie der **Intermediäre** hat nachgelassen und Preisvergleichsseiten verzeichnen Verluste: Dooyoo (Deutschland) muss beispielsweise seine Mitarbeiterzahl drastisch von 170 auf 24 Beschäftigte herunterfahren.[27] Shopping.com (USA) büßt ebenfalls stark an Wachstum ein.[28] Grund: Champions wie Google (mit Google Shopping und Universal Search) und einzelne Reise- und Finanzportale gewinnen das Rennen um Marktanteile.

27 www.deutsche-startups.de (abgerufen Dezember 2016)

28 www.wsj.com (abgerufen Dezember 2016)

Das **Kataloggeschäft** blickt ebenfalls weniger positiv auf die Entwicklungen – man verliert immer mehr Marktanteile an Amazon und andere. Zwar wächst das Online-Geschäft der Versandhäuser noch, doch im Marktvergleich müssen vor allem JC Penney (USA), Quelle und Neckermann (Deutschland) deutliche Einbußen hinnehmen.

Der **stationäre Handel** schaut etwas positiver in die Zukunft, hat er doch aus der Kampfansage der Online-Händler gelernt und will nun im E-Commerce mitmachen. Budgets werden verlagert und die Filialgeschäfte wagen mehr und mehr den Schritt in die Online-Richtung. „So kann der Kunde bei uns jetzt das Beste aus beiden Welten erhalten", argumentieren die Einzelhändler. Doch trotz der Euphorie ist in der Realität nicht alles so leicht umzusetzen wie erhofft. So schließt Media Markt beispielsweise Ende 2007 seinen Webshop Mediaonline.de,[29] um sich online neu auszurichten. Der im Oktober 2007 angekündigte Shop über mediamarkt.de lässt allerdings bis 2012 auf sich warten.[30]

Hersteller sehen die Entwicklungen weiterhin eher kritisch. Zwar wird der Online-Vertrieb langsam kontrollierbarer durch bessere Vernetzung mit den Online-Händlern und dem Ausbau von Markenshops in Marktplätzen, doch stehen Marken noch immer ganz am Anfang. Nicht zuletzt um bestehende Handelsbeziehungen mit dem Fachhandel zu schützen, schrecken noch viele Marken vor dem Direktvertrieb und umfassender Distribution über Online-Marktplätze zurück. Es entstehen jedoch erste markeneigene Shops wie hugoboss.com.

2012: Die Multichannel-Blase

Missverständnis Beratung

„I believe the death of the retail store has also been greatly exaggerated. The influence of the internet and online sales will continue to increase, but […] multichannel retail platforms will be the primary beneficiary of this trend."

Bill Bishop, Brick Meets Click[31]

29 www.golem.de (abgerufen Dezember 2016)
30 Media Markt Pressemitteilung vom 13.1.2012
31 B. Bishop, The MultiXchannel Future of Retail (www.brickmeetsclick.com, abgerufen Dezember 2016)

Ein weiterer Wachstumsschub katapultiert den E-Commerce-Umsatz 2012 in den USA auf 227 Milliarden US-Dollar und in Deutschland auf 39 Milliarden Euro. Es entstehen mehr und mehr innovative Konzepte wie der Handmade-Marketplace Etsy und stark gehypte Modelle wie die Daily-Deal-Konzepte Groupon (Local Coupons) und Fab.com (Home and Living Merchandise). So wurde Groupon 2010, nur zwei Jahre nach seiner Gründung, von Forbes als „fastest growing company ever“[32] gefeiert. Noch im selben Jahr lehnte Groupon Akquisitionsangebote von Yahoo (3 bis 4 Milliarden US-Dollar) und Google (5,75 Milliarden US-Dollar) ab. Nur ein Jahr später betitelte man Groupon dann als „the world's most controversial company“, nicht zuletzt wegen seines umstrittenen Börsengangs im November 2011.[33] Lokale Dienstleister, Restaurants und andere Groupon Partner bemerkten, dass das Überangebot von Coupons zu einem drastischen Preisverfall führte. Statt neue Kunden über einmalige Rabattaktionen zu gewinnen, stellte sich heraus, dass kaum Kunden bereit waren, später zum vollen Preis zu konsumieren.

Eine spannende Entwicklung zeichnet sich vor allem im deutschen E-Commerce ab. Bis etwa 2010 besteht das E-Commerce-Wachstum in Deutschland hauptsächlich aus dem Rückgang von Katalogumsätzen, also der Migration der Katalogkunden in den Online-Handel (vgl. *Abbildung 1.3*). Der stationäre Handel entwickelt sich also bis 2010 vom E-Commerce weitestgehend unberührt. Das Umsatzwachstum des Einzelhandels insgesamt ist inflationsbereinigt bei fast Null. Erst seit 2011 legt das E-Commerce-Wachstum vom Katalogversand losgelöst zu und steigt mit erhöhter Wachstumskurve an. Ohne erkennbares Gesamtwachstum der Einzelhandelsumsätze verliert der stationäre Handel monatlich zwischen 500 Millionen und 1 Milliarde Euro an die Online-Kanäle, Tendenz steigend. Der schon vor 2010 geschwächte Stationärhandel verliert also mehr denn je an die wachsenden E-Commerce-Gewinner.

Derweilen hat Amazon den Wettbewerb eindeutig abgehängt und dominiert den Online-Handel in den USA und in Westeuropa. Weiterhin gewinnt Amazon viele Umsätze durch seine agressive Preisführerstrategie. Die Entwicklung von Pricing Robots lässt Amazon alle Preise seiner Wettbewerber überwachen (*monitor*) und mithilfe von Algorithmen ideal und in Echtzeit anpassen. So liefern sich 2009 Amazon und seine Rivalen Walmart und Target einen umstrittenen Preiskampf. Beispiel Bücher: Bei Bestsellern unterbieten sich alle drei Retailer Kopf an Kopf,

32 www.forbes.com (abgerufen Dezember 2016)
33 www.businessinsider.com (abgerufen Dezember 2016)

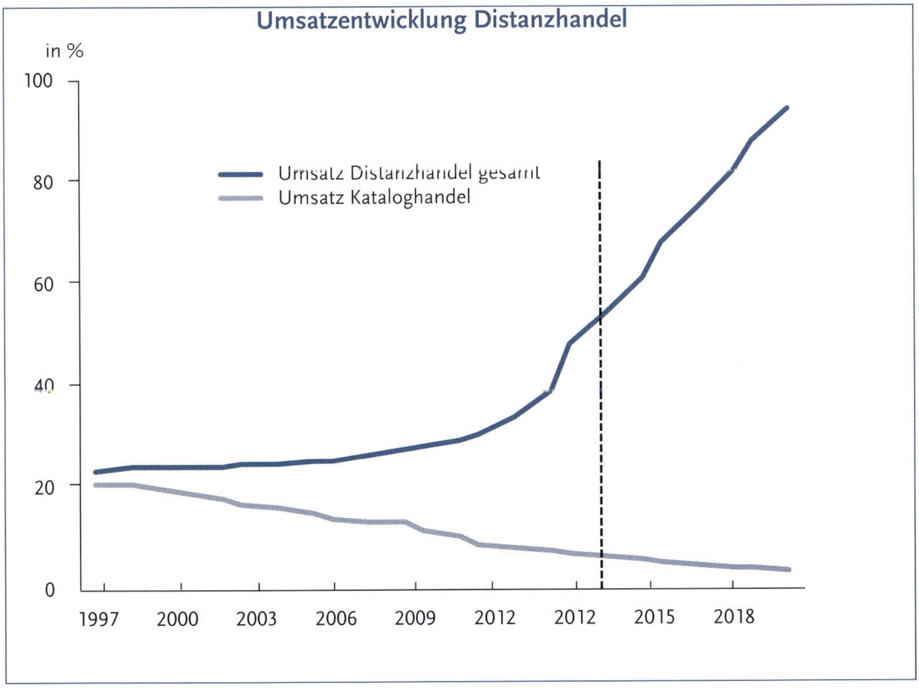

Abbildung 1.3: Umsatzentwicklung Distanzhandel
Quelle: eigene Erstellung auf Basis von Excitingcommerce.de, Statistisches Bundesamt, BVH, eigene Prognosen (lineare Fortschreibung)

sodass die regulär zwischen 25 und 35 Dollar kostenden Bücher jeweils für unter 9 Dollar angeboten werden; die American Bookseller Association fordert daher die US-amerikanische Justizbehörde auf, dieses „Predatory Pricing" eingehend zu prüfen.[34]

Im deutschen Modebereich intensiviert sich der Preiskampf durch den relativ neuen Marktteilnehmer Zalando, der ähnlich wie Amazon Preisvorteile durch Skaleneffekte erzielen will. Insgesamt scheint Amazon aber nicht mehr aufzuholen zu sein: 2012 setzt sich die dominante Marktstellung durch und die Zappos-Akquisition stärkt Amazon weiter in seiner Monopolstellung. In den USA (siehe *Abbildung 1.4*) wie in Europa hat sich der Wachstumskreislauf (seit 2007) stetig „weitergedreht". Die Verkaufszahlen von Amazon heben ab 2009 nochmal richtig ab und lassen den Wettbewerb erblassen. Und das spüren nicht nur direkt konkurrierende Online-Händler, die nun ihrem eigenen Preisdruck unterliegen.

34 www.nytimes.com (abgerufen Dezember 2016)

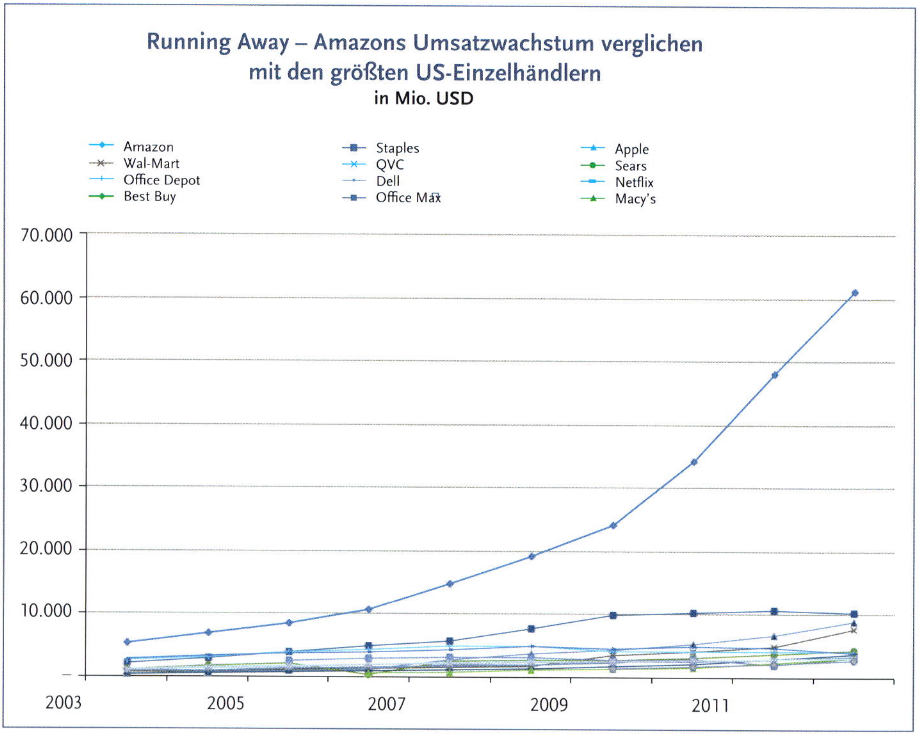

Abbildung 1.4: Amazon dominiert den Markt
Quelle: S. Banjo, P. Ziobro, The Wall Street Journal: After Decades of Toil, Web Sales Remain Small for Many Retailers. Für 2016 hat Amazon bereits einen Gesamtumsatz von 136 Milliarden US-Dollar reportet.

Im permanenten Abwärtsflug will der stationäre Handel jetzt jedoch das Steuer herumreißen – und die Lösung heißt Multichannel. Wenn offline sinkt, muss eben mehr online her. Die Kanalverknüpfung soll den Kunden entlang des Kaufprozesses immer dort erreichen, wo es ihm gerade am besten passt – in der Filiale, online oder auf dem Smartphone. Eine tolle Idee, jedoch haben es die traditionellen stationären Händler hier noch nicht geschafft, den Kunden neben Services wie „Online-Bestellung in der Filiale abholen" (Click & Collect) oder „Retouren vor Ort zurückgeben" einen echten Mehrwert zu bieten. Ist der Kunde gerade online auf der Suche nach einem Produkt, so zählen eben ganz andere Entscheidungskriterien. Kurzum: Ein Händler kann nur dann im jeweiligen Kanal bestehen, wenn er dem Kunden hier auch echte Mehrwerte bietet, denn die Verknüpfung verschiedener Kanäle an sich kann die Kostenproblematik der Brick-and-Mortar-Filialen nicht retten.

Insgesamt ist kundenseitig 2012 noch ein deutlicher Unterschied in den Kanalpräferenzen zu erkennen. So bevorzugen in etlichen Produktkategorien (zum Beispiel

Reisen, Entertainment und Bücher) deutlich über 60 Prozent der jüngeren Kunden in Deutschland den Online-Kanal gegenüber dem stationären Handel, wobei der Gesamtdurchschnitt in den genannten Kategorien eher bei 45 Prozent liegt. Die Entwicklung hin zur Selbstberatung im Internet ist vor allem unter jüngeren Kunden und Digital Natives verbreitet und unterstützt das Umsatzwachstum komplexer und informationsintensiver Produkte über Online-Shops zunehmend. So steigern beispielsweise von 2011 auf 2012 beratungsintensive und teilweise hochpreisige Produktgruppen wie Möbel (plus 58 Prozent) und Kosmetik/Parfüm (plus 67 Prozent) ihren Umsatz deutlich – wenngleich bei geringer Basis.[35] Unterstützt wird diese Entwicklung durch Kundenbewertungen, Empfehlungen der Händlershops, Produktver-

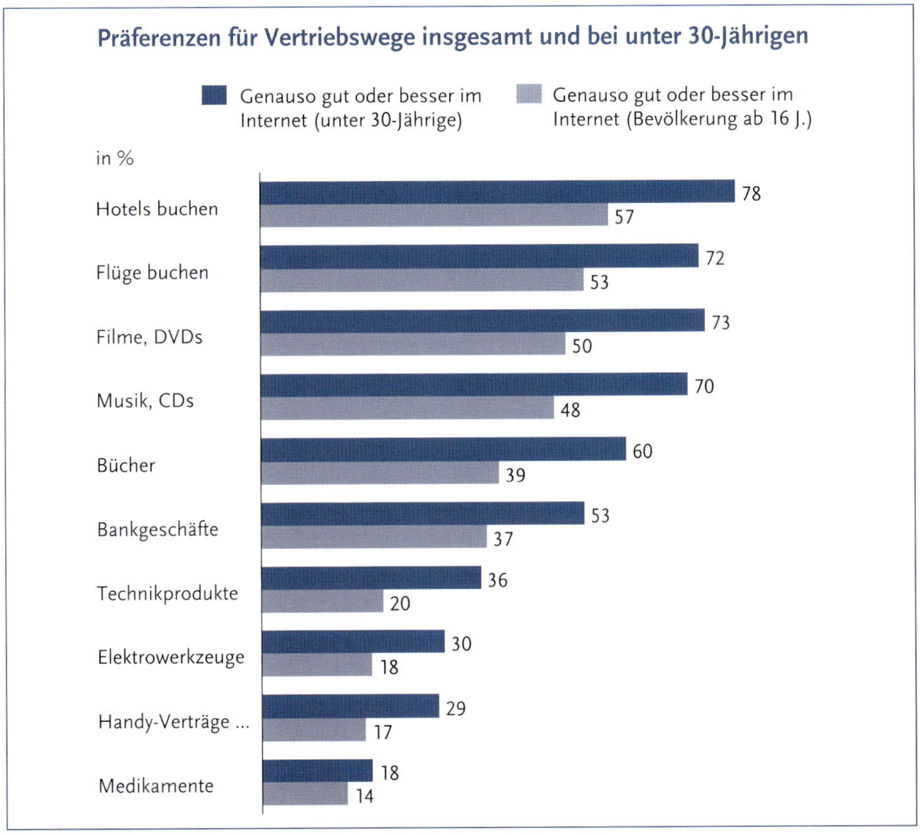

Abbildung 1.5: Vertriebspräferenzen nach Altersgruppe
Quelle: Prof. Dr. Renate Köcher, ACTA 2012, (www.ifd-allensbach.de/fileadmin/ACTA/ACTA_Praesentationen/2012/ACTA2012_Koecher.pdf)

35 www.bevh.org (abgerufen Dezember 2016)

gleichsportale sowie ein wachsendes Informationsangebot der Hersteller. Diesen Trend verdeutlicht ebenfalls die vom ECC Köln durchgeführte Studie[36] zum Online- und Offline-Kaufverhalten. Darin gaben die Befragten unter anderem an, aus welchen Gründen sie nach der Internetrecherche am Ende doch im Laden eingekauft haben. 57 Prozent der Befragten nannten fehlende Haptik, 44 Prozent nannten die sofortige Verfügbarkeit des Produktes. Lediglich 27 Prozent gaben an, aufgrund der persönlichen Beratung im Ladengeschäft stationär gekauft zu haben. Fast drei Viertel der Befragten sahen also in der persönlichen Beratung keinen wichtigen Kaufgrund für den stationären Handel. Umgekehrt wurde auch untersucht, welches die Gründe für den Online-Kauf im Vergleich zum Kauf im stationären Handel sind: 48 Prozent der Befragten nannten die schnelle und einfache Online-Bestellung, 44 Prozent gaben den günstigeren Preis als Grund an. Aus der Kombination der Faktoren gute Online-Beratung, schnelle Bestellprozesse und kompetitive Preisstrategie lässt sich also der Erfolg bestehender E-Commerce-Konzepte wie Amazon, Zalando und Ebay erklären.

Insight

Den Kunden auf allen Kanälen zu bedienen war 2012 noch die ultimative Strategie der Handelsunternehmen mit stationärer DNA, um gegen Amazon, Wayfair, Zalando und Co. zu bestehen. Die Vermutung dahinter war, dass es eine hinreichend große Bindung zur Handelsmarke wie zum Beispiel Macy's, Sears oder Douglas gibt, die Kunden vom stationären Handel auf die eigene Webseite bringt. Analog dazu funktionieren barnesandnoble.com, bestbuy.com, Karstadt.de und andere. Die vermuteten Kundenbindungseffekte sind leider nicht realisiert worden. Im Gegenteil – es gibt ausreichend Studien und Belege dafür, dass die Kundenbindung zur Händlermarke gen Null tendiert.[37]

Ausblick der Marktteilnehmer 2012

Amazon dominiert und lässt die Liste der **Online-Marktplätze** insgesamt schrumpfen. Trotz des Verlustes kleinerer Akteure wächst das Marktsegment unaufhaltsam weiter und beeinflusst durch die Oligopolstellung der wenigen Gewinner alle weiteren Segmente.

36 ECC Köln, Cross-Channel-Einkaufserlebnis (www.ecckoeln.de, abgerufen Dezember 2016)

37 Zum Beispiel OC&C, Wenn zwei sich streiten ... entscheidet der Kunde (www.springerprofessional.de, abgerufen Dezember 2016)

Die so vielversprechend gestarteten **Online-Händler** verlieren zunehmend Marktanteile an Amazon und Co. Und dort, wo Marktanteile erkämpft werden, werden diese mit hohen Marketingausgaben und Margenverzicht erkauft, was den Druck insgesamt weiter steigen lässt. So wächst der deutsche Fashion-Pure-Player Zalando 2012 beispielsweise um beeindruckende 125 Prozent auf 1,159 Milliarden Euro Umsatz, fährt dabei allerdings Verluste von 90 Millionen Euro ein.[38] In den USA ergeht es Pure-Playern wie Wayfair und Zulily ähnlich.

Der Großteil der **Intermediäre** wird 2012 von Google und einigen wenigen Branchenchampions endgültig aus dem Markt verdrängt. Eine Handvoll Gewinner bleibt bestehen (Google Shopping, Kayak.com, Booking.com etc.). Die Aussicht auf das Wachstum bestehender und das Entstehen neuer Intermediärkonzepte ist negativ.

Für das **Kataloggeschäft** sieht es weiterhin schwierig aus. Hat man 2007 noch Online-Wachstum verbuchen können, so flacht dieses nun ab, da die meisten Offline-Kunden bereits zum Online-Kanal migriert sind. Die Folge: Zwei der drei großen deutschen Kataloghäuser melden Insolvenz an (Quelle 2009 und Neckermann 2012). Auch in den USA sind fast alle Katalogversender verschwunden – so hatte Sears seinen Katalog bereits 1993 aufgegeben, JC Penney folgte 2009 und Eddie Bauer erlitt nach der ersten Insolvenz 2005 im Jahr 2009 seine zweite.

Der **stationäre Handel** blickt der Multichannel-Zukunft positiv entgegen: Home Depot und Macy's investieren stark in Multichannel-Angebote, Media Markt eröffnet seinen Online-Shop (im zweiten Versuch), Conrad stellt in den Filialen Internet-Terminals bereit und Douglas entwickelt eine Erlebnis-App für Smartphones. Doch ob sich dadurch Insolvenzen wie für Sears und Karstadt in Zukunft abwenden lassen, wird sich zeigen.

Für **Hersteller** verbessern sich endlich die Bedingungen – der E-Commerce ist auf eine professionelle Partnerschaft mit Marken ausgerichtet, und Hersteller gehen selbstbewusst in den Online-Handel. Sie verstehen es mehr und mehr, Marktplätze für sich zu nutzen und mit eigenen Markenshops Umsatz und Gewinn zu steigern. Einige Markenhersteller wie Adidas und Asics kontrollieren allerdings den Online-Vertrieb sehr streng und versuchen den Verkauf über die Marktplätze Amazon und Ebay zu verbieten.[39] Somit erhoffen sich die Hersteller größere Kontrolle über das Markenimage, die Produktdarstellung und natürlich vor

38 www.excitingcommerce.de (abgerufen Dezember 2016)
39 www.heftarchiv.internetworld.de (abgerufen Dezember 2016)

allem die Verkaufspreise. Kartellrechtlich ist das allerdings nicht immer einfach umzusetzen. Vor allem aber steigen Marken zunehmend in den Direktvertrieb ein und behalten so die Kontrolle, ohne Online-Umsätze zu verpassen. Diese neue Nähe zum Endkunden hilft vielen Herstellern, direktes Kundenfeedback zur Produktentwicklung zu nutzen.

2015 Der stationäre Handel leidet

Missverständnis Stationär

„I believe the rebirth of retail will come as developers, retailers and cities understand the retail paradigm of the future is based on something timeless and enduring."

Rick Caruso, CEO Caruso Affiliated[40] *in einer Pressemitteilung*[41]

2015 erreicht der E-Commerce einen Rekordumsatz von 348 Milliarden Dollar in den USA sowie 57 Milliarden Euro in Deutschland. Damit outperformt das E-Commerce-Wachstum seit Jahren das Wachstum des Einzelhandels insgesamt. In den USA beispielsweise wächst der E-Commerce 2015 je nach Quellen um etwa 11 bis 15 Prozent, wobei der Einzelhandel nur um 3,7 Prozent ansteigt.[42] Schreibt man das Wachstum jeweils linear fort, so wird der E-Commerce bis 2020 in den USA etwa 16 Prozent und in Deutschland um die 18 Prozent des gesamten Retail-Marktes ausmachen.

Die Marktverschiebung hin zum E-Commerce zeigt sich außerdem im sinkenden Foot Traffic, den der Einzelhandel seit Jahren verzeichnet. In den USA sehen beispielsweise die stationären Einzelhändler allein in den letzten vier Quartalen einen Rückgang an Ladenbesuchern von 6,5 Prozent (siehe *Abbildung 1.8*). Der deutsche Handelsforscher IFH prognostiziert für den deutschen Einzelhandel die Schließung von 30 Prozent aller stationären Filialen bis 2020 und sieht die Zukunft weiterer 40 Prozent als ungewiss an, sofern diese es nicht schaffen sollten, ihre Geschäftsmodelle zukunftsfähig auszurichten.[43]

40 Caruso Affiliated ist einer der größten Immobilienbesitzer von Einzelhandelsflächen in den USA
41 Caruso Affiliated Pressemitteilung vom 12.1.2014
42 www.bloomberg.com (abgerufen Dezember 2016)
43 www.wiwo.de (abgerufen Dezember 2016)

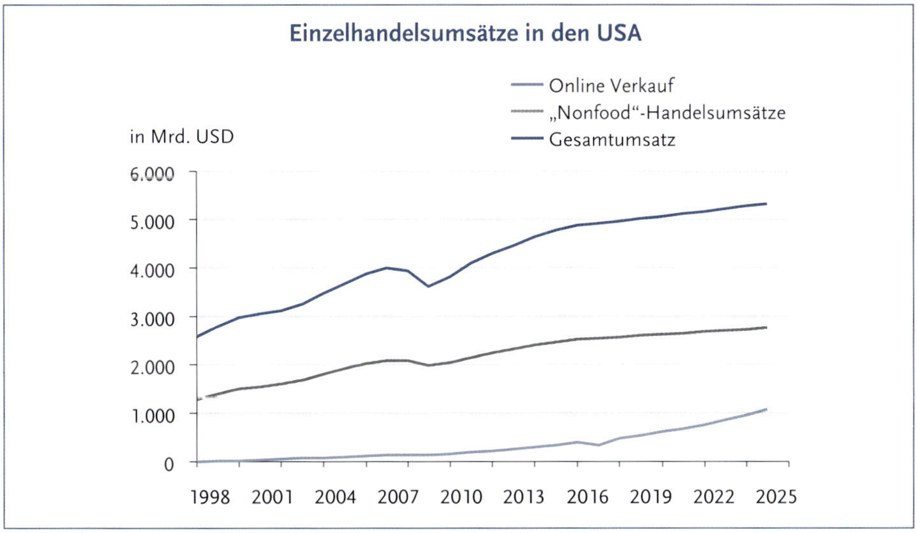

Abbildung 1.6: Jährliche E-Commerce Umsätze, USA
Quelle: US Department of Commerce, eMarketer, Internet Retailer, Statista Market Outlook de.statista.com/outlook/243/ecommerce

Dabei wird es 2015 deutlicher denn je, wie sehr der Online-Riese Amazon den Retail-Wandel dominiert. So berichtet beispielsweise Channeladvisor, dass Amazon zwischen 40 und 60 Prozent der US-amerikanischen Online-Umsätze

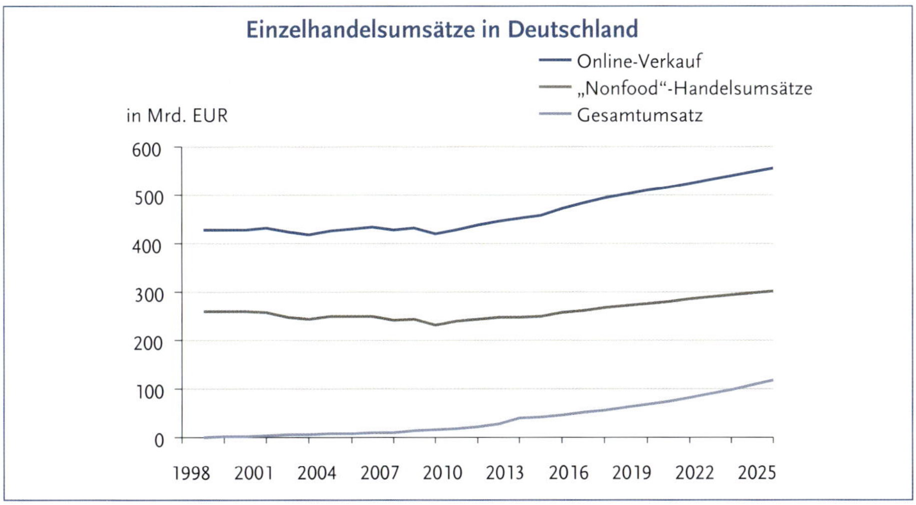

Abbildung 1.7: Jährlicher E-Commerce Umsatz, Deutschland
Quelle: BEVH, Statista Market Outlook de.statista.com/outlook/243/ecommerce

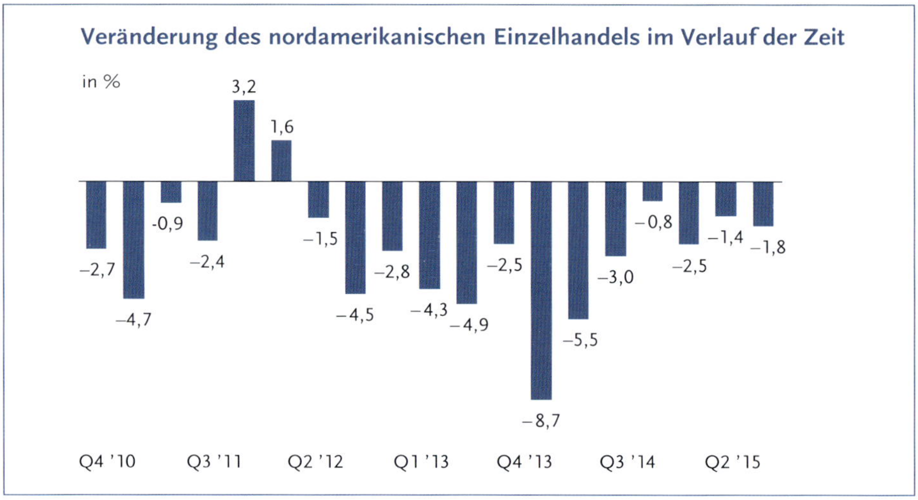

Abbildung 1.8: Veränderung der Kundenfrequenz der Laufkundschaft in den USA im Verlauf des Jahres (im Quartal)
Quelle: S. Banjo, The Internet Can't Save Retail, www.bloomberg.com

verbucht.[44] In Deutschland kommen die Berechnungen auf 30 bis 50 Prozent.[45] Das Umsatzvolumen der 20 nächstgroßen Online-Retailer ist in Summe immer noch geringer als der Umsatz Amazons.[46] Die Entwicklungen hat Amazon zum großen Teil einem neuen Kundenverhalten zu verdanken, das wir im Folgenden „Amazon Commerce" nennen. Das Phänomen wird stark von Amazon forciert und beschreibt ein komplett neues Kaufverhalten, das sich nicht mehr an Anbietern oder konkreten Produkten orientiert, sondern allein am Zweck (oder auch Nutzen), den das gewünschte Produkt erfüllen soll. So ein Kunde ist beispielsweise einer der über 50 Millionen Prime-Kunden, die bei zweckgetriebenen Einkäufen direkt über Amazon bestellen, oftmals ohne Preise oder Serviceangebote anderer Anbieter zu vergleichen. Vor allem in wenig emotionalen Produktkategorien wie Technik oder Gebrauchsgegenständen ist dieses Verhalten zu beobachten.

Amazon scheint heute nicht mehr aufzuhalten zu sein, und entsprechend reagiert auch die Börse, die den Online-Retailer seit Juli 2015 höher bewertet als den Retail-Giganten Walmart. Aber nicht nur Walmart kämpft hier um Marktanteile – sowohl offline als auch online geraten Retailer zunehmend in Bedrängnis. Bei-

44 www.retailgeek.com (abgerufen Dezember 2016)
45 www.kassenzone.de (abgerufen Dezember 2016)
46 www.bloomberg.com (abgerufen Dezember 2016)

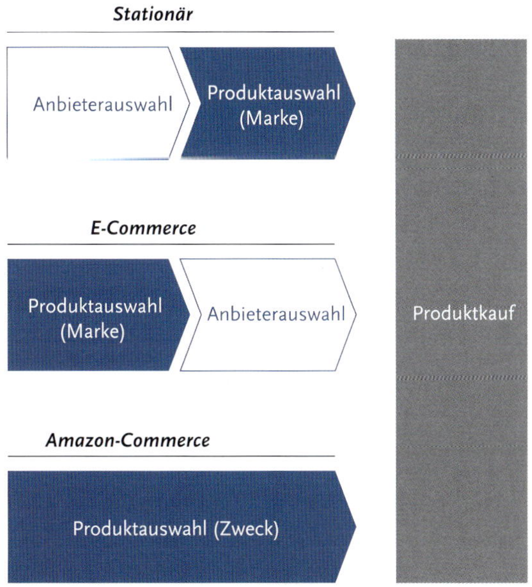

Abbildung 1.9: Kaufprozess im Vergleich – Stationär und E-Commerce und Amazon
Quelle: Eigene Darstellung in Bezug auf B. Schäfers, Social Shopping für Mode, Wohnen und Lifestyle am Beispiel Smatch.com in Web- Exzellenz im E-Commerce, Gabler, S. 313

spielsweise verliert BestBuy 2015 weiterhin Umsätze,[47] Radioshack geht in die Insolvenz[48] und die vor wenigen Jahren als Einhorn mit über 1 Milliarde Dollar bewertete Gilt Groupe geht wie auch der deutsche Händler Kaufhof nach schlechten Ergebnissen an die Hudson Bay Company. In Kapitel 4 widmen wir Amazon eine analytische Auswertung mit Blick auf Handlungsmöglichkeiten für Händler und Hersteller.[49]

Einige weitere Entwicklungen, die der nun 20-jährige E-Commerce mit sich bringt, sind 2015 ebenfalls besonders deutlich:

- Der zunehmende Preisdruck, den der Online-Handel auf die Marktteilnehmer ausübt, lässt auch dieses Jahr die Margen weiter sinken. Dabei verliert vor allem der stationäre Handel preissensible Kundengruppen. Schon 2014 glauben 71 Prozent der Kunden, online bessere Preise zu bekommen.[50]

47 www.marketwatch.com (abgerufen Dezember 2016)
48 www.forbes.com (abgerufen Dezember 2016)
49 Siehe S. 337
50 www.mashable.com (abgerufen Dezember 2016)

- Eine wichtige Entwicklung ist der zunehmende Direktvertrieb von Markenherstellern. Immer mehr Hersteller überwinden bisherige Hürden in der Unternehmens- und Distributionsstruktur und nutzen den E-Commerce in eigenen Online-Shops. Der Direktvertrieb im Internet zeigt sich neben dem Verkauf über Drittplattformen als eine hervorragende Möglichkeit, den Kunden ein positives Markenerlebnis zu bieten und höhere Margen zu erzielen. Bis 2015 haben sich etliche Online-Markenauftritte von Informationsseiten zu sehr guten Online-Shops gemausert, wie beispielsweise der Schweizer Möbelhersteller Vitra oder die Luxusmarke Burberry. Kundenseitig sind vor allem die Informationstiefe sowie eine große Auswahl der Markenprodukte für den Kauf im Online-Shop eines Herstellers ausschlaggebend.
- Das rapide Wachstum mobiler Umsätze wird weiterhin oft unterschätzt. Studien ergeben, dass bereits bis zu 45 Prozent aller digitalen Umsätze über Smartphones und Tablets getätigt werden.[51] Diese Entwicklung hat vor allem technologisch große Auswirkungen auf viele Online-Retailer, die Kapazitäten in die Verbesserung der mobilen User Experience investieren.

Insight

Die Brisanz der aktuellen Situation rückt aktuell ins Bewusstsein fast aller Marktteilnehmer, weil viele Handelsunternehmen keine stabilen Strategien mehr entwickeln können. Während sich das Wachstum im E-Commerce auf hoher Basis beschleunigt, stehen Marktteilnehmer wie der deutsche Buchhändler Thalia oder sein amerikanisches Gegenüber Barnes & Noble planlos daneben. Insbesondere die fehlenden Zukunftsvisionen erschweren dringend notwendige Investments. Zudem ist es bei vielen Handelsunternehmen fast zu spät, um Innovationsstrukturen aufzubauen, die permanent neue Geschäftsmodelle produzieren können. Führend in dem Bereich in Deutschland ist die Otto Group mit den Vehikeln und Investitionen in Project A (Inkubator), e.ventures (Venture Capital) und Liquid Labs (Accelerator/Inhouse BD).[52]

51 www.internetretailing.net (abgerufen Dezember 2016)
52 www.kassenzone.de (abgerufen Dezember 2016)

Ausblick der Marktteilnehmer 2015

Die großen **Marktplätze** Amazon und Alibaba stehen heute so gut da wie nie und verdrängen langsam sogar nationale Champions wie Rakuten in Japan. Ausnahme in diesem Segment ist allerdings der Marktplatz Ebay, der sich schwer tut, Kunden und Merchants zu behalten, und beide zunehmend an Amazon verliert. Grund ist unter anderem, dass Produkte schwer zu finden sind und die Produktlistungsgebühren nicht mehr einfach angenommen werden wie zu Ebays Anfängen. Außerdem können die meisten Verkäufer auf Amazon mehr Umsätze erzielen und gleichzeitig Logistikkosten senken.[53] Letztgenannter erreichte 2015 einen Umsatz von 107 Milliarden US-Dollar. Dennoch bleibt die Frage, wie und wann Amazon den Kurs hin zur Profitabilität einschlägt. Bislang scheint Amazon potenzielle Gewinne weiterhin direkt in Wachstum und Ausbau des Angebotes zu re-investieren.

Für **Online-Händler** ist die Situation seit 2012 kaum verändert; die kompetitiven Preise senken weiterhin die Margen und immer mehr Pure-Player sind in der Euphorie erst einmal gedämpft. Laut Aussagen des IFH werden bis 2020 sogar 90 Prozent der aktuell im Markt agierenden Online-Händler nicht mehr existieren.[54] Gründe dafür sieht das Institut vor allem im „gnadenlosen Preiswettbewerb", in steigenden Ausgaben für das Online-Marketing und den hohen Retourenkosten der Online-Shops. Neben diesen Entwicklungen erleben allerdings einige spannende Nischenshops großes Wachstum und schaffen es mit innovativen Konzepten zur Profitabilität.

Viele **Intermediäre** sind bereits vom Markt verschwunden, der nun sehr von Google dominiert wird. Beispielsweise hat der deutsche Preisvergleichsservice guenstiger.de das niedrigste Besucheraufkommen *(all time traffic low)* seit 2003. Nur die großen Reise- und Finanzportale bleiben, lassen aber wohl keinen Platz für neue Marktteilnehmer.

Die **Kataloghändler** sind 2014 quasi komplett aus dem Rennen ausgeschieden. In den USA fokussieren sich die traditionellen Katalogversender schon seit Jahren entweder auf das Stationärgeschäft oder teils auch auf E-Commerce, aber kaum noch auf das Kataloggeschäft. Der wohl größte traditionelle Händler in diesem Segment, Sears, fünftgrößter Online-Retailer in den USA, macht gerade einmal 18 Prozent seiner Umsätze online und verliert auch offline stark an Umsät-

53 www.bloomberg.com (abgerufen Dezember 2016)
54 www.wiwo.de (abgerufen Dezember 2016)

zen; 2015 versucht er, sich gesund zu schrumpfen[55]. Auch die überlebenden Kataloghäuser in Deutschland wie Bon Prix und Otto sind heute praktisch keine Kataloghändler mehr, weil große Teile des Umsatzes online erwirtschaftet werden. In den USA lässt sich 2015 die spannende Beobachtung machen, dass einige traditionelle Kataloghändler wie J. Crew, Bloomingdales und Williams-Sonoma neu in Kataloge investieren. Auch einige digitale Retailer wie Bonobos ziehen mit. Diese Druckwerke sind allerdings vielmehr als Lifestyle-Magazine und Werbemittel zu verstehen denn als Bestellkataloge.[56]

Rücklaufende Umsätze und entschleunigtes Wachstum zeichnen sich bei vielen **stationären Händlern** ab (zum Beispiel Nordstrom, Sears, JC Penney, Kaufhof, Esprit), selbst bei denjenigen, die wie beim amerikanischen Macy's[57] und deutschen Thalia intensiv in die Kanalverknüpfung investiert haben.[58] Auch an Insolvenzen mangelt es nicht (Eddie Bauer, Radioshack, Karstadt, Praktiker, Schlecker). Somit blickt der stationäre Handel verständlicherweise zunehmend negativ auf die Entwicklungen. Lichtblicke: einige bisher sehr erfolgreiche Online-Konzepte wie Bonobos, Warby Parker und Home Depot.

Zu den Gewinnern 2015 gehören die **Hersteller**, die durch eigenes Knowhow und selbst aufgebaute E-Commerce-Teams endlich gewappnet sind für den E-Commerce. Um der Preisschlacht zu entgehen, nimmt Hugo Boss sein Sortiment beispielsweise 2013 vom Marktplatz Zalando und konzentriert sich auf den eigenen Webshop sowie auf Online-Händler im Premiumbereich. Eine Herausforderung für Hersteller, die wie Adidas und Asics versuchen, den Online-Vertrieb streng zu kontrollieren (vgl. 2012), besteht in den Entscheidungen des Bundeskartellamtes.[59] So gibt Adidas Mitte 2014 dem Druck des Kartellamtes nach und lockert seine Vertriebsbeschränkungen bei Marktplätzen wie Amazon. Diese Entwicklung könnte die Vertriebsstrategie einiger Hersteller in Zukunft beschränken.[60] Doch mit den richtigen Maßnahmen können Hersteller auch diese Entwicklung für sich nutzen und den Vertrieb über Marktplätze selbst in die Hand nehmen.[61]

---

55 www.dealbook.nytimes.com (abgerufen Dezember 2016)
56 www.marketwatch.com (abgerufen Dezember 2016)
57 www.bloomberg.com (abgerufen Dezember 2016)
58 www.buchreport.de (abgerufen Dezember 2016)
59 www.bundeskartellamt.de (abgerufen Dezember 2016)
60 www.handelsblatt.com (abgerufen Dezember 2016)
61 Alexander Graf und Nils Seebach, Knut geht baden (www.etailment.de, abgerufen Dezember 2016)

2015	Durchdringung	Umsatz pro Nutzer (in USD)	Umsatz gesamt (in Mio. USD)	Wachstumsrate (im Jahresvergleich)
USA	63 %	1.757	287.392	11 %
UK	77 %	1.630	66.721	11 %
Deutschland	71 %	1.145	57.330	9 %
China	35 %	626	247.036	25 %
Japan	72 %	966	75.937	10 %
Frankreich	60 %	1.227	40.304	10 %
Brasilien	35 %	350	19.217	13 %
Australien	60 %	977	11.085	12 %
Weltweit	36 %	740	1.035.029	15 %

Abbildung 1.10: Internationaler Vergleich der Schlüsselmarkt-Statistiken
Quelle: Statista Market Outlook, de.statista.com/outlook/243/ecommerce

Der internationale Vergleich lässt schnell erkennen, wie unterschiedlich die Länder im E-Commerce aufgestellt sind und wo noch besonderes Potenzial besteht. In diesem Sinne wollen wir uns in Kapitel 1.2 die Geschichte des E-Commerce in China (ab Seite 51) einmal genauer anschauen.

2020: Gewinner und Verlierer des E-Commerce

„Mama, kannst du mir einen neuen Bagger ausdrucken? Der von gestern ist kaputt."

Bis 2020 ...

... wird der E-Commerce bei linearem Wachstum ein Drittel der Gesamtumsätze des Einzelhandels ohne Lebensmittel ausmachen.

... ist ein weiteres Wachstum des E-Commerce auf rund 100 Milliarden Euro und ein Drittel der Einzelhandelsmarktanteile (ohne Lebensmittel) zu erwarten.

... werden sich die Entwicklungen der letzten Jahre vermutlich verschärfen: Oligopole nutzen Skaleneffekte, um weiter zu wachsen, Online-Händler verfallen dem Preiskampf, der stationäre Handel verliert, Hersteller steigen zunehmend in den Direktvertrieb ein.

… wird es neue Wachstumstreiber im E-Commerce geben. Zum einen wird die Anzahl der intensiven Online-Shopper steigen, zum anderen werden auch bisher gering penetrierte Produktgruppen im Online-Handel zunehmen.

… dürften weitere Innovationen wie der 3D-Druck das Marktumfeld neu prägen und revolutionieren.

Ausblick der Marktteilnehmer

An dieser Stelle wagen wir einen Blick in die Glaskugel. Niemand kann voraussagen, was passieren wird, allerdings halten wir die folgenden Szenarien für wahrscheinlich.

Etablierte **Online-Marktplätze** gewinnen weiterhin durch den „Großhändlereffekt". **Gewinner:** Amazon, Alibaba, nationale Champions.

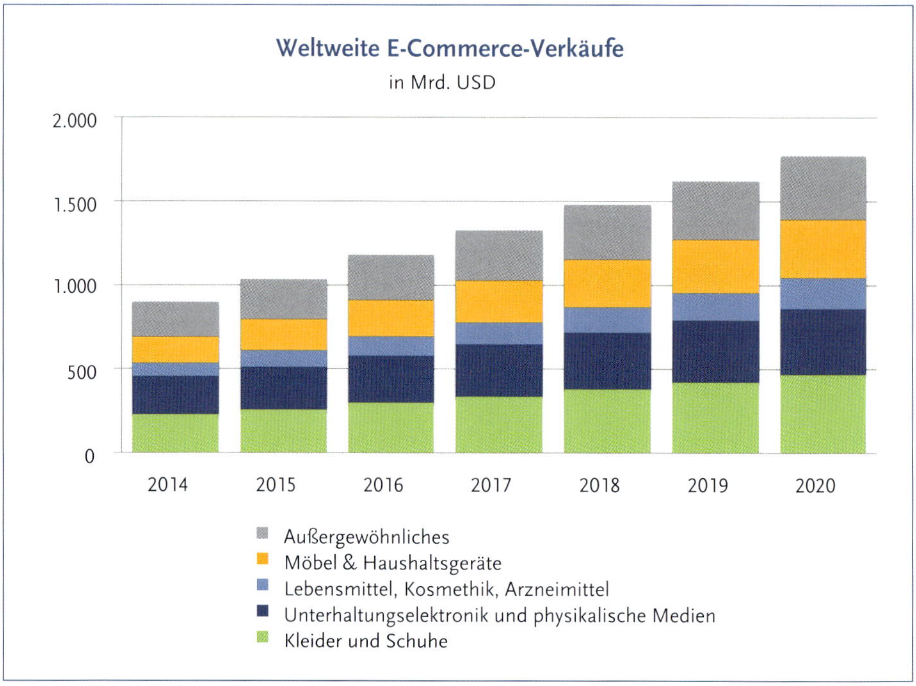

Abbildung 1.11: Prognose der jährlichen E-Commerce Verkäufe im Laufe der Zeit
Quelle: Statista Market Outlook de.statista.com/outlook/243/ecommerce

Online-Händler müssen extrem stark wachsen, um ihre Nischen zu verteidigen. Das führt automatisch zu starken Konsolidierungen im Markt. Neue „Spezialisten" mit Category-Killer-Status entstehen, deren Geschäft nicht ohne Weiteres von den anderen Marktteilnehmern bedroht werden kann. **Gewinner:** sehr große Spezialisten, Nischenanbieter und neue Konzepte wie Modomoto und Blue Apron.

Intermediäre sind von Google verdrängt oder einer der anderen großen Inhaber der Kundenbeziehung wie Facebook, Apple oder Amazon übernimmt das Geschäft. **Gewinner:** Google und Co.

Der **Katalogversand** ist für die meisten Sortimente und Zielgruppen kein alleine tragfähiges Geschäftsmodell mehr. Kataloge erfüllen zunehmend die Funktion eines unterstützenden Marketingkanals und sind insbesondere durch den starken Wettbewerbsdruck im Online-Marketing wieder eine attraktive Marketingbasis geworden. **Gewinner:** keine.

Im **stationären Handel,** vor allem beim Handel mit Fremdmarken, ist mit zunehmenden Insolvenzen zu rechnen, wenn keine sinnvollen neuen Geschäftsmodelle gefunden werden. Lediglich die Vertikalisten (Händler/Hersteller) können hier zulegen. **Gewinner:** vertikale Händler wie Asos, Zara und Primark.

Hersteller gewinnen, jedenfalls diejenigen, die es verstehen, ihre Produkte stationär, online und durch Direktvertrieb optimal zu platzieren. **Gewinner:** Marken wie beispielsweise Hugo Boss oder Samsung.

Ähnliche Tendenzen liefert die IFH-Prognose der Online-Vertriebsformen (siehe *Abbildung 1.12*):

1. Die Online-Auftritte der Katalogversender verlieren weiterhin an Marktanteil.
2. Internet-Pure-Player (inkl. Marktplätze) wachsen leicht, vor allem durch Marktplätze und nationale Champions.
3. Die Online-Auftritte stationärer Händler verlieren an Bedeutung.
4. Der Online-Direktvertrieb von Herstellern wächst langsam weiter.

Zusammenfassung

Der E-Commerce ist heute hochkomplex und kompetitiv geworden. Die Marktentwicklungen der letzten Jahre werden sich verstärken und es gehen eindeutige Gewinner und Verlierer aus den Entwicklungen hervor. Das starke Wachstum des

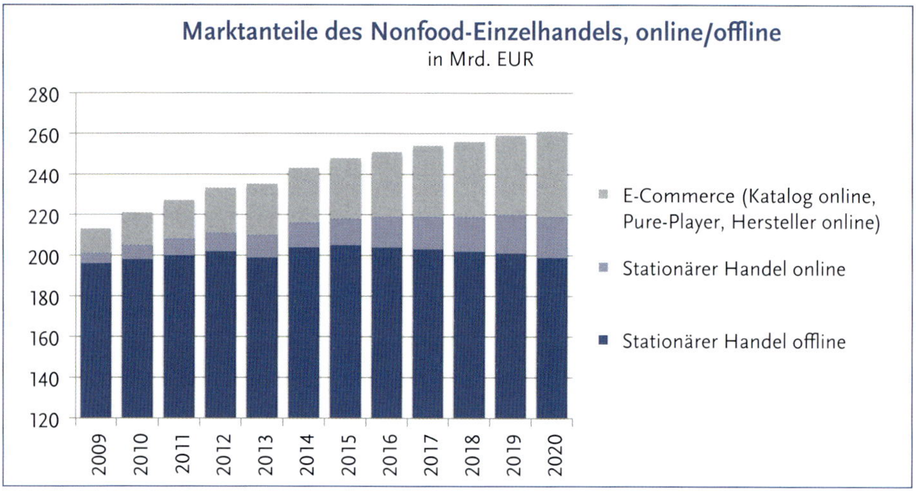

Abbildung 1.12: Vertriebsformen im Nonfood-Segment in Deutschland
Quelle: Branchenreport Online-Handel, IFH-Köln, 2015

Online-Handels können in Zukunft vor allem Online-Marktplätze, Nischen-Anbieter und Hersteller für sich nutzen. Der Handel mit Fremdmarken erweist sich im E-Commerce-Zeitalter bislang nicht als überlebensfähig.

	Marktplätze	Online-Händler	Intermediäre	Kataloghäuser	Stationär	Hersteller
1997	+	+	+	~	–	–
2002	++	++	+++	+	~	– –
2007	++	++	~	~	+	–
2012	+	~	–	~	++	+
2015	+	~	– –	~	–	++
2020	besteht	verdrängt	verdrängt	verdrängt	verdrängt	besteht
Gewinner 2020	Oligopole	Nischenanbieter	Neues Modell?	Category Leader?	Vertikal-händler	Hersteller
	Amazon E-Bay	*Etsy Modomoto*	*About You Google*	*Otto Zalando*	*Asos Primark*	*Samsung Hugo Boss*

1.2 E-Commerce in China

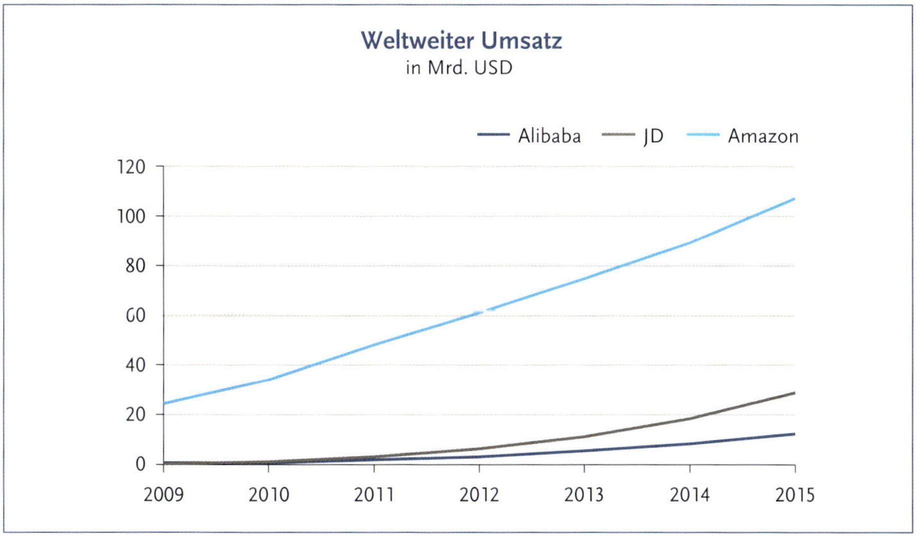

Abbildung 1.13: Weltweiter Umsatz von Amazon, JD und Alibaba im Vergleich, angegeben in Milliarden US-Dollar

Quelle: phx.corporate-ir.net, wikinvest.com, finanzen.net, marketwatch.com, forbes.com, de.statista.com

Warum China so wichtig ist

China wird häufig als die produzierende Wirtschaftsmacht der Welt abgestempelt. Als Innovator im E-Commerce kommt das Land nicht direkt in den Sinn – doch genau darüber sollten wir noch einmal genauer nachdenken. Die E-Commerce Geschichte Chinas ist vielleicht nicht so alt wie die des Westens, dennoch entwickelt sie sich wahnsinnig schnell. So überschreitet der derzeitige und prognostizierte chinesische E-Commerce-Umsatz nicht nur den Vergleichswert der US-Amerikaner. China besetzt außerdem zwei Plätze auf der Liste der zehn größten E-Commerce-Unternehmen weltweit.[62] Statt einfach nur die US-amerikanischen Modelle zu imitieren, entwickelte China in den letzten Jahren ohne Zweifel eine eigene E-Commerce Superkraft.[63]

62 www.statista.com (abgerufen Dezember 2016)

63 Vgl. Alibaba, Ali Express, JD.com, Tmall, Xiaomi, Vipshop in *3. Case Studies.*

Die ersten Schritte des chinesischen E-Commerce-Riesen: Der Aufstieg von Alibaba

Während Amazon im Jahr 1998 bereits 610 Millionen US-Dollar umsetzt,[64] beginnt die E-Commerce-Reise für China damals gerade erst mit dem Launch der Firmen Alibaba, Tecent und JingDong (mittlerweile bekannt als JD). Dieser Zeitpunkt ist keinesfalls dem Zufall überlassen, denn neue Regeln und Staatsreformen[65] legen den Grundstein für eine weniger bürokratische, weniger korrupte Geschäftsumwelt, wodurch das wirtschaftliche Wachstum und die Verbreitung der Internetnutzung in China gefördert wird. Obwohl sich die Zahl chinesischer Internetnutzer bis Ende des Jahres 1999 von 4 auf 9 Millionen mehr als verdoppelt[66], ist dies nichts im Vergleich zu den rund 100 Millionen Internetnutzern der Vereinigten Staaten.[67]

Eine der einflussreichsten Personen des chinesischen E-Commerce ist Jack Ma, der 1999 zusammen mit 18 weiteren Personen Alibaba gründet. Alibaba ist ein B2B-Marktplatz, der Fabriken in ganz China mit internationalen Geschäftskunden verbindet, während ein Großteil der Logistik von Drittanbietern abgewickelt wird. Alibaba richtet seine Ziele von Beginn an international aus und eröffnet noch im Jahr der Gründung Büroräume in den USA sowie in Hongkong, mit einem Fokus auf der regionalen Kundengewinnung. Das geplante Wachstum und somit der Erfolg von Alibaba bleiben jedoch zunächst aus und es folgen schwierige Jahre im Zuge der Dotcom-Krise. Infolgedessen stellt Alibaba seine globale Strategie ein und konzentriert sich vorerst auf China. Bis 2003 gelangt das Unternehmen wieder zu alter Stärke und kehrt im Zuge kräftiger Wachstumsraten zu seiner globalen Ausrichtung zurück.[68]

Noch im selben Jahr gründet Ma sein nächstes Milliarden-E-Commerce-Geschäft: Eine Peer-to-Peer-Auktionsseite namens Taobao.[69] Ebay hat gerade erst im Vorjahr den chinesischen Markt betreten, kann sich dann allerdings nicht gegen den chinesischen Konkurrenten Taobao durchsetzen. Taobaos Heimvorteil und dessen inniges Verständnis für seine chinesischen Kunden lassen Ebay chancenlos. So nutzt Taobao beispielsweise TV-Marketing-Strategien und bietet seinen Kunden Instant-Mobile-Messaging-Dienste an, da chinesische Kunden noch nicht an das

64 www.ecommercetimes.com (abgerufen Dezember 2016)
65 www.theconversation.com (abgerufen Dezember 2016)
66 USA International Business Publications, China E-Commerce Business and Investment Opportunity Handbook, 2009
67 www.indexmundi.com (abgerufen Dezember 2016)
68 www.technode.com (abgerufen Dezember 2016)
69 Taobao lässt sich mit „nach Schätzen suchen" übersetzen

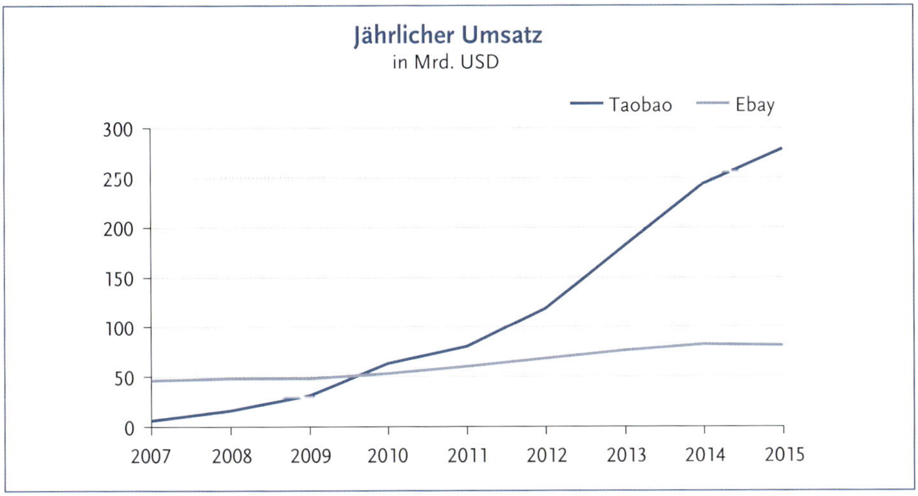

Abb. 1.14: Jährlicher Umsatz von Ebay und Tabao, 2007–2015
Quelle: Ebay's total gross merchandise, Statista, de.statista.com/statistics/242276 and Taobao's gross merchandise volume, Statista, de.statista.com/statistics/323075, chinadaily.com.cn

Internet als Vertriebskanal gewöhnt sind.[70] *Für Verkäufer auf der Plattform* bietet Taobao kostenlose Produktauflistungen an und finanziert sich über Werbung statt Transaktionsgebühren.[71]

Alibabas nächster Coup ist die Markteinführung von Alipay im Jahr 2004, eine Online-Bezahl-Plattform, die als integrierter Service bei Taobao startet. Hier ist anzumerken, dass Alibaba nicht einfach das US-amerikanische Paypal kopiert, sondern die Gewohnheiten der chinesischen Kunden zum Beispiel in Form eines Treuhandservice berücksichtigt.[72] Dieser Service soll Kunden davor schützen, eine der weitverbreiteten Fälschungen zu kaufen, die vor allem im Luxusgütersegment im Umlauf sind. Alipay erreicht eine hohe Akzeptanz und Verbreitung bei den chinesischen Konsumenten und wird damit zum übergreifenden Payment-Dienst für das gesamte Alibaba-*Ökosystem*.

Mit Tmall wagt sich Alibaba im Jahr 2008 dann auch in die B2C-Sphäre. Viele Markenanbieter hatten zuvor Bedenken, ihre Produkte auf der C2C-Seite Taobao zwischen zahlreichen Fälschungen wiederzufinden, und hielten sich davon fern. Doch durch die Einführung von Tmall kann Alibaba nun auch qualitativ hochwertige Marken als Partner gewinnen und so den wachsenden Markt der chinesi-

70 www.businessideaslab.com (abgerufen Dezember 2016)
71 www.forbes.com (abgerufen Dezember 2016)
72 www.chinainternetwatch.com (abgerufen Dezember 2016)

schen Mittelklasse abschöpfen.[73] Das Marktplatzmodell basiert auf Transaktionsgebühren, einer einmaligen Sicherheitskaution sowie einer jährlichen Gebühr für Händler und Marken.[74] Tmall ist geteilt in einen lokalen Marktplatz für chinesische Firmen und ein globales Portal, auf dem internationale Marken und Händler verkaufen. Alibaba bietet seinen internationalen Anbietern die Inhouse-Logistikplattform Cainiao an, um so weitere Marken zu gewinnen und das Service-Level selbst zu kontrollieren. Bei Verkäufen auf dem lokalen Marktplatz kümmern sich hingegen Drittanbieter um Logistik und Lieferservices. Heute kann sogar Amazon auf Tmall Global mit seinem eigenen Flagship-Store gefunden werden.[75] Im Laufe der Jahre hat Ma auf geschickte Art und Weise einen E-Commerce-Riesen mit beachtlicher Größe erschaffen, ohne jemals Lagerhallen oder Lagerbestände für die lokale Geschäftstätigkeit besessen zu haben. Die operativen Margen und Profite der Alibaba-Gruppe sind deutlich höher als die der Mitbewerber JD.com in China oder Amazon in den USA. Zudem wird das Ökosystem der Gruppe mit Angeboten wie einer Suchmaschine, einer Cloud-Datenservice-Plattform, Finanzdienstleistungen sowie strategischen Partnerschaften in der Logistik weiter ergänzt.[76] 2014 stellt Alibaba einen weiteren Rekord auf – den bis dahin größten Börsengang der Geschichte.[77]

Ein zweiter Riese tritt auf – und hat einen großen Bruder: JD.com und Tencent

Während des Aufstiegs von Alibaba gründet Liu Qiangdong im Jahr 1998 JD.com (ehemals jdlaser und 360buy), jedoch kann es in den ersten Jahren keinen nennenswerten Erfolg verzeichnen. Qiangdong, der als stationärer Elektronikhändler startete, beginnt erst 2004 mit dem Verkauf über den Online-Kanal. Eine Finanzspritze von 10 Millionen US-Dollar bringt das Unternehmen auf Wachstumskurs. In der Folge realisiert JD 2007 ein massives E-Commerce-Wachstum.[78] Die Finanzmittel werden genutzt, um das Produktportfolio zu erweitern und neue Software und Systeme für die chinesische Fulfillment-Infrastruktur zu entwickeln. 2015 erfolgt schließlich die Markteinführung von JD Worldwide, einer grenzübergreifenden

73 www.multichannelmerchant.com (abgerufen Dezember 2016)
74 www.investopedia.com (abgerufen Dezember 2016)
75 www.multichannelmerchant.com (abgerufen Dezember 2016)
76 www.techinasia.com (abgerufen Dezember 2016)
77 www.forbes.com (abgerufen Dezember 2016)
78 www.nytimes.com (abgerufen Dezember 2016)

Plattform, die es ausländischen Firmen ermöglicht, ihre Produkte in China zu verkaufen, ohne dort eine legale Rechtsform zu gründen. Händler haben die Möglichkeit, JD mit Fulfillment und Kundenservice zu beauftragen. Inzwischen ist JD.com ein typischer Online-Pure-Player, der Produkte kuratiert, Lagerbestände verwaltet und mit Markenprodukten handelt. Da alle angebotenen Produkte Eigentum von JD.com sind, kann das Unternehmen eine hohe Qualität und kundenfreundliche Services garantieren, um dem Misstrauen der chinesischen Kunden aufgrund von weitverbreiteten Produktfälschungen entgegenzuwirken. Im Jahr 2007 wurde die Fulfillment-Infrastruktur wieder eingegliedert,[79] so kontrolliert JD.com heute die gesamte Lieferkette vom Hersteller bis zum Kunden, mit mehr als 100 Lagerhäusern und tausenden Lieferwagen, die auch Produktrücksendungen bewältigen.[80] Damit einhergehend hat JD.com auch das gesamte Kundenerlebnis und deren Zufriedenheit selbst in der Hand. Durch die Entwicklung zu einem Full-Service-Händler konnte JD.com das Vertrauen der wachsenden, konsumorientierten chinesischen Mittelklasse gewinnen und mit einem Umsatz von 28 Milliarden US-Dollar im Jahre 2015 zum größten Online-Pure-Player Chinas werden.

Die Erfolgsgeschichte von JD.com wäre jedoch unvollständig, wenn nicht auch die Verknüpfungen zu Tencent betrachtet werden, Chinas größtem Technologieunternehmen. Das Unternehmen fokussiert sich Anfang 1999 vorerst auf Social Messaging und Gaming und startet – wie es scheint – ohne ein klares Geschäftsmodell. Der Messenger „OICQ“ (der später wegen rechtlicher Auseinandersetzungen mit ICQ in QQ umbenannt wird) kann im ersten Jahr mehr als eine Million Nutzer verzeichnen. Allerdings hat man Schwierigkeiten, die schnell steigenden Kosten zu decken. Erst eine 32 Millionen US-Dollar schwere Investition des südafrikanischen Medienhauses Naspers gibt Tencent den benötigten Spielraum, ein geeignetes Geschäftsmodell zu finden und einzuführen. (An dieser Stelle eine interessante Randnotiz: Dieser Akquisition und der nachfolgend guten Performance ist es maßgeblich zu verdanken, dass Naspers inzwischen das größte Medienunternehmen Afrikas ist.) Den in China nur schwach ausgeprägten Schutz des geistigen Eigentums nutzt Tencent sehr geschickt für sich aus, indem es erfolgreiche, meist ausländische Technologieunternehmen imitiert und diese für die chinesische Nutzerbasis adaptiert. So entstehen Copycats wie eine Suchmaschine, Online-Games, Online-Händler sowie soziale Netzwerke und schließlich das mobile Internet.[81] Beeindruckenderweise überdauern diese Modelle die Zeit, während westliche

79 www.chinainternetwatch.com (abgerufen Dezember 2016)
80 www.phys.org (abgerufen Dezember 2016)
81 www.chinainternetwatch.com (abgerufen Dezember 2016)

Firmen wie Netscape, MySpace und ICQ entweder selbst von innovativeren Wettbewerbern verschluckt oder vom Markt verdrängt werden. 2015 kann Tencent 15,8 Milliarden US-Dollar Umsatz generieren[82] und rückt damit an Facebook heran, das im gleichen Zeitraum einen Umsatz von 17,9 Milliarden US-Dollar erzielt.[83] Etwa die Hälfte der Umsätze stammt dabei aus Mobile Games. Tencent verfolgt dabei eine ähnliche Strategie wie Alibaba – durch Ausweitung der Nutzerbasis des gesamten Ökosystems beflügeln sich die einzelnen Modelle gegenseitig, beispielsweise Tencents Online-Payment-Service Tenpay, der auch über Wechat verfügbar ist.

Tencents Wachstumsambitionen zeigen sich in den vergangenen Jahren nicht zuletzt in den zahlreichen Investments in chinesische E-Commerce-Unternehmen[84] – mit dem Ziel, Kunden zu Tenpay-Nutzern zu machen. An dieser Stelle ist anzumerken, dass JD.com kurz vor Beginn der Partnerschaft mit Tencent seine Kooperationen mit Alipay und einem weiteren Zahlungsanbieter beendet hatte.

Tencent fokussiert sich mehr und mehr auf den mobilen Bereich, und das aus gutem Grund. Wegen des späten Starts der Digitalisierung in China wird die PC-

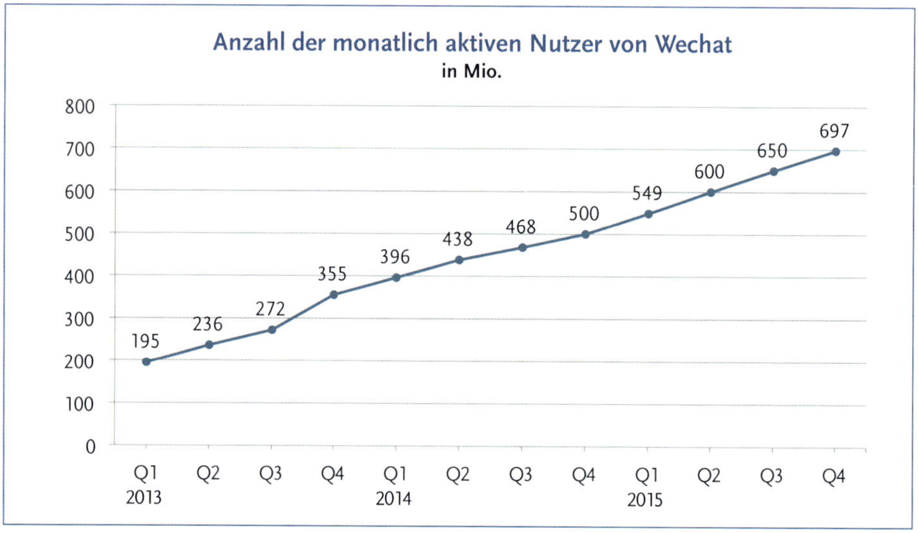

Abbildung 1.15: Monatlich aktive Nutzer, 2014 und 2015
Quelle: S. Millward, WeChat still unstoppable, Tech In Asia, techinasia.com/ wechat-697-million-monthly-active-users

82 www.tencent.com (abgerufen Dezember 2016)
83 www.investor.fb.com (abgerufen Dezember 2016)
84 www.fortune.com (abgerufen Dezember 2016)

Phase nahezu übersprungen und Smartphones finden vergleichsweise früh eine hohe Verbreitung. Einhergehend mit dieser Entwicklung führt Tencent 2011 den Instant-Messaging-Dienst Wechat ein, die mobile Version von QQ. In nicht einmal zwei Jahren kann Wechat 100 Millionen aktive Nutzer gewinnen und diese Zahl im Jahr 2014 auf gut 500 Millionen steigern (vgl. *Abbildung 1.15*) – vergleichbar mit den 500 Millionen Whatsapp-Nutzern weltweit.

2014 gehen Tencent und JD.com eine strategische Partnerschaft ein. Für einen Anteil von 15 Prozent an JD.com bringt Tencent seine E-Commerce-Geschäfte PaiPai (C2C), QQ Wanggou (B2C) und Teile von Yixun in das Unternehmen JD.com ein, um besser gegen den Wettbewerber Alibaba gerüstet zu sein.[85] JD.com verhilft Tencents Wechat als mobiler Online-Store-Plattform zum Durchbruch, während Tencent die Nutzerzahlen für seine Gaming-Geschäfte in die Höhe treiben kann. Nicht zuletzt die Integration des Online-Zahlungsservice Tenpay in Wechat sorgt für weiteres Wachstum.

Als JD.com seinen Shopping-Kanal auf Wechat startet, macht der Umsatzanteil des mobilen E-Commerce bereits fast 40 Prozent des gesamten chinesischen E-Commerce-Marktes aus. Um von dieser Entwicklung zu profitieren, transformieren beide Firmen Wechat in eine Plattform, die Business und Endkunden miteinander verbindet.[86] Als nächsten Schritt fügt Wechat ein Peer-to-Peer-Zahlungssystem hinzu sowie die Funktion, Dienstleistungen zu buchen und zu bezahlen. So ist es mit Wechat möglich, Stromrechnungen zu bezahlen, Verkehrsmittel zu buchen, Strafzettel zu begleichen, Arzttermine zu vereinbaren und vieles mehr.[87] Das E-Commerce-Ökosystem, das JD.com & Tencent erschaffen haben, steht in direktem Wettbewerb zu dem der Alibaba-Gruppe: JD.com konkurriert mit Tmall und Wechat mit Alipay.

Schlachtfeld der Riesen

Der Wettbewerb zwischen Alibaba und JD.com hat den chinesischen Markt in den vergangenen Jahren äußerst kompetitiv werden lassen, da beide E-Commerce-Riesen darum wetteifern, den eigenen Marktanteil zu erweitern und zu sichern. In vielerlei Hinsicht kann man diesen Wettbewerb mit einem Duopol vergleichen,

85 www.bloomberg.com (abgerufen Dezember 2016)
86 www.recode.net (abgerufen Dezember 2016)
87 www.walkthechat.com (abgerufen Dezember 2016)

denn mit der Schaffung von geschlossenen E-Commerce-Ökosystemen verhindern beide, Taobao und Tmall, aktiv deren Indizierung durch Baidu, das als größte Suchmaschine Chinas gilt. Zeitgleich blockiert JD.com Alibabas Produktsuchmaschine, während Wechat alle Dienste in Richtung Alipay, Taobao und Tmall sperrt. In Konsequenz zwingen beide Firmen ihre Kunden dazu, ihre Shops auf direktem Wege zu besuchen, und steigern so die Relevanz der jeweils eigenen internen Suchmaschinen. So ergibt sich ein von außen geschlossenes E-Commerce-Ökosystem, in dem Einzelhändler die Möglichkeit haben, ihre Werbeanzeigen zu platzieren, ähnlich wie bei Google Adwords.[88]

Währenddessen dauert der Krieg der mobilen Zahlfunktionen ebenfalls an: So verbannt JD im Jahr 2013 Alipay von seiner Webseite und geht anschließend eine Zusammenarbeit mit Tencent ein. Beide fokussieren sich auf Tenpay sowie das eigene Angebot, JD Finance. Daraufhin führt Alipay 2015 die Peer-to-Peer-Bezahlung sowie eine Social-Messaging-Funktion ein und startet Mobile Payment für den stationären Handel. Ende 2015 kann Wechat bereits 200 Millionen Nutzer für seinen Zahlungsdienst gewinnen, während bei Alipay schon Mitte 2015 ungefähr 350 Millionen Nutzer registriert sind.[89] Nach wie vor wird der B2C-Markt mit 54 Prozent von Tmall dominiert, gefolgt von JD.com mit 23,3 Prozent Marktanteil (Q3 2015).

E-Commerce in China heute

2015 übersteigt der chinesische E-Commerce mit Einnahmen von 417 Milliarden US-Dollar die entsprechenden Werte der USA (300 Milliarden US-Dollar) sowie der EU (370 Milliarden US-Dollar).[90] Mit 700 Millionen Internetnutzern[91] und bisher nur 10 Prozent Einzelhandelsumsatz, der online generiert wurde, ist außerdem noch viel Luft nach oben. Bislang wurde der E-Commerce-Konsum von der sogenannten „Connected-Spender"-Zielgruppe angetrieben, einer relativ jungen Gruppe von Konsumenten, die im Jahr 2014 einen Anteil an der chinesischen Bevölkerung von 27 Prozent ausmachte und für 44 Prozent aller Konsumausgaben verantwortlich war. Auch wenn ihre Kaufkraft in keinerlei Hinsicht mit der ihrer US-amerikanischen Vergleichsgruppe konkurriert, das Bevölkerungswachstum und steigende Löhne zeigen ein hohes Entwicklungspotenzial. Es ist zu erwarten,

88 www.investopedia.com (abgerufen Dezember 2016)
89 www.techcrunch.com (abgerufen Dezember 2016)
90 www.asia.nikkei.com (abgerufen April 2016)
91 www.edition.cnn.com (abgerufen Dezember 2016)

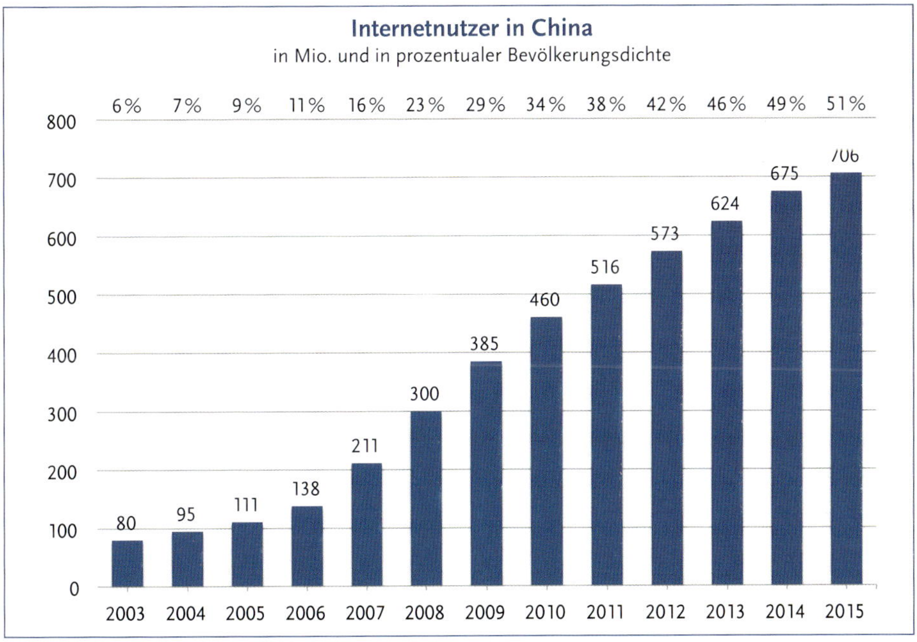

Abbildung 1.16: Wachstum der Internet-Penetration in China seit 2003
Quelle: internetlivestats.com/internet-users/china/

dass im Jahr 2025 bereits 60 Prozent aller Konsumausgaben in China von diesen Connected Spenders getätigt werden.[92]

Ein Beispiel für die schiere Masse von Menschen mit der Bereitschaft, online einzukaufen, ist der „Single's Day", eine Online-Shopping-Promotion am 11. November, die von der Alibaba-Gruppe vermarktet wird. Der größte Single-Shopping-Tag der Welt bricht im Jahre 2015 alle Rekorde: Der Online-Vertrieb von Alibaba übersteigt an nur einem Tag die Umsätze des Black Friday (2,74 Milliarden US-Dollar) sowie des Cyber Monday (3,07 Milliarden US-Dollar)[93] in den Vereinigten Staaten – und zwar mit Leichtigkeit.[94] Innerhalb von nur zwölf Stunden wurde das eigene Umsatzvolumen des vorherigen Jahres erreicht, und am Ende des Tages haben Alibaba und dessen Tochtergesellschaften Bestellungen im Wert von 14,3 Milliarden US-Dollar abgewickelt (das sind 60 Prozent mehr als am Single's Day 2014).[95]

92 www.businessinsider.com (abgerufen Dezember 2016)
93 www.techinasia.com (abgerufen Dezember 2016)
94 www.practicalecommerce.com (abgerufen Dezember 2016)
95 www.asia.nikkei.com (abgerufen Dezember 2016)

Abbildung 1.17: E-Commerce-Marktvolumen der USA vs. China
Quelle: ar.alibabagroup.com/2015/china-context/index.html

Trotz alledem sind die ökonomischen Rahmendaten Chinas rückläufig, weil sich das Land von einer Investitions- zu einer nachfrageorientierten Wirtschaft entwickelt, in der die Löhne steigen. Somit streben alle bedeutenden E-Commerce-Player nach mehr Unabhängigkeit vom chinesischen Markt; ein beliebtes Zielobjekt für diese Firmen ist Indien.

Dinge, die beim Markteintritt zu beachten sind

China ist der größte E-Commerce Markt der Welt und wächst weiter. Daher ist es keine Überraschung, dass der Markt auch ausländische Firmen anzieht. Allerdings müssen neue Wettberber eine Vielzahl von Aspekten und Regeln beachten, wenn sie in den chinesischen Markt eintreten wollen.

1. **Konsumentenverhalten:** Der wohl häufigste unterschätzte Aspekt für Firmen aus dem Westen, die ihre Produkte auf dem chinesischen Markt verkaufen wollen, ist der große Unterschied des Konsumentenverhaltens. Aus diesem Grund kann die dortige Nachfrage nur sehr schwer mit Vergleichswerten aus dem Hei-

matmarkt prognostiziert werden. Zunächst sind die chinesischen Konsumenten sehr markenaffin und suchen letztlich nach dem Produkt mit dem höchsten Wert für sich (was nicht unbedingt das Produkt mit der besten Qualität sein muss); tatsächlich glauben viele Chinesen, dass hohe Preise und bessere Qualität miteinander korrelieren. Daher muss die Corporate Identity mit Branding und Preis sowie der Promotion übereinstimmen. Wiederum ist es nicht notwendigerweise das Produkt an sich, das an den Markt angepasst werden muss, sondern die Art und Weise der Produktpräsentation. Des Weiteren beginnt die Customer-Journey häufig mit dem Kundenservice (typischerweise chatbasiert), der den Service zu einem Vorverkaufskanal wandelt. JD.com bietet seinen Verkäufern zum Beispiel an, den Kundenservice zu übernehmen, Tmall hingegen tut dies nicht. Gleichzeitig kaufen viele chinesische Konsumenten aufgrund von Mundpropaganda, was in China als eine starke Form der Empfehlung gilt.

2. **Eintritt via Martplätze/indirekter Markteintritt:** Der E-Commerce in China findet fast ausschließlich auf Marktplätzen statt, die eine fast identische Benutzererfahrung, allerdings häufig recht unterschiedliche Servicemöglichkeiten auf der Verkäuferseite anbieten. JD.com und Tmall sind die zwei größten B2C-Marktplätze in China; beide bieten einen heimischen sowie einen globalen Marktplatz. Auf dem globalen Marktplatz dürfen nur die ausländischen Firmen verkaufen, wohingegen die heimischen Marktplätze für die Firmen reserviert sind, die eine Rechtskörperschaft in China besitzen. Die globalen Marktplätze wirken zumeist vertrauenswürdiger für chinesische Kunden, da dort eher keine Produktfälschungen zu erwarten sind – in den Vorstellungen des Verbrauchers bürgen ausländische Verkäufer für Authentizität. Dies bringt dem globalen Markt erfreuliche Conversion Rates sowie höhere Warenkörbe. Außerdem kann die Logistik von Drittanbietern übernommen werden oder, wie bei JD.com, vom Marktbetreiber selbst. Marken wie Burberry oder Estée Lauder sowie Einzelhändler wie Macy's und sogar Amazon eröffnen Flagship-Stores auf diesen Plattformen, um in den chinesischen Markt einzutreten. Dennoch nutzt Amazon beispielsweise seine eigenen Lagerhäuser und regelt seine Logistik in China selbst. Trotzdem bieten kleine Märkte auch Vorteile, da die Konkurrenz auf einem geringeren Level stattfindet. Die hohe Verbreitung und Popularität von Wechat *können sich allerdings nur Firmen mit chinesischem Unternehmenssitz zu*nutze machen.

Ein anderer Weg, um indirekt in den Markt einzutreten, wird von windeln.de verfolgt. Der deutsche Online Anbieter von Babyprodukten generiert heute rund 50 Prozent seines Umsatzes in China. Wichtigste Produktkategorie ist Milchpulver, bei dem chinesische Konsumenten nach lokalen Skandalen einen hohen Wert auf Produktqualität legen. Der Verkauf an chinesische Verbraucher erfolgt dabei über zwei Wege: Auf der einen Seite kaufen „Freight Forwarders" aus Europa (meist chinesische Start-ups) im Auftrag von chinesischen Konsumenten auf windeln.de. Sie besitzen Lagerhallen und führen ihre Dienstleistungen unabhängig aus. Auf der anderen Seite bietet windeln.de eine direkte B2C-Lieferung nach China an, was heute rund 70 Prozent des Bestellvolumens nach China ausmacht und die Lieferzeit und Kosten verbessert.[96]

3. **Direkter Markteintritt:** Es ist nicht ratsam, einen direkten Markteintritt als ersten Schritt anzustreben, denn Markenaufbau und Kundengewinnung stellen eine zu große Eintrittsbarriere dar. Die bestehenden großen Anbieter stellen sicher, dass Kunden direkt auf ihre Dienste zugreifen, unter Ausschluss von Suchmaschinen wie Baidu (eine der dominantesten Suchmaschinen in China). Jeder, der sich für einen direkten Markteintritt entscheidet, muss zudem herausfinden, ob der Markt offen für eine eigene Unternehmung ist und welche Einschränkungen gelten: Viele ausländische Firmen sehen sich gezwungen, mithilfe eines einheimischen Partners in den Markt einzutreten, da es für ausländische Unternehmen nicht immer möglich ist, eine 100-prozentige Tochtergesellschaft in China zu gründen.

4. **Produktimport:** Produkte nach China zu importieren kann eine echte Herausforderung darstellen. Mal werden Gesetze angewendet, wie sie niedergeschrieben wurden, mal nicht. Daher kann jeder Eintrittspunkt für Produkte verschiedenen Hindernissen ausgesetzt sein. Außerdem sind Registrierungsvorgänge schwierig und Produkte schwer im Land zu verfolgen. Möglichweise wird Ware dem Verkäufer durch Behörden zurückgesendet, wenn diese nicht den Vorschriften entspricht – zuzüglich Berechnung einer Entschädigung, versteht sich. Erfahrene Unternehmen, wie beispielsweise windeln.de, können ein hilfreiches Sprungbrett sein, um Geschäfte in China zu starten.

5. **Staatliche Eingriffe:** Während der chinesische E-Commerce hauptsächlich dank der kauffreudigen Mittelklasse weiter wächst, sollte die Rolle des Staates als schützende Marktkraft nicht unterschätzt werden. Staatsbeamte streben danach, die regelnde Hand für die Entwicklung des Internets zu sein. Dies bedeutet, dass der Handel und die Medien den Werten und Normen der Kommunistischen Partei entsprechen müssen. So verbannte die chinesische Regierung

96 www.corporate.windeln.de (abgerufen Dezember 2016)

beispielsweise Google im Jahre 2010 vom chinesischen Markt, nachdem das Unternehmen sich geweigert hatte, Suchergebnisse zu zensieren, die über Angriffe von Hackern auf Gmail-Accounts chinesischer Menschenrechtsaktivisten informierten. Ferner beschränkt die Regierung den Zugang für ausländische Investoren, die maximal 50 Prozent der Anteile an chinesischen Internetfirmen besitzen dürfen.[97] Allerdings sind es nicht nur ausländische Unternehmen, die ein Auge auf den Staatinterventionismus haben müssen: Die Regierung errichtet Polizeistationen innerhalb der größten chinesischen Internetfirmen, um das virtuelle China unter Kontrolle zu behalten.[98] Letztendlich führt dieser Interventionismus zur Isolierung des Internets in China. Insbesondere die Misserfolge von Firmen wie Ebay, Groupon und Paypal in China sowie der Staatsinterventionismus, dem sich Unternehmen wie Google, Facebook und Twitter stellen mussten, hält ausländische Firmen davon ab, hohe Risiken einzugehen.[99] Dennoch ist es wichtig anzumerken, dass nicht allein die politischen Hürden für die bekannten Fehltritte verantwortlich gemacht werden können – häufig lag dies auch an einer eklatanten Fehleinschätzung der Kundenbedürfnisse und des Kundenverhaltens in China.

97 www.freshfields.com (abgerufen Dezember 2016)
98 www.techinasia.com (abgerufen Dezember 2016)
99 www.technode.com (abgerufen Dezember 2016), www.technode.com (abgerufen Dezember 2016)

2 Wertschöpfungsstufen im E-Commerce

Es wird so oft von „durch den Online-Handel ausgelösten Umwälzungen“ und „kreativer Zerstörung“ gesprochen, dass man gelegentlich den Eindruck gewinnen könnte, E-Commerce sei mit dem reinen Chaos gleichzusetzen. Zugegebenermaßen bringt der Online-Handel Änderungen mit sich, wie es sie lange nicht gegeben hat. Fakt ist aber, dass E-Commerce Strukturen nicht durch Unordnung ersetzt, sondern durch ein anderes – wenngleich etwas komplizierteres – Gefüge. Die Strukturen lassen sich entlang einer Wertschöpfungskette analysieren, die in vielen Punkten den Wertschöpfungsstufen des traditionellen Einzelhandels entspricht. Das tun wir in diesem Kapitel.

Die sieben Glieder der E-Commerce-Wertschöpfungskette

Am Anfang steht das Produkt, das verkauft werden soll: Das erste Glied in der Wertschöpfungskette stellen daher **Beschaffung und Einkauf** dar. Welche Sortimente haben online Erfolg und wie werden diese zusammengestellt? Diese Produkte müssen dann den Kunden zugänglich gemacht werden. Hier folgt das zweite Glied **Produktpräsentation**, bei dem es um den Bereich des Online-Shops geht, in dem sich Kunden die Ware anschauen.

Das dritte und das vierte Glied bilden **Marketing und Vertrieb**: Beide sind zentrale Elemente im Online-Handel und eng miteinander verwoben. Erstens ist das Internet eine äußerst lebendige, durchaus vielversprechende und vor allem sehr komplizierte Umgebung für die Vermarktung, denn nirgends sonst sind Tempo und Unvorhersehbarkeit der Änderungen so hoch – und nirgends sonst gibt es solche (oft trügerischen) Aussichten auf langfristige Umsatzsteigerung durch Marketingmaßnahmen. Dabei führen Überlegungen zum Thema Vertrieb direkt zur Existenzfrage für Händler und Hersteller: Wie lässt sich in Zukunft möglichst nah am Kunden bleiben, ohne die Kontrolle über das Kerngeschäft an E-Commerce-

Abbildung 2.1: Wertschöpfungskette im E-Commerce
Quelle: eigene Erstellung in Anlehnung an Michael E. Porter (2004), Competitive Advantage

Giganten abzugeben? Welche Känale sollten im Multichannel-Kontext eingesetzt werden?

Sind Vermarktung und Vertrieb erfolgreich, bestellt der Kunde. Im nächsten Glied der Wertschöpfungskette geht es also um die **Kaufabwicklung** im Online-Shop. Wie verhindert man, dass Kunden bei diesem entscheidenden Schritt den Kaufvorgang abbrechen?

Im Anschluss müssen abgegebene Bestellungen aus der elektronischen Umgebung in die reale Welt hinaus – und zwar möglichst schnell. Da kommt das sechste Glied, die **Logistik**, zum Zuge: Es geht von der Lagerhalle bis zur Haustür (und häufig zurück).

Das siebte und letzte Glied der E-Commerce-Wertschöpfungskette ist der **Kundenservice**. Er mag zwar hinten angestellt sein, darf aber keineswegs ein bloßer Nachsatz sein. Denn erfolgreicher Kundenservice greift auch zurück in die Kette – unter anderem als wertvolle Marketingmaßnahme sowie als Produkt-Störungsmelder für die Beschaffung.

Glieder in der Kette – oder zu einem Ring verschmolzen?

Generell lässt sich die Wertschöpfungskette im E-Commerce zwar in die genannten Glieder unterteilen, diese lassen sich jedoch nicht fein säuberlich trennen –

noch weniger als die Stufen der Wertschöpfung im stationären Einzelhandel, die ebenfalls teilweise ineinander übergehen. Wo gute Produktpräsentation aufhört und Vermarktung beginnt, ist im Netz mehr denn je Ansichtssache.

Zudem überlagern einige Prozesse die gesamte Wertschöpfungskette: Den Disziplinen der Web-Analytics und der Business-Intelligence kommt über alle Stufen hinweg eine derart große Bedeutung zu, dass sie eher als Leitfaden der Wertschöpfungskette denn als deren Glieder zu verstehen sind. Auch ist die Architektur der E-Commerce-Plattform eine übergreifende Größe. Denn unter „Plattform" versteht man nicht allein das Shopsystem, sondern zudem die vielen Komponenten wie Recommendation-Engines und Suchanbieter, die zusammen einen erfolgreichen Online-Shop bilden, sowie die Schnittstellen, über die diese aneinander gekoppelt sind: beispielsweise das Warenwirtschaftssystem und die Zahlungsabwicklung oder die Logistikanbindung. *Abbildung 2.1* visualisiert die aufeinanderfolgenden Glieder sowie die begleitenden und unterstützenden Aktivitäten.

Im vorliegenden Kapitel betrachten wir gemeinsam die E-Commerce-Wertschöpfungskette, angefangen bei der Beschaffung bis zum Kundenservice. Dabei greifen wir häufig auf die „digitale Einkaufsstraße" als Handlungsort zurück, um Parallelen, Schnittstellen und Unterschiede zu den Modellen des stationären Einzelhandels und des traditionellen Versandhandels zu unterstreichen. Sind Sie ein E-Commerce-Einsteiger? Begeben Sie sich gern mit uns auf einen Bummel durch die Stufen der Wertschöpfung im E-Commerce. Kennen Sie sich in der digitalen Einkaufsstraße schon etwas besser aus? Dann dürfen Sie gern etwas zügiger durchschreiten und sich einzelne Definitionen oder Fallbeispiele näher anschauen.

2.1 Beschaffung

Einführung

Die Auswirkung des E-Commerce auf die Beschaffung von Produkten ist grundlegend und lässt sich in drei Bereiche gliedern: **Spezifizierung des Angebots**, **Kundenorientierung** und kontinuierliche **Optimierung des Sortiments**. Denn: Der Zeitraum, in dem manche Bestände abverkauft werden, ändert sich dramatisch, die Beschaffung muss mehr denn je an den Kundenwünschen orientiert und das Sortiment muss schneller und kontinuierlicher optimiert werden als je zuvor.

Die Herausforderung
Diese Entwicklungen speisen sich aus der Einstellung des typischen Kunden im Netz:

> *„Ich will alles, und zwar sofort, und das immer und überall!"*[1]

Die Posten „sofort" und „überall" haben mehr mit Logistik und Vertriebskanälen zu tun, aber bei den Stichwörtern „alles" und „immer" müssen Beschaffer hellhörig werden. Erfolgreicher Einkauf im E-Commerce ist eben nicht nur – wie in so vielen Bereichen des klassischen Handels – die schnelle Beschaffung und der umso rapidere Abverkauf von möglichst vielen Exemplaren einiger weniger Verkaufsschlager. Vielmehr geht es darum, eine breite Palette von attraktiven, teilweise sehr spezifischen Produkten anzubieten, damit jeder das findet, was er gerade sucht, und nicht zum nächsten, besser ausgestatteten Konkurrenten weiterzieht – der sich bekanntermaßen immer nur einen Klick entfernt befindet.

Die Lösung
Erfreulicherweise liefert der Online-Handel auch gleich die Voraussetzungen für die immer vielfältigere Produktpalette, die er heraufbeschwört. Wer im stationären Handel ab sofort doppelt so viele Produkte in seinem Geschäft anbieten möchte, muss hoffen, dass sein Nachbar in den kommenden Tagen seine Verkaufsfläche räumt. Im Online-Handel reicht es, die neuen Produkte in den Shop zu stellen und etwas mehr Lagerfläche in Anspruch zu nehmen. Und nie war es einfacher, seine Einkaufspolitik an den Wünschen und Bedürfnissen der Kunden auszurichten und fortlaufend zu verbessern. Schließlich werfen Webshops nicht nur aufgeschlüsselte Verkaufsdaten, sondern auch exakte Suchanfragen beinahe in Echtzeit ab. Der Kunde wird transparenter, wenn man nur hinschaut.

Händler müssen sich also im E-Commerce grundlegende Gedanken zu ihrer Einkaufspolitik machen, haben aber Aussicht auf eine Beschaffung, die präziser und deswegen effizienter ausfällt als je zuvor. Im Folgenden schildern wir die theoretischen Grundlagen zur **Spezifizierung**, **Kundenorientierung** und **Optimierung** der Beschaffung im Online-Handel.

1 Ralf T. Kreutzer (2014), Praxisorientiertes Online-Marketing

2.1.1 Spezifizierung des Angebots

Von Shorttail zu Longtail

Auch wenn Sie bislang wenig bis gar nichts mit E-Commerce am Hut hatten, werden Sie das Wort „Longtail“ („langer Schwanz“) bestimmt schon einmal gehört haben: Seit dem Erscheinen des Buches *The Long Tail* von WIRED-Chefredakteur Chris Anderson im Jahr 2006 ist dieser Begriff geläufig. Allerdings wird die revolutionäre Kraft des Konzepts auch ein gutes Jahrzehnt nach seiner Prägung immer noch unterschätzt – vielleicht deswegen, weil viele den Begriff kennen, ohne ihn wirklich zu verstehen. In seinem Kern beschreibt das Wort Longtail einen einzelnen, sehr wesentlichen Effekt:

Auch Kleinvieh macht Mist.

In der Theorie des klassischen Handels wird ein Produkt auf den Markt gebracht und erreicht gleich danach seinen Verkaufshöhepunkt. Danach nimmt der Absatz drastisch ab, und bald verkauft sich das Produkt nur noch schleppend. Es wird zum Ladenhüter. Da aber der Platz in einem Laden begrenzt ist, muss ein Ladenhüter aus dem Sortiment entfernt werden, damit er dem nächsten Verkaufsschlager keine Regalfläche wegnimmt. Das ist ein **Shorttail**-Ansatz.

Der **Longtail**-Ansatz interessiert sich dafür, was nach dem Verkaufshöhepunkt passiert – und erst recht dafür, was passiert, wenn es nie einen nennenswerten Verkaufshöhepunkt gab. In dieser Sortimentsstrategie geht es darum, nicht nur Kassenschlager, sondern auch Nischenprodukte, Liebhaberstücke und nicht unbedingt mehrheitsfähige Artikel anzubieten – und zwar in einer solchen Breite, Tiefe und Vielfalt, dass sie zusammengenommen mindestens genauso viel Umsatz bringen wie potente Verkaufshits.

Wenn also Produkte ins Sortiment aufgenommen werden, die für den Einzelhandel wegen kleiner Stückzahlen oder begrenztem Nischeninteresse auf den ersten Blick uninteressant sind – oder wenn auch Produkte mit abnehmenden Verkaufszahlen nicht aus dem Sortiment entfernt, sondern weiterhin angeboten werden –, sammelt sich schnell ein Katalog aus „Ladenhütern“ an, die aber dennoch über einen längeren Zeitraum den Laden verlassen und dabei für Umsatz sorgen. Je größer diese Palette an weniger nachgefragten Produkten wird, desto höher ist der Umsatzanteil, den sie generiert. Und im Online-Handel fallen typische Platzbegrenzungen wie Regalmeter und Ladengröße weg: Zwar dürfen die Kosten für die digitale Produktdatenerstellung und Artikeldarstellung (siehe *2.2 Produktpräsentation*) ebenso wenig vernachlässigt werden wie die Kapitalbindung für die gelagerten Güter. Diese Kosten liegen aber in der Regel niedriger als im klassischen Einzelhandel mit seinen hohen Kosten für Verkaufsfläche und Ladenpersonal oder sie können sogar durch neue Geschäftsmodelle gänzlich an Dritte ausgelagert werden (siehe unten). Im besten Fall handelt es sich gleich um virtuelle Güter wie MP3-Lieder oder E-Books, die quasi unendlich digital gelagert und angeboten werden können.

Fallbeispiel: Musik im stationären Handel und im Netz

Als erstes ließ sich der Longtail-Effekt im Musikmarkt dokumentieren – und dort ist er immer noch am einschlägigsten zu beobachten. Im Folgenden blicken wir auf die spezifischen Verkaufszahlen, die schon früh im neuen Jahrtausend aus gegensätzlichen Long- und Shorttail-Ansätzen im Musikvertrieb generiert wurden und analysieren die Rechnung, die aus ihnen hervorgeht.

2006 stellte Chris Anderson zur Veranschaulichung die Verkaufsmodelle von Walmart und Rhapsody gegenüber: Der Verbrauchermarkt-Gigant Walmart war damals der größte Verkäufer von Musik in den USA – in der Form von CDs. Rhapsody war der führende legale Anbieter von Musik über das Internet, sowohl bei MP3-Downloads als auch über Streaming.

In Walmart-Märkten war eine bestimmte Verkaufsfläche für Musik ausgewiesen. Sobald sich eine Platte nicht schnell genug verkaufte, wurde sie zugunsten eines sich flinker absetzenden Albums aussortiert. So bot Walmart rund 4.500 CD-Titel mit circa 25.000 einzelnen Liedern an. Davon lieferten die 200 Top-Kassenschlager ungefähr 90 Prozent des Umsatzes.

Beim Portal Rhapsody waren damals über 4,5 Millionen einzelne Lieder verfügbar: So war das Inventar 180-mal größer als bei Walmart. Davon machten zwar ebenfalls die beliebtesten Lieder einen Großteil des Umsatzes aus. Aber interessanterweise trugen Titel, die nie Verkaufsschlager gewesen waren, signifikante Erlöse bei. Einen nicht zu vernachlässigenden Beitrag lieferten ebenfalls die Tracks, die nach einer Zeit als Kassenschlager in den Download-Rankings relativ weit nach hinten gerutscht waren. Beispielsweise kamen mehr als 15 Prozent des Gesamtumsatzes über Songs, die zwischen Rang 100.000 und 800.000 platziert waren.

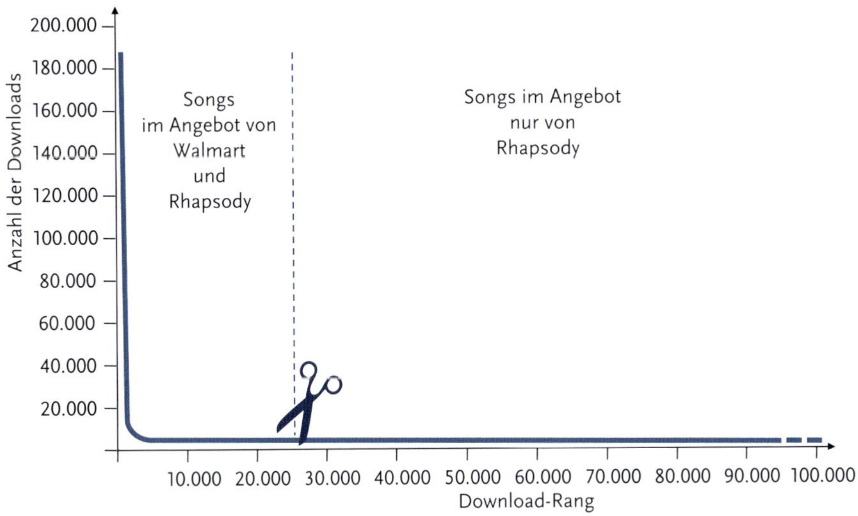

Abbildung 2.2: Rangfolge der Download-Zahlen einzelner Songs auf Rhapsody
Quelle: in Anlehnung an Chris Anderson, The Long Tail, DTV, 2009, S. 19

Das muss man sich vor Augen führen: Bei Walmart waren grob gerechnet die Lieder, die nicht zu den „ersten 25.000" gehörten, nicht verfügbar. Rhapsody machte aber mit Liedern Geld, die sich unter dieser Beliebtheitsschwelle angesiedelt hatten, überdies noch mit Tracks, die viermal so unbeliebt waren – und sogar mit welchen, die sich sechzehnmal schlechter verkauften!

Die vielen Produkte, die in einem Popularitätsranking ganz hinten rangierten, machten soviel Umsatz wie die wenigen Produkte, die ganz vorne waren.

Das ist die wesentliche Erkenntnis aus der Gegenüberstellung vom Walmart und Rhapsody. Der Longtail des Rankings hatte es also genauso in sich, weil sich dort extrem viele (sich vergleichsweise schlecht verkaufende) Produkte befanden. Wenn sich 1.000 Produkte jeweils 100.000 Mal verkaufen, kommen dabei 100.000.000 (einhundert Millionen) Verkäufe zustande. Wenn sich 100.000 Produkte jeweils nur 1.000 Mal verkaufen, werden aber genauso viele Verkäufe abgeschlossen.

Wenn diese Rechnung so einfach ist, warum ist diese Idee dann so neu?

E-Commerce: Der Longtail wird länger denn je

Die Antwort ist: Die Idee ist vielleicht nicht so ganz neu, aber die Umsetzung in diesen Größen war vor E-Commerce nie möglich. Denn der Longtail-Absatz ist auch in der Musikbranche schon lange praktiziert worden: Während Walmart als nicht-spezialisierter Anbieter knallhart die Musik aussortierte, die sich nicht in der limitierten Verkaufsfläche rentierte, gab es natürlich auf dem US-Markt zahlreiche Läden, die sich auf Musik konzentrierten und Kunden anlockten, die auf der Suche nach älteren oder weniger beliebten Stücken waren. Das Spektrum an solchen Händlern reichte in den 1980er- und 1990er-Jahren von enzyklopädisch sortierten Tower-Records-Stores bis hin zu den kleinen inhabergeführten Läden in den Stadtvierteln, die sich auf bestimmte Musikrichtungen oder Lokales und Unkommerzielles spezialisiert hatten. Gerade solche Läden machten viel Umsatz jenseits des Shorttails.

Nur war ihr „langer Schwanz" bestenfalls mittellang. Die Begrenzungen, die zu einer Verkürzung des Sortiments führten, waren zahlreich: Allen voran beschnitt natürlich die **Wirtschaftlichkeit der Verkaufsfläche** das Angebot. Schallplatten, Kassetten, CDs: Musik auf einem Tonträger nimmt Regalmeter ein, und selbst bei der größten Händlerkette sind weder der in Einkaufspassagen verfügbare Platz noch die finanziellen Mittel für Ladenmiete unbegrenzt. Auch schlug eine hohe Kapitalbindung für vom Händler vorfinanzierte Produkte zu Buche. Vor allem Kettenhändler im Musiksegment hatten zudem hohe Personalkosten und oft besonders teure Verkaufsflächen, die sich rentieren mussten.

Kleinere Händler abseits der Einkaufszentren hatten zwar geringere Kosten für Mitarbeiter sowie mietengünstigere Randlagen, stießen aber irgendwann ebenfalls an eine Profitabilitätsgrenze. Was sie allerdings als Ass im Ärmel hatten: Musik, die woanders nicht verfügbar war. Mixtapes von Musikern, die sich unterhalb des kommerziellen Radars bewegten, wurden in den 80ern und 90ern über solche Inhaberläden bezogen. Diese **Exklusivität und Rarität** hatte aber ebenfalls seine Beschränkungen: Die Künstler mussten über die Mittel verfügen, Ihre Musik aufzunehmen und zu vervielfältigen – sei es auch nur in kleinem Umfang –, und überdies die Ladenbesitzer davon überzeugen, Platz dafür in den Regalen freizuhalten.

Abgesehen von der Breite und Tiefe des Angebots waren sowohl Musikketten als auch lokale Händler räumlich begrenzt: Das letzte Exemplar einer Schallplatte einer vergessenen Rockband aus den 70ern, die in einem Laden in Boston schlummerte, nutzte dem besessenen Fan, der verzweifelt in Seattle nach ihr suchte, reichlich wenig. Und bis dieser Fan es nach Boston schaffte, war die Platte dem Händler ebenfalls ein Klotz am Bein.

Angebot und Nachfrage waren nicht optimal verknüpft. Der Longtail war beschnitten.

Dann kam das Internet – und mit ihm Portale wie Rhapsody, Itunes und Amazon, die Musik verkauften. Plötzlich wurden teure Regalmeter durch günstige Serverkapazität ersetzt, was es den Händlern wiederum erlaubte, alles ins Programm aufzunehmen. Sogar Musiker, die vorher nie eine Möglichkeit hatten, ihre Erzeugnisse auf den Markt zu bringen, konnten ihre Lieder anbieten, und weder Plattenfirmen noch Ladeninhaber konnten sie mehr abweisen. Und in den virtuellen Läden konnte jeder Musikfan jederzeit vorbeischauen, ob aus Boston oder aus Seattle, der Heimatstadt von Rhapsody.

Insofern ist die Erzählung, wie Rhapsody vom Longtail profitiert hat, Teil einer übergeordneten Geschichte: Der große Wandel – vor allem im Bereich der Medieninhalte – von begrenzten, bewachten Produktions- und Verkaufsmöglichkeiten hin zu demokratischen Strukturen, in denen jeder Produzent und Händler werden kann. Für den E-Commerce ist diese Entwicklung entscheidend, denn wer es vielen Erzeugern ermöglicht, ihre Produkte an die Kunden zu bringen, und es vielen Kunden ermöglicht, das zu finden, wonach sie suchen, kann im Promillebereich des Longtails Geld verdienen.

Die Longtail-Entwicklung wurde mit Musikanbieter Rhapsody dokumentiert und bleibt am sichtbarsten im Bereich der medialen Erzeugnisse. Amazon, Itunes oder Netflix haben alle Geschäftsmodelle, die nicht ohne den schleppenden, aber andauernden Verkauf von Millionen nischenspezifischer oder älterer Bücher, Songs und Filme – vor allem in elektronischer Form – auskommen. Allerdings ist das Prinzip auch in anderen Produktsegmenten anwendbar, wenn auch nicht in derselben Größenordnung, denn Kleidung oder Einrichtungsgegenstände sind nun einmal Waren, die auch in günstigen Lagerhallen abseits der Großstädte Platz einnehmen und Kapital binden. Zudem prägen in vielen Segmenten immer kürzere Produktlebenszyklen die Sortimente, zum Beispiel im Bereich Home Electronics, in dem auf jede Neuerung dicht die nächste folgt und das Vorgängermodell auf die Resterampe, schlimmstenfalls auf die Müllhalde verbannt. Ungeachtet dessen gilt in allen Bereichen des E-Commerce: Der Verkaufsschlager ist keineswegs tot, aber er ist angeschlagen.

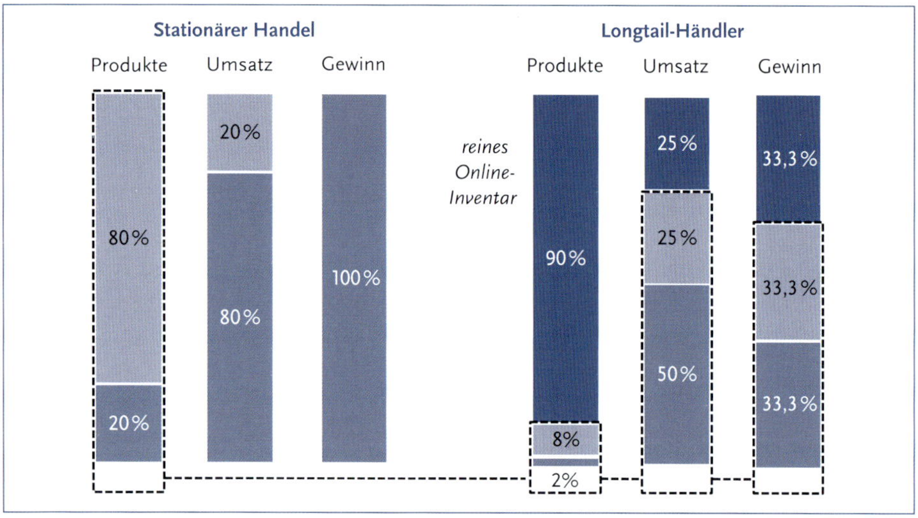

Abbildung 2.3: Umsätze und Gewinne von Stationär-Händlern und Longtail-Händlern im Vergleich
Quelle: in Anlehnung an Chris Anderson, The Long Tail, DTV, 2009, S. 132

Nicht nur Kühe, sondern Kleinvieh: Longtail-Beschaffung

Die Verschiebung der Gewichte durch den Longtail wird besonders deutlich, wenn man ihn neben einem klassischen Geschäftsmodell aus dem stationären Handel aufstellt und in drei Stufen unterteilt: **Angebot**, **Umsatz**, **Gewinn**. Mit anderen Worten: Aus der bekannten 80:20-Faustregel wird ein Drei-Drittel-Prinzip.[2]

Setzen wir einmal voraus, dass im stationären Handel 20 Prozent der angebotenen Artikel 80 Prozent der Verkaufserlöse ausmachen. 80 Prozent der Artikel werfen demnach nur 20 Prozent des Umsatzes ab. Nach Abzug von sämtlichen mit dem Unterhalt einer Verkaufsfläche einhergehenden Kosten steuern diese 80 Prozent sogar zum Gewinn überhaupt nichts bei: Dieser kommt zu 100 Prozent von den 20 Prozent der Artikel, die 80 Prozent der Verkaufserlöse ausmachen.

Ein Longtail-Geschäftsmodell im Internet kann komplett anders aussehen:

- Das Angebot an Produkten ist zehnmal so groß. Die Verkaufsschlager machen also nicht mehr 20 Prozent, sondern nur noch 2 Prozent des Inventars aus.
- Die 80 Prozent der Produkte, die sich weniger gut verkaufen, stellen folglich nur noch 8 Prozent dar.

2 Chris Anderson, The Long Tail, DTV, 2009

- 90 Prozent der Produkte befinden sich im Longtail. Diese steuern ein Viertel des Umsatzes bei.
- Ein weiteres Viertel des Umsatzes kommt von der 8-Prozent-Tranche des Angebots.
- Eine Hälfte des Umsatzes wird durch die 2 Prozent der Verkaufsschlager generiert.
- Der Gewinn speist sich aber jeweils zu einem Drittel aus jedem der Angebotssegmente.

Interessante Aspekte lassen sich aus diesen Modellrechnungen herleiten. Erstens: In einem Laden in einer durchschnittlichen Einkaufsstraße werden gut vier Fünftel des Angebots nicht gewinnbringend verkauft. Zugleich ist ihre Anwesenheit notwendig, damit Kunden vom Angebot angesprochen werden und ins Geschäft kommen – um dann bei dem Fünftel der Produkte zuzugreifen, die Gewinn abwerfen.

Bemerkenswert ist aber, dass der Kassenschlager im Longtail-Modell für den Umsatz noch wichtiger ist: Aus den oberen 2 Prozent wird eine volle Hälfte der Verkaufserlöse generiert. Erst in der dritten Stufe, beim Gewinn, relativiert sich diese Verschiebung wieder: Hier trägt jedes Angebotssegment ein Drittel der Gewinne bei. Im Umkehrschluss muss dieser Unterschied an den Kosten liegen. In einem Inventar, das nur aus virtuellen Produkten besteht – wie etwa bei einem Musikdownload-Anbieter –, liegen die Lagerungskosten pro Produkt unterhalb der Wahrnehmbarkeitsschwelle. Ladenmiete wird durch günstigen Speicherplatz ersetzt. Personalkosten sind eine zu vernachlässigende Größe. Insofern ist es unwesentlich, welches Produkt zu welcher Marge genau verkauft wird. Da ist es sogar akzeptabel, wenn die verkaufsträchtigen Produkte, die 50 Prozent der Umsätze beisteuern, stark rabattiert sind und letztendlich nur 33 Prozent des Gewinns verantworten. Man kann Kühe melken und die Milch zu Kampfpreisen verschleudern, solange genügend Kleinvieh noch Mist macht.

Damit diese Longtail-Rechnung aufgeht, müssen also so viele Produkte wie möglich angeboten und dann auch den Kunden zugänglich gemacht werden.

Das Prinzip heißt: Make everything available – alles zur Verfügung stellen. Die Beschaffung ist also oberste Pflicht. Wer beim Einkauf noch das Wort „oder“ benutzt, hat dieses Prinzip nicht verstanden, denn „oder“ gehört durch „und“ ersetzt. Selbst im kostengünstigen E-Commerce-Umfeld kann aber eine immer breitere Produktauswahl in der Beschaffung teuer werden. Damit Longtail aufgeht, muss der Bestand kostengünstig gelagert werden können. Hier reicht die Skala von elektronischen Musikarchiven, für die nur Kosten für Speicherplatz anfällt, bis zu Rasenmähern mit Benzinmotor, die mehrere Kubikmeter einnehmen und deren Zustand sich allmählich verschlechtert. Das Prinzip bei allem ist aber: Das Inventar muss entweder mehr oder weniger zum Nulltarif selbst gepflegt werden können – oder kostengünstig ausgelagert werden.

Hier macht es Amazon vor: Im Vergleich zu klassischen Longtail-Händlern wie Itunes oder Rhapsody, die nur Digitales verkaufen, will Amazon bekanntermaßen jedem im Netz wirklich alles anbieten – und braucht dafür in der physischen Welt eben viel Lagerraum. Dieser wird abseits der Großstädte in wirtschaftlich schwächeren Gebieten angesiedelt, wo die Mieten günstig sind, wo sich Bürgermeister über den Neuankömmling freuen und Genehmigungsverfahren wohlwollend begleiten und wo sich Arbeitskräfte finden, die bereit sind, am unteren Ende der Gehaltsskala zu arbeiten.

Allerdings lassen sich auch durch abseitige Standorte und schwache Arbeitsmärkte nur bis zu einer gewissen Grenze Kosten einsparen; vor allem in Deutschland, wo Amazon durch auf breiten gesellschaftlichen Konsens treffende Streiks lernen musste, dass das Wort „sozial" nicht gänzlich aus dem Begriff „Marktwirtschaft" verschwunden ist. Amazon kann es sich aber schon leisten, seiner Belegschaft höhere Löhne zu bezahlen und sie weniger zu drangsalieren und gleichzeitig sein Sortiment immer breiter und immer tiefer aufzustellen.

Denn neben den Produkten, mit denen Amazon selbst handelt, werden auch Waren dritter Händler über den Amazon-Marktplatz vermittelt. So zementiert Amazon seine Stellung als Laden, der ohne Ausnahme jedem alles anbietet: Auch Produkte, die man selbst nicht vorfinanziert und auf Lager hat, können im Online-Shop gesucht, gefunden und gekauft werden. Dafür kassiert Amazon eine Provision von bis zu 20 Prozent – und lagert die Probleme der Kapitalbindung und des Lagerns an die Händler aus.

Andere Online-Händler haben ebenfalls diesen Kniff zur kostenfreien Sortimentserweiterung entdeckt. Beim Otto-Versand zum Beispiel liegt nicht jedes Produkt, das auf otto.de zu finden und zu kaufen ist, beim Verkäufer Otto auf Lager. Über das sogenannte Dropshipping wird die abgegebene Bestellung direkt an den Hersteller oder Distributor des gekauften Artikels weitergeleitet. Dieser beliefert den Kunden dann direkt: Otto nimmt seine Marge und spart Lagerkosten. Je nach Vertrag mit dem individuellen Produkthersteller oder Distributor entstehen für den Versand auch keine Kapitalbindungskosten: Hier können nur Anbieter von bewährten Verkaufsschlagern den Online-Händler zur Vorfinanzierung zwingen.

2.1.2 Kundenorientierung

Von „Push" zu „Pull": Am richtigen Strang ziehen

Nicht jeder hat die Marktmacht eines Amazon oder eines Otto-Versands und die damit einhergehenden traumhaften Möglichkeiten, sein Sortiment ständig zu erweitern – teilweise auf Kosten anderer. Für den klassischen Beschaffer hört sich dies alles sogar eher nach einem Albtraum an: Er muss alles jedem anbieten. Und durch die Präsenz von Giganten wie Amazon, denen dies gelingt, haben sich die Kundenerwartungen gewaltig verschoben und eine Eigendynamik angenommen, in der die gesteigerte Verfügbarkeit zu einer Steigerung der Erwartungen führt.

> *Der Einkäufer kann nicht mehr die Ware, die er beschafft hat, in den Markt schieben (Push), sondern muss in der Beschaffung auf die Nachfrage im Markt reagieren (Pull).*

Nicht der Einkäufer schiebt die Ware je nach Prognose in die Geschäfte, sondern der Kauf eines Produkts durch einen Kunden schickt einen Impuls die Lieferkette hinauf. Die Prognose der Hersteller steht nicht am Anfang, sondern am Ende des Kaufprozesses.

Das Konzept des „Pull" statt „Push" ist in der industriellen Fertigung bekannt, wo es ebenfalls darum geht, in einer Fabrikhalle den beanspruchten Lagerraum auf ein Minimum zu reduzieren. In der Autoindustrie zog Toyota mithilfe des „Kanban" genannten Pull-Systems in Sachen schlanke Produktion an seinen Konkurrenten vorbei. Perfektioniert hat diese Methode im stationären Einzelhandel als erstes die Kleidungskette Zara.

Fallbeispiel: Fast Fashion – von Zara zu Zalando

Zara hat um die Jahrtausendwende Supply-Chain-Management und kundenorientierte Beschaffung auf eine völlig neue Art zusammengeführt: Nicht nur wird jeder einzelne Kauf geloggt und direkt an die Zentrale übermittelt, sondern die gesamte Produktpalette wird nach Verkäufen ausgerichtet. Zara produziert schließlich selbst und kann in kürzester Zeit auf Verkaufshöhen bei gewissen Kleidungsstücken mit Mehrproduktion reagieren – und mit einer erhöhten Produktion bei ähnlichen oder passenden Stücken. Welche Vorteile dieses Vorgehen genau mitbringt, wird im Folgenden erläutert.

Zara-Geschäfte weltweit geben mehrfach in der Woche eine Bestellung in der Zentrale in Spanien ab und bekommen pünktlich neue Ware geliefert. Gekoppelt mit einem hohen Anteil an eigener Produktion eröffnet diese effiziente, rapide, zentral gesteuerte Lieferkette ganz neue Möglichkeiten: Zara kann beispielsweise Kleidungsstücke in geringer Stückzahl produzieren und zum Test ausliefern. Verkauft sich die neue Ware gut, wird die Produktion hochgestuft und die nächste Lieferung liegt bereits sechs Wochen später in den Regalen. Erst wenn sich ein Kleidungsstück zu einem Dauerbrenner entwickelt hat, wird es aus der lokalen Produktion neben der Konzernzentrale in Galizien nach Marokko oder in die Türkei ausgelagert, allein Basics wie T-Shirts oder Unterwäsche werden weiter weg in Asien produziert. Denn aus Konzernsicht kann über diese Entfernung auf den kapriziösen, modebewussten westlichen Konsumenten nicht reagiert werden. Und Zara hat entdeckt, dass diese Konsumenten durchaus Bereitschaft zeigen, für gerade in Mode gekommene Stücke eine höhere Summe zu zahlen, die die höheren Kosten der agilen, flexiblen Beschaffung abdeckt. So stören die Schwankungen der Mode und des Geschmacks das System von Zara keineswegs: Ohne solche Schwankungen hätte der Konzern einen teuren Beschaffungsapparat ohne jeglichen Marktvorteil.

Zugespitzt formuliert drängt sich die philosophische Frage auf, ob Zara damit auf Modetrends reagiert – oder diese selbst mit seiner Agilität mitentwickelt. Fest steht aber, dass dieses System so erfolgreich ist, dass H & M, Topshop, Forever 21 und einige andere Kleidungsketten mitgezogen sind: Obwohl sie nicht wie Zara selbst produzieren, wird die Produktion der Kleidung in immer engerer Abstimmung mit tatsächlichen Verkäufen gestaltet. Heute gilt generell im Modegeschäft: Informationen über Absatzzahlen erreichen nicht nur wie in der klassischen Lieferkette das Geschäft, um von dort aus Glied für Glied hinaufgereicht zu werden, sondern werden direkt an alle Glieder übermittelt: an den nächsten Lagerstandort, damit nachgeliefert wird, an die zuständige Logistik, damit die Nachlieferung abgeholt wird, und an die Zentrale, damit die Produktpalette an tatsächliche Verkäufe angepasst werden kann.

Zara feierte vor dem E-Commerce Erfolge im herkömmlichen Einzelhandel, tat dies aber mit Methoden, die auch für den Online-Handel richtungweisend sind:

Echtzeitauswertung, schnelle Logistiklösungen, zentral gesteuerte Agilität. Das sind alles technologiegestützte Werkzeuge, die in der DNA des Internets festgeschrieben sind.

Wo Zara zum Beispiel zunächst kleine Mengen an neuen Designs herstellt, um deren Verkauf auszuwerten, perfektionieren Google und Facebook ihre leistungsfähigen Algorithmen dadurch, dass neue Varianten erst als Beta-Version in kleinen Testgruppen eingesetzt werden. Was sich im kleinen Rahmen in der Praxis nicht bewährt, wird nicht großflächig umgesetzt: Es ist ein System fast ohne Risiko.

Und es ist ein System, das sich erst online mit voller Kraft entfaltet. Zara gelang im stationären Handel mit diesem Efficient-Consumer-Response-Ansatz so etwas wie eine Revolution. Zalando zeigt die weitere Evolution dieses Modells – und zwar in dem für das Internet charakteristischen Zeitraffer und mit dem für E-Commerce üblichen Hochdruck.

Denn: Damit dieses System aufgeht, muss ein Online-Händler wie Zalando sogar schneller zur Stelle sein als ein Hersteller wie Zara, der gefragte Ware teilweise Wochen vor seinen Konkurrenten anbietet. Bestellt ein Online-Händler zu knapp, müssen die Logistikzentren auf Nachlieferung warten – und der Kunde klickt sich währenddessen einfach zum nächsten Anbieter durch, der das Produkt gerade vorrätig hat. Kunden im stationären Einzelhandel dagegen sind noch in den Gesetzen von Zeit und Raum gefangen. Noch schlechter sieht es aus, wenn der Online-Händler den gefragten Artikel überhaupt nicht im Sortiment führt: Die nächste Webseite, auf der er käuflich zu erwerben ist, ist wieder einmal nur einen Klick entfernt.

Ganz wie Zara testet Zalando also erst Produkte in kleinen Mengen im Sortiment. Verkauft sich der Bestand schnell, so weiß dies Zalando auch in Echtzeit und kann das gefragte Produkt nachbestellen, bevor das letzte Exemplar verkauft wurde. Zudem – wieder ganz wie Zara – hat Zalando früh angefangen, eigene Marken aufzubauen: Ist doch die Marge, die sich als Händler mit eingekauften Waren einnehmen lässt, selbst bei einem Netzwerk an sehr großen, sehr günstigen Logistikzentren, sonst zu dünn. Durch die allgegenwärtige Bedrohung, dass der Kunde ein Preisgefälle schnell entdeckt und einfach zum Konkurrenten weiterklickt, ist der Preiskampf im Internet knallhart, bisweilen ruinös.

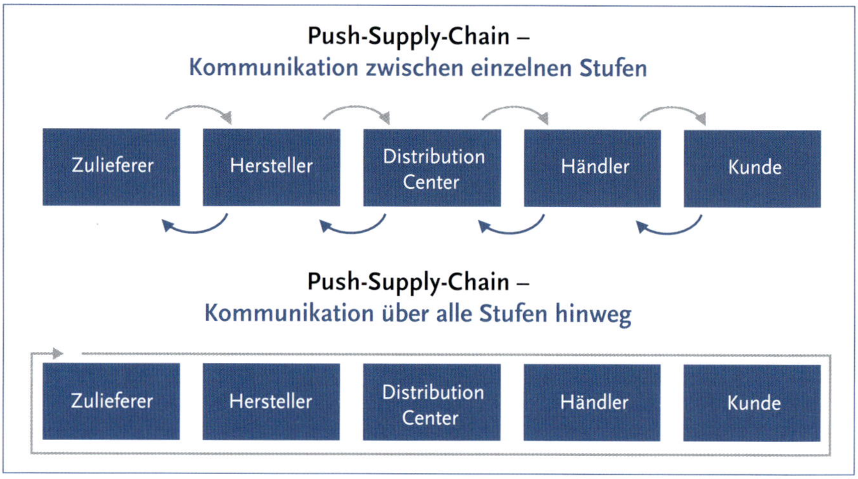

Abbildung 2.4: Schematische Gegenüberstellung von Push- und Pull-Supply-Chain
Quelle: in Anlehnung an Michael Levi et. al, Retailing Management, McGraw-Hill, 2013, S. 261

Die Eigenmarke ist aber auch deswegen eine wichtiger Evolutionsschritt bei Zalando, weil sie einen weiteren Mechanismus der Beschaffung im E-Commerce offenlegt: Wer online als Händler auftritt, sammelt massenhaft Daten über Verkaufserfolge sowie stark gesuchte Produkte. Merkt also Zalando, dass sich etwa Markenstiefel in einer besonderen Optik gut verkaufen, so kann der Händler über eine seiner Eigenmarken wie „Stups" zum Hersteller werden und anfangen, ähnliche Stiefel zu produzieren. Noch interessanter sind gegebenenfalls die Daten über teure Markenartikel, die sich Kunden zwar oft anschauen, aber nicht kaufen. Der gewiefte Beschaffer sieht, dass Nachfrage zwar vorhanden, das bestehende Angebot jedoch wohl unerschwinglich ist – und kann selbst eine günstigere Variante in Auftrag geben.

Amazon ist seit Jahren für solche „Rosinenpickerei" auf seinem Marktplatz bekannt: Verkauft sich ein Artikel eines dritten Händlers dort gut, wandert er – oder ein sehr ähnlicher – bald ins Amazon-eigene Sortiment rüber. So hat sich Amazon in der Testphase die Kapitalbindung für den Einkauf gespart und steigt erst dann ein, wenn sich das Produkt nachweislich gut verkauft. Zalando ist hier aber einen ganzen Schritt weiter vorn in der Wertschöpfungskette: Verkauft sich ein Artikel gut, kann er in sehr ähnlicher Aufmachung von Zalando selbst hergestellt werden. Inzwischen beginnt auch Amazon verstärkt mit der Produktion von Eigenmarken – seien es Elektronik-Zubehörprodukte unter „Amazon Basics" oder Heimtextilien unter der Eigenmarke „Pinzon" (siehe auch *2.4.2 Online-Vertriebskanäle*).

Kundenorientierte Beschaffung im Netz ist also keine Frage des Gefühls, sondern der Datenlage. Der Händler, der auch mal Hersteller ist, hat **als Händler** genaue Verkaufsdaten der Konkurrenz, an die man **als konkurrierender Hersteller** so nicht herankommen würde. Aber selbst ein reiner Händler hat im E-Commerce einen gewaltigen Datenvorteil.

2.1.3 Optimierung des Angebots

Pull-Effekt: Im E-Commerce vor dem Kaufvorgang

Im stationären Einzelhandel – selbst bei einem so agilen, aktuellen Anbieter wie Zara – fängt Sortimentsoptimierung erst mit dem Kauf eines Artikels an: Erst dann zeigt sich, ob das Produkt nachgefragt wird. Im Netz sieht es anders aus, denn die Nachfrage kann vor dem Kauf vorhergesehen werden. Kunden werden dadurch transparenter, dass sie ihre Wünsche in Schriftform elektronisch äußern. Sowohl in einem Online-Shop als auch generell im Netz tastet ein Kunde sich in rückverfolgbaren Suchbegriffen an das heran, was er gerade kaufen möchte. Auch wenn der Kunde einen Artikel nicht direkt kauft, sieht man ihm im Netz unmissverständlich an, dass er sich für ein Produkt interessiert. Bei der Sortimentsoptimierung setzt man also früher an, als es im stationären Einzelhandel je der Fall sein könnte, und zieht den Prozess bis in die nachträgliche Verkaufsanalyse durch.

Im Folgenden stellen wir nun die einzelnen Werkzeuge dar, mit denen im E-Commerce Sortimente optimiert werden. Dabei unterteilen sich die verfügbaren Methoden in drei Kategorien:

- **Off-site:** Online-Werkzeuge, die nicht auf der eigenen Webpage sind.
- **On-site:** Online-Werkzeuge, die im eigenen Webshop angesiedelt sind.
- **Klassisch:** die üblichen Analysen, die auch im stationären Einzelhandel verwendet werden.

Durch eine geschickte Kombination dieser Optionen gelingt es Beschaffern im E-Commerce, ein umfassendes Bild über das Abschneiden des aktuellen Sortiments sowie über die Möglichkeiten und Erfordernisse in Bezug auf das künftige Sortiment zu gewinnen.

Off-site: Die Geräuschkulisse im Netz

Wir fangen off-site an, denn da kommt der Interessent her, den es in einen Kunden zu verwandeln gilt. Vor dem Internet – und heute noch im klassischen Einzelhandel – wurde mittels Marktforschung und Umfragen versucht, herauszufinden, was sich potenzielle Kunden wünschen. Sonst war ein probates Mittel: Ausprobieren. Der Shopmanager stellte Produkte ins Sortiment und ins Schaufenster und per Ausschlussverfahren wurde festgestellt, welche Artikel Nachfrage erzeugten.

Stellen Sie sich nun kurz Google als Einkaufsstraße vor: Ihr Webshop ist ein Laden, in den Sie versuchen, Kunden zu locken. In einer „analogen" Einkaufsstraße der realen Welt laufen die Shopper pausenlos an ihrem Fenster vorbei. Mal hält sich einer auf und sieht ins Schaufenster. Hin und wieder kommt jemand herein und einige kaufen sogar etwas. Erst nachdem der Kunde einen Kauf getätigt hat, wissen Sie unmissverständlich, wonach er auf der Suche war – oder zumindest (falls er ein nicht-zielgerichtetes oder steuerbares Einkaufsverhalten an den Tag legt) wofür er bereit war, Geld auszugeben.

In einer digitalen Einkaufsstraße sieht es aber anders aus. Die Kunden, die ebenfalls an Ihrem Laden vorbeiströmen, tragen alle quasi Pappschilder mit einer Liste von Sachen vor sich her, nach denen Sie auf der Suche sind: Kleid, Fernseher, Lampe. Wenn sie sich vor Ihrem Fenster aufhalten, haben Sie Gelegenheit, diese Schilder näher einzusehen und sich spezifischere Wünsche zu notieren: Kleid, rot und lang; Fernseher in 50 Zoll; Lampe mit Touch-Dimmer. Der Kunde merkt nicht, wie Sie auf das Pappschild starren – denn er ist zu beschäftigt damit, sich Ihre Ware anzusehen.

> *Da sitzt also der Beschaffer im digitalen Schaufenster und notiert schon einmal eifrig, was sich die Kunden wünschen.*

Diese Einsicht kommt online in der Form von **Keyword-Analysen** daher: der Erkundung dessen, was bei Suchmaschinen gesucht wird. Ganz einfach lassen sich etwa beim kostenlosen Tool „Google Trends" feststellen, wie es um einen Schlüssel-

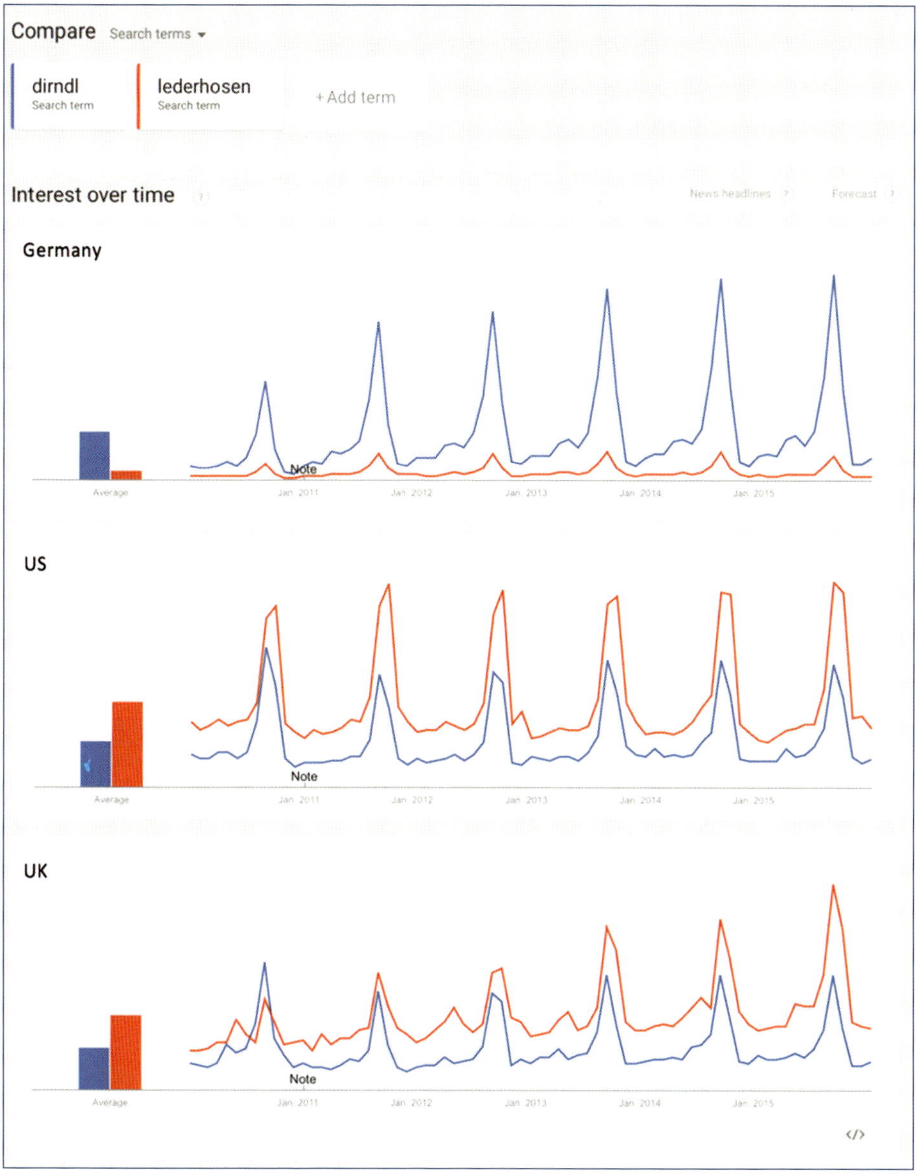

Abbildung. 2.5: Google Trends Screenshot

Quelle: adaptiert von https://google.com/trends

Google und dessen Logo sind registrierte Markenzeichen der Google Inc., mit Genehmigung verwendet

begriff steht: Zu welchem Datum wurde Begriff X wie oft gesucht? Von wo aus? Und als definierter Suchbegriff oder als Teil eines thematischen Komplexes? Da es sich um ein Gratiswerkzeug handelt, gibt Google genaue Zahlen nicht preis, sondern macht alle Angaben indexiert. Ein aufschlussreicher Einstieg in über Suchmaschinen gewinnbare Erkenntnisse bleibt „Trends“ trotzdem.

Fallbeispiel: Trachtenmode

Dass das allgemeine Interesse an Trachtenmode um die Zeit des Oktoberfestes ansteigt, dürfte allen klar sein. Dennoch ist eine genauere Keyword-Analyse bei Google Trends immer noch aufschlussreich – und bietet als Beispiel gerade Einsteigern in das Thema Optimierung schnell Anhaltspunkte.

Nehmen wir als Stichworte dann „lederhosen“ und „dirndl“: Wir wollen sehen, wie oft danach gesucht wird, und bekommen das Suchvolumen seit 2008 als Grafik angezeigt. Wir sehen die erwarteten Spitzenwerte im September und Oktober um das Münchener Oktoberfest herum, können aber die Suchen viel detaillierter aufschlüsseln: Wir können zum Beispiel auf einzelne Länder eingehen und stellen dann fest, dass in Deutschland im September 2014 zehnmal so oft nach Dirndln gesucht wurde wie nach Lederhosen. Andersherum verhält es sich in den USA, wo die Lederhose doppelt so oft gesucht wurde wie das Dirndl. Allerdings wird zuverlässig in den USA jedes Jahr zu Oktoberfestzeiten nach Dirndln gesucht. In Großbritannien hingegen gibt es die Suchanfrage in nennenswerten Mengen erst seit September 2012 – allerdings mit jährlich stetig zum Herbst hin ansteigendem Trend.

Spannend für Beschaffer ist dabei nicht nur das generelle Interesse an einem Suchbegriff, sondern die Auflistung von ähnlichen Suchbegriffen: Unter verwandten Suchanfragen sehen wir zum Beispiel, dass sehr gern nach „lederhosen costume“ gesucht wird. Ebenfalls beliebt sind „damenlederhosen“ sowie „lederhosen trachten“. Aber während in Deutschland als verwandte Suchanfrage „lederhosen costume“ gar nicht vorkommt, ist dieser Suchbegriff in englischsprachigen Ländern sehr weit verbreitet. In Deutschland werden die Rankings dagegen von „damenlederhosen“, „lederhosen herren“ und „lederhosen trachten“ angeführt.

Aus dieser Fülle an frei zugänglichen Informationen lassen sich schon grundlegende Erkenntnisse über die Nachfrage bei Trachtenmode erzeugen: In Deutschland wird online viel häufiger nach Dirndln gesucht als nach Lederhosen. Wenn Lederhosen doch gesucht werden, dann sind es auffallend oft

Lederhosen für Damen – eine Modeerscheinung der letzten Jahre. Der Online-Verkauf von Tracht ist also in Deutschland eindeutig ein weibliches Thema.

Genau umgekehrt verhält es sich aber in englischsprachigen Märkten. Das Gros der Suchanfragen hier fällt auf Lederhosen, und zwar oft als Kostüm. In den USA gibt es eine kleinere, aber beständige Online-Nachfrage nach Dirndln. In Großbritannien werden Dirndl mit jedem Jahr öfter gesucht, was auf einen Trend hindeutet.

Als Inhaber eines Trachtenversands würde man anhand dieser Basisinformation nun besser wissen, was man im Sortiment braucht. Will man in die USA verkaufen, braucht man Lederhosen, die sich als Verkleidung eignen – womöglich nicht ganz teuer, leicht zu verschicken und vielleicht etwas bunter oder spaßiger. Konzentriert man sich auf den deutschen Markt, sollten Trachtenlederhosen, die die Kunden nicht nur einmal anziehen, im Angebot sein sowie eine Auswahl an Lederhosen für Frauen. Und Dirndl in Hülle und Fülle.

Search Engine Marketing

Das Erforschen von Keywords ist im Suchmaschinenmarketing angesiedelt (engl. „Search Engine Marketing" oder SEM), bei dem es darum geht, Suchende anhand bestimmter Keywords in den eigenen Webshop zu führen.

Dabei unterteilt sich SEM in zwei Kategorien: Search Engine Optimization (SEO) und Search Engine Advertising (SEA). Bei Ersterem handelt es sich um Maßnahmen, die Webseitenbetreiber selbst ergreifen, um in Suchergebnissen für bestimmte Keywords eine möglichst hohe Position zu erreichen. Bei Letzterem platziert der Betreiber kostenpflichtig Anzeigen, die bei bestimmten Suchanfragen mit Links zu dem Angebot gezeigt werden.

Sowohl SEO als auch SEA sind nicht nur Marketing-Tools (siehe *2.3 Marketing* und *2.4 Vertrieb*), sondern ebenfalls nützlich in der Beschaffung. Denn: Um eine hohe Position in den Suchergebnissen zu erlangen – oder um eine passende Anzeige zu schalten – muss man zunächst wissen, was gesucht wird. Und Erkenntnisse darüber haben naturgemäß einen großen Einfluss auf den Einkauf.

Mehr Informationen sind für Kunden verfügbar, die über ein Google-Adwords-Konto verfügen. Hier werden Tools und Analysen angeboten, die Suchanfragen bei Google transparent in nackten Zahlen präsentieren: Wie viele Suchanfragen für welche genaue Buchstabenkombination, wann und von wo aus? Hier kann ein Keyword also zunächst auf seine genaue Relevanz hin geprüft werden – bevor Google neue Vorschläge für verwandte oder verbesserte Keywords generiert.

Läuft gerade eine Kampagne von Ihrem Online-Shop bei Google Adwords, kann sogar eingesehen werden, wie viele Konversionen beziehungsweise Bestellungen aus Ihren Suchanzeigen resultieren – und durch welche genauen Keywords. In der analogen Welt wäre das so, als ob der Kunde schnurstracks in den Laden marschiert käme, ein großes Schild mit der Aufschrift „Ich suche Produkt X" dabei hochhaltend, und direkt ansagte: „Ich habe Ihre Werbung für Produkt X gesehen und möchte dieses Produkt nun bei Ihnen käuflich erwerben." Online ist diese Offenheit und Rückverfolgbarkeit die Norm, nicht die Ausnahme. Nun wissen Sie als Beschaffer: Dieses Produkt verkauft sich nicht einfach so, sondern wird gezielt gesucht und nachgefragt. Wenn ähnliche Keywords sich von Google Adwords ableiten lassen, so kann man das Sortiment darauf prüfen, ob auch entsprechende Produkte zur Verfügung stehen.

On-site: Dem Kunden im Laden über die Schulter schauen

Sobald ein Kunde in ihrem Webshop ist, hinterlässt er deutliche Spuren, oft als Keyword schriftlich formuliert. In der analogen Welt wäre das nun so, als ob Ihr Beschaffer – als Verkäufer verkleidet – dem Kunden stets auf der Spur wäre und über dessen Schulter mit ihm gemeinsam die Waren anschauen würde. Doch was real als aufdringlich, abschreckend, gar beängstigend empfunden werden würde, merkt der Kunde online nicht.

Zum Beispiel wenn er die nützliche Shopsuche benutzt, um damit nach bestimmten Artikeln oder Varianten in Ihrem Shop zu suchen. Ist ein Kunde nicht direkt über eine Suchanfrage (beispielsweise als „Referral" von einer Google-Suche) oder eine Anzeige (als „Click" von Google Adwords) in den Shop gekommen, ist dies sogar Ihre erste Gelegenheit, einen Blick auf seinen „Wunschzettel" zu erhaschen. Und zwar einen detaillierten Blick, denn kaum ein Kunde wird in diesem Stadium einfach nur „Kleid" oder „Männermode" eingeben: Im Shop geht es ins Spezifische wie „rotes Abendkleid", „Jeans 32–34 blau".

Jede On-Site-Suche ist eine interessante Angabe darüber, was genau sich Ihre Kunden wünschen.

Sie kann beispielsweise selbst dann helfen, wenn Kunden nicht fündig werden und dem Shop den Rücken kehren: Wenn Kaufinteressierte im Shop nach etwas suchen, erwarten sie logischerweise, dass der gesuchte Artikel im Sortiment zu finden sein wird. Ist er es nicht (und ist die Suchanfrage nicht offenkundig abwegig: „Atomkraftwerk" oder „Affe"), lässt sich ein Hinweis zu einer Lücke im Sortiment ableiten.

Selbst wenn der Kunde doch nicht über Keywords in den Shop gelangt, sondern einfach als „Passant" hereinkommt, verschwindet er nicht spurlos wieder. Ob nachvollziehbar in den Shop gelockt oder einfach nur hereinspaziert, jeder Kunde hinterlässt im Geschäft Fußabdrücke. Durch Web-Analytics – also hier die Analyse von **Besucherverhalten** – können Sie daraus viele für die Beschaffung interessante Informationen ziehen:[3]

- **Besuchsdauer:** War der Kunde lange im Shop? Hat er ihn sofort wieder verlassen, so kann dies ein Grund dafür sein, dass das Sortiment für ihn nicht interessant war. Woran lag das? War das Keyword falsch oder missverständlich, oder passten die Produkte in Ihrem Sortiment nicht zur Suche? Letzteres wäre ein Fall für die Beschaffung.
- **Besuchstiefe:** Wie tief in den Shop hinein ist der Besucher gelangt? Hat er nur übergeordnete Seiten für Produktkategorien gesehen oder hat er sich sogar Detailansichten von bestimmten Artikeln anzeigen lassen? Je tiefer der Besuch, desto mehr haben die Produkte den Kunden interessiert. In der analogen Welt gleicht ein tiefer Besuch dem Anfassen und näheren Betrachten von Waren. Ein „flacher" Besuch hingegen ist eine Art digitales „Kurz über die Regale streifen und dann raus" – und ein Indiz dafür, dass die Produkte nicht interessierten.
- **Navigationsverhalten:** Wie fand der Kunde durch den Shop? Klickte er sich durch die Navigationsleiste – also über „Herrenmode" durch „Hosen" zu „Jeans", gefolgt von der Klick-Auswahl von seiner Größe und der Farbe? Oder benutzte er doch die Site-Search: „Jeans 34–34 blau"? Und folgte er sonstigen Links durch die Seite? Benutzte er zum Beispiel das Produktregister oder eine Sitemap?
- **Klickverhalten/Besucherfluss:** Wie genau sah der Verlauf des Kunden durch den Laden aus? Durch eine sogenannte Pfadanalyse kann man ihm auf Schritt und Tritt folgen – oder umgekehrt den Durchlauf auf einzelnen Seiten beobachten, um zu sehen, woher die Kunden gerade kommen und wohin sie dann gehen.

3 In Anlehnung an Hassler (2011), Web Analytics

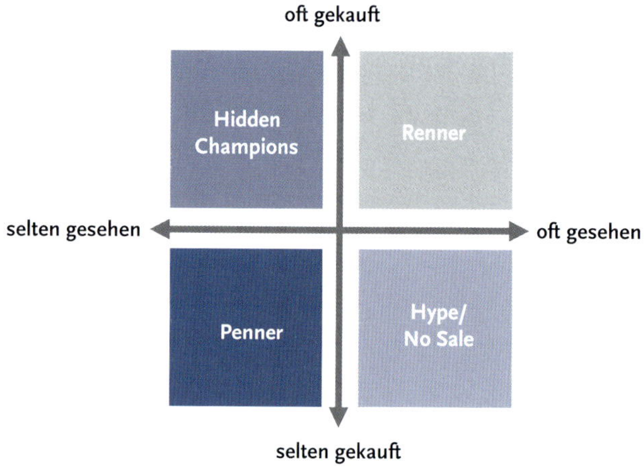

Abbildung 2.6: Produktleistungsmatrix („Renner-Penner-Analyse")
Quelle: in Anlehnung an etracker Blog, https://www.etracker.com/blog/optimiertes-category-management-eine-fundierte-datenbasis-fuer-alle-entscheider-teil-3 (abgerufen Dezember 2016)

Interessant an solchen Analysen ist für die Beschaffung, ob eine Produktseite besonders viele Besucher von einer anderen bestimmten Produktseite anlockt oder besonders viele zu einer weiteren hinschickt – oder aber, ob ein viel betretener Pfad von einem bestimmten Produkt in den Warenkorb führt.

Aus einer Mischung dieser analytischen Werkzeuge sind relativ treffende Rückschlüsse darüber zu ziehen, warum Kunden in den Shop gekommen sind und ob das Sortiment sie angesprochen hat. Zudem lässt sich sehr oft über solche Daten bestimmen, inwiefern einzelne Produkte ihre Berechtigung im Sortiment haben. Zum Beispiel anhand einer Produktleistungsmatrix – auch „Renner-Penner-Analyse" genannt –, die die verschiedenen Aspekte des Besucherverhaltens kombiniert, um darzustellen, was bestimmte Produkte zum Umsatz beitragen.

Wird ein Produkt im Sortiment oft angesteuert – und dann oft verkauft – ist das Produkt ein **Renner**. Klar ist, dass dieses Produkt im Sortiment bleibt und beworben werden soll.

Zeigen das Klickverhalten und die Besuchstiefe, dass ein Artikel überdurchschnittlich oft aufgerufen und angeschaut wird, aber selten im Einkaufskorb landet, gibt es um ihn einen **Hype**. Weil er aber wenig gekauft wird, sollten Beschaffer hellhörig werden: Haben wir überhaupt genug davon, oder stehen die Kunden vor einer Meldung wie „Lieferung derzeit nicht möglich"? Ist der Artikel offenkundig fehlerhaft?

Oder ist er zwar attraktiv, aber schlichtweg zu teuer?

Auf der Kehrseite der Medaille gibt es Produkte, die unterdurchschnittlich angeklickt werden. Landen sie dafür doch relativ häufig im Warenkorb, ist dies kein Thema für den Beschaffer, sondern der Vertrieb ist in der Pflicht, für mehr Sichtbarkeit dieses **Hidden Champions** zu sorgen.

Anders sieht es aus, wenn ein Artikel nicht nur selten angesteuert, sondern auch nicht gekauft wird: Dann ist er ein **Penner**. Da sollte der Beschaffer sich des Falles annehmen: Ist der Artikel einfach nur ausverkauft beziehungsweise nicht mehr verfügbar, oder ist er wirklich so unbeliebt? Wenn ja, dann gehört er wahrscheinlich ausgelistet.

Generell sollte das Besucherverhalten mit Web-Analytics regelmäßig ausgewertet werden – und Schlüsse für die Beschaffung gezogen werden.

Zeigt eine bestimmte Produktseite plötzlich eine hohe Absprungrate, obwohl sich das Produkt zuvor gut verkauft hat? Dann kann es sein, dass es ausverkauft ist oder dass ein Konkurrent es plötzlich zu einem merkbar günstigeren Preis anbietet. Entwickelt sich gerade ein Hype um ein Produkt, das bislang eher ein Ladenhüter war? Dann müsste man eventuell nur an der Produktpräsentation schrauben, um einen Verkaufsschlager in die Wege zu leiten, von dem man wird nachbestellen müssen.

Über längere Sicht sind Angaben zu den **Besuchereigenschaften** ebenfalls von Interesse für die Beschaffung. Im Monatstakt sollte durch Web-Analytics ausgewertet werden, wie viele Besucher neu sind, wie viele nach einem vorigen Besuch zurückkehren und wie deren Besuchsfrequenz ist. Nimmt die Anzahl der Rückkehrer beispielsweise stark ab, könnte dies ein Indiz dafür sein, dass man einer gewissen Kundenschicht nicht mehr das anbietet, wonach sie sucht, wonach sie früher aber einmal bei einem fündig wurde. Allein sein Sortiment nach solchen Mutmaßungen auszurichten, ist unmöglich, aber geballte analytische Trends wie ein Rückgang in Keyword-Referrals sowie eine hohe Absprungrate auf vielen Produktseiten und ein Schwund an treuen Besuchern, sollte Fragen an die Beschaffungspolitik stellen.

Solche Fragen können teilweise durch den Einsatz von viel direkteren Mitteln gestellt werden. Nur weil der Kunde im Netz mit einem öffentlichen „Wunschzettel" durch die digitale Gegend läuft, sollte das Verkäufer nicht davon abhalten, mit ihm ins Gespräch zu kommen. Denn vielleicht ist der Wunschzettel nicht sehr treffend formuliert – oder vielleicht geistern dem Kunden ganz andere Wünsche durch den

Kopf. Durch Umfragen kann zum Beispiel festgestellt werden, ob das Sortiment dem Kunden passt: Zwar füllen nur die wenigsten von ihnen Online-Surveys aus, aber die Teilnahme kann durch Verlosungen oder Vergünstigungen erhöht werden. Fragen reichen von „Fanden Sie bei uns Produkte, die Sie kaufen wollten?" bis zu „Wie fanden Sie Produkt X?" Einzelne Detailantworten kann man bekommen, die man mit dem Gros der Besucherdaten abgleichen und als Denkanstoß verwenden kann.

Ähnliches kann über Social Media erfragt werden – teilweise ohne direktes Zutun. Denn User auf Facebook, Twitter und Co. tun gern ihre Meinungen über Produkte und Dienstleistungen kund, ohne dass das betroffene Unternehmen danach fragt. Sind Sie auf diesen Kanäle vertreten, so holen Sie sich direkte Rückmeldungen zu Ihrem Sortiment und können User darüber auf einer lockeren Ebene ansprechen (Social-Media-Interaktion ist ebenfalls ein Thema im Bereich Kundenservice, siehe *2.7.1 Kanäle*). Quantitativ bekommen Sie ebenfalls Social-Media-Rückmeldungen zu Ihrem Sortiment, indem Sie den Gefällt-mir-Button von Facebook oder den Pinterest-Button auf Ihren Produktseiten integrieren. Wird ein Produkt oft gelikt oder sonst in sozialen Netzwerken weiterempfohlen? Dies ist das digitale Äquivalent von Mundpropaganda. Auch die in vielen Webshops umgesetzten Möglichkeiten, Produkte zu bewerten und zu kommentieren, können dem Beschaffer qualitatives respektive quantitatives Feedback zu einzelnen Artikeln bescheren.

Und am Ende kommen die Klassiker

Zum Schluss des Prozesses kommen die klassischen Werkzeuge der Sortimentsanalyse: Durchverkaufsanalyse, ABC-Analyse und Anbieteranalyse. Die **Durchverkaufsanalyse** – die Frage, ob Verkäufe nach Plan laufen – ist unabhängig vom Online-Business-Modell aktuell. Durchgeführt wird sie jetzt in den kürzeren Zeiträumen des E-Commerce, aber überlebt hat sie sich keineswegs. Wöchentlich wird nachgefragt: Haben wir den Bestand verkauft? Wenn nicht, müssen wir nachbestellen oder – im Fall von einem Direktverkauf-Geschäftsmodell – mehr produzieren?

Die **ABC-Analyse**, bei der verschiedene Größen aufgeführt und kombiniert werden, gehört nach wie vor zur Schlüsselfunktion im Einzelhandel. Denn auch online – sogar vor allem online – wird ein Preiskampf geführt und entsprechend stark rabattiert. Nicht nur die Höhe der Absatzzahlen, sondern auch die Marge und der Return-on-Investment sind hier interessant. Wurde etwa im Rahmen einer Renner-/Penner-Analyse ein Hype-Produkt entdeckt und mittels Rabatt in die Kategorie Renner geführt, muss die ABC-Analyse hinterher feststellen, wie sich die Aktion auf die Marge ausgewirkt hat und darlegen, welche Folgen das für die Sortimentsplanung haben soll.

Gleichermaßen wichtig bleibt für Händler auch eine **Anbieteranalyse**, um festzustellen, ob sich Artikel von bestimmten Herstellern und Marken im Webshop gut verkauft haben und zu welchen Bedingungen: Konnten sie mit voller Marge abgesetzt werden? Waren sie stark nachgefragt? Diese Erkenntnisse sind besonders wichtig für Generalisten und Category-Killer, weniger aber für Spezialisten, Herstellershops oder Markenshops, die ohnehin an einen Anbieter gebunden sind.

In den genannten analytischen Punkten bleibt die Arbeit der Beschaffung vorwiegend die des stationären Einzelhandels, nur verschieben sich die Messgrößen.

Zum Beispiel durch den Longtail: Vielleicht kann bei einigen Produkten eine geringere Marge über einen längeren Verkaufszeitraum hingenommen werden, als es in einem stationären Geschäft der Fall wäre? Produkte können „ins Archiv" wandern, auch wenn sie nicht die Aufmacher auf der Shop-Website sind. Natürlich richten sich solche Entscheidungen auch an der Produktkategorie aus: Modeartikel sind irgendwann nicht mehr gefragt, sodass hier ein schneller Absatz auch online essenziell ist – und sei es mit weitgehendem Abschlag. Bei teuren Möbeln in Handarbeit sehen die Berechnungen und die Zeiträume wieder anders aus.

Und noch einmal anders verhält es sich bei Online-Handelsmodellen wie Mass Customization: Mymuesli.com oder Spreadshirt brauchen eine bestimmte Menge an „Rohmaterial" – Haferflocken beziehungsweise T-Shirts – ähnlich einem Supermarkt beziehungsweise einem klassischen Geschäft im Kleidungssegment. Allerdings müssen die einzelnen zur Personalisierung verfügbaren Elemente immer wieder auf ihre Rentabilität geprüft werden. Ob etwa eine bestimmte teure Tintenfarbe oder eine begrenzt haltbare Müslizutat vorrätig gehalten werden kann, muss auf Basis von Absatz und Ertrag errechnet werden. Natürlich unter Einbeziehung des Anlock-Effekts: Was muss ein Sortiment in einem bestimmten Segment enthalten, um als attraktiv zu gelten?

Schlussfolgerung

Selbst in den Vollblut-Online-Konzepten bleibt also manche Fragestellung der Beschaffung dieselbe wie eh und je. Nur mit dem Unterschied, dass der Kunde sich jetzt daran gewöhnt hat, online *immer alles überall* zu bekommen. Unabhängig vom Konzept sind Verfügbarkeit und Sortimentsbreite (und wahlweise -tiefe) erstes Gebot geworden: Breite, wenn es darum geht, Category-Killer (Zalando) oder Multi-Category-Killer (Amazon) zu werden. Tiefe, wenn es darum geht, alle Artikel einer bestimmten Marke erwerben zu können. Die Verfügbarkeit muss einfach stimmen, denn in der digitalen Einkaufsstraße ist jeder Konkurrent nur ein Haus weiter.

Je nach Geschäftsmodell müssen sich Beschaffer Gedanken machen, wie sie online der Aufforderung nach „immer alles" nachkommen. Und sie haben eine ganze Reihe an neuen digitalen Methoden an die Hand bekommen, dies umsetzen zu können. Das „Überall" ist dagegen eine Frage für den Vertrieb (siehe *2.4 Vertrieb*) sowie die Logistik (siehe *2.6 Logistik*).

2.2 Produktpräsentation

Einführung

So unterschiedlich die Geschäftsmodelle im E-Commerce sind, so ähnlich sind sich Online-Shops hinsichtlich ihrer Funktionalität – vor allem im sogenannten „Frontend-Bereich". Dieser beginnt mit der Homepage, die beim Abrufen der Webadresse erscheint und von der aus der User navigiert. Hier sind gewisse Kernfunktionalitäten Pflicht, und die meisten Seiten weisen deshalb einen relativ standardisierten Aufbau auf.

Das ist wie in jeder Einkaufsstraße: Die Läden haben Schaufenster und Eingangstüren, Regale oder sonstige Produktauslagen und einen Verkäufer. Wie viel Ware im Lager aufbewahrt wird, von wem sie kommt oder ob sie sogar im Hinterzimmer direkt vor Verkauf angefertigt wird, ist zweitrangig. Von der Bäckerei unten im Haus, bei der noch handgedrehte Brötchen in der Stube gebacken werden, bis zum mehrstöckigen Elektrofachmarkt, dessen Fernseher und Lautsprecher in Korea hergestellt werden, folgen die meisten Läden einem bewährten Konzept.

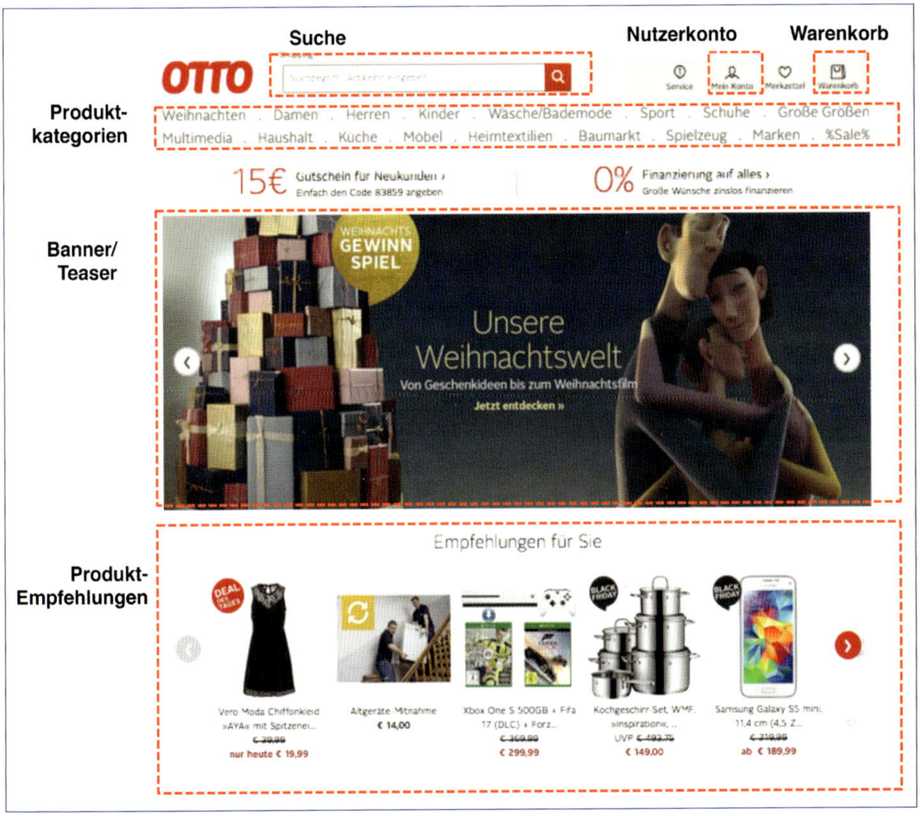

Abbildung 2.7: Typische Bestandteile und Features eines Online-Shop-Frontends
Quelle: www.otto.de (abgerufen Dezember 2016)

Eine Verkaufsfläche ohne Fenster und ohne Mitarbeiter? Eigentlich undenkbar. Regale oder Vitrinen zur Zurschaustellung der Produkte? Aus dem klassischen Einzelhandel nicht wegzudenken.

Im E-Commerce läuft es nicht anders. Ob Zalando mit reihenweise T-Shirts direkt aus asiatischer Massenproduktion oder Spreadshirt, bei dem theoretisch jedes Stück in Deutschland personalisiert werden kann: Die Frontend-Bereiche weisen dieselben Merkmale und ähnliche Funktionen auf. Die Fertigungstiefe und die Größe des Unternehmens mögen weit auseinanderklaffen – von Konzernen wie Amazon mit Milliardenumsätzen bis hin zu Zwergen unterhalb der Millionenmarke, von herstellereigenen Online-Shops bis hin zu Gemischtmarktplätzen für allerlei Gebrauchtes wie Ebay –, der Aufbau der E-Commerce-Webseiten ist ähnlich, ob im Browser an einem PC oder auf dem Smartphone.

Bei allen Darstellungsunterschieden zu Browser-Varianten folgen auch Mobile-Shops in der Regel einheitlichen Nutzungsstandards – wobei hier natürlich die andere Interaktion durch Multi-Touch-Gesten und kleinere Displays besonderer Beachtung bedarf.

Die Bausteine

Neben der eigentlichen Produktpräsentation bilden folgende fünf Funktionalitäten die Grundausstattung eines jeglichen Frontends:

- Produktkatalog/-kategorien,
- Suchfunktion,
- Benutzer- beziehungsweise Kundenkonto,
- Warenkorb,
- Empfehlungen/Bannerwerbung/Teaser.

Alle fünf Elemente tragen zu einer kompletten Aufmachung des Shops bei. Ein Online-Shop, dem auf der Startseite ein Link zur Warenkorb-Funktion fehlt – meist mit entsprechendem Warenkorb-Icon –, wäre wie ein Supermarkt ohne Einkaufswagen oder Warenkörbe neben dem Eingang.

Die Elemente können einerseits mithilfe eines „All-in-one"-Shopsystems erstellt werden, andererseits sind auch modular zusammengestellte Systeme weit verbreitet. Bei modularen E-Commerce-Plattformen werden die Elemente von verschiedenen Providern zur Verfügung gestellt und über Schnittstellen zusammengeführt, um die komplette Funktionalität des Frontends anzubieten. Beispielsweise kann eine externe Suchtechnologie auf der Seite eingebaut werden, während Werbung und Empfehlungen über eine externe Recommendation-Engine angeboten werden, die auf Basis von gesammelten Kundendaten oder Daten eines Dritten arbeitet. Für die Kunden bilden solche Elemente allerdings integrale Bestandteile einer nahtlosen Shop-Erfahrung – im Idealfall unabhängig davon, ob der Shop über einen PC-Browser, einen Tablet-Browser oder eine Smartphone-App angesteuert wird.

In diesem Kapitel geht es darum, wie Kunden durch die Elemente Produktkatalog/-kategorien, Suche und Werbung/Empfehlungen zu Produkten geführt werden – und wie die Produktseiten dann aufgebaut sind.

2.2.1 On-Site-Nutzerführung

Der User beginnt seinen Besuch entweder auf der Homepage des Shops oder springt zum Beispiel nach einer Google-Suche direkt auf eine spezielle Landingpage oder Artikeldetailseite. Danach verlauft der Besuch dann meistens nicht quer durch die Website, sondern hierarchisch: Auf Homepage und Landingpage sind die Produktsuche sowie die Produktkategorien sichtbar. Dabei hat sich generell etabliert, dass Listen und Kategorisierungen links und Suchfelder eher oben zu verorten sind. Auch Nutzer, die neu im Shop sind, kennen sich daher intuitiv aus und neigen dazu, mit dem gewohnten Navigationsverhalten weiterzumachen.

Der Betreiber eines Online-Shops kann also davon ausgehen, dass einem User fast immer am Anfang des Besuches dasselbe Instrumentarium an Frontend-Werkzeugen angezeigt wird. Dabei gibt es grundsätzlich vier Navigationspfade, die von der jeweiligen Einstiegsseite zu den einzelnen Produkten führen:

- Produktkategorien und -kataloge,
- Filter,
- On-Site-Suche,
- Links, Bannerwerbung oder Empfehlungen.

Am aufwendigsten ist für Nutzer die Navigation anhand von Produktkategorien und -katalogen: Hier vergehen einige Klicks und verhältnismäßig viel Zeit im Shop, bis eine spezifische Produktseite aufgerufen wird. Am schnellsten hingegen ist der Zugang über Werbung oder Empfehlungen, da diese den User meist mit nur einem Klick von der Einstiegsseite zu einer Produktseite befördern. Wir beleuchten nun diese vier Möglichkeiten hinsichtlich ihrer Häufigkeit, des erforderlichen technischen Aufwands und ihrer Aussagekraft über Kundenwünsche und -ziele.

Produktkategorien und -kataloge

Die Datenstruktur, nach der die im Shop verfügbaren Produkte organisiert werden, ist häufig aufwendig konzipiert. Die Klassifizierung von Artikeln ist eine komplizierte Angelegenheit: Welche Produktklassen werden gebraucht? Wie viele Ebenen von Unterklassen soll es geben? Was tun mit Produkten, die zwei oder drei Klassen zugeordnet werden könnten?

Startseite | %Sale% | Kategorien | Schuhe | Herren | Schuhe | **Günstige Herren Stiefel & Boots**

Startseite | %Sale% | Kategorien | Herrenmode | Schuhe | **Günstige Herren Stiefel & Boots**

Startseite | Herrenmode | Kategorien | Schuhe | **Herren Stiefel & Boots**

Startseite | Schuhe | Herren | Herrenschuhe | **Herren Stiefel & Boots**

Abbildung 2.8: Beispiel einer Produktkategorisierung am Beispiel von otto.de
Quelle: eigene Darstellung in Anlehnung an www.otto.de (abgerufen im Dezember 2016)

Einzelne Produktklassifikationssysteme unterscheiden sich zwar in Bezug auf ihre Anwendbarkeit für verschiedene Branchen. Ein einheitliches Merkmalsystem zur Beschreibung der Artikel ist aber Pflicht, ob es sich nun um MP3-Downloads oder Rasenmäher handelt. Dabei werden Produkte anhand kaufmännischer Stammdaten oder technischer Basismerkmale eindeutig einer definierten Produktklasse zugeordnet. Diese Struktur ist baumartig, mit den einzelnen Klassen und den jeweiligen Mitgliedsprodukten am Ende des Astes.

Bei einem MP3-Lied wird beispielsweise zunächst eine Gattung definiert, danach der Interpret und dann das Album, aus dem es stammt. Wird das Lied nicht über ein auf Musik spezialisiertes Portal wie Itunes, sondern über einen Allesverkäufer wie Amazon angeboten, muss die Klassifizierung nach unten zur Wurzel hin ausgebaut werden: Vor „Gattung" kommt dann noch „MP3-Lied" und davor noch die Produktgruppe „Musik".

Bei einem Rasenmäher, der über den Online-Shop eines Gartengeräteherstellers verkauft wird, würde die übergreifende Klasse „Gartengeräte" wegfallen. Anfangen würde die Klassifizierung bei „Rasenmäher". Danach wäre der Klassifizierungsweg über den Motor denkbar – also Verbrennungsmotor oder elektrisch. Dann könnte in den zwei Klassen weiter unterschieden werden über Drehzahl beziehungsweise Watt. Anschließend könnte die Klassifizierung über die Größe, über das Gewicht des Geräts oder über die Schnittbreite der Klingen weitergehen.

Dieser strikten **Produktklassifikation** im Sinne der Datenstrukturierung steht eine lockerere **Produktkategorisierung** gegenüber. Letztere ist für die Navigationsstruktur wichtig, denn ein Produkt kann zu mehreren Kategorien gehören und logischerweise von Kunden dort gesucht werden. Für den Kunden ist es unwesentlich, welcher Klasse die von ihm gesuchte Ware bei dem jeweiligen Händler angehört: Er möchte sie dort vorfinden, wo er sie vermuten würde.

Das Problem wird am Beispiel eines Männerstiefels aus braunem Leder deutlich. Für Modeartikel gibt es besonders viele Möglichkeiten der Klassifizierung: Die eine denkbare Baumstruktur würde beispielsweise mit der Unterscheidung Herren- und Damenmode ansetzen und sich sofort in zwei Äste aufgabeln. Auf der Herrenseite würden sich dann Klassifizierungen wie Hosen, Hemden und Schuhe ergeben, auf der Damenseite käme noch die Klasse Röcke dazu. Der Baum könnte aber ebenfalls völlig anders ansetzen: mit Produktklassen wie Hosen, Hemden, Röcken und Schuhen, bei denen erst später die Unterscheidung Herren- und Damenmode eintritt (oder bei manchen Unisex-Produkten gänzlich entfällt).

Durch Produktkategorisierungen gelingt die Quadratur dieses Kreises: Da ein Produkt nur einer Klasse, dafür aber mehreren Kategorien angehören kann, kann es über unterschiedliche Zugangswege gefunden werden. Daher basieren gute Navigationsstrukturen auf Kategorien und nicht auf Klassifizierungen. So ergeben sich Klickpfade über Herrenmode sowie über Schuhe zu unseren braunen Lederstiefeln für Männer.

Hinzu kommt, dass Kategorien – im Gegensatz zu Klassifizierungen – zeitlich befristet sein können. Im Herbst könnte ein Modehändler etwa kurzzeitig die Kategorie „Fit für den Winter" als Sonderrubrik einführen, in der neben Mänteln und Handschuhen ebenfalls Lederstiefel zu finden sind. Im Sommer hingegen könnten Stiefel in der Rubrik „Sale" aufgenommen werden, da sie sonst wenig nachgefragt werden. Insofern ist es denkbar, dass unsere Stiefel in der Navigation des Online-Shops dreimal erscheinen könnten, sowohl unter dem Pfad „Herren – Schuhe – Stiefel" als auch unter dem Pfad „Schuhe – Herren – Stiefel" sowie in der Kategorie „Sale".

Es wird hier sofort sichtbar, wie viele Kategorien sich quer über den Klassifizierungsbaum hinwegziehen: Bademode kann beispielsweise eine eigene Kategorie sein sowie eine Unterkategorie von Damen- und Herrenmode. Ebenfalls könnten einzelne Bademodeartikel entweder in der Kategorie „Neuheiten" oder gegen Ende des Verkaufszyklus als Rabattartikel bei „Sale" angepriesen werden.

Diese mehrfache Zuordnung von Produkten in der Sortimentsnavigation kann manuell oder automatisch erfolgen. In der manuellen Variante bindet der Shopmanager des Online-Auftritts einzelne Produkte oder Produktkategorien in verschiedenen Rubriken ein. Bei Ebay ist dieser Schritt sogar jedem Verkäufer zu raten: Beim Einstellen eines Artikels wird dem Verkäufer eine Produktklasse aufgezwängt und es liegt an ihm, den Artikel auch in anderen Kategorien hinzuzufügen.

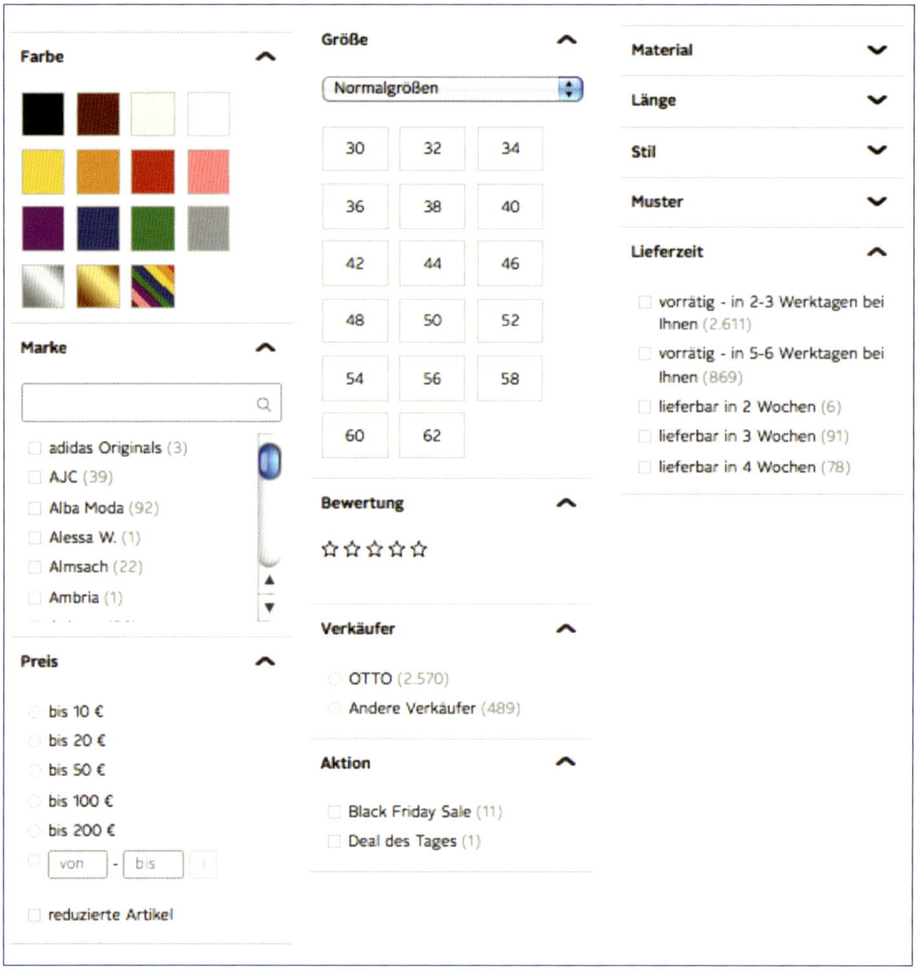

Abbildung 2.9: Beispiele von Filtern
Quelle: www.otto.de (abgerufen Dezember 2016)

Bei größeren Online-Shops muss die mehrfache Zuordnung automatisch erfolgen. In diesem Fall basiert sie üblicherweise auf Attributen der Produktdaten. Bei unserem Herrenstiefel in einer Klassifizierung nach Herren- und Damenmode würde die Kategorisierungsregel lauten, dass alle mit dem Wort „Schuhwerk“ verschlagworteten Produkte ebenfalls der Kategorie „Schuhe“ zuzuordnen sind. Anders herum lautet die Regel, wenn der Klassifizierungsbaum mit Klassen wie Hemden, Jacken, und Schuhe aufgebaut wäre: Hier wären mit „Herrenmode“ verschlagwortete Produkte ebenfalls der Kategorie „Herren“ zuzuordnen. Wiederum würde eine Regel für die Kategorie „Fit für den Winter“ lauten, dass alle mit dem Attribut „Stiefel“ gekennzeichneten Produkte aufgenommen werden – aber nicht solche, die nur als „Schuhe“ oder „Sneakers“ bezeichnet sind.

Daher ist es wichtig, mit einer gut gepflegten Produktdatenbank zu arbeiten: Nur auf einer gesunden Datenbasis lassen sich so verschiedene Kategorien ausprobieren und ändern.

Alle Produktdaten – auch Seriennummern und sonstige Identifikatoren – müssen in die Datenbank eingepflegt werden. Denn wenn etwa der Hersteller einen Abschlag im Rahmen einer Sonderaktion ankündigt, würde eine neue zeitlich befristete Kategorie für dessen Ware entstehen: Regeln für die Kategorie müssten auf dem Herstellernamen oder seinen Produktkennzeichnungen basieren. Ebenfalls denkbar für Kategorisierungen sind Business-Rules: Sobald ein Produkt rabattiert wird, müsste es etwa auch in der Kategorie „Sale“ auftauchen. Daher müssen Produktdatenbanken und sonstige Informationen stets auf dem aktuellsten Stand sein.

Filter

Eine taugliche Verschlagwortung inklusive Attributen ist auch die Grundlage für einen gelungenen Filter. Das Vorgehen mit Filtern stellt bei vielen E-Commerce-Plattformen eine beliebte Variante der Navigation dar. Nachdem ein User sich bis zu einer gewissen Produktkategorie oder -klasse durchgeklickt oder eine Suche im Shop durchgeführt hat, kann er einen Filter einsetzen, um die Ergebnisse auf seine genauen Bedürfnisse anzupassen. Bei Herrenstiefeln wäre die erste interessante Filtermöglichkeit vermutlich die Schuhgröße. Indem er „Größe 45“ anklickt, würde der User dann nur noch die Artikel angezeigt bekommen, die in dieser Größe verfügbar sind. Ebay oder Otto zeigen, wie intuitiv und visuell ansprechend Filternavigation sein kann. Die Farben von Kleidung und Schuhwerk werden dort beispielsweise mit entsprechend kolorierten Kacheln angeboten.

Mit solchen Kniffen spielt E-Commerce seine Vorteile aus. Eigentlich ist das Stöbern und Wühlen gefühlt eine recht analoge Sache, bei der sich das Auge einen schnellen, aber umfassenden Überblick über das Sortiment im Geschäft verschafft und Artikel in die Hand genommen werden können. Doch die Möglichkeit, sofort per Filter Unwesentliches wie nicht in der richtigen Größe verfügbare Schuhe auszusortieren, gibt es in einem klassischen Laden nicht – sie ist ein wesentliches

Abbildung 2.10: Beispiel für ein dynamisch skaliertes Suchfeld
Quelle: www.amazon.de (abgerufen Dezember 2016)

Merkmal eines erfolgreichen Longtail-Ansatzes (siehe *2.1 Beschaffung*). Dies befiehlt Folgendes:

1. *Make everything available.*
2. *Help me find it.*

Wenn also das erste Prinzip dieser im E-Commerce entscheidenden Strategie „Alles zur Verfügung stellen" heißt, lautet das unausweichliche zweite Prinzip: „Hilf mir dabei, es zu finden." Bei der Menge an verschiedenen Artikeln und Varianten, die Longtail-Beschaffung mit sich bringt, helfen Filter dem einzelnen Kunden, das jeweils für ihn selbst passende Produkt zu finden.

Nicht nur deswegen wird in Online-Shops also tatsächlich viel gestöbert. Einige Nutzer klicken sich über Produktkategorien und Filter durch die Seite, weil sie sich einen Überblick des Shops verschaffen wollen – ebenso wie viele Kunden das in einer herkömmlichen Einzelhandelsfläche auch tun.

Suche

Beliebter ist bei den meisten Shops allerdings die Suche, die durchschnittlich von jedem zweiten Besucher als primäres Navigationsinstrument genutzt wird. Die Nutzung der Suche entspricht offline dem Ansprechen von Verkäufern und ist Ausdruck eines zielgerichteten Einkaufsverhaltens. Der Online-Handel kann diesem Verhalten viel besser entgegenkommen als der stationäre Handel, ist doch das Suchfeld im Gegensatz zu Verkäufern ständig für alle ansprechbar. Für viele Konsumenten im E-Commerce übernimmt die On-Site-Suche sogar die Rolle einer Suchmaschine. Nach neuen Stiefeln wird also nicht immer über Google gesucht, sondern direkt bei Amazon, Zalando und Co. Die hohe Bedeutung der Suche wird auch durch deren prominente Platzierung im Shop deutlich: Bei Amazon wächst das Suchfeld beispielsweise mit steigender Breite des Browserfensters mit.

Ein überdurchschnittlich hoher Anteil an Besuchern, die die Suchfunktion in einem Online-Shop nutzen, lässt auf Kunden schließen, die sehr fokussiert sind und genau wissen, was sie einkaufen wollen. Diesen gilt es mit einer leistungsfähigen Suche entgegenzukommen, die sie direkt zu den Produkten führt, die sie interessieren. Dennoch wird in vielen Online-Shops die Suche etwas stiefmütterlich behandelt.

Dabei sollte die Suche einen integralen Teil des Shopsystems darstellen – nicht zuletzt deswegen, weil die abgegebenen Suchanfragen eine sehr hohe Bedeutung für die Sortimentsgestaltung haben könnten (siehe *2.1 Beschaffung*). Wichtig bei einer Shop-Suchmaschine ist nicht nur, dass sie binnen weniger Nanosekunden das gesamte Produktsortiment durchforsten kann, sondern auch, dass sie den Kunden direkt zum gewünschten Ergebnis innerhalb des Shops führt.

Dazu tragen Funktionen wie eine **Kategorieauswahl** bei: Gibt der Kunde bei Amazon etwa einen Musiker ein, werden ihm Produktkategorien wie „MP3" oder „CD"gezeigt. Hat der Musiker auch Konzertfilme herausgebracht, wird auch „DVD" als Kategorie angezeigt. So kann der Kunde direkt auf die passende Kategorie klicken und sich einige Wörter und weitere Suchanfragen sparen.

Hier helfen auch Vervollständigungsvorschläge: Tippen Sie bei Zalando „jeans" ins Suchfeld, werden sofort „jeans hose", „jeanshose", „jeans slim fit" und „jeans-leggings" angezeigt. Eine solche **Suggest-Suche**, wie jeder das auch von Google kennt, kommt Kunden entgegen, die auf der Suche nach Artikeln mit langen Bezeichnungen sind, sowie solchen Nutzern, die unregelmäßig eine Computertastatur bedienen oder auf kleinen mobilen Geräten unterwegs sind. Auch hilft es bei Rechtschreibunsicherheiten: Wer zum Beispiel nicht weiß, ob es korrekt „Jeanshose" oder „Jeans-Hose" heißt, freut sich, mittels der Vorschläge zu erfahren, dass dies für die Suche unbedeutend ist.

Das geht auf **Fehlertoleranz** zurück. Eine gute Suche im E-Commerce passt sich den häufig vorkommenden Eingabefehlern der Kundschaft an, statt sich als Deutschlehrer aufzuspielen. Bei Eingaben im Netz nehmen es viele Kunden mit der Großschreibung nicht so genau, vertauschen Buchstaben beim Tippen oder nehmen sich einfach nicht die Zeit, über die korrekte Rechtschreibung nachzudenken. Auch klassische Falschschreibungen wie „Fahrad" oder „Komputer" (und noch viel Haarsträubenderes) gilt es zu berücksichtigen. Die Suchmaschine sollte eine korrekte Version entweder bei oder kurz nach der Eingabe vorschlagen.

Auch muss die Suche damit umgehen können, dass die deutsche Sprache sehr wortreich ist und viele Begriffe oftmals nicht klar voneinander abgegrenzt werden können: Des einen Jackett ist des anderen Sakko. Einige suchen Unterwäsche, die anderen Unterhosen, und wieder andere sind auf der Suche nach Slips. Eine Suchmaschine, die bei der Suchanfrage „Sakko" nur entsprechend verschlagwortete Produkte anzeigt – und keine „Jacketts" –, schränkt die Auswahl unnötig ein und stellt dem Kunden nicht alles vor, was für ihn interessant sein könnte.

Daher sind möglichst vollständige Synonymlisten unverzichtbar, die kontinuierlich auf Basis der Nutzerinteraktionen verbessert werden.

Eine gute Suche führt in wenigen Klicks entweder direkt zu einem interessanten Artikel oder zu einer Auswahl an Produkten. Dann können diese mit einem vorhandenen Filter (siehe oben) weiter eingegrenzt oder die Suche anderweitig präzisiert werden. Die Annahme liegt nahe, dass Kunden, die keinen schnellen Sucherfolg erleben, die Seite eher verlassen, als zum Navigationsmodus „Produktkategorien" zu wechseln, schließlich sind sie doch zielgerichtet auf einen zügigen Erfolg aus. Deshalb sollte – selbst wenn die Suche keinen genauen Treffer im Shop für eine Eingabe findet – tunlichst vermieden werden, dem Kunden dies unverblümt mitzuteilen. Besser als „Keine Treffer gefunden" ist der Hinweis: „Es konnten leider keine genauen Übereinstimmungen zu Ihrer Suchanfrage gefunden werden, aber vielleicht gefallen Ihnen die nachfolgenden Vorschläge ..." Die dann dargestellten Vorschläge können beispielsweise aus der Recommendation-Engine stammen (siehe unten) und ähnliche Produkte zeigen. Vielleicht ist das gesuchte Produkt ja dann doch darunter, oder ein anderes Produkt passt sogar besser? Oder der User wird verleitet, noch eine andere Suche zu probieren. Wie so viele Studenten wissen: Wer eine Prüfungsfrage gar nicht beantwortet, bekommt garantiert Null Punkte. Bei dem Versuch, auf der Basis verfügbaren Wissens eine Antwort – auch eine ungefähre – zu finden, erhöhen sich quasi automatisch die Chancen auf mindestens ein paar Punkte.

Links, Bannerwerbung oder Empfehlungen

Die einzige Navigationsmethode, die schneller als die Suche tiefer in die Seite hineinführt, ist ein Link direkt zu einer Produkt- oder Produktkategorieseite. Generell wird ein solcher Link im Gewand einer Werbung oder einer Empfehlung präsentiert. Am bekanntesten ist der Hinweis von Amazon: „Kunden, die diesen Artikel gekauft haben, kauften auch ...“ Hier wird auf der Produktseite eines Artikels eine Banderole platziert, die direkt zu Produkten führt, die bereits zusammen mit dem aktuellen Artikel oder zuvor vom selben Käufer bei einer früheren Bestellung gekauft wurden.

Werbung fängt aber auf der Homepage eines Online-Shops an. Sie ist so etwas wie das Schaufenster eines klassischen Geschäfts, also werden hier in aller Regel Verkaufsaktionen, neu Eingetroffenes und Saisonales präsentiert. Bei Amazon gibt es mittig und auf der rechten Seite der Homepage mehrere Möglichkeiten, solche aktuellen Hinweise zu platzieren. Auch wird Platz für Werbung und Aktionen von Marken angeboten, die direkt bei Amazon verkaufen. Zalando räumt seinen Markenpartnern ebenfalls Werbeflächen auf der Einstiegsseite ein und kündigt hier auch saisonale Rabattaktionen an. Hinzu kommen zahlreiche Empfehlungen („Wir empfehlen dir ...“, „Gefällt dir diese Marke?“, „Neuheiten der Woche“) – sogar für User, die den Shop zum ersten Mal besuchen. Diese persönliche Ansprache gibt dem potenziellen Kunden sofort das Gefühl, dass seine Wünsche wahr- und ernstgenommen werden, dass man sich für ihn interessiert – man setzt hier auf die Binsenweisheit der Modebranche, dass sich die meisten Kunden mit Kleidung Gruppenzugehörigkeit und breite Akzeptanz erkaufen wollen.

Auch auf Suchergebnis-, Kategorie- und Produktseiten vieler Online-Shops ist Eigenwerbung zu bestimmten Angeboten nie weit: Kleine Banner oben rechts sind ebenso beliebt wie Pop-ups, die oft auf ganz andere Bereiche der Plattform hinweisen (und sehr oft von Kunden als Störfaktor wahrgenommen werden). Dennoch wird der meiste Aufwand betrieben, Kunden durch personalisierte Empfehlungen entweder zu einem passenden Produkt zu führen oder – wenn sie sich für ein Produkt entschieden haben – ihnen ein weiteres passendes Produkt anzubieten.[4]

4 In Anlehnung an Müller (2005), Kundenbindung im E-Commerce.

2.2.2 Personalisierte Empfehlungen in Online-Shops

Die Ableitung von personalisierten Empfehlungen ist das Ergebnis eines mehrstufigen Prozesses. Zunächst wird der **Kunde eindeutig identifiziert**, danach werden **Daten** über ihn erfasst, woraus sich ein **Profil generiert**. Auf Basis des Profils können **Empfehlungen** abgegeben werden, die eine **personalisierte Kundenansprache** ermöglichen.

Identifikation

Zur eindeutigen Identifizierung von Kunden gibt es zahlreiche Möglichkeiten, die sich in „passiv" und „aktiv" unterteilen.

Passive Identifikation erfolgt dann, wenn der Kunde von außen identifiziert wird. An einem PC geschieht dies zum Beispiel über die IP-Adresse sowie über Cookies. In Form von Session-Cookies oder spezifischen URL-Extensions wird der Kunde durch seinen Besuch getrackt: Persistent-Cookies erlauben es, ihn beim nächsten Besuch wieder zu identifizieren. Unterstützend können Hardware- und Softwaremerkmale des Systems (zum Beispiel Prozessor, Netzwerkkarte, Screen-Auflösung, installierte Plug-Ins) herangezogen werden. Da mehr und mehr Nutzer regelmäßig ihre Cookies löschen, kommt der Wiedererkennung auf Basis eindeutiger Gerätekonfigurationen eine steigende Bedeutung zu. Dabei handelt es sich um das „Digital Fingerprinting" genannte Verfahren.

Bei mobilen Geräten gibt es ebenfalls unterschiedliche Identifikationsverfahren: Greift der User über den Browser seines Tablets oder Smartphones auf den Online-Shop zu, kann er hier in der Regel ebenfalls über Cookies identifiziert werden. Allerdings bieten mobile Geräte die Möglichkeit, über Apps direkt in Online-Shops zu gelangen, was die Bedienung auf den kleinen Bildschirmen oft bequemer macht. Sowohl das Android- als auch das Apple-Betriebssystem vergeben eindeutige Kennzahlen an alle Nutzer – die Advertising ID beziehungsweise die Apple IDFA („Identifier for Advertisers") –, damit diese auch in Apps eindeutig zu identifizieren sind. Diese Kennzahlen können im Gegensatz zu Cookies nicht gelöscht werden und garantieren daher eine permanente App-übergreifende Identifikation: Ein User der Otto- oder Amazon-App kann also immer in anderen Apps auf seinem Gerät identifiziert werden. Nur hilft diese Identifikation nicht, wenn der User den Online-Shop mal über den Browser anstatt über die App ansurft. So kann es viele User „doppelt" geben, da Cookies nur für Browser-Zugriffe und IDs nur für App-Zugriffe verwendet werden.

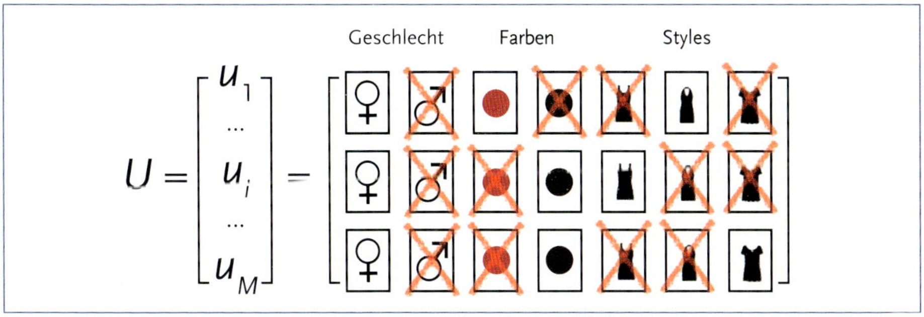

Abbildung 2.11: Illustrative Darstellung einer Rating-Matrix
Quelle: eigene Erstellung

Eine **aktive Identifikation** liegt vor, wenn sich ein Kunde selbst identifiziert, indem er sich beispielsweise ein Kundenkonto anlegt – meistens unmittelbar vor einem Kauf, bei dem es zwar oft nicht verpflichtend, aber bequemer ist. Surft er den Online-Shop wieder an, kann er sich mit den Zugangsdaten wieder anmelden und aktiv identifizieren: Oft bleibt er dann über Funktionen wie „Remember me" oder „Eingeloggt bleiben" sogar dauerhaft eingeloggt und damit immer identifizierbar. Auf mobilen Geräten können in Apps diese Login-Daten ebenfalls hinterlegt werden, damit der User schneller auf sein Konto und relevante Informationen dort zugreifen kann. Unter aktive Identifikation fällt auch, wenn sich ein User mit dem Single Sign-on von Google oder Facebook in andere Dienste einloggt oder auf mobilen Geräten Apps die Erlaubnis erteilt, auf Nutzerprofile von Facebook und anderen sozialen Netzwerken zuzugreifen.

Datenerfassung

Für die Datenerfassung ist eine Registrierung oft zweitrangig, denn Daten sind sowohl explizit als auch implizit erfassbar. Auch ein User, der eine Seite wie Amazon ansurft, ohne sich dort anzumelden oder irgendetwas zu kaufen, kann passiv identifiziert werden: So fallen schon Daten über seinen Internetzugang und den Standort an. Hat er nach etwas mit der Suchfunktion der Seite gesucht, wird dies ebenfalls mit seiner Identifikation verknüpft, ebenso Produktseiten, die er aufgerufen hat. Solange er keine Cookies löscht oder mit demselben mobilen Gerät die Seite wieder aufruft, kann er beim nächsten Mal wieder identifiziert werden – und so können Produkte, die er sucht oder anschaut, gespeichert werden. So weiß etwa Zalando oft Bescheid, ob ein bestimmter Besucher den Bereich Herren- oder Damenmode auf der Einstiegsseite angezeigt bekommen soll – auf Basis eines Cookies – und welche Produkte er von dort aus aufgerufen hat.

Die implizite Datenerfassung hat allerdings Grenzen. Schwierig wird es, wenn sich mehrere User ein Gerät teilen und abweichende Datenspuren hinterlassen. Und einige Daten lassen sich generell nur explizit erfassen. Obwohl das Suchverhalten Aufschluss darüber geben kann, welcher Alterskategorie ein passiv identifizierter Nutzer ungefähr angehört, können das tatsächliche Alter, das Geschlecht, der Familienstand, die genaue Wohnadresse und andere demografische Daten nur explizit (also über ausdrückliche Nachfrage oder durch den erlaubten Zugriff auf Nutzerprofile) erfasst werden.

Profilgenierung

Aus den explizit und implizit gesammelten Nutzerdaten und gegebenenfalls bekannten Kundenpräferenzen (Was hat sich der User angeschaut oder gar gekauft?) lässt sich bereits ein einfaches Profil generieren. Dies geschieht über eine Matrix, die ein mathematisches Rating für jeden Kunden pro Element hergibt.

So kann schnell erkannt werden, dass Kunde A – weiblich, unter 30 – voraussichtlich ein geringes Interesse an Männerstiefeln haben wird. Je mehr diese Person kauft, desto mehr wird klar, welche Größe sie hat, welche Farben und Schnitte sie bevorzugt und in welcher Preiskategorie sie unterwegs ist.

Allerdings sind die Daten, die Online-Shops über ihre User mit geringem Aufwand erheben können, oft etwas eindimensional: Klickdaten und Kaufdaten. Beispielhaft in der Profilgenerierung sind aber Portale, auf denen mehr passiert als nur Anschauen und Kaufen: Facebook etwa, bei dem direkt und indirekt die unterschiedlichsten Daten erhoben werden können. Facebook kennt von seinen Usern Alter, Wohnort und Aussehen. Und während Online-Shops nur Kunden mit ähnlichem Kaufverhalten vergleichen können, weiß Facebook, welche User verknüpft sind, und kann gegebenenfalls daraus den Bekanntheitsgrad ableiten. Es kommen darüber hinaus etwa Daten zustande über Events, Bücher, Musik und Filme, die der User interessant findet, womit treffende Aussagen darüber formuliert werden können, welche Produkte der User auch in anderen Lebensbereichen wohl bevorzugt. Dies ist nicht nur für Empfehlungen im Webshop interessant, sondern ebenfalls für Werbung im gesamten Online-Umfeld (siehe *2.3 Marketing*).

Zudem: Auch wenn der Wert eines Facebook-Likes nicht exakt festzulegen ist (wenn beispielweise bei einer Nachricht über eine tödliche Seuche oder einen verheerenden Orkan auf „Gefällt mir" geklickt wird, gibt es zahlreiche Gründe dafür, allerdings gefällt einem selten die Katastrophe an sich), äußern sich User in der Form von „Likes" doch relativ eindeutig, wenn es um konkrete Produkte geht. Ein gelikter Artikel wird für den User höchstwahrscheinlich einen Interessenwert besitzen. Solche Daten sind aus kommerzieller Sicht Gold wert: Da sind wir wieder beim gläsernen Kunden, der die digitale Einkaufsstraße mit seinem für jeden lesbaren Einkaufslisten-Pappschild entlangläuft (siehe *2.1 Beschaffung*).

Mit Facebook verknüpfte Webseiten sowie Apps auf mobilen Geräten können – solange der User aktiv der Freigabe zustimmt – auf das Facebook-Nutzerprofil zurückgreifen und die darin gespeicherten Informationen außerhalb von Facebook verwenden. Verknüpft mit dem, was der Nutzer dann selbst auf der Webseite oder in der App anschaut, ergibt sich ein komplettes Bild über persönliche Präferenzen. Online-Händler, die also Zugriff auf solche Daten bekommen und damit umgehen können, erhalten also einen massiven Datenvorteil: Sie haben als Basis für ihre Empfehlungen ein viel umfangreicheres Userprofil.

Empfehlung

Unabhängig von der Vollständigkeit des Kundenprofils gibt es zwei primäre Ansätze, wie aus diesem Profil personalisierte Empfehlungen generiert werden können: **Rules-based Matching** und **Collaborative Filtering.** Ein dritter Ansatz besteht im Einsatz von **Machine Learning**, mit dem aus den Mustern in den Kundenprofildaten und im Besucherverhalten automatisch Regeln für Empfehlungen erstellt werden.

Bei **Rules-based Matching** geht es darum, Regeln anzuwenden, mit denen aus vorhandenen Daten über Präferenzen des Nutzers Empfehlungen getroffen werden. Aus einer einfachen Matrix ergibt sich schon nach wenigen Käufen, welche Produkte für einen User interessant sein könnten. Alle auf einmal empfehlen kann man aber trotzdem nicht. Deshalb lautet die am häufigsten eingesetzte Regel unmathematisch formuliert: „Wenn ein Angebotselement den höchsten Präferenzwert für den Kunden aufweist, dann biete es ihm an." Dazu können andere Regeln geschaltet werden: Business-Rules zum Beispiel, die wirtschaftliche Aspekte in die Empfehlungen einfließen lassen (**Return on Investment** oder Marke des Produktes, Verfügbarkeit beziehungsweise Lagerbestand) und zum Beispiel verhindern, dass ein Produkt empfohlen wird, das nicht lohnend verkauft wird oder gerade nicht verfügbar ist. Allerdings bleibt der Ausgangspunkt für dieses regelbasierte Verfahren immer allein das Profil des individuellen Users. So können im Grunde genommen einem User nur Dinge empfohlen werden, die er schon gekauft hat, oder ähnliche Produkte. Vielleicht interessiert sich ein Mann, der im Herbst Winterstiefel gekauft hat, im Sommer auch für Sandalen? Wirklich wissen kann man es nach diesem Verfahren erst dann, wenn er diese kauft. Allerdings kennt man bereits die Schuhgröße und die Farbpräferenz des Nutzers – und kann schon auf dieser Basis ansatzweise personalisierte Suchergebnislisten präsentieren, in denen Schuhe erst gar nicht auftauchen, die nicht in seiner Größe verfügbar sind.

Im Falle von **Collaborative Filtering** werden die Profile vieler Nutzer zusammengetragen. Empfehlungen basieren dann auf der Ähnlichkeit der Präferenzen von verschiedenen Kunden, nicht allein auf den Profildaten des einzelnen Users. Wenn Kunde A und Kunde B ähnliche Präferenzen haben, können „Lücken" gefüllt werden: Hat Kunde A Produkte X, Y und Z gekauft, Kunde B dafür aber nur die Produkte X und Y, so kann ihm Produkt Z noch empfohlen werden. Die Voraussetzung ist lediglich, dass es eine Überlappung der Rating-Vektoren bezüglich einiger gleicher Angebotselemente gibt. Die Ähnlichkeit oder Nähe zwischen zwei oder mehreren Nutzern beziehungsweise deren Rating-Vektoren kann dabei durch mathematische Verfahren wie zum Beispiel den Euklidischen Abstand bestimmt werden.

> *Aus zurückblickenden Matrizen, die nur auf dokumentiertem vergangenen Verhalten basieren, kann dann ein proaktives System entwickelt werden, das in die Zukunft zum nächsten Kauf zeigt.*

Allerdings funktioniert dieser Ansatz auch nur dann, wenn genügend Daten über Präferenzen vorliegen, um Profile zu verknüpfen: Dies ist das bekannte „Kaltstart-Problem". Zudem wird ein User auch über den gesamten Zeitraum seiner Kundschaft bei einem E-Commerce-Anbieter nur einen verschwindend geringen Anteil der verfügbaren Produkte kaufen. Die Kaufdaten sind also, gemessen an dem Produktsortiment, spärlich.

Abhilfe kann durch eine Kombination der zwei Ansätze geschaffen werden: **Hybrid Recommender Systems** verwenden Elemente aus beiden Verfahren, oft kombiniert mit weiteren Daten, sofern der Anbieter sie erhoben hat. Zum Beispiel kann das Problem des Kaltstarts umgangen werden, indem bei einem Kunden, zu dem zu wenig Daten für **Collaborative Filtering** vorliegen, mittels **Rules-based Matching** Informationen über das Wenige, was er schon gekauft oder bewertet hat, geschöpft werden. Leistungsfähiger wird die Lösung, wenn der Kunde bei der geringen Aktivität im Shop sein Alter und seinen Wohnort verraten hat – oder wenn man solche demografischen Daten etwa über sein Facebook-Profil herausfinden kann.

Nach dem Kaltstart – und vor allem bei großen täglichen Zugriffszahlen – kann der Einsatz von **Machine Learning** nicht nur zu besseren Empfehlungen führen, sondern den Shop-Betreiber zeitlich entlasten. Business-Rules müssen beispielsweise manuell definiert werden, können aber mittels Abgleich mit den anfallenden Daten über Such- auf Kaufverhalten sowie Besuchereigenschaften immer weiter verfeinert und dem Sachverhalt angepasst werden. Der hohe Zeitaufwand sowie das große mathematische und betriebswirtschaftliche Wissen, welche Voraussetzung für eine solche Gegenüberstellung und Analyse sind, können jedoch mit einer Maschine verringert werden. Der Webshop muss dann nur die Daten ins Machine-Learning-System einspeisen – das zudem externe Datenquellen heranziehen kann –, um wenig später Personalisierungsergebnisse wieder herausziehen zu können. Diese optimiert die Maschine dann selbstständig weiter, solange sie mit Daten gefüttert wird.

Tipp

Informationen über die Nutzer veralten und der Umgang mit solchen Daten stellt interessante Fragen an Verkaufsstrategen. Bei Damenmode kann es zum Beispiel gut sein, dass ein ausgeprägter Geschmack für knackenge pinke Jeans mit wachsender modischer Reife und zunehmendem Alter über einige Jahre nachlässt: Vielleicht sollten Daten diesbezüglich nach einer gewissen Zeit aus dem Profil gelöscht werden, um als unpassend empfundene Empfehlungen im Keim zu ersticken.

Eventuell lässt sich aber auch mithilfe langfristig gespeicherter Daten eine ausgeklügelte Personalisierung auf Basis von Lebenszyklen ableiten. Bestellt eine Kundin regelmäßig Kinderkleidung und Pampers in steigenden Größen, so kann man diese Information nutzen, um nach einem gewissen Zeitabstand dann neue, größere Kinderkleidung zu empfehlen.

In der Film-Streaming-Branche beispielsweise werden Daten über zuvor angesehene Filme und Sendungen prinzipiell nicht gelöscht. Die Begründung: Wenn ein Abonnent sich über Jahre Horrorfilme reingezogen hat, plötzlich aber auf Liebesgeschichten umsteigt, heißt es wahrscheinlich nicht, dass sein

Geschmack sich derart verändert hat, sondern möglicherweise, dass er mit einem Partner zusammengezogen ist. Wenn er aber ein paar Jahre später wieder einen Horrorfilm abspielt – entweder weil er wieder alleine wohnt oder weil die erste, intensive Beziehungsphase jetzt etwas zurückliegt –, weiß der Streaming-Dienst immer noch, was genau er für Horrorfilme mag, und kann ihm diese dann vorschlagen.

Personalisierte Kundenansprache

Nachdem Empfehlungen herausgearbeitet worden sind, werden diese an den User herangetragen, sobald er im Shop identifiziert wird. Dies kann leicht einsehbar auf der Landingpage in einem reservierten Bereich geschehen (zum Beispiel in einer Rubrik nach dem Motto „Unsere Empfehlungen für Sie") oder noch viel subtiler. Das Layout der Website könnte für jeden User auf Basis der Recommendations spezifisch gestaltet werden, sodass für den jeweiligen Nutzer relevante Kategorien angezeigt werden, oder die Navigation könnte tendenziell dorthin führen.

User können sich auch aktiv um Empfehlungen bemühen. Wer beispielsweise freiwillig sein Amazon-Konto mit seinem Facebook-Profil verknüpft, tut dies wohl wissend, dass Amazon dadurch mehr Daten in seine Recommendation-Engine einfließen lassen kann und davon einen Mehrwert haben will. So befinden sich auf seiner Amazon-Facebook-Seite nicht nur personalisierte Empfehlungen, sondern auch zeitlich begrenzte, relevante Empfehlungen. Diese werden aus aktuellen Anlässen, wie etwa dem Geburtstag eines Facebook-Freundes, generiert. Die personalisierte Kundenansprache kann sogar über den Online-Shop hinaus verwendet werden: Empfehlungen sind die Basis für personalisierte Offsite-Werbung (siehe *2.3 Marketing* und *2.4 Vertrieb*).

Dennoch: Ob im Shop oder draußen im Netz, Empfehlungen können ein zweischneidiges Schwert darstellen.

Recommendation-Engines können sich mehr Gesichter und Vorlieben merken als jeder Verkäufer, registrieren aber oft nicht, wenn ihre Ergebnisse kontextbedingt nicht passen – oder schlichtweg zu präzise sind. Vielleicht hat der Kunde den empfohlenen Artikel bereits woanders erworben (im schlimmsten Fall trägt oder benutzt er ihn gerade, während er die Empfehlung liest) oder die Empfehlung ist so selbstverständlich, dass sie als uninteressant oder gar als Spam empfunden wird. Der Schritt über reine Präzision hinweg in Richtung Einfühlungsvermögen wird ein großer Sprung für die Engines sein. Fest steht aber, dass sie heute schon treffende Aussagen über interessante Produkte abliefern, die einige Kunden zu einem Klick auf die empfohlende Produktseite (und auch manches Mal zu einem anschließenden Kauf) verleiten.

2.2.3 Produktseiten und Artikeldetails

Die Produktseite muss eine Reihe von Funktionen erfüllen, die dem E-Commerce eigentlich nicht liegen. Zwar ist die Suche für den Kunden einfacher und der blitzschnelle Vergleich zwischen mehreren Anbietern sowie deren Preisen schneller als im stationären Handel, aber eins kann ein Online-Shop nicht tun: dem Kunden die Ware zum Anprobieren und Ausprobieren in die Hand drücken.

Deshalb müssen Artikeldetailseiten mit einer Reihe von gut einsehbaren Informationen aufwarten und durch Fotos, Videos und interaktive Funktionen sicherstellen, dass dem Nutzer das Gefühl genommen wird, die Katze im Sack zu kaufen. Die sogenannten Artikelstammdaten – also alle Inhalte, die sich auf die Eigenschaften und Merkmale des Produkts beziehen – müssen **umfangreich**, **aussagekräftig** und möglichst **multimedial** sein.

Produkttext

Der Text, der das Produkt beschreibt, hat dabei mehrere Funktionen. Nicht nur muss er den User zügig und verständlich über das Produkt informieren, sondern auch aus Sicht der Search Engine Optimization (SEO, siehe *2.1 Beschaffung* und *2.3 Marketing*) verfasst werden. Suchmaschinen, allen voran Google, verarbeiten eben hauptsächlich Text.

Die Diskussion, wie man SEO-optimiert schreibt, beschäftigt eine Reihe von Branchen: Neben dem E-Commerce machen sich besonders Online-Medien darüber Gedanken, wie sie durch die Texte und deren Strukturierung auf ihren Webseiten in den organischen Suchergebnissen nach oben kommen. Lange Zeit herrschte die Meinung vor, man müsse ein Keyword definieren und dieses so oft wie nur möglich in den Text einbringen. Dies stand aber in krassem Gegensatz zu Ästhetik und Informationsgehalt, denn ein Text über Lampen, in dem jedes zweites Wort „Lampe“ ist, ist weder schön zu lesen noch besonders informativ. Dass die Such-

Rankings durch solch stumpfe Trickserei zu manipulieren waren, hat Google auf den Plan gerufen. Nach den Änderungen des Suchalgorithmus sowie manuellen Eingriffen der letzten Jahre ist es jetzt sogar so, dass eine erhöhte Dichte an wiederholten Keywords erkannt und bestraft wird. Google ist besser darin geworden, Texte zu erkennen, die für die Suchmaschine selbst und nicht für deren User verfasst worden sind.

Produkttexte können heutzutage also schön und lesbar geschrieben werden, ohne dass man dadurch hinter der Konkurrenz zurückfällt. Die Hauptsache aus SEO-Sicht ist, dass jedes Produkt einen eigenen Text hat. Auch wenn nur minimale Unterschiede zwischen verschiedenen Ausführungen eines Produktes festzustellen sind, muss jede Produktseite einen Text haben, der nicht einfach von einem anderen Produkt kopiert worden ist. Denn Suchmaschinen erkennen duplizierte Inhalte und werten diese herunter. Zudem sind zwei Texte mit verschiedener Wortwahl immer besser als einer, erweitern sie doch dadurch das Textangebot und erhöhen so die Chancen, dass Wörter verwendet werden, die auch von Usern bei Suchmaschinen abgefragt werden. Gibt es doch mehrere Seiten mit identischen Inhalten, sollte man diese zumindest als Duplicate Content für Suchmaschinen kenntlich machen.

Für Kunden ist es wichtig, dass der Text nicht unnötig lang ist.

Jeder Satz sollte also dahingehend überlegt werden, welche Information er über das Produkt transportiert. Zudem erscheinen Produkttexte oft im Zusammenspiel mit standardisierten oder tabellarischen Textinhalten: Bei Kleidung und Schuhen werden die Größe und oft die Farbe über Standardkomponenten wie Auswahlfelder auf der Artikeldetailseite angegeben; bei vielen Produkten werden Verpackungsgröße und Gewicht in einer Tabelle angeboten.

Was ein guter Produkttext ist, ist schwierig zu beschreiben. Was aber vermieden werden sollte, lässt sich gut auflisten. Ein Produkttext, der die folgenden fünf Fehler umschifft, ist vermutlich bereits ein guter Produkttext:[5]

1. **Zu starker Fokus auf die – oft falschen – Fakten:** Das Aufzählen von Fakten reicht nicht als Produktbeschreibung – vor allem, wenn die Fakten abstrakt sind. Unter einer Glühbirne, die eine „Leuchtdauer von 10.000 Stunden“ hat, können

5 www.t3n.de (abgerufen Dezember 2016)

sich nichtfachmännische Kunden wenig vorstellen. Wie viele Jahre sie im durchschnittlichen Haushalt brennt, wäre interessanter.

2. **Zu viele leere Worte:** Einige Wörter hören sich im Verkaufsgespräch ganz toll an, vermitteln aber schriftlich nur einen faden Beigeschmack: „Spitzenklasse", „Superpreis", „prima Qualität" haben nichts zu bedeuten. Der Kunde möchte davon ausgehen, dass alle Waren, die ihm feilgeboten werden, qualitativ und preislich in Ordnung sind. Schmackhaft muss man ihm den Artikel also über andere Vorzüge machen.

3. **Zu viele (hochwertige, liebevoll gestaltete, sorgfältig ausgewählte ...) Adjektive:** Ähnliches gilt für viele Adjektive, die gern in Produkttexten verwendet werden. Dass Artikel nicht einfach zufällig in das Sortiment fließen, sondern mit der nötigen Sorgfalt ausgewählt werden, dürfte sich doch von selbst verstehen. Ein Adjektiv ist nur dann willkommen, wenn es eine Eigenschaft des Produktes beschreibt, welche weder offensichtlich noch aus dem Produktbild oder aus Standardinhalten anderswo auf der Artikeldetailseite ersichtlich ist.

4. **Zu wenig Persönlichkeit:** Der Text darf ruhig Charakter haben! Charakter kommt aber nicht von beliebigen Worthülsen, sondern von direkter Kundenansprache: Welche Fragen könnte sich der Kunde stellen, die die vorhandene Produktinformation nicht beantwortet? Fehlen solche Überlegungen, kann der ganze Text überflüssig sein.

5. **Zu wenig Zeit für Korrekturen:** Auch wenn der Kunde bei der Suchangabe gern mal Fünfe gerade sein lässt (siehe oben), erwartet er bei Produktbeschreibungen schon die richtige Rechtschreibung. Überhaupt sollte jeder Produkttext korrigiert werden – am besten von jemandem, der ihn nicht geschrieben hat. Durch das „Vier-Augen-Prinzip" fallen nicht nur Rechtschreibfehler schneller auf, sondern auch andere Aspekte: Sind alle denkbaren Kundenfragen und -einwände beantwortet worden? Liest sich der Text interessant und informativ? All dies kann der Leser besser beurteilen als der Verfasser.

Produktfotos und -videos

Weitaus wichtiger als der Produkttext sind in vielen Segmenten allerdings Produktfotos und Produktvideos: Bei Modeartikeln – immerhin die am meisten gekauften Produkte im E-Commerce – ist das Visuelle fast immer der für den Kauf entscheidende Grund. Erstens muss ein Produktfoto optisch den „Will-ich-haben"-Impuls auslösen. Und zweitens muss es, genau wie der Produkttext, Informationen transportieren. Diese beiden Funktionen werden in zwei visuelle Bereiche aufgeteilt: Die Gesamtaufnahme soll den Kunden sofort von der Ware überzeugen, während Detailaufnahmen mit leistungsfähigen Zooms weitere Informationen über das Produkt vermitteln. Fehlen hochauflösende Bilder aus verschiedenen Winkeln und Perspektiven, fühlt sich der Kunde eingeschränkt und macht sich Gedanken, ob doch nicht irgendwo an dem Produkt ein kleines Detail ist, das er nicht mag, das aber erst bei Anlieferung auffallen wird – vor allem, wenn er schon einmal gezielt einen schlichten, einfarbigen Pullover bestellt hat, bei dem es kein Foto von der Rückseite gab, und dann beim Auspacken feststellen musste, dass eben diese Rückseite von einem überdimensionierten Motiv oder einem penetranten Spruch gekennzeichnet ist. Da ist eine kostenfressende Retoure programmiert (siehe unten sowie *2.6 Logistik*). Zahlreiche, vielfältige Produktfotos sind im E-Commerce schlichtweg ein Muss.

Bei Modeartikeln funktioniert das beispielsweise so, dass das Großbild mit Model das Produkt als Teil eines Outfits (dessen Bestandteile natürlich auch als Empfehlungen dazu angeboten werden können – siehe oben) in Szene setzt. Das Interesse des Nutzers soll sofort geweckt werden. Detailaufnahmen des Produktes ohne Model – und/oder ein Superzoom auf das Hauptbild – erlauben dann einen oft millimetergenauen Blick: Wie sehen die Nähte bei dieser Jeanshose aus? Gefällt mir die Verzierung der Gürtelschnalle? Vor allem bei Schuhen sind übrigens Aufnahmen aus verschiedene Perspektiven wichtig: Wie sieht das Profil der Sohle aus? Wie erscheint sie aus der Perspektive des Trägers und nicht nur des Beobachters? Damit ein möglichst umfassendes Bild des Produkts angeboten werden kann, gibt es 360-Grad-Aufnahmen, die es erlauben, es aus allen möglichen Richtungen zu betrachten. Einige Artikel – vor allem solche, die sich bewegen oder in Bewegung eingesetzt werden – können in kleinen Produktfilmen dargestellt werden.

Möglich macht solche aufwendigen Produktpräsentationsmittel der technische Fortschritt.

Automatisierte Fotoproduktion[6] erlaubt es zum Beispiel, Kleidungsstücke in großer Zahl am Ort der Lagerung ohne Live-Models zu fotografieren, um sie dann in der Post-Produktionsphase überzeugend vorher abfotografierten Models „anzuziehen". Wo vor zehn Jahren tagelange Shootings mit mehreren Models, Sty-

6 Beispiel: www.looklet.com (abgerufen Dezember 2016)

listen und Fotografen im eigens angemieteten Studio notwendig gewesen wären, reichen heute zwei Stylisten und ein mobiles „Studio", um eine gesamte Saisonkollektion an einem Tag abzulichten. Also keine ach so mühsamen und stressigen Fernreisen zu sonnigen Sandstränden für Fotografen, Models, und Stylisten mehr – und drastisch gesunkene Kosten für Hersteller und Händler. Eine Lösung, die eigentlich allen passt.

Einen weiteren Schritt stellt die virtuelle Anprobe dar: Hier kann der Kunde Kleidungsstücke und gesamte Outfits „fernanprobieren". Die einfachere Variante wurde bereits von Otto online getestet: Hier können User ein Model aussuchen, dem sie Kleidungsstücke ihrer Wahl in verschiedenen Größen und Farben anziehen. Verschiedene Models erlauben es Nutzern, ein von der Statur und Optik passendes „Alter Ego" auszuwählen und durch dieselben Softwarelösungen, die die automatisierte Fotoproduktion verwendet, zu sehen, wie diese angezogen aussehen. Und schon bald werden die nächsten Entwicklungen der virtuellen Anprobe marktreif sein: Durch die Eingabe von Körpermaßen und Fotos werden Kunden überzeugende „Avatare" kreieren können, an denen sie genau sehen werden, wie welches Produkt in welcher Größe an ihrer Körperform sitzt. Und irgendwann wird auch der digitale Spiegel in der digitalen Anprobe verfügbar sein.

Retourenprävention

Ausreichende Produktinformationen und die Möglichkeit zum virtuellen An- und Ausprobieren sind nicht nur teure technische Spielereien, um den Mitbewerbern eins auszuwischen. Im E-Commerce der kommenden Jahre wird dies entscheidend dafür sein, wie profitabel Online-Shops arbeiten – vor allem, aber nicht nur, im Modesegment. Derzeit sind die Retourenquoten hier noch sehr hoch: Kunden bestellen mitunter dasselbe T-Shirt in drei Größen, damit sie sich die passende Größe in der heimischen „Anprobe" aussuchen können. Die anderen zwei werden retourniert – auf Kosten der Händler. Online-Shops müssen solche großzügigen Bedingungen anbieten, zum einen, weil alle anderen das auch seit jeher tun, und zum anderen, weil der Kunde eben die Waren nicht anprobieren kann. Schon in den frühen Jahren des Distanzhandels in Deutschland wurden von Katalogversendern kostenlose Retouren angeboten und der Begriff „Auswahlbestellung" wurde geprägt. Solches Verhalten ist also von den Kunden gelernt worden und war bis 2014 auch noch im Verbraucherrecht verankert (mit Inkrafttreten der neuen EU-Verbraucherrechte-Richtlinie dürfen Händler die Retourenkosten an die Kunden weitergeben, siehe auch *2.6.2 Retouren*). Einfaches, praktisches, kostenfreies Retournieren frisst aber

Umsatzrendite weg und ist kein zukunftsfähiges Modell für den E-Commerce. Vor allem deswegen, weil die Bedingungen gerne mal von einer kleinen Minderheit an Kunden nicht nur zur Anprobe von Artikeln, sondern zur kostenlosen Ausleihe ausgenutzt werden. Der klassische Beispielfall aus der Modebranche ist hier der Smoking, der mit einem Fleck und angerissenen Opernkarten wieder beim Händler landet (siehe *2.6 Logistik*).

Aber selbst wenn keine böse Absicht vorliegt, verursachen Kunden in Branchen wie dem Möbel- oder Technikversand teilweise exorbitante Kosten: Versandmöbel werden meist aufgebaut, bevor der Kunde merkt, dass sie nicht passen. Nach Anlieferung, Aufbau, Abbau und Abholung sind die Möbelstücke aber in den meisten Fällen nur noch abzuschreiben. Dennoch: Bevor die Online-Händler das Retourenrecht einschränken können, müssen sie Alternativen anbieten. Einige Möbelhersteller und -händler setzen zum Beispiel auf sogenannte „Augmented Reality", bei der der aufgebaute Artikel mit dem Bild eines Zimmer überlagert wird, damit sich der Kunde das Möbelstück vor dem Kauf und Aufbau an der gewünschten Stelle vorstellen kann.

Verbesserte virtuelle Produktdarstellung mit multimedialem, personalisierbarem Charakter ist der Königsweg, um aus dem teuren Retouren-Schlamassel zu herauszukommen. In der Zwischenzeit schaffen schon einmal gute und informative Kundenrezensionen Abhilfe, vor allem wenn sie in Dialog mit dem Produkttext und den Produktfotos treten. Ein Kunde, der den Artikel auf Basis der im Shop verfügbaren Information mit konkreten Erwartungen bestellt hat, ist dem potenziellen Käufer einen Schritt voraus und kann ihn auf mögliche Lücken und Überraschungen hinweisen und ihm somit dabei helfen, das Produkt vor dem Kauf besser aus Konsumenten- statt aus Verkäufersicht einzuschätzen (siehe unten).

Dynamische Informationen

Neben Stammdaten über Artikel und Informationen wie Produkttexte und -darstellungen gilt es im Online-Shop in Echtzeit dynamische Informationen anzuzeigen, die sich oft im Stundentakt oder gar Sekundentakt ändern.

Die wichtigsten wechselnden Informationen sind:

- Verfügbarkeit,
- Lieferzeit,
- Preis (und gegebenenfalls Rabatte),

- Versandkosten,
- Kundenbewertungen/Rezensionen (falls vorhanden).

Dass diese dynamischen Informationen auf dem aktuellsten Stand angezeigt werden, ist oberstes Gebot. Um die Verfügbarkeit in Echtzeit abzubilden, ist es unausweichlich, das Warenwirtschaftssystem mit dem Online-Shop über eine Schnittstelle zu verknüpfen: So ist das klassische „Restaurant-Ärgernis" zu vermeiden, bei dem der Kellner erst nach Rücksprache mit der Küche merkt, dass das Tagesgericht ausverkauft ist. Kunden zeigen viel mehr Verständnis für Nicht-Verfügbarkeit, wenn sie noch vor Abgabe der Bestellung kommuniziert wird. Das ist aber besonders in großen Online-Shops sowie Multichannel-Systemen mit verteilter Lagerhaltung alles andere als einfach. Ist der stationäre Laden gleichzeitig das Lager, so muss der Warenbestand auch im Online-Shop direkt aktualisiert werden, wenn das letzte Exemplar in der Filiale verkauft wurde. In Shops mit großen Datenmengen wie etwa Amazon oder Otto muss durch ausgeklügelte Verfahren sichergestellt werden, dass die Verfügbarkeitsinformationen im Frontend korrekt sind, ohne dass ständig eine direkte Abfrage im Backend erfolgen muss – das würde ansonsten gegebenenfalls zu einer extremen Verlangsamung der Prozesse beziehungsweise des Seitenaufbaus führen.

Die voraussichtliche Lieferzeit darzustellen ist eine ähnliche Herausforderung, die auch eine weitere Komplexität mit sich bringt, da sie nicht nur vom Bestand, sondern von externen Faktoren abhängig ist. Das System muss beispielsweise erkennen, ob unter Einbeziehung bestehender Dienstleister für den gefragten Artikel ein Expressversand angeboten werden kann – und zu welchem Preis. Die Lieferzeit ist zudem ein Instrument, mit dem es bei fehlender Verfügbarkeit trotzdem zu einer Bestellung kommen kann: Muss ein Händler nachbestellen oder hat ein Hersteller lange Lead-Times, so kann die präzise Angabe des Lieferzeitraums beim Kunden für das nötige Vertrauen sorgen, um die Ware zu bestellen. Auch bei Waren, die auf Lager verfügbar sind, ist eine möglichst präzise Lieferzeitangabe Pflicht. Kunden stellen sich auf Lieferungen ein, nehmen sich möglicherweise Zeit, um an einem bestimmten Tag die auszuliefernde Bestellung entgegenzunehmen, und sind zu Recht verärgert, wenn die angegebene Lieferzeit nicht stimmt. Hier ist die Vorhersehbarkeit der Lieferung in vielen Fällen sogar wichtiger als die Geschwindigkeit. Das Motto hier lautet: Lieber übermorgen, aber dafür dann wirklich – als vielleicht morgen und dann doch nicht.

Der Preis sollte ebenfalls mit dem Warenwirtschaftssystem verknüpft werden, um dort eingegebene Rabatte oder Preiserhöhungen auch zeitnah im Online-Shop abzubilden. Bei Rabatten ist es aus Gründen der Verkaufspsychologie natürlich empfehlenswert, die Darstellung so anzupassen, dass der Originalpreis (am besten rot durchgestrichen) auch noch sichtbar ist. Etwaige Versandkosten sollten hier – ebenfalls aus Gründen der Verkaufspsychologie – zwar mit einem Hinweis aufgeführt, aber nicht direkt am Preis aufgeschlagen werden.

Kundenbewertungen und Rezensionen

In einem Großteil der Online-Shops gehören zu Artikeldetailseiten mittlerweile Kundenbewertungen und Rezensionen. Erstere sind quantitativer Natur und meist als Sternewertung ausgeführt, letztere sind qualitativ und werden eigenhändig von Kunden in Textform geschrieben.

Die Beliebtheit dieser von Usern generierten Inhalte erklärt sich dadurch, dass verschiedene Studien nicht nur bewiesen haben, dass Online-Kunden ihnen mehr Glauben schenken als etwa der Werbung oder dem E-Mail-Newsletter, sondern auch, dass eine positive Rezension die Kaufwahrscheinlichkeit deutlich steigert.

Das hohe Vertrauen in Nutzermeinungen besteht aber nur dann, wenn diese Meinungen offenkundig von echten Kunden verfasst worden sind: Durchweg fünf Sterne und „alles super!" wirkt da unseriös. Kunden schätzen detaillierte Erfahrungsberichte – warum genau war der Artikel gut? Gab es irgendwelche Irritationen oder Überraschungen beim Auspacken? Gefällt das Produkt noch nach dem ersten Tag – und nach etwas Gebrauch? Um diesen Wissensdurst zu stillen, müssen Rezensionen extern verfasst werden, was aber wiederum eigene Probleme mit sich bringt: Wie Nutzer motivieren, Bewertungen abzugeben und Rezensionen zu schreiben? Wie extern verfasste Rezensionen so gestalten, dass sie anderen Nutzern helfen? Wie Beiträge auf tendenziöse, bedenkliche oder beleidigende Inhalte überprüfen?

Amazon ist in diesem Bereich ein Vorbild. Das quantitative Feedback mit den Sternchen ist grafisch übersichtlich gestaltet und ermöglicht einen schnellen Überblick über die Beliebtheit des Produktes. Aufgeschlüsselter geht es in den Rezensionen zu: Hier können Nutzer nicht nur das Produkt bewerten, sondern auch die Rezensionen anderer User dahingehend, ob diese hilfreich waren oder eher nicht, ob das überschwängliche Lob beziehungsweise die harsche Kritik berechtigt war – oder eben nicht. Dieses Vorgehen ist nicht nur für Amazon zeitsparend. Denn ohne dass Amazon Ressourcen aufwenden muss, wird von anderen Nutzern signalisiert, wenn eine Rezension schlecht oder gar bewusst missbräuchlich verfasst worden ist. Obendrein steigert das Verfahren auch das Vertrauen anderer Nutzer im System. User, die viele gute Texte verfassen, werden dann ins „Vine"-Programm aufgenommen, in dem sie Produkte von teilnehmenden Partnern kostenlos zu Rezensionszwecken zugeschickt bekommen. Allerdings können Nutzer auch ohne Gratisware zu Bewertungen und Rezensionen motiviert werden, indem sie per E-Mail nach dem Kauf dazu eingeladen werden – und indem die Eingabe von Textbeiträgen möglichst reibungslos gestaltet wird.

Die Frage, wie mit negativen Bewertungen und schlechten Rezensionen umzugehen ist, stellt sich spätestens hier. Solange diese nicht überhandnehmen, sollte man damit eher entspannt umgehen – im Sinne der Vertrauenswürdigkeit der Rezensionen (User kriegen mit, wenn ihre Beiträge gelöscht werden, und laufen dann erst recht Sturm) sowie im Sinne einer kundenbezogenen Unternehmenspolitik. Denn: Ob gut oder schlecht, bei Rezensionen handelt es sich um wertvolles, persönliches Kundenfeedback, das man als Online-Händler nirgendwo sonst bekommt.

Tipp

In der E-Mail mit der Aufforderung zur Abgabe einer Bewertung können direkt Sterne oder „Top-/Flop"-Daumen anklickbar gestaltet werden. Wenn der Nutzer auf einen der Sterne von 1 bis 5 klickt, kann diese Bewertung direkt getrackt und gezählt werden. Selbst wenn der Nutzer dann keinen Text mehr auf der Landingpage zur Produktbewertung hinterlässt oder dort keine weitere Angaben macht, hat man bereits eine zählbare Bewertung im Kasten!

2.3 Marketing

Einführung

Im E-Commerce kommt dem Marketing eine viel höhere Bedeutung zu als im klassischen Einzelhandel. Denn: In einen Online-Shop kommt keine Laufkundschaft einfach so hereinspaziert. Stellen wir uns mal wieder die digitale Einkaufsstraße vor: Die Kunden sind zwar zahlreich, ihre Bedürfnisse transparenter denn je (siehe

2.1 Beschaffung) und die Läden sind kundenfreundlich und systematisch aufgebaut (siehe *2.2 Produktpräsentation*), aber Kunden schauen dafür nicht durchs Schaufenster: Sie sehen die Läden nicht einmal, wenn sie nicht auf sie hingewiesen werden.

Im stationären Handel ist eine für die Laufkundschaft günstige Ansiedlung eines Geschäftes ausschlaggebend für den Erfolg. Ein Kiosk wird am Bahnhof oder an der Ecke einer belebten Wohnstraße nun mal mehr Erfolg haben als an einer wenig befahrenen Landstraße mitten im Nichts, gehen doch lauter Leute vorbei, die gerade eine Cola oder eine Sechserpackung Bier brauchen. Wer aber Getränke im Netz verkaufen möchte, kann dies nicht „in einer Wohngegend" oder in einer renditestarken Fläche der Deutschen Bahn tun. Auf www.bahn.de werden schließlich nur Bahntickets verkauft.

Noch vor zehn Jahren glaubten viele, es würde im Netz auch eine Art „Karte" oder „Flächenplan" auf der Basis von URL-Adressen entstehen, und Domain-Namen mit einem Bezug zu bestimmten Produkten und Dienstleistungen wurden für horrende Beträge spekulativ gehandelt. Seitdem hat sich herausgestellt, dass das Netz eher dazu tendiert, seine eigene Geografie zu erschaffen: Die Kunden tippen nicht direkt in ihrem Browser „shopping.de" oder „schuh-laden.de" ein und hoffen auf einen Treffer, sondern gehen zu Shops, die es verstanden haben, sich anderweitig im Netz auffindbar zu machen – mit oft ganz neuen, exotisch klingenden Namen: Amazon, Zalando und Co. Ein Händler, der beim Online-Marktplatz Ebay oder bei Amazon verkauft, tut es dem Kioskbesitzer gleich, der eine stark frequentierte Fläche in Bahnhofsnähe sucht.

> *Die Kunden kommen aber nicht mal eben vorbei, daher muss sich der Online-Shop auf seine Kunden zubewegen.*

Zum Glück ist die Kundenansprache im Netz viel einfacher und direkter als je zuvor – und paradoxerweise zugleich um einiges komplizierter. Das liegt daran, dass der Kaufprozess zunehmend **multi-optional** wird: Wer vor 20 Jahren einen Fernseher brauchte, ging zu MediaMarkt oder dem Elektrohändler des Vertrauens und suchte sich dort unter der limitierten Auswahl das Passende aus. Das war ein **linearer** Kaufprozess. Wer heutzutage einen Flatscreen-Fernseher kaufen möchte, dem stehen zahlreiche Möglichkeiten zur Verfügung, die er je nach Bedarf, Verortung und Dringlichkeit in Anspruch nehmen kann – sei es online, offline oder kanalübergreifend.

Dieser Wandel von einem **linearen** zu einem **multioptionalen** Kaufprozess hat verschiedene Auswirkungen, je nachdem, wo man in der Wertschöpfungskette steht. Früher kam ein Markenprodukt an den Kunden, indem dieser vor dem Kauf über Massenmedien von dem Produktnamen wusste. Er ging ins Geschäft (dabei hatte er wenig Auswahl) und sah das Produkt neben anderen im Regal. War das Markenprodukt die beste Option für ihn, so griff er zu. Erfüllte das Produkt seine Bedürfnisse und war er zufrieden, wurde er möglicherweise loyaler Kunde. Das ist sicherlich etwas vereinfacht dargestellt, denn natürlich konnte der Kunde verschiedene Läden aufsuchen und Preise vergleichen oder sich von Freunden oder Ratgebern beraten lassen. Nur war das mit erheblichem Aufwand verbunden, also machte er das erst bei größeren Anschaffungen (und selbst dann erstaunlich wenig). Im Grunde genommen ging der Kunde bei jedem Kauf in einen Trichter hinein, in dem sich die Wahlmöglichkeiten mit jedem weiteren Schritt verringerten: Welcher Laden? Welches sich dort befindliche Produkt? Dann: Kauf oder Abbruch und Neuanfang?

Heutzutage kann ein Kunde aber in einem Geschäft stehen und entscheiden, dass nichts, was da angeboten wird, ihm wirklich passt oder dass ihm alles zu teuer ist. Und ohne das Geschäft zu verlassen, kann er im Netz nach Alternativen suchen. Er kann sogar einen Kauf bei einem konkurrierenden Online-Shop betätigen, während er vor dem Regal in einem Geschäft steht. Umgekehrt kann er über ein mobiles Endgerät in einem Online-Shop stöbern, auf ein Produkt stoßen, das ihm gefällt und dann feststellen, dass dieses gerade in einem Geschäft zwei Straßen weiter – oder gar in einem anderen Online-Laden – rabattiert angeboten wird. Zehn Minuten später hat er die Ware entweder in den Händen oder gerade bestellt und vergisst den Online-Shop, in dem er sie entdeckt hat.

Aus Vertriebssicht muss eine Marke, die diesen neuen Kunden gewinnen möchte, anstreben, dass ihre Erzeugnisse sowohl im Geschäft als auch im Online-Shop zu haben sind. Ein Händler muss ebenfalls einrichten, dass der Kunde ihn über mehrere Wege einfach erreichen kann. In Hinblick auf Vermarktung heißt dies, dass die relevanten Touchpoints (Punkte, an dem der Anbieter den Kunden erreichen muss) sich exponentiell multiplizieren. Es reicht nicht aus, wie früher ein generelles Markenbewusstsein über Massenmedien zu kommunizieren und durch In-Store-Aktionen zu versuchen, den Kunden kurz vor dem Kauf vor Ort von dem Produkt zu überzeugen – allein schon deswegen, weil der Kunde durchschnittlich immer weniger fernsieht, Radio hört und Zeitung liest, dafür aber immer mehr im Netz – und in Online-Shops – zu finden ist.

Ob in der Stadt, bei der Arbeit oder auf der Couch vor dem Fernseher: Kunden wollen heutzutage überall und immer alles haben – und das über alle Medien. Es gilt also, ihnen im Vertrieb (siehe *2.4 Vertrieb*) über alle Kanäle an jedem Ort alles anzubieten und sie durch **Marketing** jederzeit und überall aufs Neue zu überzeugen.

Marketing im E-Commerce: Lebenswichtig oder irrelevant?

Die Veränderungen, die durch die erweiterten Möglichkeiten des E-Commerce hervorgerufen werden, treten überall im Marketingmix zutage, aber nicht mit gleicher Kraft. In den „4Ps"[7] des klassischen Marketing-Handlungsrahmens, die da sind:

1. **Product** (Produktpolitik),
2. **Price** (Preispolitik),
3. **Promotion** (Kommunikationspolitik) und
4. **Place** (Vertriebspolitik),

bleibt zwar kein Bereich unberührt, aber der E-Commerce hat eine viel schwächere Auswirkung auf die Produktpolitik (P1) als auf die Preis-, Kommunikations- oder Vertriebspolitik. Der bisher einzige Effekt hier: Die Daten, die Online-Händler darüber sammeln, welche Artikel beliebt sind, erlauben es ihnen, selbst solche Produkte zu entwickeln und auf den Markt zu bringen, wenn sie möchten (siehe *2.1 Beschaffung*).

Doch die anderen Bereiche können sich den großen Veränderungen nicht entziehen. Dies gilt vor allem für die Vertriebspolitik (P4). Wie oben angerissen, gelten im E-Commerce nicht mehr dieselben Annahmen in Bezug auf geografische Verortung, Vertriebssysteme und Verkaufskanäle. Diese werden sogar völlig umgekrempelt, worauf wir im nächsten Kapitel *(2.4 Vertrieb)* detailliert eingehen.

Bei der Kommunikationspolitik (P3) kommen durch das Internet neue Instrumente in den bestehenden Mix, die schon für klassische Einzelhändler ohne E-Commerce-Aktivitäten interessant sind und daher für Online- oder Multichannel-Geschäftsmodelle eine Prioritätsstellung einnehmen: Social Media, Direktmarketing über E-Mail, persönliche und personalisierte Kommunikation. Allerdings führt der E-Commerce gleichzeitig zu einer flächendeckenden Entwertung des gesamten Promotion-Bereichs gegenüber den anderen: Denn je transparenter der Markt wird, desto irrelevanter wird die Kommunikation, sind doch Unterschiede im Preis- und Leistungsniveau zwischen zwei Anbietern online umstandslos vergleichbar.

7 In Anlehnung an Bruhn (2014), Marketing, S. 28.

Versäumnisse oder Rückstände gegenüber der nur einen Klick entfernten Konkurrenz können folglich nicht mehr wegkommuniziert werden. Kunden lassen sich nicht lumpen – und sind viel weniger treu, als sie es vor dem E-Commerce waren (oder man es zuvor annahm).

Deswegen hat der E-Commerce schon spürbare Auswirkungen auf die Preispolitik (P2) gehabt und wird in den kommenden Jahren noch stärker auf dieses Gebiet einwirken. Die Gewinner bislang sind die Anbieter, die es verstanden haben, an den fünf Stellschrauben des Preismixes zu drehen: Preis, Rabatte, Boni und Skonti, Liefer- und Zahlungsbedingungen. Amazon, Zalando und Otto geben mit rabattierter Ware, günstiger bis kostenfreier Lieferung sowie extrem kundenfreundlichen Zahlungsbedingungen den Ton an. Andere Anbieter haben keine Wahl: Wenn sie nicht wollen, dass sich die neuerdings gut informierten, nach wie vor preisbewussten und prinzipiell untreuen Kunden zum nächstbilligeren Shop durchklicken, müssen sie gleichziehen. Gestärkt wird der Preisverfall zudem durch den Trend zum Dynamic Pricing: In diesem Verfahren wird der Preis automatisch Referenzpreisen auf anderen Vergleichsportalen, dem Nutzerverhalten (zum Beispiel Besuchshäufigkeit vor dem Kauf) oder auch anderen Faktoren wie Zeit und Wetter angepasst, damit er auf dem Markt immer konkurrenzfähig ist. Damit können Ziele wie Umsatzsteigerung, Ergebnisverbesserung oder Abverkauf eines Warenbestandes verfolgt werden – allerdings auf die Gefahr hin, wegen starker, von anderweitigen Rabattaktionen ausgelösten Preissschwankungen auf eine passable Marge regelmäßig verzichten zu müssen.

Einzige Ausnahmen dieses Preisverfalls: Produkte, die personalisiert, limitiert oder anderweitig exklusiv sind.

Nur Anbieter von Waren, die nicht überall zu haben sind, können sich dem ruinösen Sog des Preis- und Konditionenkampfes im Online-Markt entziehen. Für solche, die es nicht tun, ist die Preispolitik lebenswichtig – denn Kosten- und Preiskontrolle sind zu einem Überlebenskampf geworden. Das ist die eine große Auswirkung des E-Commerce auf die Produktpolitik: Innovationen, Nischensortimente und Verbesserungen können einer größeren Kundschaft angeboten werden – und es kann dafür eine Exklusivitätsprämie kassiert werden, während der Markt für Allerweltswaren nach unten eingeebnet wird.

Mythos Customer-Lifetime-Value

Diese neue Wirklichkeit fegt so einige bisherige Glaubensätze hinsichtlich der Relation zwischen Transaktions- und Beziehungsmarketing weg. Das Ziel von **Transaktionsmarketing** ist es, einen Kunden zu einem einzelnen Kauf zu bringen: Der Horizont ist kurzfristig und auf ein spezifisches Produkt begrenzt. Eine Transaktionsmarketingmaßnahme ist dann als Erfolg zu werten, wenn der Deckungsbeitrag stimmt – also wenn sie nur einen kleinen Teil vom anschließenden Verkaufsertrag wegfrisst und somit einen positiven ROI erzielt. Im **Beziehungsmarketing** geht es darum, den Kunden langfristig an das Unternehmen zu binden. Es wird dann nicht nur ein einzelnes Produkt beworben, sondern ein ganzes Sortiment einschließlich Leistungen und sogar Unternehmenswerte. Dieser Ansatz ist viel kostenaufwendiger und muss sich unter dem Strich dadurch rechtfertigen, dass er über einen ganzen Kundenbeziehungslebenszyklus so viel Umsatz einbringt, dass in der Deckungsbeitragsrechnung schwarze Zahlen ausgewiesen werden können.

Die dem Beziehungsmarketing zugrunde liegende Annahme ist, dass Kunden, die langfristig profitabel an ein Unternehmen gebunden werden, einen positiven Kundendeckungsbeitrag (auch als *Customer-Lifetime-Value* bekannt) abliefern: Sie werden Teil der Stammkundschaft – weisen also eine hohe Wiederkaufrate auf und wechseln weniger häufig zu einem anderen Anbieter – und der hohe Aufwand der Akquisition rechnet sich, zumal bei ihnen weniger einzelne Transaktionsmarketingmaßnahmen notwendig sind.

Nur: Im E-Commerce geht diese Rechnung selten auf. Für Anbieter von besonderen Produkten mit großer „Fangemeinde" kann sich so eine Investition lohnen, denn die Kunden haben eine hohe Motivation, die Ware zu kaufen, und können über Beziehungsmarketing an einen der wenigen Verkäufer gebunden werden. Im Geschäftsmodell von Private-Shopping-Clubs wie brands4friends.de oder limango.de sind zum Beispiel Kundendeckungsbeiträge keineswegs fehl am Platz. Diese Anbieter setzen stark auf knappe, begehrte, für Mitglieder günstige Ware, was nicht nur für Kunden langfristig interessant ist, sondern auch ein Stück weit von einer individuellen „Du-gehörst-dazu"-Ansprache lebt, die durch Beziehungsmarketing erreicht werden kann.

Die oben geschilderte Transparenz des Marktes und die Bereitschaft der Kunden, diese auszuloten, macht aber denjenigen einen Strich durch die Rechnung, die auf Beziehungsmarketing setzen, um Durchschnittswaren an den Kunden zu bringen. Vor allem, wenn die eingesetzten Beziehungsmarketingmaßnahmen aus der Kommunikationspolitik (P3) stammen. Zugespitzt formuliert: Anbieter können noch so viele nett personalisierte Mails schicken und mögen den Kunden überall im Netz mittels teurer Targeting-Methoden mit Werbung beschallen – wenn dasselbe Produkt bei Amazon für 3 Euro weniger und noch dazu versandkostenfrei zu haben ist, war alle Mühe für die Katz.

Dabei ist es keineswegs so, dass Amazon kein Beziehungsmarketing auf dem Schirm hätte. Ganz im Gegenteil. Nur ist Beziehungsmarketing bei einem derart großen Händler weder von der Produkt- und Preispolitik (P1, P2) noch von der reibungslosen Logistik oder dem geschliffenen Kundenservice zu unterscheiden. Die Ressourcen, die Amazon dafür aufwendet, auf diesen Gebieten seine Vorherrschaft zu verteidigen und auszubauen, stellen gut angelegtes Beziehungsmarketing-Geld dar. Nur beim Einsatz von vielen teuren Kundengewinnungsmaßnahmen wird man Amazon eher nicht erwischen: Kunden werden durch positive Erfahrungen und Bequemlichkeit oder durch gezielte Treueprogramme wie Prime mit kostenfreien, schnelleren Lieferungen an den Konzern gebunden. Dafür müssen sie aber zunächst Geld bei Amazon ausgeben. Hier gelingt Amazon dann die Quadratur des Kreises: Man muss nicht mehr unbedingt auf jedem Feld der preisgünstigste Anbieter sein, denn irgendwann siegt bei den Kunden die Gewohnheit.

Von Bedarfsdeckung zu Bedarfsweckung

Es siegt nicht nur die Gewohnheit, bei Amazon statt bei einem anderen Anbieter zu kaufen, sondern zudem die Gewohnheit des Einkaufens bei Amazon. Waren die ersten Jahre im E-Commerce eher durch gezielte Käufe geprägt, bei denen die Kunden erst dann ins Netz gingen, wenn sie einen ausformulierten Anschaffungswunsch hatten, haben in letzter Zeit Lust- und Impulskäufe im Online-Handel an Bedeutung gewonnen.

Amazon ist heute immer mehr in der Lage, bestehende Kunden zu Mehrkäufen zu verleiten. Das war in den jungen Jahren des E-Commerce undenkbar: In dem technischen Umfeld der 1990er-Jahre war es kaum möglich, Produkte attraktiv und informativ im Netz darzustellen. Kunden kauften daher online nur Produkte, die eindeutig identifizierbar und standardisiert waren. Amazon wurde mit Büchern und CDs groß: Bücher sind mittels Titel, Autorennamen und ISBN notfalls ohne passendes Bild online zu erkennen; bei CDs macht man sich keine Sorgen darum, wie die Passform ausfällt oder ob die Farbe zu rot ist. Die Kunden hatten meistens eine klare Vorstellung, welchen Titel sie kaufen wollten, höchstens holten sie sich noch ein paar weitere dazu. Man konnte ihnen aber dabei keine neue Jeanshose anbieten.

Über die Jahre kamen zu diesen Erstkäufen einfacher Artikel zielgerichtete Ersatzkäufe: War der Fernseher kaputt oder die Waschmaschine defekt, so bestellte man dann gern auch mal online das Ersatzgerät. Auch hier waren entscheidende Artikeldaten wie Dimensionen und Leistungen ohne allzu hochauflösende Bilder online gut darzustellen. Ohnehin verglichen viele Kunden erst bei Händlern verschiedene Ausstellungsstücke, um danach online zu bestellen (das sogenannte „Showrooming"). Zudem hatten Kunden durch kleinere Käufe Vertrauen gefasst zu den bislang sehr neuen und eher gesichtslosen Online-Shops und waren nun bereit, dreistellige Summen für Haushaltswaren und Ähnliches auszugeben.

Aktuell beziehen Konsumenten vieles online, was vor einem Jahrzehnt noch undenkbar gewesen wäre. Die Hemmschwellen, wichtige Anschaffungen für viel Geld über das Internet zu tätigen, sind weitestgehend gefallen. Durch die sich stetig verbessernden Produktpräsentationsmöglichkeiten (siehe *2.2 Produktpräsentation*) sowie die Retouren-Bedingungen (siehe *2.6 Logistik*) wird es möglich, Produkte online anzubieten, die kundenspezifischer, persönlicher und beratungsintensiver sind als etwa Bücher und Kühlschränke. Zudem shoppen Freunde nicht nur samstags in der Stadt zusammen, sondern schicken sich gegenseitig Links ihrer Online-Einkäufe zu und geben Neuerwerbungen über Social-Media-Plattformen bekannt. Hierdurch stehen wir an der Schwelle zu einem E-Commerce-Umfeld, in dem das, was bislang nur in der Fußgängerzone oder im Kassenbereich des Supermarkts gelang, auch im Online-Handel zuverlässig funktioniert: die Auslösung des spontanen „Will-ich-haben"-Gefühls – also die Weckung eines noch nicht bestehenden Kaufimpulses.

Marketing in E-Commerce muss sich daher nicht nur auf **Bedarfsdeckung**, sondern verstärkt auf **Bedarfsweckung** – und darüber hinaus auf übergreifende **Markenbekanntheit** – konzentrieren. Und hier ist bei allem Verlust an Durchschlagskraft den anderen Instrumenten gegenüber (siehe oben) doch vor allem die Kommunikationspolitik (P3) gefragt. Denn Preis-, Produkt-, und Vertriebspolitik verkünden sich nicht von selbst.

Dabei ist diese Kommunikationspolitik nun bunter und breiter denn je.

Seit der Kaufprozess selbst multioptional geworden ist, ist der Kommunikationsmix durch die neuen Internetkanäle um ein Vielfaches multimedialer und multimodaler als zu Zeiten, in denen nur zwischen Zeitung, Funk, Flyern, Plakaten und Kundenkartei-Mailings gewählt werden konnte.

Entgegen mancher Unkenrufe ist zwar keiner dieser Verbreitungswege „tot" – auch Online-Pure-Player wie Zalando schalten TV- und Plakatwerbung oder drucken Kataloge –, aber ihre Bedeutung hat sich durch die Vervielfältigung von Werbeformen im Netz erheblich relativiert.

In vielen akademischen Theorien und Marketingabteilungen werden Klassifikationen für diese Werbeformen am laufenden Band entworfen, umgesetzt und wieder verworfen. Mal werden die Instrumente nach ihrer Rolle in Brand- und Performance-Marketing gegliedert, mal wird getrennt nach Online- und Offline-Marketingtools, die wiederum jeweils unterteilt werden in On- und Off-Site beziehungsweise Radio- und Fernsehspots sowie Out-of-Home-Formate. Doch die Trennwande dieser Klassifizierungen sind wackelig: Auf Locations abgestimmtes Marketing via Handy stärkt eine Marke, kann aber auch spontane Kaufimpulse im Sinne des Performance-Marketings auslösen. Und wie soll man Guerilla-Marketingaktionen klassifizieren, die zwar „offline", also oft auf der Straße stattfinden, aber erst ihren Effekt durch die schnelle Verbreitung auf Youtube entfalten?

Für diese zunehmende Vermischung der Formate steht sinnbildlich der bekannte Edeka-Werbespot „Supergeil": Die Produktion war hochwertig wie eine TV-Werbung, die Länge von über drei Minuten aber nur online umsetzbar. Der Verbreitungsweg über Youtube und soziale Netzwerke war zwar viral, doch den Song konnte man sogar des Öfteren im Radio hören, und damit konnte man das Ganze auch ein Stück weit als Content-Marketing verstehen. Die Werbung war gelungen – und keine Werbeform mehr, sondern ein Phänomen.

Die einzige Kategorisierung, die unter diesen Umständen wirklich noch Aussagekraft besitzt, ist eine Trennung nach dem *Ziel*, nicht nach dem *Format* der Werbeaktion. Mochten sich zwar einige spontan zum Kauf von „sehr, sehr geilem Dorsch" – oder zur Deckung ihres bereits bestehenden Bedarfs in dieser gastronomischen Hinsicht – verleitet fühlen: Das „Supergeil"-Video zielte einzig auf die Steigerung der **Markenbekanntheit** von Edeka. Andere Werbeformen sind schwerpunktmäßig auf die **Bedarfsweckung** ausgerichtet, und wiederum andere sollen auf Kunden zutreffen, die sich gerade in der aktiven Informationsbeschaffung zur **Bedarfsdeckung** befinden.

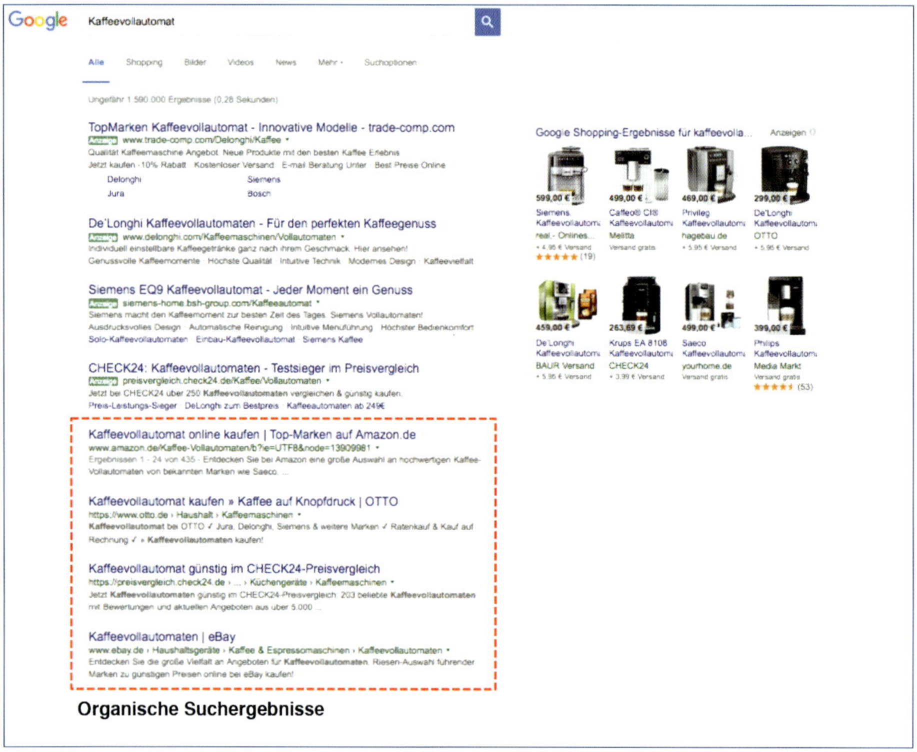

Abbildung 2.12: Screenshot zur Veranschaulichung organischer Suchergebnisse (SEO)
Quelle: www.google.de (abgerufen Dezember 2016)

Pull-Marketing für die Bedarfsdeckung

Ein Kunde, der schon ziemlich genau weiß, was er kaufen möchte, macht einen Browser auf und geht zur Suchmaschine seines Vertrauens (in Deutschland heißt diese fast immer Google). Er möchte zunächst Informationen zu dem Produkt und gerne wissen, wo es verkauft wird. Wenn es online verfügbar ist, ist es möglich, dass er das Produkt dann entweder sofort oder später im Internet kauft. Auf alle Fälle ist er nach der Suche besser informiert, wenn er später in der Fußgängerzone oder im Einkaufszentrum unterwegs ist und das Produkt vielleicht dort kaufen möchte.

Diesen Fall setzt man voraus, wenn es um die Bedarfsdeckung geht. Der Kunde ist im aktiven Suchmodus und beugt sich über seinen Computer, was man auch als Lean-Forward-Verhalten beschreibt. Während dieses Prozesses sind zahlreiche Marketinginstrumente verfügbar, die den Kunden in seiner

Suche entweder direkt in den Shop eines bestimmten Anbieters lenken können oder die Wahrscheinlichkeit erhöhen, dass er auf den Shop aufmerksam wird.

2.3.1 Suchmaschinenmarketing: SEO & SEA

Mittels **Suchmaschinenmarketing** (auch Search Engine Marketing, kurz **SEM**) versucht der Werbetreibende den Kunden bei seiner Suche über Google, Bing oder Yahoo nach einem Produkt oder einer Dienstleistung zu erreichen. Dabei unterteilt sich SEM in zwei Disziplinen: **Suchmaschinenoptimierung** (Search Engine Optimization, **SEO**) und **Suchmaschinenwerbung** (Search Engine Advertising, **SEA**).

Bei **SEO** geht es darum, eine möglichst hohe Position in den organischen Suchergebnissen zu erreichen. Das Ziel ist, dass der Kunde bei Google ein Produkt als Suchbegriff eingibt und der Shop auf der ersten Seite der Suchergebnisse (idealerweise an allererster Stelle) zu sehen ist. Denn Nutzer klicken eigentlich nur dann zur zweiten oder dritten Seite der Suchergebnisse weiter, wenn sie auf der ersten

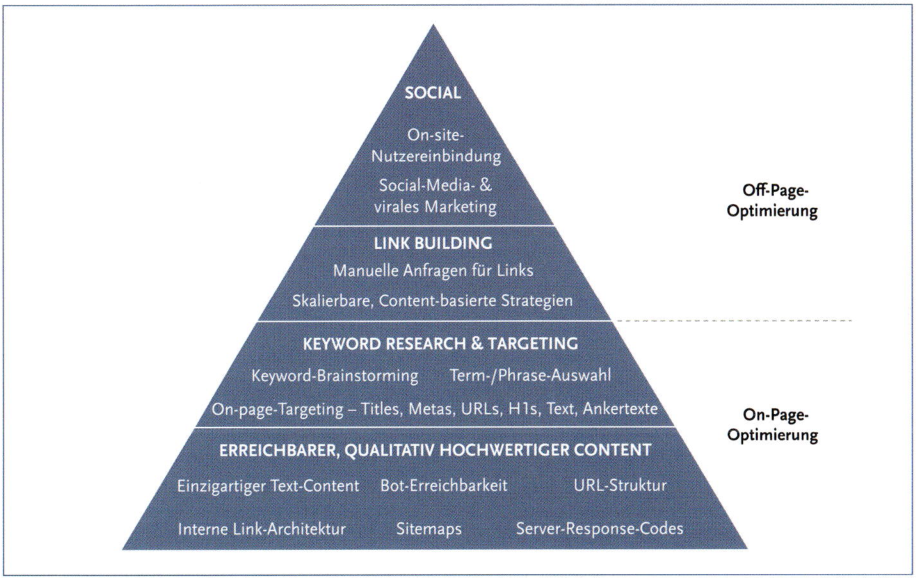

Abbildung 2.13: SEO-Pyramide (On-Page und Off-Page-Optimierungsmaßnahmen)
Quelle: in Anlehnung an https://moz.com/blog/whiteboard-friday-the-seo-fundamentals-pyramid(abgerufen Dezember 2016)

gar nichts gefunden haben, das zu ihrer Suche passt. Ein Shop, der auf der zweiten Seite platziert ist, verliert Umsatz an den Mitbewerber auf der ersten Seite.

SEO umfasst alle Maßnahmen, die unternommen werden, um diese Platzierung in Suchmaschinen zu optimieren – und grenzt sich von SEA ab, bei der Anzeigeflächen neben, über oder in Suchergebnissen kostenpflichtig direkt beim Suchmaschinenanbieter gebucht werden (siehe unten). Kosten für SEO fallen entweder intern oder bei Dienstleistern an, nicht aber beim Anbieter der Suche.[8]

Die wesentliche Aufgabe von SEO ist es also, zu verstehen, wie die Algorithmen von Suchmaschinen funktionieren, um Webauftritte an diese anpassen zu können.

Dies ist alles andere als einfach, die Suchalgorithmen, allen voran die des Suchgiganten Google, unterliegen ähnlichem Schutz vor Konkurrenz und Öffentlichkeit wie das Geheimrezept von Coca-Cola. Über die braune Brause ist allerdings dennoch einiges entweder offenkundig oder zumindest bekannt geworden: Wesentliche Zutaten sind beispielsweise Zimt-, Ingwer-, und Zitrusfruchtaromen. Ähnlich verhält es sich mit Google: Der genaue Algorithmus ist geheim und wird es immer bleiben, einiges ist aber nachvollziehbar.

So weiß man seit Jahren, dass Google von zwei Seiten, die den gesuchten Begriff beinhalten, diejenige Seite höher listet, zu der mehr Links von Dritten bestehen. Das Verlinktsein wertet Google nämlich als Beweis für Interesse, ergo Relevanz für den Suchenden. Auch ist lange bekannt, dass Google mit Keywords arbeitet. Diese Schlüsselbegriffe sind Suchanfragen, kommen in Suchanfragen vor oder werden diesen zugeordnet: Seiten, auf denen das passende Keyword oft vorkommt, werden höher gewertet als Seiten, die den jeweiligen Begriff weniger oft verwenden. Wiederum wertet Google Suchergebnisse auch danach aus, ob die User nach dem Anklicken wenige Sekunden später zurückkommen: Der Algorithmus merkt sich, dass die Keyword-Dichte nicht unbedingt mit interessanten Inhalten einherging und wertet die Webseite ab. Unter anderem deswegen lohnt sich das sogenannte „Keyword-Stuffing", also das übermäßige Verwenden von Keywords, fast gar nicht. Eine ganze Reihe weiterer Qualitätsmerkmale – unter anderem die Regelmäßigkeit von Änderungsaktivität und das Datum der jüngsten Aktualisierung der Webseite – fließt in das Erarbeiten der Suchergebnisse ein.

8 Kreutzer (2014), Praxisorientiertes Online-Marketing.

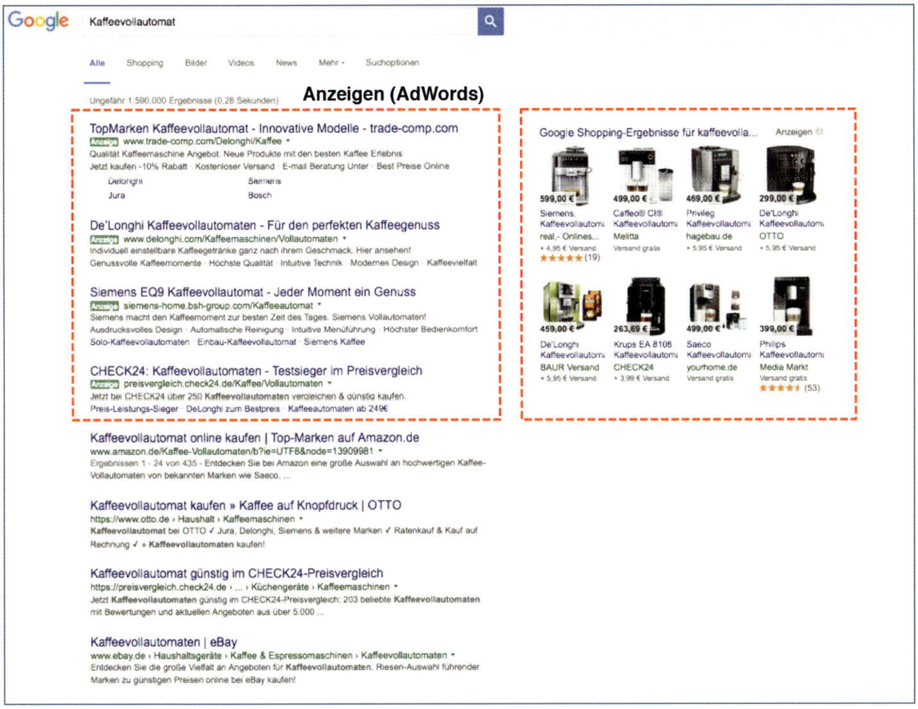

Abbildung 2.14: Screenshot zur Veranschaulichung von Anzeigen (SEA)
Quelle: www.google.de (abgerufen Dezember 2016)

Maßnahmen, die auf Basis der Erkenntnisse über die Funktionsweise von Suchmaschinen ergriffen werden können, lassen sich in einer Pyramide[9] ihrer Priorität nach einordnen (vgl. *Abbildung 2.13*). Die Grundlage für alle Optimierungsmaßnahmen bilden zugängliche, hochwertige Inhalte: Texte, die selbst verfasst sind, eine gute Struktur für die URL-Adressen und Seiten, die ineinandergreifen und aufeinander verweisen. Aus schlampig geschriebenen oder kopierten Inhalten und ohne sinnvolle Struktur angelegte Seiten als Fundament kann auch die beste Agentur der Welt wenig bis nichts aufbauen. An zweiter Stelle erst kommt der Fokus auf Keywords: Es muss festgestellt werden, welche Begriffe wichtig sind und wie und wo auf der Webseite diese in der richtigen Dosis zu integrieren sind. In der dritten Stufe fallen Maßnahmen zur Verlinkung an: Wer kann animiert werden, auf die Website zu verlinken und wie? Als i-Tüpfelchen folgt dann der Bereich Social Media – beispielsweise indem sich viral auf Twitter oder Facebook verbreitende Inhalte mit Backlinks auf anderen Seiten belohnt werden.

9 www.moz.com (abgerufen Dezember 2016)

Das Spannende für Webseitenbetreiber ist: All diese Maßnahmen können ohne Werbeagenturen umgesetzt werden. Für konkrete Hilfestellung bei der Keyword-Recherche und -Gewichtung können zwar Experten herangezogen werden, aber zwingend notwendig ist dies nicht. Dabei ist SEO als fortwährender Prozess statt als Kampagne zu sehen. Kommen andere Artikel oder neue Seiten in den Online-Shop, geht es immer darum, deren Beschreibungstexte so zu optimieren, dass sie zu den passenden Keywords für Suchmaschinen gut auffindbar sind, und für sie Zustimmung in den sozialen Netzwerken einzuholen.

SEO ist daher nie zu Ende – zumal die Regeln der Kunst ständigen Weiterentwicklungen und Veränderungen ausgesetzt sind, sodass auch bereits existierende Texte und Seiten stets optimiert werden müssen. Vor allem die Algorithmen bei Google sind äußerst dynamisch, was nicht nur der kontinuierlichen Optimierung der Suchergebnisse für die Kunden dient, sondern ebenfalls verhindern soll, dass es sich Suchmaschinenoptimierer ganz oben in der Trefferliste bequem machen können. Änderungen im Algorithmus bestrafen also durchaus Shop-Betreiber, die zu stark auf bestimmte, nach Meinung von Google zu stark verbreitete und daher Suchergebnisse entstellende SEO-Strategien gesetzt haben.

Eine weitere Herausforderung besteht in der Antwort auf die Konkurrenz, der prinzipiell immer ein ähnlicher Kenntnisstand über Google-Algorithmen offensteht. Auch ein neuer Shop kann daher durch besser optimierte Texte und eine breitere Verlinkung einen Mitbewerber schnell in den Such-Rankings überholen. Zumal Google mit dem Universal-Search-Ansatz neben klassischen Suchergebnissen nun auch Treffer aus anderen Bereichen wie Google Maps, Google Video und sogar der für Anbieter zahlungspflichtigen Google Shopping-Ad anzeigt. Diese waren früher auf eigenen Suchergebnissen dargestellt; nun belegen sie auch die erste Suchergebnisseite, was wiederum den Platz für die klassischen, organischen Suchergebnisse verknappt – und den Wettbewerb um diese Sonnenplätze auf die Spitze treibt.

Für Shops, die eine hohe Google-Platzierung erreichen oder verteidigen möchten, kann der Aufwand für kontinuierliche SEO dementsprechend hoch sein. Allerdings sind die Kosten aufgrund der erforderlichen Langfristigkeit berechenbar.

Im Gegensatz dazu steht die Disziplin des **SEA** – also der bezahlten Anzeigen zu Keywords, die neben den organischen Suchergebnissen platziert werden. Da die Anzeigeplätze auf der Suchergebnisseite pro Keyword in Online-Auktionen versteigert werden, steigen mit der hohen Konkurrenz auch die Kosten.

Während SEO einen Shop bei bestimmten Suchvorgängen dauerhaft höher platzieren und auch generell auffindbar machen soll, zielt SEA auf kurze, eher produkt- oder aktionsbezogene Erfolge. Deswegen – und aufgrund der Kosten in umkämpften Segmenten – wird eine SEA-Kampagne generell über einen kurzen Zeitraum mit einem konkreten Ziel geschaltet: zur Steigerung des Traffics im Allgemeinen zum Beispiel auf einer Shop-Seite oder zur Gewinnung von Kunden zum unmittelbaren Kauf im Shop oder zur Hinführung zu stationären Läden. Insofern bestehen die Aufgaben des SEA in der Definition von relevanten Suchbegriffen, der Entwicklung der Online-Werbemittel, der Festlegung des maximalen Geldbetrages für die Kampagne oder bestimmte Zeiträume sowie die Entscheidung über die zu belegenden Suchmaschinen.[10]

Bei der Auswahl der Suchbegriffe geht es darum, die Relevanz aus Sicht von Sucher, Anbieter sowie Konkurrenz abzuwägen. Idealerweise sind Keywords zu belegen, die vom Interessenten gesucht werden, zu dem Angebot des Anbieters passen und zugleich von der Konkurrenz bislang vernachlässigt worden sind. Die Keyword-Anzeigen müssen dann so entwickelt werden, dass sie zum Klicken verleiten: Sie sind eben keine Suchergebnisse und müssen sich gegen diese behaupten. Daher sollte ein klarer Vorteil deutlich formuliert werden, zum Beispiel „Große Auswahl", „günstig kaufen ...". Zudem sollten vorhandene zeitliche Begrenzungen aufgeführt werden, um den bekannten Reflex der „Torschlusspanik" auszulösen: „Nur noch ein Tag, um 10 Prozent auf alles zu sparen." Es ist auch zu überlegen, verschiedene textlich ausgestaltete Varianten der Anzeige zu entwickeln. Diese können dann gegeneinander auf Erfolg getestet werden. Allerdings ist Vorsicht geboten, Google führt Qualitätschecks durch: Entsprechen die Inhalte auf der Zielseite der Anzeige auch den Inhalten der Anzeige? Kehren Nutzer, die auf eine Anzeige geklickt haben, schnell wieder zu Google zurück, weil vermutlich das Gesuchte nicht gefunden wurde?

Die Festlegung eines SEA-Budgets ist die kniffligste Angelegenheit überhaupt. Die attraktivsten Klickflächen werden im Zuge eines Auktionsverfahrens an den Höchstbietenden vergeben: Die Bietenden geben mit ihrem Gebot in der Regel an, wie viel sie dem Suchmaschinenanbieter pro Klick auf die von ihnen geschaltete Anzeige zahlen wollen. Wird also eine klickträchtige Anzeigenfläche zu einem hohen Cost-per-Click ergattert, können schnell horrende Summen zusammenkommen. Diese können wiederum durch Begrenzungen wie Tages- oder Wochenbudgets eingedämmt werden, aber Fehler oder Fehleinschätzungen können Wer-

10 Lammenett 2012, Praxiswissen Online-Marketing, S. 124 ff.

betreibende teuer zu stehen kommen. Im schlimmsten Fall wird eine Anzeige viel öfter geklickt als geplant, frisst ein nicht eng genug eingezäuntes Budget weg und bringt nicht einmal nennenswerten Umsatz in den Shop: Transaktionen können oft als Konversionen direkt auf Keyword-Anzeigen zurückgeführt werden. Deswegen müssen geschaltete Anzeigen und eingestellte Maximalgebote sowie -budgets regelmäßig mit Blick auf eine Kosten-Nutzen-Rechnung auf den Prüfstand gestellt werden.

Push-Marketing für die Bedarfsweckung
Jenseits von Suchmaschinen versuchen Werbetreibende, Konsumenten beim Genuss von Inhalten – statt bei der Suche nach diesen – zu erreichen. In diesem Fall geht man von einem Lean-Back-Verhalten aus: Der Nutzer hat das gefunden, wonach er bei Google suchte, und lehnt sich im Sessel zurück, um es zu lesen, zu spielen oder zu schauen.

2.3.2 Online-Advertising: Display-Ads, Affiliates

Auch in diesem Werbeumfeld ist Google Adwords tätig: Der Dienst bietet nicht nur Suchmaschinenanzeigen an, sondern kann für Auftraggeber Anzeigen anderswo im Netz schalten. Viele Webseiten verkaufen Google Adwords oder anderen auf **Online-Werbung** spezialisierten Anbietern wie Tradedoubler oder Adconion Platz in Form von Bannern, Rectangles oder Wallpapers. Das Spektrum reicht von kleinen Blogs, die damit bestenfalls ein paar Euro am Tag umsetzen, bis zu den großen Nachrichtenportalen etwa von Spiegel oder Focus, die mit den Gebühren für diese Werbefläche einen nennenswerten Teil ihrer Umsätze bestreiten wollen. Daraus bauen die Anbieter dann Netzwerke von Webseiten, die sie im Auftrag ihrer Kunden mit **Display-Ads** bespielen können – in statischer, animierter oder sogar filmischer Form, wahlweise mit Audioinhalten.

Zudem gibt es das sogenannte **Affiliate-Marketing**: Bei diesem Modell stellt ein Produktanbieter seinen Vertriebspartnern eigene Werbemittel zur Verfügung, die dann auf der Webseite des Vertriebspartners – oder von diesem über andere Kanäle wie Keyword-Anzeigen oder E-Mail-Marketing – eingesetzt werden können. Der Vertriebspartner erhält eine Provision, wenn ein Kunde über die von ihm geschaltete Werbung in den Online-Shop des Produktanbieters kommt.

Überhaupt läuft die Abrechnung bei Online-Werbung – ob über Werbenetzwerke oder durch ein Affiliate-Netzwerk – aufwandsbezogen.

Es fallen erst dann Kosten an, wenn ein User über die Werbung zum Shop kommt (Kosten pro Klick) oder sogar erst bei einem abgeschlossenen, nicht nachträglich stornierten Kauf (Provision). Dabei gibt es unzählige Modelle: Provision pro Kauf, Provision auf Umsätze, Provision auf alle Folgekäufe des Kunden sowie Provision für Anmeldungen im Shop oder das Abonnieren eines Newsletters – je nach dem, was gerade Ziel der Werbeaktionen ist und ob es eher transaktions- oder markenorientiert ist; es gibt außerdem Vergütungsmodelle in Kombination.

Alle Modelle haben gemeinsam, dass sie für Werbetreibende im Vergleich zu klassischen Printanzeigen oder Fernsehwerbespots günstig ausfallen. Denn die tatsächlichen Durchklickraten sind gering, vor allem bei Display-Ads. Wer kennt sie nicht, die flackernd-animierten Werbeflächen, die selbst im Zeitalter von Breitband und 4G auf so manch einer Webseite die Ladedauer erheblich verlangsamen oder sogar zu Browser-Abstürzen führen? Oder, noch beliebter, die Pop-ups, die unwissenden Nutzern durch ein neues Browser-Fenster ins Auge springen – gern mit lauter Musik oder nerviger Sprecherstimme? Online-Advertising gehört daher zu den unbeliebteren Formen der Werbung im Netz: Während Suchmaschinenanzeigen zumindest einen Zusammenhang mit dem aufweisen, was der Nutzer gerade sucht, und unauffällig in verhaltenem Text neben den echten Suchergebnissen wenig bis gar nicht stören, fällt Werbung anderswo im Netz meist durch Penetranz und dreiste Missachtung der Bedürfnisse des individuellen Users auf.

Die Strategie war bislang dieselbe wie im Privatfernsehen: Nutzer sollten einen Ablasshandel eingehen, indem sie an ihren Geräten an kostenfreie Inhalte kommen, dafür aber eine Dauerbeschallung durch Werbung über sich ergehen lassen. Nur geht im Internet diese Rechnung nicht auf: Usern stehen sowieso fast unbegrenzte Inhalte nur wenige Klicks entfernt zur Verfügung und sie können daher Seiten, die mit Werbung überladen sind, zugunsten nutzerfreundlicherer Angebote meiden. Oder sie können mit Ad-Blockern surfen, um die Werbung am Seitenrand einfach gänzlich auszusperren.

Die Akzeptanz von Online-Werbeformen ist eben gering, wenn sich diese dem Nutzer nicht anpassen.

Wer gerade fernsieht, ist eher im „Lean-Back"-Modus und nimmt vielleicht die eine oder andere ihm völlig unwichtige Werbung für Inkontinenzeinlagen oder cholesterinsenkende Margarine in Kauf, damit er weiterhin seine Sendung genießen kann. Außerdem kann er in der Werbepause zappen oder sich ein Getränk holen. Wer aber im „Lean-Forward"-Modus im Browser gezielt nach Inhalten sucht, wird dabei ungern von gerade unpassender Werbung gestört.

Daher liegt die große Hoffnung für Online-Advertising in einem besseren Targeting der User. Im Gegensatz zu Fernsehsendern oder Zeitungen sind Ad-Server wie Google Adwords nämlich gut in der Lage, verschiedenen Nutzern gezielte Werbeinhalte anzuzeigen. Wozu allen Nutzern eine einzige Werbung zeigen, wo doch jeder Nutzer ausreichend viele Daten hinterlässt, die Rückschlüsse auf seine Interessen erlauben? Die Idee keimte schon vor zehn Jahren bei Google mit Suchmaschinenanzeigen: Wenn der User gerade einen Suchbegriff eingibt, hat man schon einen Ansatzpunkt, wofür er sich interessieren könnte. Man musste nur in der kurzen Zeit zwischen Suchbegriffeingabe und Suchergebnispräsentation die passende Anzeige finden und aussteuern. Dies gelang Google, und nun erlaubt das **Real-Time-Bidding**-Verfahren (Echtzeitauktion) ganzen Werbenetzwerken, in Sekundenschnelle Nutzereingaben und -daten zu erkennen und die Fläche passenden Werbetreibenden anzubieten. Diese legen vorher wie bei Ebay maximale Gebotssummen fest, der Werbeplatz wird in Millisekunden versteigert und die Werbung dem User angezeigt.

Tracking- und Targeting-Möglichkeiten im Überblick

Im Folgenden stellen wir Ihnen nun einige der heute möglichen Tracking- und Targeting-Methoden vor.[11] Am rudimentärsten sind Methoden wie **Geo-Targeting** oder **technisches Targeting**: Anhand von Informationen, die bei jedem Zugriff auf einer Website automatisch übermittelt werden, lässt sich feststellen, von wo aus ein User im Netz unterwegs ist – und mit welcher Hardware. Schon kann für den Inhaber eines Macbooks aus Berlin und für den eines alten Dell-Notebooks aus Bremen jeweils passende Werbung für Computer-Dienste in der Heimatstadt geschaltet werden.

11 Kreutzer (2014), Praxisorientiertes Online-Marketing, S. 175ff.

Auch ohne großen Aufwand möglich ist umfeldbezogene Werbung – **Context** oder **Content Targeting**, indem etwa Autowerbung auf Seiten zu diesem Themengebiet gezeigt wird. Dies legt der Werbetreibende im Vorfeld der Kampagne in der Mediaplanung mit dem Anbieter fest. Unternimmt es der Anbieter von sich aus, Werbung thematisch anzupassen, so kann er auf das **semantische Targeting**-Verfahren zurückgreifen. Dabei werden die Inhalte von Webseiten maschinell gescannt und klassifiziert.

Komplizierter werden Tracking-Verfahren, die enger auf individuelle User statt auf Nutzereigenschaften wie Hardwareausstattung oder besuchte Inhalte abgestimmt sind.

Über User, die eindeutig identifizierbar sind, ist so einiges an Wissen zugänglich: Viele Facebook- oder Google-Nutzer hinterlegen Alter, Geschlecht und Beruf bei den Diensten. Wenn diese User dann im Netz unterwegs sind und gleichzeitig bei Google eingeloggt bleiben – oder wenn die Werbenetzwerke Zugriff auf die Nutzerprofile von Facebook haben – können die Werbemittel über **soziodemografisches Targeting** abgestimmt werden (keine Inkontinenzeinlagen mehr für unter 60-Jährige – es sei denn, sie sind von Beruf Einkäufer für ein Seniorenheim). Besonders nah rückt man dem Nutzer auf die Pelle, wenn sein konkretes Surf- und Suchverhalten für das Targeting ausgewertet wird. Beim **Behavioral Targeting** etwa setzen Werbenetzwerke Tracking-Cookies bei dem User ein, die seinen Verlauf anonym speichern. Die Werbung wird dann dem Nutzer entsprechend seinem bisherigen Verhalten im Netz angezeigt. Und da dies auf Basis von Cookies geschieht, muss er sich nicht einmal per Login identifizieren. Im darauf basierenden **Retargeting-Verfahren** kann ein Online-Händler einen User, der mit aktivierten Cookies in seinem Shop unterwegs war, auch woanders im Netz ausfindig machen und ihm Werbung zeigen lassen. Dabei muss der User nicht einmal einen Kauf getätigt haben. Ganz im Gegenteil: Vor allem dann, wenn er kurz davor war, einen Artikel zu erwerben und danach die Transaktion abgebrochen hat, kann der Werbetreibende von einem konkreten Interesse für das jeweilige Produkt ausgehen und dieses bei dem Nutzer mit allen Mitteln erneut bewerben.

So zeigt Amazon vielen Kunden auf der Startseite das an, was sie beim letzten Besuch gesucht und sich angesehen haben, bevor sie sich überhaupt eingeloggt haben. Zudem werden diese Produkte auf den Amazon-eigenen Werbeflächen im Shop beworben, und wenn der Kunde den Shop verlässt, tauchen Amazon-Bannerwerbungen mit diesen Produkten auf anderen Seiten auf. Dieses recht häufig eingesetzte Verfahren ist aber ein zweischneidiges Schwert. Zum einen wird Online-Werbung dadurch userspezifischer: Gänzlich unpassende Werbung wird ausgespart und viele Anzeigen basieren sogar auf konkreten Käufen in der Vergangenheit. Allerdings liegt hier auch die Schwäche dieses Verfahrens: Der Server wird nämlich nie den Grund erfahren, warum ein User eine Transaktion in letzter Minute abgebrochen hat. War ihm die Jeans doch zu teuer? Schämt er sich, Inkontinenzeinlagen kaufen zu müssen? Kam seine Frau gerade durch die Tür mit dem passenden Artikel, bevor er die Bestellung abgeben konnte? Dann nervt ihn die Werbung für das nicht gekaufte Produkt nur noch. Ebenso wenig ist der Ad-Server eines Werbenetzwerkes intelligent genug, um zwischen Produkten zu unterscheiden, zu denen der Konsument immer wieder greifen könnte, und solchen, mit denen er für absehbare Zeit sein Bedürfnis abgedeckt hat. Darüber hinaus ist dies ein ohnehin stark userabhängiges Thema: Während einige Käufer von Badeanzügen vielleicht ein paar Wochen später doch begeistert auf eine Bannerwerbung für einen zweiten Badeanzug vom selben Hersteller klicken, denken andere: „Bitte? Ich soll dieses Jahr noch einen Badeanzug kaufen? Von derselben Marke und in einer ähnlichen Farbe? Die spinnen doch!"

Wegen dieses Problems wird verstärkt auf eine Weiterentwicklung gesetzt: **Predictive Behavioral Targeting**. Hier werden Nutzerprofile nach bisherigem Surf- und Suchverhalten größeren Zielgruppen zugeordnet: Das Verhalten der Zielgruppe erlaubt dann Prognosen über das zu erwartende Verhalten des einzelnen Users, die teilweise weit über die bisherigen Themenbereiche des Einzelnen hinausgehen (ähnlich dem Collaborative-Filtering-Ansatz bei Empfehlungen, siehe *2.2 Produktpräsentation*). Um beim Badeanzug zu bleiben: Mit dem Predictive-Verfahren kann nachgesehen werden, was andere User in derselben Zielgruppe, die auch ein Stück der jeweiligen Marke beim selben Online-Händler kauften, sonst noch interessierte. Dadurch kann es eher gelingen, Konsumenten nicht nur dasselbe immer wieder anzubieten, sondern diese zu inspirieren und das Kaufbedürfnis für ein anderes oder ergänzendes Produkt zu wecken.

Für solche nicht geplanten Käufe sind Konsumenten empfänglicher, wenn sie nicht gerade im oben genannten Lean-Forward-Modus auf der Suche nach einem bestimmten Artikel sind, sondern wenn sie sich eher im Lean-Back-Modus oder auf gut Deutsch: in Stöberlaune befinden.

Daher ist die Bedarfsweckung bislang das Privileg des stationären Einzelhandels geblieben, denn dieser hat nicht nur die besten Flächen dafür, wie etwa Schaufenster, Regaldisplays und Quengelzonen bei Supermarktkassen, er erreicht den Kunden bei Stadtbummeln, Shopping-Ausflügen oder unter Druck mit einem schreienden Kind und einem vollen Einkaufswagen.

2.3.3 Mobile Ads

Nun macht die Verbreitung mobiler Technologie dem Einzelhandel die Freizeit streitig. Immer öfter greifen Konsumenten abends und am Wochenende über Smartphones und Tablets auf Inhalte zurück und gehen damit anders um als an einem PC oder Laptop: Zurückgelehnt im Sessel oder auf dem Sofa liegend, lassen sich Artikel, Videos und Podcasts leichter, länger und genüsslicher konsumieren als gebückt über einen Computer. Auch werden soziale Netzwerke wie Facebook und Twitter zunehmend mobil bedient – gern unterwegs in Bus, Bahn und auf offener Straße. In solchen Umfeldern sind User generell empfänglicher für Neues, wenn es denn in passender Form verpackt ist.

Mobile Ads sind **Display-Ads**, die auf mobilen Geräten ausgespielt werden. Am einfachsten sind Banneranzeigen, die für die Einblendung auf den kleineren Bildschirmen von Smartphones und Tablets optimiert werden. Ebenso wie Display-Ads, die im Browser des PCs oder Laptops angezeigt werden, erfreuen sie sich unter Usern nicht immer großer Beliebtheit, haben aber einen entscheidenden Vorteil: Auf vielen mobilen Geräten kann man von einer engeren Nutzerbindung ausgehen. Display-Ads, die auf guten alten Familiencomputern im Arbeitszimmer vom Papa oder auf dem gemeinsamen Pärchen-Laptop daheim angezeigt wurden, wohnte schon ein erhebliches zerstörerisches Potenzial inne: Was ist, wenn Vater und Kinder am gemeinsam genutzten Computer die Flüge für einen Überraschungsurlaub zum 50. Geburtstag der Mutter buchen – und diese dann bei ihrem nächsten Besuch im Netz dauernd mit Werbung für günstige Flüge nach Rom beschallt wird? Sagt dann ihr Mann, sie solle sich lieber nichts vornehmen für die Woche nach ihrem Geburtstag, fliegt das ganze Unterfangen schnell auf. Mobile Geräte wie Smartphones teilen sich aber nur die wenigsten: Höchstens ein im Wohnzimmer herumliegendes Tablet wird in der Regel von mehreren Haushaltsmitgliedern benutzt – die Tendenz zur gemeinsamen Nutzung ist mit sinkenden Preisen fallend.

Neben sicheren Targeting-Voraussetzungen bieten mobile Applikationen Werbemöglichkeiten, die viel stärker in das Usererlebnis integriert sind: Werbespots werden oft etwa in Audio-Apps wie TuneIn oder Spotify in der Form von **Pre- oder In-Stream-Ads** eingeblendet, ohne dass es zu nennenswerten Abbruchquoten bei Nutzern kommt. Das gelernte Verhalten vom Radiohören wird offenkundig auf Radio- oder Musik-Streaming über mobile Geräte übertragen und Nutzer nehmen kurze Werbespots in Kauf, um umsonst an Audioinhalte zu kommen. Gekoppelt mit Targeting- und Real-Time-Bidding-Verfahren (siehe oben) lässt sich hier Werbung mit userbezogenem Nutzwert und hoher Akzeptanz an den Kunden bringen.

Nicht nur im Audiobereich sind mobile Geräte ideale Umfelder für Werbeinhalte. Im App-Markt kristallisiert sich langsam eine feste Sitte heraus: Wer Inhalte umsonst konsumieren möchte, duldet Werbung; wer keine Werbung möchte, kauft eine Premiumversion. Vom Streaming-Anbieter Spotify bis hin zu Apps von Zeitungen und Zeitschriften setzt sich dieses Modell durch – und damit die Akzeptanz unter Usern, zumindest solange das Nutzungserlebnis ein deutliches Mehr an Komfort bietet im Vergleich zur mühsamen Navigation zu Gratisinhalten über den Browser am mobilen Gerät oder PC.

2.3.4 Social-Media-Marketing

Das ultimative Umfeld für die Bedarfsweckung ist jedoch nicht an ein bestimmtes Gerät gebunden: Soziale Netzwerke wie Facebook und Twitter sind von PC, Tablet und Smartphone aus zu bedienen. Und User machen von dieser Flexibilität über alle Plattformen hinweg Gebrauch, allerdings mit stark steigender Tendenz mit dem mobilen Gerät. Interessant dabei: Die Werbeformate vervielfältigen sich und Werbung erhält auch hier einen besseren Zugang zum Nutzererlebnis. So bietet Facebook klassische **Display-Ads** an, die durch seine astronomischen Nutzerzahlen und die lange tägliche Verweildauer im Netzwerk ein hohes theoretisches Potenzial besitzen. Unternehmen können obendrein auch Botschaften in die Timeline des Nutzers als **gesponserte Inhalte** zwischen Updates von Freunden oder lustige Videos platzieren. Das Netzwerk Twitter bietet ähnliche Möglichkeiten in der Form von „sponsored Tweets" an. Und natürlich können Unternehmen in sozialen Netzwerken selbst Profile einrichten und so ihre Botschaften über eine **eigene Präsenz** verbreiten.

Allerdings ist Vorsicht geboten. In sozialen Netzwerken sind User überwiegend privat unterwegs – und werden dort selbst aktiv. Der Tausch „Werbung gegen Inhalt" funktioniert hier also nur bedingt, produzieren doch die User selbst die Inhalte und betrachten das Netzwerk berechtigterweise ein Stück weit als „ihres". Die Infrastruktur wird zwar bereitgestellt, aber erst die User füllen diesen Rahmen aus – und können immer zum nächsten Social Network weiterziehen, wenn es ihnen hier nicht mehr gefällt (wie dies ehemals dominante Netzwerke wie MySpace, MSN und StudiVZ erlebt haben). Nutzer haben allerdings nichts gegen eine kommerzielle Präsenz in den sozialen Netzwerken. Ganz im Gegenteil: Viele erwarten es. Das Unternehmen soll für sie da ansprechbar sein, wo sie sich aufhalten – auch wenn es nur darum geht, es dort zu beschimpfen, wenn eine Bestellung nicht ankommt (siehe *Multichannel-Vertrieb* unten sowie *2.7 Kundenservice*).

Die traumhaften Targeting-Möglichkeiten bei Facebook lassen eine generelle Beschallung möglichst vieler Nutzer regelrecht abwegig erscheinen. Geben die User doch alles, was sie in Facebook posten, dem Unternehmen zur Auswertung frei – und bewegen sich dann, stets identifiziert und ansprechbar, in diesem Umfeld. Nutzer bei Facebook geben zum Beispiel über die Funktion „Gefällt mir" regelmäßig bekannt, was sie interessiert: So kann eine Nutzerin etwa direkt die Seite eines Online-Händlers liken und ebenfalls die Meldung einer Freundin, dort eine bestimmte Hose gekauft zu haben. Gepaart mit den soziodemografischen Daten, die Facebook über die Nutzerin gespeichert hat, sowie einem jahrelangen Verlauf von anderen ausgesprochenen Likes und – nicht zuletzt – Interaktionen auf anderen Webseiten und in mobilen Applikationen, in denen sich die Nutzerin mit ihrem Facebook-Account angemeldet hat, ergibt sich eine ausgesprochen detaillierte Vorlage für die Aussteuerung von Anzeigen. Diese Anzeigen können dann unauffällig in den Feed eingestreut werden – zwischen den Botschaften von Freunden und Bekannten sowie Medien und Organisationen, mit denen die Person über Facebook in Verbindung getreten ist. In diesem entspannten Lean-Back-Kontext sind Spontan- und Lustkäufe genauso denkbar, wie sie es unterwegs im Einkaufszentrum oder auf der Straße sind.

Facebook hat inzwischen erkannt, dass sich sein Datenschatz nicht nur für Targeting von Werbung innerhalb des Netzwerks anbietet, sondern auch außerhalb. Über das Facebook-Atlas-Werbenetzwerk sind die vom Social Network gesammelten Daten für Werbung auf anderen Internetseiten verfügbar.

Amazon macht es Facebook mit dem Amazon Ad Network gleich, schließlich hat der Konzern Millionen von Nutzern mit langen Kaufhistorien. Schon seit Jahren benutzt Amazon Tracking-Verfahren, um diese Nutzer woanders im Netz ausfindig zu machen und mit Werbung in eigener Sache zurück in den Shop zu bringen: Jetzt bietet Amazon diese Möglichkeit auch anderen gegen Geld an. So macht der Händler seine eigene Investition in Datensammelei zu Geld – und wird vom Werbetreibenden zum Werbevermittler!

Diesen Hybrid-Ansatz aus Social und Predictive Behavioral Targeting (siehe oben) darf man wohl als Nonplusultra der gezielten Werbeformen bezeichnen.

Ohne direkten Zugang zu den Neuronen des Nutzers wird es keine detaillierteren Auskünfte darüber geben, inwieweit er für eine bestimmte Werbebotschaft empfänglich und zum Kauf eines bestimmten Produkts bereit sein könnte. Die einzige Voraussetzung ist die rege Nutzung von Facebook und die Bereitschaft, sich dort in seinem Einkaufsverhalten beeinflussen zu lassen. Umfragen zeigen, dass über ein Drittel der bei Facebook angemeldeten Nutzerinnen in den USA bereit ist, dort Inspiration oder Anregungen für Käufe aufzunehmen. Beim sehr bildhaften Netzwerk Pinterest steigt diese Bereitschaft sogar auf fast 50 Prozent an.[12]

2.3.5 Open Commerce

Wenn also Freunde in ihren Newsfeeds ihre Anschaffungen veröffentlichen und gegenseitig kommentieren und wenn auf Pinterest digitale Pinnwände voller Inspiration für Einrichtungen, Outfits oder Bastelideen entstehen, kann es ausreichen, als Unternehmen in diesen Netzwerken gut vertreten zu sein, ohne darin auf Sendung zu gehen – und Usern möglicherweise auf den Sender zu gehen. Denn Werbung – auch auf den User abgezielt und in Form von dezent gesponserten Botschaften in sozialen Netzwerken – bleibt eben Werbung, ein Eindringling in das Nutzererlebnis.

Der nächste logische Schritt ist es also, selbst ein Umfeld zu kreieren, in das sich Nutzer freiwillig begeben, um an interessante Inhalte zu kommen, sich auszutauschen und eben auch Produkte zu kaufen, wenn diese ihnen gefallen. Statt davon auszugehen, dass sich Kunden auf die Suche nach den richtigen Produkten machen, sollen die richtigen Produkte den Weg zu den Kunden finden.

12 www.eMarketer.com (abgerufen Dezember 2016)

Fallbeispiel: Collins
Eine Blaupause hierfür liefert die Collins-Plattform der Otto Group, ein spannender Schmelztiegel aus einem Online-Shop mit Magazinen, Apps, sozialen Netzwerken und Abrechnungsmodellen aus der Online-Werbung.

Collins stellt Modesortimente in Online-Shops sowie die technische Infrastruktur für die Einbindung von externen Apps zur Verfügung. Dann ist die Kreativität von Händlern, Herstellern oder Moderedaktionen gefragt. Diese produzieren Apps, die für User interessant sein und sie in die Shops bringen sollen, wo sie Produkte finden, die für ihre Zielgruppe ausgesucht worden sind. So bietet der Collins-Shop aboutyou.de ein Sortiment für 20 bis 40-Jährige und ist eingebettet in ein Umfeld aus Apps, die um das Thema Mode kreisen. Da gibt es zum Beispiel eine App über den Dresscode in verschiedenen Clubs in Großstädten oder „Get-the-look"-Apps mit Fotos von Hollywood-Stars zum Nachstylen. Jüngere Konsumenten werden von edited.de bedient, das auch ein Online-Magazin mit redaktionellem Inhalt sowie Social-Media-Content anbietet. Neue Apps können dann von Dritten erarbeitet und angeknüpft werden: Liefern sie Umsätze in die Shops, werden die Macher an diesen Umsätzen beteiligt.

So könnte ein Schuhhersteller mit einer erfolgreich in diesem System eingebundenen App über Provision wieder an Teile seiner Ausgaben für die Vermarktung kommen. Es könnte aber genauso gut eine Gruppe von E-Commerce- oder Informatikstudenten mit einer passenden Idee dieses Geld kassieren. In jedem Fall werden, wenn die Rechnung aufgeht, die Collins-Projekte für traditionelle Werbung weniger ausgeben als Konkurrenten mit einem herkömmlichen Geschäftsmodell und über die als Umsatzbeteiligung abgegebene Marge Apps, Inhalte und Netzwerke finanzieren. Dies ist ein Content-Marketing-Ansatz: Statt als Eindringling zwischen Inhalten in einer Zeitschrift oder auf deren Portal daherzukommen, wird der Händler zum Zweck des Inhalts. So wird der Übergang von einem in einer spaßigen App stöbernden User zu einem zahlenden Kunden geglättet.

Markenbekanntheit – „supergeiler" Wiederkennungswert

Content-Marketing kann auch allein der generellen Markenbekanntheit eines Herstellers oder Händlers dienen: Schon im Jahr 1900 veröffentlichte der Reifenhersteller Michelin sein erstes Handbuch für Autofahrer mit Restauranttipps für unterwegs. Heutzutage drehen Supermärkte wie Edeka aufwendige Musikvideos oder erzählen emotionsschwangere Weihnachtsgeschichten. Keines der genannten Medien soll einen direkten Kaufimpuls für die Produkte der jeweiligen Firmen auslösen, sondern schlicht mit interessanten beziehungsweise lustigen Inhalten in Verbindung gebracht werden.

Online-Shops – vor allem neue – sind gut beraten, sich um ihre Markenbekanntheit zu kümmern. Denn der beachtliche Erfolg von Amazon, Zalando und Otto im Internet beruht zum Teil auf ihren Namen. Für diese Unternehmen spielt zum Beispiel Suchmaschinenmarketing eine geringere Rolle als für Neulinge: Sind sie doch teilweise selbst für viele Kunden zu den Produktsuchmaschinen erster Wahl geworden. Wozu „schwarze Lederstiefel“ bei Google suchen, wenn mir die Erfahrung sagt, dass Zalando immer 200 davon zur Auswahl hat – gut sortiert, bebildert und zu einem guten Preis? Erst Recht, wenn ich dort sowieso ein Konto habe.

2.3.6 Klassische Kanäle

Vor fünf Jahren kannten nur wenige Zalando. Doch die schnelle Markenbekanntheit kam nicht von ungefähr: Nicht nur investierte der neue Kleidungshändler in einen Vertrieb und eine Logistik, die es mit Amazon aufnehmen konnten, sondern er scheute auch nicht davor zurück, für viel Geld zur besten Sendezeit klassische Fernsehwerbespots zu schalten: Mit „Schrei vor Glück!“ gelang Zalando ein lustiges, gern gesehenes und kreativ schier unerschöpfliches Werbeformat, das eine Art gesellschaftliche Allgemeingültigkeit besitzt und dessen Spruch beliebig in vielen anderen Werbekontexten benutzt werden kann. Die Spots fanden dann ein Zweitleben als virale Videos, die während und auch nach der jeweiligen Fernsehkampagne auf Youtube herumgeisterten und auf die der Händler von seinen Social-Media-Kanälen wie Twitter und Facebook verweisen konnte. Dazu sahen Pendler an den Plakatwänden der U- und S-Bahnstationen Zalando-Werbung und konnten bei Groupon Gutscheine zum Einkauf bei Zalando erwerben.

Klassische Werbekampagnen im Fernsehen, Radio, Print oder Out-of-Home verschwinden nicht aus dem Werkzeugkasten, sind aber nicht mehr das zentrale Element. Vielmehr werden sie verschmolzen mit neuen Impulsen wie Coupons, Guerilla-Aktionen und Viral-Ansätzen. Und sie sind immer öfter **crossmedial** aufgebaut (siehe die Edeka-Kampagne „Supergeil“ oben). Diese groß angelegten Kampagnen, die allein der Markenbekanntheit dienen und nicht auf Kaufabschlüsse – entweder aus dem Lean-Forward- oder dem Lean-Back-Modus heraus – abzielen, verlan-

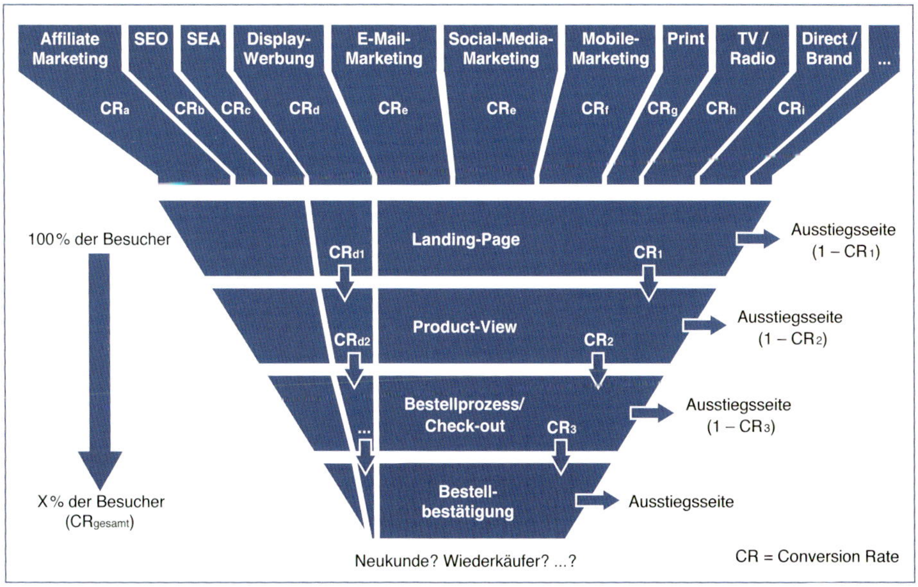

Abbildung 2.15: Multichannel-Conversion-Funnel
Quelle: Erweiterte Darstellung in Anlehnung an Marco Hassler, Web Analytics mitp, 2012, S.201ff.

gen erhebliche Investitionen und stehen nicht jedem Online-Shop offen. Solche Werbeoffensiven wie im genannten Beispiel von Zalando ließen sich nur durch Rekordsummen an Venture Capital finanzieren, die anderen Händlern so ohne Weiteres nicht zur Verfügung stehen. Ein zweites Zalando wird es wahrscheinlich nicht geben.

Der Markt kann generell nur wenige Händler unterbringen, dessen Namen selbstverständlich für bestimmte Kategorien im Online-Handel stehen – wie es Zalando für Kleidung und Amazon für so ziemlich alles tut.

Allerdings zeigt dieses Beispiel, welche Kraft ein einheitlicher, koordinierter Markenauftritt durch alle Kanäle entfalten kann. Zalando ist jetzt nach weniger als einem Jahrzehnt im Geschäft ein börsennotiertes Unternehmen – nicht zuletzt wegen seiner überragenden, teuer erkauften Stellung am Markt.

Einheitlicher Auftritt und konstantes Monitoring

Ob sie auf eine Machtstellung als Category-Killer wie Zalando aus sind oder auf eine Nischenstellung mit sechs- bis siebenstelligen jährlichen Umsatzzahlen,

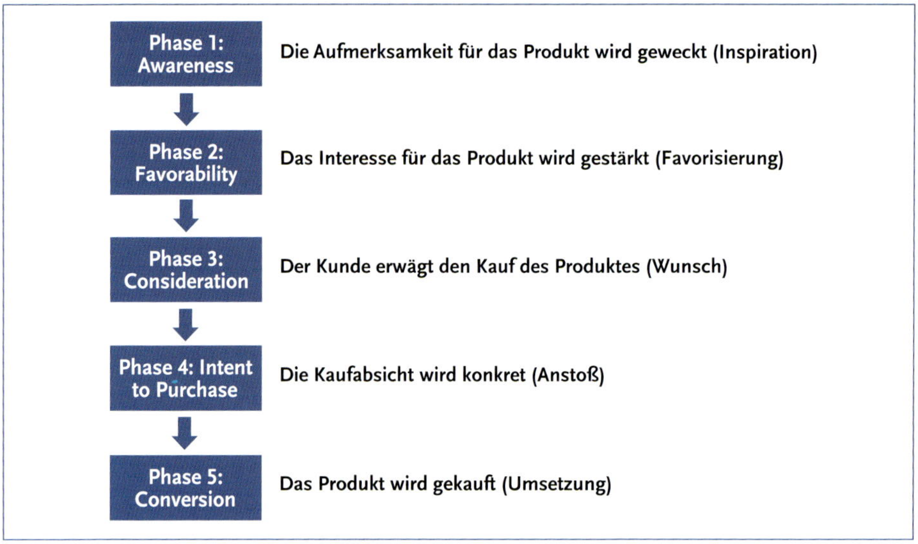

Abbildung 2.16: Customer-Journey
Quelle: eigene Darstellung

Werbetreibende im Online-Handel werden sich in Zukunft immer öfter Fragen über den Sinn ihrer Werbemaßnahmen stellen. Vor allem dann, wenn es doch vordergründig um **Transaktionsmarketing** statt Markenbekanntheit geht. Auch hier kommt die E-Commerce-Infrastruktur gelegen, indem sie eine genaue Rückverfolgung der Kundenbewegung zum und im Online-Shop erlaubt und so den Kosten-Nutzen-Faktor der Maßnahmen aufdeckt. Der sogenannte **Conversion-Funnel**, eine Visualisierung von allen Werbekanälen über die verschiedenen Etappen des Online-Kaufs, hilft dabei, wichtige, ganzheitliche Fragen bezüglich des Marketings zu beantworten: Woher kommen die Kunden? Was schauen sie sich an? Wann springen sie ab?

Daten über die Herkunft eines jeden Kunden im Online-Shop sind zwar kompliziert zu erheben (und nie vollständig), aber mehr als ansatzweise verfügbar. Über Tracking-Cookies oder Codes erkennt man beispielsweise Besucher, die von Affiliates oder über SEA und Display-Ads in den Shop kommen – und ob sie dann einen Kauf tätigen. SEA- und Display-Anzeigen können ebenfalls Links zu bestimmten Landingpages erhalten, damit der Shop-Betreiber eindeutig zuordnen kann, wer über diese Maßnahmen in den Shop gelangt. Das Verfahren kann auch auf Klicks von E-Mail-Marketing-Newsletters oder mittels QR-Codes sogar crossmedial auf Print-Anzeigen und Flyer ausgeweitet werden: Der User scannt einen Code mit seinem Smartphone und wird zu einer dafür eingerichteten Landingpage geleitet –

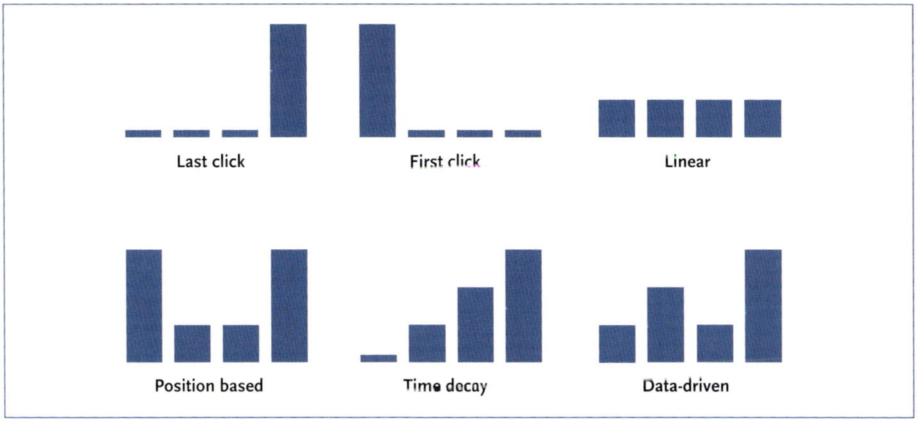

Abbildung. 2.17: Attributionsmodelle
Quelle: eigene Darstellung

und schon weiß der Werbetreibende, dass die Werbung wirkt. Analysen sonstiger Besucher zeigen, von welchen Seiten sie kommen (Referrer). Kommen sie vom Firmenauftritt auf Youtube, ist davon auszugehen, dass auch markenstärkende Imagevideos ohne Kaufaufforderung tatsächlich eine Wirkung auf den Umsatz haben könnten.

Besucher können dann durch die Website getrackt und ihr Ausstieg oder Kaufabschluss kann dokumentiert werden. So lassen sich relativ belastbare Zahlen über das Effizienzniveau von verschiedenen Marketingmaßnahmen herausarbeiten, unter anderem in der Form von Cost-per-Order (CPO). Für Brand- und Markenbekanntheitsmarketing lassen sich solche Zahlen natürlich nicht eindeutig festlegen, aber auch hier kann eine ordentliche betriebswirtschaftliche Analyse von Ausgaben und Einnahmen über längere Zeiträume deutliche Zusammenhänge identifizieren. Für Fernsehwerbung kann zum Beispiel das Traffic-Aufkommen nach der Ausstrahlung eines Werbespots mit der Baseline – also dem „Grundrauschen" auf der Webseite – verglichen werden. Es kann nicht pro Nutzer ausgewertet werden – also welcher Nutzer wegen des Spots in den Shop gekommen ist –, aber es gibt starke statistische Indizien. Allerdings können Shop-Betreiber durch Umfragen und Fragen im Bestellprozess sogar diesen Kundenweg in Erfahrung bringen: „Wie sind Sie auf uns aufmerksam geworden?"

Selbst bei so einer präzisen Befragung kann jedoch nie wirklich sichergestellt werden, wie das gesamte Paket an Marketingmaßnahmen bei den Kunden gewirkt hat: Reagierten viele Kunden erst deswegen auf den E-Mail-Newsletter, weil sie vorher durch Display-Werbungen, Anzeigen neben Suchergebnissen und eine Kampagne im Radio schon „eingeweicht“ wurden? Und bis zu welchem Grade „weichte“ jede Maßnahme sie denn genau „ein?“ Trug das eine Imagevideo auf Youtube, das doch eher als generelle Markenwerbung gedacht war, mit dazu bei, dass sich der Kunde für einen einzelnen Kauf entschied – und wenn ja, was trug es dazu bei und in welchem Stadium? Verschaffte eine bestimme Maßnahme beim Kunden ein Bewusstsein für den Anbieter? Oder beeinflusste es ihn während der Phase, in der er sich über das Produkt Gedanken machte? Oder sah er es erst dann, als er sich entschieden hatte, das Produkt zu kaufen? Oder eben erst auf der Zielgeraden, als er kurz vor dem Kauf stand? Hier geht es um die sogenannte **Customer-Journey**, die Reise des Kunden, bis zur Conversion, also zum Kauf.

Wo schlägt was zu Buche – und wie viel? Das Streben nach einem ganzheitlichen Verständnis des Beitrags von Marketing- und Kommunikationsmaßnahmen hinsichtlich der jeweils gesetzten Ziele wird Attribution genannt. Da nicht jede Maßnahme konkrete, messbare Daten im selben Format abliefert, geht es darum, immer präzisere Erkenntnisse – aber eben nicht die volle Erkenntnis – darüber zu gewinnen, welchen Effekt verschiedene Kanäle erzielen. Es wird nie die Antwort geben: „X Kunden sind nur wegen Maßnahme Y bei komplettem Ausschluss aller anderen Maßnahmen zu uns in den Shop gekommen.“ Also werden nicht nur Daten gemessen und gesammelt, sondern es werden Ansätze und Aktionen optimiert und getestet, um nach sich daraus ergebenden statistischen Unterschieden zu suchen.

Darüber hinaus werden unterschiedliche Interpretationsmuster über dieselbe Datenlage gelegt, um zwischen möglichen Deutungen zu einer Hypothese zu kommen: Im **Last-Click-Ansatz** zum Beispiel wird dem letzten Klick des Kunden vor dem Kauf – etwa dem Klick in den Online-Shop eines Affiliate – der volle Beitrag für Kundengewinnung zugerechnet; beim **First-Click-Ansatz** wird der Beitrag gänzlich dem ersten Klick des Kunden – beispielsweise auf eine Display-Werbung – ohne abschließenden Kauf zugeordnet. Die Zuordnung des abschließenden Kaufs ist somit abhängig vom gewählten Modell. In weiteren Attributionsmodellen wird der Kauf rechnerisch auch mehreren Kanälen zugeordnet, um eine bessere Marketingsteuerung zu erreichen. Dies erlauben zum Beispiel **dynamische Attributionsmodelle**, die durch die Analyse einzelner Kontaktpunkte – etwa mittels Markow-Ketten – ermittelt werden. Diese Verfahren sind allerdings recht aufwendig und können erst ab hohen Fallzahlen eingesetzt werden, weshalb sie nur bei größeren Anbietern Anwendung finden.

Daneben gibt es andere Möglichkeiten wie den **linearen Ansatz**, in dem der Beitrag über alle Kanäle gleich verteilt wird, sowie den **Time-Decay-Ansatz**, bei dem die Verteilung des Beitrages der zeitlichen Distanz zur Conversion entspricht. Im Endeffekt ist es wie im Stadion: Ein Fußballspieler (hier: Kanal) mag zwar alle Tore schießen, aber ohne die Pässe davor und die anderen Spieler (hier: vorhergehende Werbekontakte) hätte der letzte Spieler den Ball nie bekommen. Legendäre Torschützen sind auch immer Erzeugnisse eines funktionierenden Teams.

Spätestens an dieser Stelle drängen sich zwei fundamentale Erkenntnisse auf: Erstens sind Marketingkanäle und ihre Zwecke immer schwerer auseinanderzuhalten – und sie werden immer untrennbarer. Deswegen ist bei Effizienzgedanken und Kosten-Nutzen-Rechnungen Vorsicht geboten: Die Verflechtung der Kanäle macht es umso schwieriger, eine einzelne auf dem Papier unrentable Maßnahme aus dem Mix zu entfernen. Was ist, wenn erst die teure Brand-Marketingkampagne mit aufwendigem Werbespot und anschließenden Guerilla-Aktionen die Bereitschaft bei Konsumenten auslöste, den wöchentlichen E-Mail-Newsletter zu abonnieren und sich von dort zur Kasse durchzuklicken?

Gebucht wird die Effektivität im Conversion-Funnel unter E-Mail-Marketing. Zustande gekommen wäre sie ohne Brand-Marketing vielleicht nicht.

Zweitens ist das Marketing im Online-Handel nicht nur intern eng verwoben, sondern wächst zunehmend mit klassischen Bereichen wie dem Vertrieb zusammen. Nehmen wir mal wieder den wöchentlichen E-Mail-Newsletter: Als übergreifende Brand-Marketingmaßnahme gedacht, verleitet er aber mit einer klugen Auswahl speziell beworbener Produkte immer mehr Kunden zu einem spontanen Kauf. So entwickelt er sich zu einer Lean-Back-Werbeform – und gewissermaßen zu einem Vertriebskanal. Denn einige Kunden kommen nur noch über den Newsletter in den Shop.

2.4 Vertrieb

Einführung

Im multioptionalen Umfeld, in dem Kunden munter zwischen stationärem Geschäft und Online-Shop über Smartphone und Tablet wechseln, werden die

Grenzen zwischen Vermarktung und Vertrieb durchlässig. Marketingaktionen wie E-Mail-Newsletter können sich zu „festen" Vertriebswegen mausern, während etwa gedruckte Kataloge zunehmend ihre Funktion als Bestellwege verlieren – aber zeitgleich immer noch eine interessante Möglichkeit darstellen, Konsumenten optisch hochwertige und haptische Werbung direkt zuzustellen. Zugespitzt kann man fragen: Vermarktest du noch oder vertreibst du schon?

Beispielsweise hat H & M sich mit einem Online-Shop neben stationären Geschäften und Versand erfolgreich als Multichannel-Anbieter etabliert: Ein Scharnier in dieser Strategie ist der mit hohem Aufwand produzierte Katalog, der in Millionenauflage den Kunden direkt zugestellt wird. Der Kunde kann dann selbst entscheiden, welcher Vertriebsweg ihm gerade passt: So kann er etwa den im Katalog befindlichen Bestellschein ausfüllen oder mit dem Kugelschreiber die Artikel ankreuzen, die er gern haben möchte und sich damit in die nächste H & M-Filiale begeben. Oder er kann eben direkt in den Online-Shop gehen und dort von PC, Smartphone oder Tablet bestellen – eine Multichannel-Strategie beziehungsweise ein Marketingansatz, der so erfolgreich ist, dass der Online-Pure-Player Zalando nachgezogen hat und ein gedrucktes Heft produziert. Allerdings ist dieser Schritt eher wie beispielsweise das Magazin vom Online-Übernachtungsanbieter Airbnb als reines Marketing zu verstehen, denn Zalando hat genauso wenig vor, deutschlandweit Geschäfte in Einkaufszentren zu eröffnen, wie Airbnb plant, eigene Hotels aufzumachen.

In diesem Sinne sind ebenfalls die zahlreichen Gerüchte über Amazons Pläne, bis zu 600 stationäre Geschäfte zu eröffnen, aufzufassen. Obwohl der erste Amazon-Store schon seit 2015 in Seattle im Betrieb ist und seit einiger Zeit wohl auch eine Buchhandlung für Berlin geplant ist, hat der Konzern mitnichten vor, sich ein flächendeckendes Netz an geldfressenden Läden in teueren Innenstadtlagen ans Bein zu binden. Wenn Amazon schon in den Innenstädten Immobilien anmietet oder errichtet – was gerade verstärkt vorkommt –, dann geschieht dies tendenziell mit Blick auf die zentrale Stärke des Konzerns: Logistik. So wollte Amazon beispielsweise im zentralen Hamburger Viertel St. Georg ein Lager errichten, das vermutlich als Stützpunkt für die Ausdehnung von Prime Now (Lieferung binnen zwei Stunden, siehe auch *Strategische Überlegungen* in *3 Case Studies* und *4.2 Amazon = kaufen*) auf die Hansestadt dienen sollte. Diese Pläne stießen allerdings auf erheblichen Widerstand und mussten schließlich begraben werden; dennoch gibt Amazon hier nicht auf und ist weiter auf der Suche nach einem geeigneten Standort für ein Hamburger Logistikzentrum. Die Brick-and-Mortar-Läden, die Amazon letzten

Endes tatsächlich vereinzelt aufmachen wird, werden dazu dienen, den Konzern visuell in der physikalischen Welt zu verankern. Daher werden sie weniger Vertriebsweg als Marketingkanal sein.

Ganz am anderen Ende der Skala hält im trendigen Hamburger Schanzenviertel das kleine, junge Musikgeschäft Hanseplatte mithilfe eines berühmten E-Mail-Newsletters den Kopf über Wasser. Das mit Elan und Ironie verfasste Mailing hat allein wegen seiner brillanten Schreibe tausende Abonnenten – und einige von ihnen nehmen die dort angepriesenen Neuigkeiten doch zum Anlass, mal wieder in einem Plattenladen alten Stils vorbeizuschauen, um das vertraute Stöbergefühl aufleben zu lassen und Vinyl-Unikate zu ergattern. Andere bestellen wiederum CDs im kleinen Online-Shop. Mittlerweile hat sich der beliebte Newsletter verselbstständigt: Als gedrucktes Buch und E-Book sind ausgewählte Schriften aus den letzten Jahren nun verfügbar – unter anderem bei der Konkurrenz Amazon. So wird ein Vertriebsweg zur Marketingaktion zum Produkt.

Während stationäre Händler Vertriebswege im Internet aufbauen, preschen Online-Giganten ins stationäre Umfeld vor. Ihr Ziel ist es, den Kunden überall dort aufzusuchen, wo er zu finden ist. Zumal verschiedene Vertriebskanäle sich gegenseitig befruchten.

Bereits heute geht rund einem Viertel der Käufe in stationären Geschäften eine Informationssuche in Online-Shops voraus. Umgekehrt folgt fast ein Drittel der Käufe in Online-Shops einem Besuch in stationären Filialen. Ähnliche Wechselwirkungen sind mit Printkatalogen als Informationsbeschaffungsmaterial sowie Bestellweg zu beobachten. Zudem wird ein wachsender Anteil der Informationssuche im Vorfeld von Käufen sowohl in stationären Geschäften als auch Online-Shops auf Smartphones erledigt.[13]

Nach mehr als einem Jahrzehnt E-Commerce sind die Kundenerwartungen gewachsen. Die Fraktion „treuer Offliner", die alle Schritte des Kaufs **linear** in stationären Kanälen ausführen, macht punktuellen Untersuchungen zufolge nur noch ein Drittel der Konsumenten aus.[14] Noch kleiner aber ist die Fraktion „reiner Onliner", denn nur 8 Prozent der Kunden informieren sich, vergleichen Preise und kaufen online, ohne zumindest einen Abstecher in den stationären Handel zu

13 ECC/IFH Köln (2013), Cross-Channel beim Kauf von Markenartikeln.
14 Björn Schäfers in G. Heinemann und A. Haug (2010), Web-Exzellenz im E-Commerce.

machen. Das heißt im Umkehrschluss: 61 Prozent der Kunden sind sowohl online als auch offline zu finden – und haben immer weniger Verständnis dafür, wenn stationäre Unternehmen nicht auch im Netz zu finden sind. Wie also als Hersteller oder Händler mit der Tatsache umgehen, dass in diesem **multioptionalen** Kaufprozess ein einziger Vertriebskanal nur noch in seltenen Fällen ausreichen wird?

2.4.1 Online-Strategien

Online-Strategie für Hersteller

Für Hersteller von Markenprodukten ist das Bedürfnis, eine Kundschaft im Online-Handel aufzubauen, essenziell. Auch wenn die Absatzzahlen für den stationären Handel so schlecht nicht aussehen, liegt das daran, dass sie auf hohem Niveau stagnieren, wie die Zahlen des Instituts für Handelsforschung Köln darlegen: Im Jahr 2012 wuchs der Umsatz in diesem Vertriebsweg zwar um 1 Milliarde auf 388,4 Milliarden Euro, aber der Anteil am ganzen Umsatz im Einzelhandel ging dabei um 1 Prozent zurück. Im selben Zeitraum wuchs der Absatz im E-Commerce von 21,7 im Jahr 2011 auf 27,6 Milliarden Euro. Das Wachstum übertraf also das Plus im stationären Handel um das Siebenfache. Für das Jahr 2014 sind schon Zahlen jenseits der 40 Milliarden Euro im Gespräch. Bis 2020 ist es durchaus möglich, dass E-Commerce 100 Milliarden Euro umsetzt, während der stationäre Handel auf 300 Milliarden Euro schrumpft.

Stationäre Händler mögen sich mit ihrer bestehenden Größe abfinden: Für Hersteller ist nennenswertes Absatzwachstum aber nur über E-Commerce zu haben.

> *Wer da nicht vertreten ist, hat langfristig nur geringe Chancen, als Marke zu bestehen.*

Dabei ist der Einstieg in den Online-Handel alles andere als einfach: Wie anfangen, seine Produkte im Netz zu vertreiben, ohne dabei das bestehende stationäre Händlernetzwerk zu verärgern? Sollen Hersteller eigene Online-Präsenzen aufbauen auf die Gefahr hin, sich selbst den bestehenden Anteil aus anderen Kanälen wegzufressen? Und sollen sie es ihren bestehenden Händlern erlauben, die Marke auf Amazon oder Ebay zu verkaufen? Oder sollen sie sogar selbst diesen Vertriebskanal besetzen und sich dort möglicherweise in einen harten Preiskampf begeben?

Angesichts der Zahlen ist es keine Option mehr, nicht im Netz vertreten zu sein. Im Endeffekt kommt die Art der Präsenz aber immer auf das Produkt an sowie auf die langfristige Markenstrategie des Herstellers. Verkauft ein Hersteller Luxusprodukte, sperrige Artikel oder Produkte, die mit einem hohen Beratungsaufwand einhergehen, muss auch eine Online-Strategie auf ein Händlernetz aufbauen, das die Beratung, Lagerung und Auslieferung übernimmt. Aus dem Luxussegment ist Armbanduhrenhersteller Rolex ein Beispiel: Die Online-Präsenz funktioniert wie eine Einführung in die Markenwelt und eine Art Schaufenster. Die Kunden können die Produkte durchsehen und vormerken, werden aber dann zum nächsten Händler für die Anpassung und Abholung verwiesen. So bleibt die Marke ein Luxusgut, ist also mit einem personalisierten Serviceerlebnis verbunden und nicht rund um die Uhr verfügbar – holt aber auch den Kunden ab, dessen Entscheidungsweg im Netz anfängt. Grundsätzlich ähnlich ist das Konzept von Gartengeräte-Hersteller Al-Ko: Da Großartikel wie Rasenmäher mit Dieselmotoren erstens nicht als Pakete zu verschicken und zweitens beratungsintensiv sind, holen Kunden online bestellte Geräte in Filialen des Händlernetzes ab. Der einzige Unterschied liegt beim Abwickeln des Kaufs: Rolex nimmt keine Zahlung online an, sondern wird vom Händler für die Ware bezahlt, während man bei Al-Ko schon im Shop bezahlen kann – der Händler wird für seine Dienstleistungen vom Hersteller vergütet (siehe *2.5 Kaufabwicklung*).

Bei Herstellern von alltäglicheren Kaufartikeln fallen die Überlegungen anders aus.

Soll die Marke perspektivisch im höherwertigen Segment angesiedelt bleiben? Oder soll sie flächendeckend zum möglichst günstigen Preis angeboten werden? Kurz: Wie viel Kontrolle möchte der Hersteller über seine Marke entlang der Wertschöpfungskette behalten? Hersteller, die in der Zeit vor E-Commerce schon bei den Namen Hertie und Karstadt Bauchschmerzen bekamen, werden im heutigen Umfeld dasselbe mulmige Gefühl bei Amazon und ihrer rabiaten Rabattpolitik bekommen. Andere wiederum werden die Umsatzchancen von den Massenanbietern zu schätzen wissen. Diese Überlegungen gelten insbesondere für Online-Vertriebskanäle wie Marktplätze: Sollen gebrauchte oder stark heruntergesetzte Artikel vom Händlernetz bei Amazon oder Ebay angeboten werden? Dient dies der Markenstrategie?

Eine weitere Frage ist: Welche der Kosten, die mit den verschiedenen Stufen der Wertschöpfung einhergehen, möchte sich der Hersteller ins Haus holen? Herstellern, die bislang nur über Händlernetze verkauft haben und im Internet direkt an

Endkunden verkaufen wollen, steht eine steile Lernkurve bevor. Direktverkauf an Kunden erfordert nicht nur einen Online-Shop (siehe *2.2 Produktpräsentation*) mitsamt Kaufabwicklung und dem damit verbundenen kaufmännischen Risiko (siehe *2.5.2 Zahlungsmöglichkeiten*), sondern ebenfalls Logistik (siehe *2.6 Logistik*) und Kundenservice (siehe *2.7 Kundenservice*). Die notwendigen Investitionen werden schnell siebenstellig. Hinzu kommt noch das Risiko, dass das bestehende Händlernetz sich angegriffen fühlt und schlimmstenfalls die Produkte des Herstellers auslistet. Der entgangene Umsatz muss in diesem Fall durch den Online-Shop wieder reingeholt werden.

Allerdings sitzen Hersteller bei den Umwälzungen, die E-Commerce und Multichannel bedeuten, am längeren Hebel: Es ist immer noch viel schneller und günstiger, einen Online-Shop einzurichten, als umgekehrt einen flächendeckenden stationären Kanal durch ganz Deutschland zu bauen. Händler haben heute die Wahl, ob sie über das Internet Direktverkauf an Endkunden betreiben wollen oder nicht, und können entscheiden, welche Bedeutung verschiedene Kanäle haben sollen. Einzige Voraussetzung ist, dass die Strategie dazu führt, dass die Herstellermarken im Online-Handel vertreten sind.

Online-Strategie für Händler

Für Händler ist eine Umstellung auf den Vertrieb über mehrere Kanäle eine viel kniffligere Angelegenheit. Wenn ein Hersteller, der seine Produkte bislang nur über ein stationäres Händlernetz vertrieben hat, einen eigenen Online-Shop aufmacht und damit seine Umsätze im bestehenden Geschäft selbst wegfrisst, hat der Gang in den Online-Handel sich vielleicht zwar noch nicht gelohnt. Die kannibalisierten Umsätze gehen aber immerhin direkt an den Hersteller. Nach Abzug der Kosten für seinen neuen Vertriebskanal kommt er wahrscheinlich plus/minus null heraus und hat Perspektiven, die Umsätze im Online-Shop zu steigern. Der Händler geht dabei leer aus.

Düster sieht es ebenfalls aus, wenn sich ein stationärer Händler mit seinen vergleichsweise hohen Fixkosten in einem Preiswettbewerb mit dem Kostenkönig Amazon befindet: Der Hersteller verkauft zu ungefähr demselben Preis an beide, nur bleibt beim Händler wegen des Preisdrucks immer weniger übrig. Zudem stagnieren seine Einkünfte, weil das Wachstum im E-Commerce und nicht mehr im stationären Handel stattfindet. Je jünger der Konsument, desto höher der Anteil an Produkten und Dienstleistungen, die er online kauft. Wer also als stationärer Händler keine Antwort auf die Verschiebung ins Netz findet, ist über kurz oder lang erledigt.

Immer wieder stehen stationäre Händler, die den nötigen Sprung in den E-Commerce wagen, am Scheideweg. Zuerst steht die Frage im Raum, ob die bestehende Marke auch im Internet so angesiedelt werden kann und ob sie auch dort ihr Versprechen einhalten und ihre Kundschaft finden kann. Wenn die Zielgruppen im stationären Handel und im E-Commerce zu weit auseinander liegen oder wenn klar wird, dass die Preisvorstellungen, die mit der ursprünglichen Händlermarke verbunden sind, im Netz nicht durchzusetzen sind, kann es sinnvoll sein, eine zweite, reine Online-Marke neben einer bestehenden Marke aufzubauen.

Eine solche Zwei-Marken-Strategie vermeidet Kannibalisierungeffekte zwischen den Kanälen, wenn etwa im Online-Shop deutlich niedrigere Preise verlangt werden, um dort im Wettbewerb zu bestehen.

Allerdings hat eine Zwei-Marken-Strategie deutliche Nachteile: Doppelte Strukturen sind notwendig, da sowohl Marketingaktivitäten als auch Kundenkommunikation getrennt werden müssen. Das unterbindet Synergieeffekte und die oben beschriebenen Wechselwirkungen: Das Risiko ist, dass sowohl der stationäre als auch der digitale Kanal langfristig hinter ihren Möglichkeiten zurückbleiben. Da kann es sinnvoller sein, den Gang in den E-Commerce darauf zu beschränken, dass der Laden online auffindbar ist, aber nicht dort verkauft: Sofern die technische Infrastruktur es hergibt, lässt sich in Google-Shopping-Ads darstellen, welche Produkte im lokalen Angebot sind – sogar mit der Verfügbarkeit und dem Preis je Filiale nahezu in Echtzeit, wenn dies das Warenwirtschaftssystem über eine passende Schnittstelle erlaubt.

Eine **Ein-Marken-Strategie** bleibt der Königsweg. So lassen sich zum Beispiel Adressen und im Online-Shop generierte personalisierte Kundendaten weiterverwerten, um Werbung auch für die stationären Geschäfte zu machen und sie durch Flyer, Coupons und Gutscheine dorthin zu locken. Auch lassen sich Bestellungen im Internet tätigen und in einem stationären Geschäft abholen, wenn es dem Kunden so besser passt. Zudem können Retouren über das bestehende Netz aus Filialen teilweise abgewickelt werden, was kostensparend für den Händler und nervensparend für den Kunden sein kann. Allerdings muss die Infrastruktur diese Flexibilität auch gewährleisten: Kunden sind irritiert, wenn ein Händler im Netz sowie in der Fußgängerzone unter einer Marke auftritt, aber sich in diesen Kanälen wie zwei verschiedene Unternehmen benimmt. „Ach, Sie haben das Gerät online gekauft? Dann können wir das leider nicht hier im Geschäft zur Reparatur annehmen" –

spätestens bei solchen Aussagen ist Frustration vorprogrammiert. Wenn es überhaupt Unterschiede zwischen den Service-Levels der Kanäle gibt, müssen diese mindestens durch unterschiedliche Preisniveaus untermauert sein. Dies wiederum birgt die Gefahr, dass sich der Händler arm kannibalisiert und dabei Kunden, die vorher mehr Geld stationär ausgegeben hätten und mit dem Serviceangebot zufrieden gewesen wären, durch schlechteren Service abgeschreckt werden. Daher sind „Online-Outlet"-Strategien mit Vorsicht zu genießen: In vielen Fällen ist es sinnvoll, den Preis sowie das Serviceangebot über alle Kanäle hinweg möglichst einheitlich zu halten.

2.4.2 Online-Vertriebskanäle

Eigener Shop und Marktplätze

Besonders die vielen Kanäle im Online-Handel stellen sowohl Händler als auch Hersteller vor die Frage, ob und wo Sonderkonditionen angeboten oder Abweichungen vom einheitlichen Markenauftritt erlaubt werden sollen. Denn ein **eigener Online-Shop** ist meistens nur die Leitplanke in einer Online-Strategie neben **One-Stop-Shopping**- und **Marktplatz**-Anbindungen (für Hersteller und Händler) oder **Markenshops** (vorwiegend für Hersteller). Diese Kanäle erlauben es, Kunden bei größeren Online-Händlern wie Amazon oder Otto zu erreichen, an sie zu verkaufen und sie möglicherweise darüber in den eigenen Webshop zu leiten.

Im One-Stop-Shopping-Ansatz werden Produkte aus dem eigenen Online-Shop automatisch im Online-Shop eines Dritten eingestellt: Auf otto.de werden zum Beispiel viele Produkte von Händlern und Herstellern nahtlos eingebunden, sodass diese in der Produktsuche neben Artikeln auftauchen, die von Otto eingekauft und angeboten werden. Beim One-Stop-Shopping ist es für den Kunden nicht erkennbar, ob das jeweilige Produkt vom Online-Shop des Herstellers oder eines anderen Händlers stammt: Die Zahlung erfolgt an den Betreiber, der davon seine Provision einbehält.

Der Markplatz-Ansatz ist insofern ähnlich, als dass Produkte aus eigenen Online-Shops im Angebot Dritter aufgenommen werden. Der Unterschied besteht darin, dass das Vertragsverhältnis zwischen dem Käufer und dem Verkäufer entsteht, nicht zwischen Käufer und Marktplatz. Konsumenten wird also bei der Bestellung angezeigt, dass sie die Ware nicht etwa von Otto dem Händler, sondern über Otto den Marktplatz-Anbieter direkt beim Hersteller oder einem Zwischenhändler erwerben. Von dem Preis, den er einnimmt, zahlt der Verkäufer dann an den Marktplatz Gebühren. Ebay, der Marktplatz für Gebrauchtes (und zunehmend für Neues), verlangt teilweise Gebühren für das Einstellen von Artikeln, tendiert aber dazu, sie für kleinere Mengen zu erlassen und auf eine nachträgliche Abrechnung zu setzen.

Neben One-Stop-Shopping-Integration und Marktplätzen bieten einige Online-Händler wie Amazon ebenfalls Markenshops an: Hier können Markenauftritte in der Infrastruktur eines größeren Online-Shops eingerichtet werden, die gegebenenfalls ein ganzes Sortiment darstellen und anbieten: Brand-optimiert und mit zusätzlichen Informationen und Produktdetails. Das Konzept ist vergleichbar mit Store-Within-a-Store-(beziehungsweise Shop-in-Shop-)Lösungen, bei welchen sich vor allem Hersteller bei Kaufhäusern einmieten, um dort an größere Kundenzahlen zu kommen, als sie es mit eigenen, auf ihr Sortiment beschränkten Geschäften tun könnten. Zudem sollen solche Auftritte in Brand-Optik die Markenbekanntheit unter Konsumenten steigern.

Diese Kanäle stellen Hersteller und Online-Händler vor ein unlösbares Dilemma: Das Potenzial gesteigerter Kundenreichweite mit geringem Aufwand steht geringeren Einnahmen sowie dem Risiko abgegebener Kunden gegenüber. Klar ist: Vor allem bei Amazon sind die Kunden- und Klickzahlen so enorm, dass ein gelungener Auftritt – entweder als Marke in einem Shop oder über den Marktplatz – nachhaltig umsatzsteigernd wirken kann. Allerdings lässt sich gerade ein Quasi-Monopolist wie Amazon diese Chancen auf Wachstum immer teurer bezahlen. In früheren Jahren, als der Konzern damit beschäftigt war, seine Reichweite zu steigern und neue Kunden zu gewinnen, waren die Konditionen vor allem für Hersteller dort sehr verlockend: Als Händler kaufte Amazon Waren zum selben Preis wie alle anderen oder ließ sich mit einem geringen Rabatt dafür bezahlen, dass es sich um die aufwendigen Themen Retouren und Kundenservice kümmerte. Zudem wurde Herstellermarken oft angeboten, einen Markenshop umsonst einzurichten und zu bestücken. Als Marktplatzanbieter verlangte Amazon zudem gemäßigte Gebühren.

Der Konzern hat heute online ein Ökosystem aufgebaut, in dem fast alles, was es in der westlichen Konsumgesellschaft zu kaufen gibt, von überall aus aufgesucht und erworben werden kann. Unter anderem ist hierfür der Marktplatz maßgeblich mitverantwortlich, vervielfacht er doch die Produkte, die bei Amazon gelistet sind, ohne dass das Unternehmen sie selbst beschaffen und damit Kapital binden und ein kaufmännisches Risiko eingehen muss.

Mittlerweile betrachten viele Kunden Amazon als eine Art Google für Produkte und kommen erst gar nicht auf die Idee, anderswo im Netz einkaufen zu gehen.

Mit dieser Machtstellung am Markt hat Amazon hersteller- und händlerfreundliche Maßnahmen nun weniger nötig. Amazon-Kunden sind zahlreich und treu – und werden immer enger ans Unternehmen und sein Ökosystem gebunden (siehe unten). Das hat zur Folge, dass Amazon selbstbewusst auftritt, sind doch viele Händler und Hersteller jetzt für nennenswerte Umsätze von dem Unternehmen abhängig. Im Umkehrschluss heißt das, dass die Zeit für Geschenke vorbei ist. Hersteller, die sich auf Amazon gut präsentieren möchten, zahlen jetzt dafür – zum Beispiel, um Produkttexte einzustellen, die nur minimal länger sind als Standardbeschreibungen. Und wer sich aus Amazons Sicht nicht genug bemüht – also wer sich gegen Rabattpolitik sträubt oder Amazon keinen guten Einkaufspreis anbietet –, wird bestraft, zum Beispiel mit Schikanen wie der Einblendung von Aufschriften à la „Ähnliche Produkte mit besseren Kundenbewertungen" auf den Produktseiten von missliebigen Herstellern zugunsten solcher, die mit dem Konzern konformer sind. Dabei scheint die eigentliche Bewertungslage übrigens herzlich egal zu sein. Angeblich erfolgt die Aussteuerung rein automatisiert – ein Schelm, wer Böses dabei denkt.

Dasselbe kann aber auch Händlern geschehen, die sich nicht mit Amazon anlegen. Es reicht, ein sich gut verkaufendes Produkt im Marktplatz zu haben. Amazon erkennt den Renner und lenkt Käufer mit Banner-Hinweisen auf seine eigenen, ähnlichen Angebote oder nimmt den erfolgreichen Artikel selbst ins Sortiment auf – direkt vom Hersteller. Der Händler wird ausgeschaltet, da Amazon dann an exakt derselben Stelle in der Wertschöpfungskette mit äußerst aggressiver Preispolitik auftritt. Der Kunde denkt nicht zweimal nach: Wer würde denn bei einem unbekannten Händler bestellen, wenn das Produkt auch zum gewohnten Service direkt bei Amazon zu kaufen ist? Sogar einen kleinen Aufpreis darf der Konzern in dem Fall verlangen: Der wird bezahlt.

Die Zeit naht, in der Amazon gänzlich auf den Gang zum Hersteller verzichten kann. Das lässt sich bereits in Amazons Heimatsegment Bücher beobachten, wo Amazon als Verleger auftritt. Der Konzern weiß aus seinen Absatzzahlen ganz genau, welche Bücher sich gut verkaufen – warum also nicht direkt welche produzieren lassen und die Marge selbst kassieren? Vor allem Autoren, die sich erfolgreich als Self-Publisher auf Amazon behauptet haben, werden dann vom Konzern

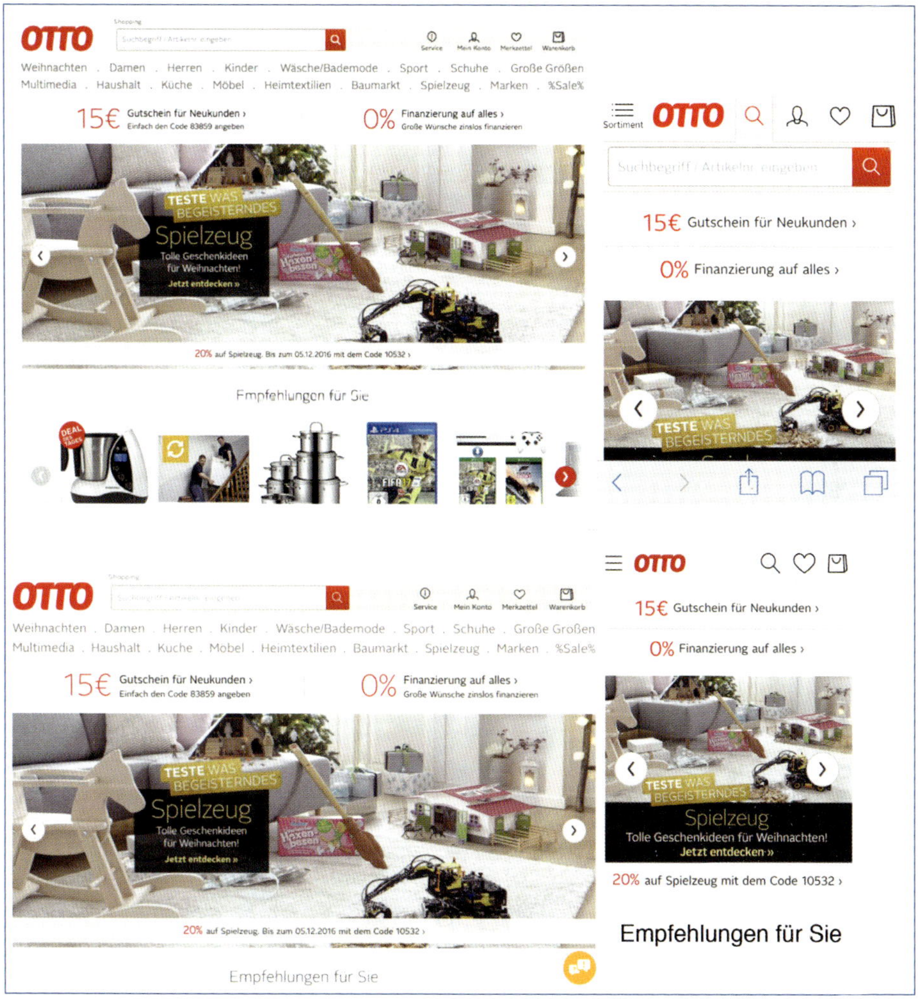

Abbildung 2.18: Beispiel von otto.de auf einem Desktop-Browser, Ipad- & und Iphone-Browser sowie als App

Quelle: www.otto.de (abgerufen Dezember 2016)

unter Vertrag genommen. Und da Amazon historisch gesehen stets das, was es mit Büchern ausprobiert, im zweiten Schritt auf alle Produktsegmente ausdehnt, dürfte es nicht mehr lange dauern, bis der Konzern selbst in die Herstellung von ganz anderen Gütern einsteigt. Einen ersten Vorgeschmack gibt es bereits mit den „Amazon-Basics"-Produkten, einem Sortiment von Technik- und Einrichtungsartikeln, das Firmen wie Panasonic, Philips, und Ikea den Schweiß auf die Stirn treiben dürfte.

Es gilt also nicht nur als Händler, sondern auch als Hersteller abzuwägen, ob und wie sich ein Marktplatzbetreiber zum Konkurrenten mausern könnte.

Bei Umsätzen, die über einen eigenen Online-Shop erzeugt werden, bleibt nicht nur eine höhere Marge hängen, sondern ebenfalls Daten. Daten, an die Amazon, Otto, Zalando und Co. liebend gern herankommen würden. Fest steht: Wer keinen eigenen Online-Kanal hat und nur über Marktplätze vertreten ist oder wer dort größere Anteile seines Umsatzes generiert als im eigenen Shop, ist viel höheren Risiken ausgesetzt. Allerdings ist der Aufwand, mittels Online-Marketing eine gute Platzierung in Suchmaschinen-Rankings oder eine nennenswerte Öffentlichkeit anderswo im Netz zu erreichen, außerhalb von Nischensegmenten sehr groß (siehe beispielsweise *2.3.1 Suchmaschinenmarketing: SEO & SEA*).

Für Händler, die einzigartige Produkte oder exklusive Ware von einem bestimmten Hersteller verkaufen, sowie innovative Hersteller besteht eher die Möglichkeit, auf Augenhöhe mit großen Online-Händlern arbeiten zu können. Anbieter von Massenware, ob als Handelsunternehmen oder als Produzent, müssen sich darauf gefasst machen, dass sie mit dem Gang vor allem zu Amazon an dem Ast sägen könnten, auf dem sie sitzen. Das Dilemma bleibt insofern unlösbar, als dass die eigenen Online-Shops es nie mit den Großen werden aufnehmen können – weder von der hohen Reichweite noch von den günstigen Kostenstrukturen her, die es beide den Großen erlauben, mit teilweise hauchdünnen Margen oder sogar Verlust einfahrenden Kampfpreisen auszukommen. Zudem müssen sich stationäre Händler die Frage stellen, ob es überhaupt sinnvoll ist, einen neuen Online-Shop aufzubauen und sich damit Komplexität und Kosten ans Bein zu binden. Wichtig ist es, online sichtbar zu sein – das ist allerdings nicht zwangsweise mit dem Betrieb eines eigenen Online-Shops gleichzusetzen.

Mobile Geräte: Responsive Design und Shopping-Apps

Das nächste Vertriebsfeld, auf dem die Großen wie Amazon ihre vorauseilende Innovationskraft und vollen Koffer ausspielen, ist **Mobile Technology**. 2014 benutzten 40 Millionen Menschen in Deutschland Smartphones; 96 Prozent der neu verkauften Handys waren Smartphones. Bis 2020 dürften sich also alte Nokia-Knochen zu den Videorekordern ins Museum der Technikgeschichte gesellen, und die Mehrheit der Bürger wird über Geräte verfügen, mit denen sie ins Netz gehen und Transaktionen abschließen können. Und das tun sie auch mit Vorliebe: Eine Umfrage des Bundesverbands E-Commerce und Versandhandel (BEVH) Anfang 2014 ergab, dass 57 Prozent der Besitzer von Smartphones und Tablets diese auch zum Einkaufen benutzten. Darüber hinaus habe sich die Zahl von Mobile-Shoppern binnen drei Jahren verdoppelt.

Der Trend hin zur Nutzung von mobilen Geräten wie Smartphones und Tablets verändert die bestehenden Online-Kanäle und fügt einen neuen Vertriebskanal hinzu: Online-Shops müssen so angepasst werden, dass ihre Darstellung auch in Browsern auf mobilen Geräten je nach Größe optimiert wird (**Responsive Design**). Zudem bieten die Betriebssysteme von mobilen Geräten mit spezifischen zweckgebundenen Applikationen eine neue, spannende Kanal-Möglichkeit: **Shopping Apps**.

In einigen Hinsichten ähneln sich responsive Webseiten und Applikationen. Das Ziel von beiden ist es, den Konsumenten auf den oft wesentlich kleineren Bildschirmen ihrer ohne punktgenaue Maussteuerung zu bedienenden Handys einen übersichtlicheren, schnelleren Weg durch den Online-Shop bis zum Kaufabschluss anzubieten. Die Ladezeit soll auch über das weniger flächendeckende, störungsanfälligere mobile Internet gering bleiben, und die Bedienung soll leicht und ohne Heranzoomen möglich sein. Es geht um das Ausschalten von unnötigen Bildern und Texten und die Darstellung von allem Wesentlichen auf weniger Platz: Allein die Suchfunktion nimmt häufig bis zu einem Fünftel einer durchschnittlichen App-

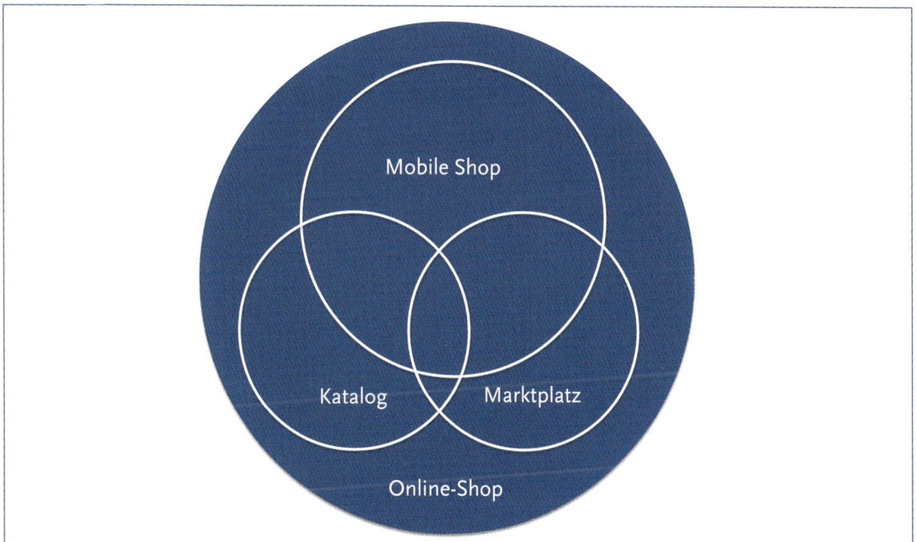

Abbildung 2.19: Produktangebot je Vertriebskanal
Quelle: eigene Darstellung

Ansicht oder mobilen Site ein, während sie auf einer klassischen Website eher 5 Prozent der Fläche beansprucht. Ob diese Anpassungen nun in der Form einer für mobile Geräte optimierten Website oder einer eigens entwickelten App geschehen, ist in vielen Fragen des Designs zweitranging; allerdings ist es technisch schwieriger, mit einer responsiven Browser-basierten Lösung die Ladezeit im mobilen Internet gering zu halten, als dies der Fall mit Apps ist.

Der Unterschied zwischen diesen Lösungen liegt eher in den Möglichkeiten bezüglich Kundenerkennung, -werbung und -bindung. Wer über eine App im Sortiment stöbert, ist sofort identifizierbar, während ein User über die mobile Version eines Online-Shops über Cookies identifiziert werden muss, wenn er kein Kundenkonto hat oder sich nicht mit diesem einloggt (passive und aktive Identifikation, siehe *2.2.2 Personalisierte Empfehlungen in Online-Shops*). Wird mit Cookie-Blockern gesurft oder wird ein Kaufprozess abgebrochen, bevor sich der Nutzer eingeloggt hat, gehen Daten verloren, die sonst aus Marketingsicht interessant wären (Retargeting-Verfahren, siehe *2.3.2 Online-Advertising*).

Zudem ist eine Shopping-App entscheidend näher am Nutzer, ist sie doch mit dem Finger in einer oder zwei Bewegungen zu öffnen. Eine mobile Website ist etwas aufwendiger anzusteuern: Browser öffnen, URL-Feld antippen, warten, bis die Tastatur aktiviert ist, und dann mit Fingern einige Buchstaben eintippen. In der Iphone-App von Amazon kann man sich beispielsweise per Fingerabdruck ins Kundenkonto einloggen und Bestellungen aufgeben – damit entfällt das fummelige Eintippen von langen Passwörtern auf der kleinen Smartphone-Tastatur. Dennoch ist die App noch nicht als Evolutionssieger anzusehen, der bald mobile Webseiten komplett ablöst: Nicht jeder Kunde und erst recht nicht jeder potenzielle Kunde, der noch keine Erfahrung mit dem Shop gemacht hat, möchte eine App von einem bislang unbekannten Unternehmen auf seinem Handy installieren. Die für mobile Geräte optimierte Seite ist also auch für App-Betreiber mindestens als digital-mobiles Schaufenster nötig: Wer im Browser eines mobilen Geräts nach einem bestimmten Produkt sucht, sollte auch hier eine bequeme Möglichkeit haben, es dann dort zu erwerben.

Für Wiederkehrer und vor allem Intensivkäufer ist die schnellere, direktere App als Hilfestellung und Kundenbindungsmaßnahme gedacht.

Kunden, die regelmäßig über Apps kaufen, lernen die direkte, übersichtliche Bedienung ohne Umweg über den Browser zu schätzen, und die Wahrscheinlichkeit, dass sie zu anderen Anbietern wechseln, nimmt immer weiter ab. Zudem können sie mit

Botschaften direkt auf das Handy von Aktionen informiert werden: Antippen reicht, um direkt das beworbene Produkt oder Sortiment aufzurufen und loszukaufen.

Sortimentspolitik pro Kanal und pro Gerät

Verschiedene Vertriebswege können unter Umständen für verschiedene Produkte besonders förderlich wirken. Der Online-Kanal bietet die Möglichkeit, über Nacht die Preise zu senken, diesen Schritt blitzschnell anzukündigen, um danach den Preis wenige Stunden später wieder anzuheben. Weit verbreitet ist diese Praxis der zeitbasierten Preisdifferenzierung auf Online-Buchungsplattformen für Flüge: Dort sind am Wochenende Flüge häufig billiger, weil dann überwiegend Privatkunden buchen; Business-Traveller müssen an Werktagen die teureren Preise wählen. Andere Produkte und vor allem andere Kanäle, wie etwa Kataloge, erfordern hingegen eine Planung über Monate und sind dann über einen längeren Zeitraum unflexibel, bieten aber dafür ganz andere Möglichkeiten der Inszenierung.

Und ganz wie im Vertriebskanal des stationären Einzelhandels Schwerpunkte im Sortiment je nach Standort gesetzt werden, sind Online-Vertriebskanäle nach Gerät und Anbieter aufzufächern. Für die meisten Händler oder Hersteller bildet der eigene Online-Shop so etwas wie einen Flagship-Store, in dem das gesamte Sortiment zu haben ist, während lediglich einzelne Produkte bei Marktplätzen eingestellt werden, um dort eine breitere Kundenschicht anzusprechen – ohne dabei durch das Feilbieten des gesamten Sortiments den eigenen Auftritt zu erübrigen und sich dem Markplatzbetreiber auszuliefern. Händler haben es hier zudem oft mit Auflagen von Herstellern zu tun, die keinen Abverkauf über Marktplätze wünschen oder sich dies selbst vorbehalten. Mobile-Shops – ob in der Form von Apps oder responsiven Webseiten – können im Prinzip ebenfalls das gesamte Sortiment abbilden.

Zudem lässt die neue Vielfalt an Vertriebswegen Abenteuerliches ausprobieren: Beispielsweise bieten Tablet-Computer mit ihren größeren Bildschirmen eine ideale Vertriebs- und Vermarktungsfläche. Kunden sind an Tablets in der Lean-Back-Haltung und meistens zu Hause oder über zuverlässige Breitband-WLAN-Verbindungen im Netz. Hier können Sonderaktionen, Teilkollektionen oder thematische Auswahlen mit viel Aufwand optisch ansprechend dargestellt werden – in etwa so wie in Katalogen. So liegen bei besonders fortschrittlichen Multichannel-Händlern beispielsweise Tablets in stationären Geschäften herum, damit auch Artikel, die gerade nicht verfügbar sind, dort veranschaulicht und geordert werden können, shoppen doch laut BEVH 26 Prozent aller mobilen Käufer auf ihren Geräten, während sie gerade im Geschäft stehen. Bevor also Kunden im eigenen Laden fremdbestellen, so die Logik, drücken wir ihnen Tablets mit eigenen Apps in die Hand.

2.4.3 Multichannel-Strategien

Welcher Teil des Sortiments soll in welchem Kanal angeboten werden? Welches Service-Level soll dabei angeboten und wie das Gesamtkonstrukt technisch umgesetzt werden? Aus diesen Fragen ergibt sich die Entscheidung zwischen Einkanal-, Mehrkanal- und Allkanal-Strategie.[15]

In der **Einkanal-Strategie** bleibt der Fokus ganz klar auf einem Kanal und die anderen haben lediglich eine Supportfunktion. Häufig wird dieses Modell von stationären Marktführern oder Herstellern verfolgt mit dem Hauptziel, in den bestehenden Geschäften Wachstum zu erzielen. Der Online-Shop dient so beispielsweise lediglich als Katalog oder als Bestellabgabe für eine Teilmenge des Gesamtsortiments. Bestellungen sind oftmals später vom Kunden selbst abzuholen. Eine solche Lösung ist schnell aufzubauen, denn sie vermeidet Umstellungen im Bereich Logistik und Kundenservice. Aber sie geht auch mit höheren Opportunitätskosten einher: Wenn Kunden das „Warenkorb"-Icon sehen und dann merken, dass es sich doch nicht um einen Fullservice-Online-Shop handelt, werden Bestellungen häufig abgebrochen. Der Konkurrent, der auch Waren verschickt, ist ja nur einen Klick entfernt. Auch geht eine solche Strategie sehr oft mit **fokussierten Systemen** im Backend einher, die nicht aufeinander abgestimmt sind: Vor allem aus dem Boden gestampfte Online-Shops, die von Agenturen betreut werden, können häufig nicht in bestehende Warenwirtschaftssysteme eingegliedert werden, was doppelten Aufwand erzeugt.

Bei der **Mehrkanal-Strategie** werden Kunden über zwei oder mehr Kanäle mit einem größtenteils ähnlichen Sortiment bis zu einem ähnlichen Service-Level bedient, allerdings laufen die Kanäle – üblicherweise stationär und digital – eher nebeneinander her. Weitere Kanäle sind noch nicht voll einsatzfähig oder übernehmen nur Supportfunktion: Mobile Geräte werden bislang wenig berücksichtigt. Dieser Ansatz ist eine Evolutionsstufe weiter als die Einkanal-Strategie, Kundenansprache, Preis- und Markengestaltung können aufeinander abgestimmt und Daten und Informationen über Kunden von einem Kanal in den anderen übertragen werden.

---

15 In Anlehnung an Heinemann (2012), Cross-Channel-Management, S. 52.f.

Technisch sind im Backend **hybride Systeme** entwickelt worden, was zu Kosteneinsparungen führt. Allerdings ist die Herkunft des Händlers den Systemen häufig deutlich anzumerken: Probleme treten auf bei Austausch und Synchronisation zwischen den immer noch unterschiedlichen Warenwirtschaftssystemen. In dieser Phase befinden sich gerade beispielsweise spezialisierte Kleidungshändler wie Sport Scheck und Globetrotter.

Der vollendete Evolutionsprozess mündet in die **Allkanal-Strategie**, auch **No-Line-** oder **Seamless Commerce** genannt: Kunden können in fast allen verfügbaren Kanälen alles erwerben, auch auf mobilen Geräten. Diese Kanäle speisen sich alle aus völlig **integrierten Systemen**, was technisch aufwendig und investitionslastig ist, aber auf lange Sicht zu Kosten- und Aufwandseinsparung führt. Ein Warenwirtschaftssystem und ein CRM-System vermeiden Doppelaufwände und sind beliebig auf neue Kanäle ausdehnbar. Kunden lernen, dass sie in allen Situationen an die Produkte des Unternehmens kommen und haben immer weniger Anlass, sich nach Alternativen umzuschauen. Von allen Modellen ist dieser Vollblutansatz des Multichannelling für die meisten Segmente der zukunftsfähigste. Beispiele sind finanzkräftige Hersteller wie Apple und Serviceanbieter wie die Deutsche Bahn.

No-Line-Handel – „No Limits“

Der Übergang zu No-Line-Handel ist für die meisten Unternehmen mit stationärem Bestand eine wahre Jahrzehntsherausforderung. Gerrit Heinemann definiert nicht weniger als sieben Erfolgsfaktoren, die erforderlich sind.[16]

Erstens müssen wahre **Multichannel-Leistungen** angeboten werden: Das heißt, dass etwa Beratungstermine in stationären Geschäften online oder telefonisch buchbar sein müssen oder dass Kunden, die in einem Laden beraten werden, einen Code oder einen Rabattgutschein für den Online-Shop bekommen. Zudem muss so viel wie möglich vom Gesamtsortiment in so vielen Kanälen wie möglich angeboten werden. Die zweite Leitplanke bilden **mobile Dienste**: Location-based-Services, also ortsabhängige und kontextsensible Dienste, bei denen etwa Angebote von Geschäften in der Nähe an Kunden kommuniziert werden. Außerdem läuft Customer-Relationship-Management größtenteils über das Smartphone als zentralem Kontaktpunkt zum Kunden. Drittens ist ein **Multi-, Cross- und Social-Media-Konzept** erforderlich. Ein einheitlicher Markenauftritt ist über alle Marke-

16 In Anlehnung an Heinemann (2012), No-Line-Handel, S. 150f.

ting- und Kommunikationswege gewährleistet. Ob gezielte Werbung oder kurzfristige Hilfestellung, der Kunde bekommt das passende in jedem Kanal.

Der vierte Erfolgsfaktor ist **Multichannel-Customization**, damit sich Leistungen, Produkte und Werbebotschaften an den individuellen Kundenbedürfnissen je Kanal orientieren können. Vor allem Personalisierung hilft dabei, Kosten in den Griff zu bekommen, da sich der Kunde an der Wertschöpfung beteiligt, indem er dem Unternehmen mitteilt, was er sich wünscht. Dabei müssen fünftens klare Strukturen in einem **Modell- und Businessplan** definiert werden: Welche Kanalkombinationen sind in welcher Reihenfolge möglich? Wie verlaufen dann Bestell- und Lieferprozesse? Der sechste Faktor betrifft die Strukturierung der gesamten Organisation als **Multichannel-Organisation**, in der Bereiche wie Controlling, Finanzen, Einkauf und Marketing über alle Absatzkanäle als zentrale Instanzen übergeordnet werden. Letztlich ist No-Line-Handel nur auf Basis einer **starken IT-Infrastruktur** zu haben. Der Grad der Integration, Prozessabdeckung und Standardisierung ist hier maßgeblich, egal, ob es sich um ein neues, einheitliches System handelt oder um eine weitgehende Zusammenführung von verschiedenen Warenwirtschafts- und CRM-Systemen. Ein Scheitern auf nur einem dieser Gebiete kann den No-Line-Handel zu einem Vertriebsdesaster machen: Im schlimmsten Fall werden Kunden eines bestehenden Kanals wegen Änderungen in gewachsenen Strukturen dort vergrault, während die Implementierung in anderen Kanälen nur schleppend vorangeht. Zudem können mangelnde oder nicht gut umgesetzte Channel-Hopping-Möglichkeiten zu Verwirrung und Unzufriedenheit führen, während nicht aufeinander abgestimmte Marketing- und CRM-Systeme denselben Kunden auf zwei oder mehr Kanälen mit derselben Botschaft auf die Nerven gehen. Die Risiken reichen von öffentlicher Blamage bis hin zu Absatzeinbrüchen.

Unternehmen, die alle Erfolgsfaktoren meistern, gewinnen vieles: eine erhöhte Konsumentenreichweite und bessere Marktabdeckung über mehrere Zielgruppen hinweg, was oft mit einer Markenverjüngung einhergeht.

Aber auch eine gestiegene Wirtschaftlichkeit durch einheitliche Systeme und daraus resultierende Synergien sowie ein besseres Verständnis von Kunden durch Customization können so erlangt werden. Und nicht zuletzt kann ein Risikoausgleich erreicht werden, indem die Abhängigkeit von einem bestimmten Vertriebsweg reduziert wird.

Fallbeispiel: Apple

Ein herausragendes Beispiel im No-Line-Handel ist Apple. Als Drehkreuz bietet die Apple-Website zahlreiche Informationen sowie ausführlichen Selfservice-Support für eigene Produkte. Der Online-Shop ist responsive optimiert und bietet eine Fülle an eigenen Produkten in vielen Konfigurationen sowie passendes Zubehör. Über den Store-Finder auf der Apple-Webseite sind Termine in den Apple-Stores zu vereinbaren, in denen die Produkte marketingwirksam in Szene gesetzt und Schulungen sowie Services angeboten werden. Der Kreis schließt sich darin, dass auf Iphone und Ipad die Apple-Store-App ein auf diesen Endgeräten optimiertes Einkaufserlebnis anbietet – inklusive Verknüpfung mit den Filialen über Location-based-Services: Der nächstgelegene Apple-Store kann gefunden und ein Termin direkt in der App gebucht werden, der sogar automatisch im Kalender des Kunden vermerkt wird. Im Store kann übrigens die App dazu verwendet werden, kontextspezifische Informationen zu erhalten und sogar Zahlungen vorzunehmen. Apple hat ein Ökosystem entwickelt, in dem vor allem Bestandskunden das Apple-Universum nicht einmal verlassen müssen, um weitere Apple-Produkte zu erhalten.

Amazon hat zweifellos die Bedeutung des Apple-Ansatzes verstanden: Nicht nur werden Produkte verkauft, sondern mit diesen Produkten ist der Kunde identifizierbar und kann damit weitere Produkte erwerben. Wer ein Iphone besitzt, kann darüber bei Apple Musik, Podcasts, Filme, Software und sonstiges über Itunes kaufen – und danach sein nächstes Iphone in der Store-App. Bis dahin kennt der Konzern seinen Geschmack derart auswendig, dass es ein Selbstgänger ist, ihm Produkte anzubieten, die ihm gut gefallen werden. Der Kreis schließt sich.

Das erklärt, warum Amazon 2013 aus dem Lesegerät Kindle das dem Ipad ähnliche Kindle Fire entwickelte – und warum das Unternehmen sogar versuchte, 2014 das eigene Smartphone Fire auf den Markt zu bringen (doch damit bislang scheiterte). Kunden sollen auch bei Amazon an ein Gerät kommen, über das sie dann alles andere von Amazon kaufen. Der Konzern stellt schließlich schon so ziemlich alles für Smartphones her, um sie zu Amazon-Kaufgeräten zu entwickeln, zum Beispiel die Flow-App, mit der man über die Live-Videoaufnahme des Smartphones von Amazon Produkte erkennen lassen kann, die dann sofort zur Bestellung angeboten werden.

Aber die Suche nach eigenen Geräten geht weiter: mit Amazon Dash zum Beispiel, einem Scangerät, mit dem man in den USA von Amazon Verbrauchsgüter einfach

Abbildung 2.20: Amazon Dash Button
Quelle: https://www.amazon.com/dashbutton (abgerufen Dezember 2016)

nachbestellen kann. Der Kaffee ist alle? Über den Barcode scannen und direkt bei Amazon bestellen. Seit April 2015 und in Deutschland seit August 2016 gibt es die sogenannten „Dash Buttons", die auf Verbrauchsgüter beziehungsweise deren Verwendungsorte geklebt werden können. Bei Drücken des Buttons wird eine Nachbestellung ausgelöst. Der Kaffee ist also schon wieder alle? Einfach auf den Button an der Kaffeedose tippen.

Und damit nicht genug: Mit dem Amazon-Dash-Replenishment-Service erhält die nächste Generation dieser Technologie Einzug in Elektrogeräte. Im Januar 2016 starteten die ersten Produkte: ein Drucker von Brother, der automatisch Tinte bei Amazon nachbestellt, eine Waschmaschine von GE, die automatisch Waschmittel ordert, sowie ein smartes Blutzucker-Messgerät von Gmate.[17] So wird wohl bald auch der Kaffe automatisch von der Kaffemaschine nachbestellt – komplett ohne menschliche Interaktion. Netter Lock-in-Nebeneffekt für den Konzern: Das Gerät könnte dann günstiger (also: von Amazon subventioniert) verkauft werden, wenn Kunden dafür die Bindung an Amazon als ständigen Zulieferer akzeptieren.

17 vgl. www.phx.corporate-ir.net (abgerufen Dezember 2016)

Für Kunden, denen das zu weit geht oder die einfach nur eine andere Kaffeesorte haben wollen, soll es selbstverständlich auch Lösungen geben. Wie wäre es etwa mit Amazon Echo und Amazon Echo Dot, zwei Varianten an Spracherkennungsgeräten, die seit Oktober 2016 auch nach und nach im deutschen Markt eingeführt werden? Die Geräte dienen als Erfüllungsgehilfen und hören auf den Namen „Alexa". „Alexa, ich habe keinen Kaffee mehr!", reicht dann, um bei Amazon den Kaffee nachzubestellen und sich automatisch zukommen zu lassen. Von den Geräten verspricht sich Amazon so viel Umsatz, dass es an willige Kunden zu sehr günstigen Konditionen verteilt wird. Dass Echo und Echo Dot auch Fragen zu Wetter, Verkehrslage, Terminplan und Co. beantworten können, ist ein netter „Nebeneffekt" und sorgt dafür, dass sich Echo noch harmonischer in den Tagesablauf integriert.

Der Ansatz ist klar: Amazon will dort zur Stelle sein, wo ein Kaufbedürfnis entsteht.

Der Konzern hat in den USA Google ohnehin schon als Suchmaschine Nummer eins für Produktsuchen aller Art ersetzt. Nun sollen die Vertriebswege auf Produkte des Alltagsbedarfs ausgeweitet werden, die Konsumenten nicht einmal bei Google suchen würden. Denn durch die Longtail-Beschaffung (siehe *2.1 Beschaffung*) sind fast alle erdenkliche Produkte bei Amazon oder über seinen Marktplatz verfügbar – der Kunde merkt sich: „Bei Amazon finde ich alles." Und wenn Echo schon ganz Ohr ist, was der Kunde braucht, hat er noch einen Grund weniger, irgendwo sonst nachzuschauen.

Der Kunde kommt tatsächlich nicht einfach so in den Online-Shop hereinspaziert. Aber der Laden hält dafür zunehmend bei ihm Einzug.

2.5 Kaufabwicklung

Einführung

„Frau Müller, öffnest du bitte noch eine Kasse?" Liebhaber der Absurditäten der deutschen Sprache freuen sich immer, wenn sie mal ein mit rauer Stimme durch die Gänge posauntes „Kassiererinnen-Du" zu hören bekommen. Und es mangelt nie an Gelegenheiten, denn Supermärkte oder auch Drogerieketten haben verstanden, wie wichtig es ist, eine reibungslose Kaufabwicklung sicherzustellen. Nicht nur meiden deutsche Verbraucher generell Schlangen wie der Teufel das Weihwasser, sondern wer sich an der Kasse anstellt und unschlüssig ist, ob er wirklich die vier Flaschen Aktionswein zum Preis von drei braucht oder doch nur die eine Flasche, hat während überlanger Wartezeiten viel zu viel Zeit zum Grübeln und Rechnen. Eilig beschlossene Käufe werden wieder infrage gestellt: „Brauche ich das wirklich?“ Dauert es zu lange, ist die nächste Frage: „Brauche ich hier überhaupt etwas?“

Deswegen schiebt Frau Müller die Waren dann so schnell über das Lesegerät der neu eröffneten Kasse, dass der Kunde mit dem Einpacken nicht nachkommt: „Der Nächste, bitte!“ Der Kunde versucht verzweifelt, die Sachen in eine Tasche zu stecken und gleichzeitig zu bezahlen, um seinem Hintermann – dem der Angstschweiß schon auf der Stirn steht – nicht im Wege zu stehen. Während sich genügsame europäische Verbraucher diesen Stress gefallen lassen, kann mit selbstbewussten amerikanischen Kunden nicht so umgesprungen werden, weshalb Supermärkte sogenannte „Baggers“ an den Kassen beschäftigen, die die Waren professionell – und vor allem schnell – für ihre Kunden einpacken.

Was können wir daraus lernen? Dass Schnelligkeit an der Kasse in allen Ländern einen so hohen Stellenwert hat, dass Supermärkte zusätzliche Kosten für Mitarbeiter oder Maschinen auf sich nehmen oder ihre Kassierer und Kunden auf geradezu menschenfeindliche Art und Weise zu olympischen Leistungen antreiben, damit bloß keiner auf die Idee kommt, den Kauf abzubrechen. Herrenlose halbvolle Warenkörbe überall neben den Kassen will kein Supermarkt herumstehen haben.

Im E-Commerce ist bei der Kaufabwicklung, wie bei so vielen anderen Themen, manches wie im stationären Handel – und einiges ist doch komplett anders. So muss es auch online schnell gehen: Lädt eine Webseite im entscheidenden Moment zu langsam, bricht der Nutzer den Kauf ab. Er bricht ebenfalls ab, wenn sich die Kaufabwicklung über mehrere Stufen in die Länge zieht, egal wie schnell jede einzelne Seite in diesem langen Prozess laden mag.

Anders als im stationären Handel kann der Kunde allerdings wirklich in jeder Phase des Kaufs abbrechen.

Er kann sich eine halbe Stunde lang durch das Sortiment durchgeklickt haben, zur Bezahlmaske gekommen sein und dort seine Adresse und Kreditkartennummer eingetragen haben: Bis er den Button drückt, mit dem er verbindlich kauft, kann er immer einfach das Browser-Fenster schließen. So etwas wäre in einem Supermarkt oder Bekleidungsgeschäft sozial völlig inakzeptabel: Alles durch die Kasse ziehen lassen, EC-Karte ins Gerät stecken und dann „Ich kann gerade doch nicht, tschüss!" rufen? Auf keinen Fall. Aber genau solch ein Verhalten steht im E-Commerce jedem in der Privatheit seiner vertrauten Umgebung offen. Stimmt irgendetwas mit dem Kauf nicht oder beschleichen einen irgendwie doch noch Zweifel, ist die Reißleine immer in Reichweite.

Außerdem hat man gar nicht angestanden oder irgendeine persönliche Beratung in Anspruch genommen, also geht online gefühlt kein beziehungsweise nur ein geringer Zeitverlust für einen selbst oder für den Händler mit dem Kaufabbruch einher. Und überlegt man es sich doch anders, so hat der Online-Shop immer auf und nimmt jederzeit Bestellungen entgegen: Geliefert wird ohnehin erst in zwei Tagen, also ist es egal, ob man jetzt kauft oder erst später am Tag. Oder morgen. Nur bei sehr knappen Gütern – oder solchen, die so angepriesen werden („Dieses Hotelzimmer schauen sich gerade fünf weitere Nutzer an!"), besteht überhaupt ein Anreiz zum schnellen Abschluss. Und dann die Lieferung: Wann wird sie denn da sein? Nächste Woche erst? Abbruch. Oder schon morgen? Aber zu *den* Versandkosten? Warte, so hoch waren sie bei Amazon nicht, oder? Abbruch!

So vielfältig wie die Gründe zum Kaufabbruch sind, dürfte es keinen wundern, dass beispielsweise fast 70 Prozent aller in amerikanischen Online-Shops gefüllten Warenkörbe nicht gekauft werden.[18] Zu hohe Versandkosten sind der Kauf-Killer Nummer eins:[19] 44 Prozent der Befragten gaben an, deswegen eine Bestellung abgebrochen zu haben. Weitere 41 Prozent brachen einen Kauf ab, weil sie einfach noch nicht bereit waren, das Produkt zu kaufen. An dritter Stelle kam das Geständnis von einem Viertel der Befragten, dass ihnen der Warenkorb lediglich als Merkzettel dient. 22 Prozent wiederum brachen deshalb einen Kauf ab, weil keine Versandkosten angezeigt wurden: Wahrscheinlich wirkte das unseriös und die Käufer hatten Angst, später dafür mittels des Kleingedruckten über den Tisch gezogen zu werden. Vier weitere Gründe für abgebrochene Käufe waren die fehlende Möglichkeit einer Gastbestellung, also die Pflicht, ein Konto zu eröffnen (14 Prozent), Angst vor einem komplex aussehenden Check-out-Bereich (11 Prozent),

18 www.baymard.com (abgerufen Dezember 2016)
19 www.seewhy.com (abgerufen Dezember 2016)

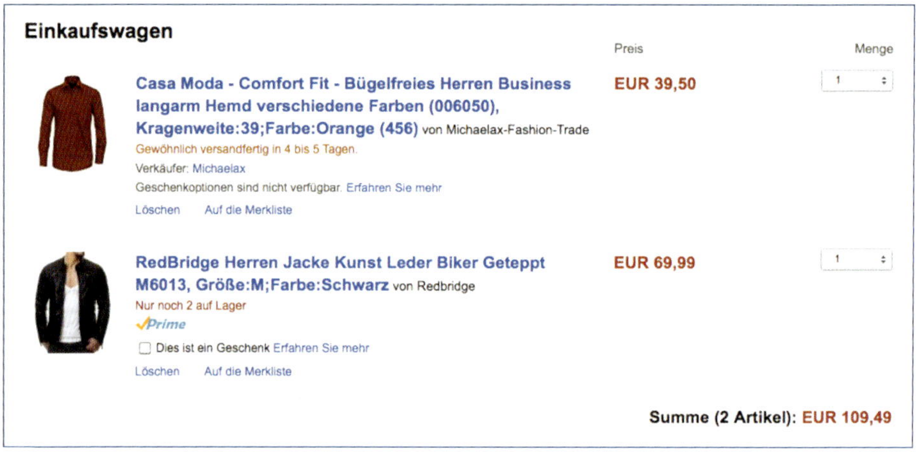

Abbildung 2.21: Beispiel eines Warenkorbes
Quelle: www.amazon.de (abgerufen Dezember 2016)

das Fehlen einer gewünschten Zahlungsoption (7 Prozent) sowie eine zu lange Versanddauer (6 Prozent).

Bei dieser Fülle an Gründen ist es klar, dass die Abbruchquote im E-Commerce hoch bleiben wird – und dass dies ebenso wenig als Desaster zu werten ist wie die Tatsache, dass nicht jeder, der ein Kaufhaus zum Schnuppern oder zum Zeitvertreib betritt, mit vollen Tüten wieder hinausläuft. Zumal einige sehr häufig vorkommende Abbruchgründe erahnen lassen, dass das Füllen und Nichtkaufen von digitalen Warenkörben in vielen Fällen einen Schritt in der „Customer-Journey" zum Kauf darstellt. Nur 25 Prozent der Inhaber von verlassenen Warenkörben sind für immer verschwunden: Rund drei Viertel der Abbrecher kommen binnen 28 Tagen zum Online-Laden zurück.[20] Diejenigen, die einfach noch nicht bereit sind, ein Produkt zu kaufen, und deshalb den Kauf abbrechen, sowie diejenigen, die gern ihren Warenkorb als Merkzettel benutzen, haben immerhin ein relativ konkretes Kaufvorhaben offenbart – und können mittels Werbung im Retargeting-Verfahren (siehe *2.3.2 Online-Advertising*) daran erinnert werden. Das ist aus Verkäufersicht sogar als Gewinn zu verstehen. Denn die Adresse der Frau, die ein paarmal in der Woche im Kaufhaus die teuren Schuhe in die Hand nimmt, streichelt und wieder zurücklegt, hat niemand in der Marketingabteilung. Die IP- oder gar die E-Mail-Adresse von derselben Frau, die bei Zalando einen vollen, nicht gekauften Warenkorb pflegt, hat der Online-Händler mit Sicherheit – ergänzt mit einer genauen Liste von Produkten, die sie sich angesehen hat.

20 Research: Gesamtkosten von Zahlungsverfahren, www.seewhy.com, abgerufen Dezember 2016

Allerdings können konkrete Änderungen in der Kaufabwicklung online zu einer Reduzierung der Abbruchquote führen, an Stellen, an denen diese kein normaler Bestandteil des Kaufprozesses ist. Sind Versandkosten zu hoch oder Lieferfristen zu lang, muss geprüft werden, ob und unter welchen Umständen diese gesenkt beziehungsweise gekürzt werden können (siehe *2.6 Logistik*). Und wenn sich Kunden ungern registrieren, um zu bestellen, wenn sie sich andere Zahlungsmöglichkeiten wünschen, als diejenigen, die angeboten werden, oder wenn Kunden der „Kassenbereich" schlichtweg zu komplex vorkommt – dann kann und muss etwas in der Kaufabwicklung geschehen.

2.5.1 Warenkörbe und Check-out

Wie können digitale Warenkörbe so gestaltet werden, dass Kunden, die sich entschlossen haben, sofort zu kaufen, sie nicht mehr aus der Hand lassen? Hier gibt es ganz klare Maßnahmen, die umgesetzt werden sollten, damit bestellungswillige Kunden nicht abgeschreckt werden: Es geht um klare, transparente Informationen und darum, den Kunden in seiner Kaufentscheidung zu bestätigen und ihm ein Gefühl von Seriosität und Sicherheit zu vermitteln. Zudem sollten Warenkörbe gespeichert werden – für den Fall, dass der Kunde abbricht, später aber doch noch in den Shop zurückkehrt. Und natürlich dürfen auch ein paar bewährte Kniffe aus der Verkäufer-Trickkiste nicht fehlen.

Im Folgenden geben wir Ihnen eine Übersicht von Best-Practices, die dafür sorgen, dass der Inhalt des Warenkorbes auch in den Kassenbereich kommt.[21] Alten Hasen dürfte zwar keiner der hier aufgeführten Punkte unbekannt vorkommen. Es ist aber doch erstaunlich, wie häufig diese grundlegenden Erkenntnisse bei der Umsetzung von Warenkörben missachtet bleiben.

Der einzig wahre Warenkorb

Im Warenkorb müssen dem Kunden die verbleibenden Schritte bis zum Abschluss des Kaufes dargestellt werden. Übliche Schritte, die vom Korb zur Kasse führen, sind Adresseingabe, Versandartauswahl und Zahlung: Diese Stadien gilt es als **Orientierungshilfe** so anzuzeigen, dass sie möglichst einfach aussehen. Gern genommen werden Fortschrittsanzeige-Grafiken mit vier oder fünf Pfeilen, etwa so: „Warenkorb", „Adresse und Versand", „Zahlung", „Bestellung". Auch übersichtlich

21 www.konversationskraft.de (abgerufen Dezember 2016)

sind Ketten- oder Liniengrafiken, an denen entlang sich der Nutzer bewegt: Bei Amazon begleitet ihn sein Warenkorb durch die Schritte. Erledigte Punkte liegen hinter dem Warenkorb-Icon in der Firmenfarbe Orange: Das, was den User noch erwartet, ist hellgrau dargestellt. Solche Übersichten gehören immer oben auf die Seite, damit sie gut sichtbar sind und als Navigationshilfe wahrgenommen werden.

Die **Anzahl der Artikel** im Warenkorb sollte als Information prominent platziert werden. Darunter wird dann eine Übersicht der einzelnen Artikel angeboten. Hier sollten der Übersichtlichkeit halber wenig Details angezeigt werden, dafür aber sollten alle wichtigen Eckdaten auf einen Blick erkennbar sein, damit der Kunde sicherstellen kann, dass er die richtigen Produkte in den Warenkorb gelegt hat: *Produktname*, *Kurzbeschreibung* und *Preis* dienen der Identifikation. Die *Produktanzahl* ist unabdingbar, um Doppelbestellungen vorzubeugen, die gern einmal auftreten, wenn Kunden den Warenkorb über mehrere Sitzungen füllen oder von dem Korb zu den Produkten und dann in den Korb zurück navigieren.

Angaben zu Lieferung und Versand sind ebenfalls Schlüsselpunkte: Dem Kunden müssen im Warenkorb schon möglichst viele Informationen zur aktuellen *Lieferbarkeit*, zum voraussichtlichen *Lieferdatum* sowie zu anfallenden – oder nicht anfallenden – *Versandkosten* angeboten werden, um unangenehmen Überraschungen oder einer Verwunderung im Check-out-Bereich vorzubeugen. Allerdings sollte die Art und Weise, diese wichtigen Angaben darzustellen, von den Umständen des Online-Shops abhängig gemacht werden. Zwar gilt für alle Shops, dass Nichtverfügbarkeit spätestens im Warenkorb angezeigt gehört (eigentlich schon auf der Produktseite, um das gute alte Kellnerproblem „Die Küche sagt, die Pommes sind aus ..." aus dem Weg zu räumen, siehe *2.2 Produktpräsentation*). Aber wie der Schwerpunkt gelegt wird, ist Ermessenssache: Wenn ein Großteil der Waren im Shop immer sofort lieferbar ist, ist es ratsam, dies neben allen Produkten deutlich anzuzeigen. Sind aber nur einige Waren im Shop immer versandbereit, würde die Anzeige „sofort lieferbar" in vielen Warenkörben nur vereinzelt auftreten. Das lässt alle andere Lieferfristen – und seien sie auch relativ kurz – schon alt aussehen.

Bei den Versandkosten kann oft erst im Ausprobierverfahren festgestellt werden, welche Darstellungsweise am erfolgreichsten ist. Läden, die keine Versandkosten haben, sollten dies im Warenkorb prominent anzeigen, damit der Kunde diesen Wettbewerbsvorteil wahrnimmt – und nicht die dicke Versandkeule später im Bestellungsablauf fürchtet. Ebenfalls sollte hier mit einem Hinweis geworben werden, wenn Versandkosten aufgrund von Aktionen oder Bestellmengen ausgesetzt worden sind.

Ansonsten gilt es zu testen, wie die Kundschaft auf das „Herunterspielen" von Versandgebühren reagiert. Einige Kunden schätzen es, möglichst früh Schwarz auf Weiß den Endpreis zu sehen und befürchten Schlimmeres, wenn sie im Warenkorb Hinweise wie „zzgl. Versand" zu lesen bekommen. Anderen dient das Aufschieben der exakten Benennung von weiteren Gebühren dagegen offenbar als psychologische Hilfsstütze, an der sie Richtung Kasse gehen: Sieht der Preis doch noch ganz günstig aus. Werden Versandkosten nicht schon im Warenkorb detailliert aufgeführt und folgen dann besonders viele Abbrüche in den kommenden Schritten, sollte es mit möglichst früher Aufklärung versucht werden. Verbessert sich die Statistik anschließend nicht, sind die Versandkosten selbst möglicherweise das Problem (siehe *2.6 Logistik*). Auf jeden Fall muss aber das Thema Versandkosten im Warenkorb angesprochen und fällige Versandkosten müssen noch vor dem Check-out detailliert aufgeführt werden, den alles andere wirkt unseriös und ist unter Umständen rechtlich als Verbrauchertäuschung zu belangen.

Verkaufspsychologie spielt im Warenkorb überhaupt eine große Rolle. *Preisrabatte* gehören dort so angezeigt wie auf dem Produkt markiert. So erinnert man den Kunden daran, dass er die Ware günstiger erlangen kann, und bestärkt ihn in seiner Entscheidung, jetzt zu kaufen. Noch wirkungsvoller ist die *Verknappung*: Der Warenkorb sollte mit dem Warenwirtschaftssystem so verknüpft sein, dass immer angezeigt wird, wenn nur noch ganz wenige Exemplare verfügbar sind. Bei Kleidung etwa ist der Satz „nur noch 1 Artikel in dieser Größe/Farbe" einer der stärksten Auslöser für einen Kauf.

Ebenfalls ausschlaggebend auf psychologischer Ebene ist das Gefühl der **Sicherheit**. Vor allem bei Online-Läden, die nicht über einen bekannten Namen verfügen und noch nicht lange am Markt sind, können schnell Zweifel aufkommen. Im E-Commerce muss der Kunde mangels haptischen Kontakts mit dem Artikel häufig die Katze im Sack kaufen. Dies fällt ihm umso schwerer, wenn er den Händler nicht kennt und nicht weiß, ob der Sack überhaupt angeliefert wird – und von wem.

Diese Unsicherheit ist ein Grund, *nachträgliche Zahlungsmöglichkeiten* wie Nachnahme und Rechnungskauf anzubieten – und das im Warenkorb schon zu verdeutlichen. Alle Zahlungsmöglichkeiten sollten hier angezeigt werden, damit der Kunde seine Lieblingszahlungsart sehen kann. Findet er sie nicht, bricht er nämlich in vielen Fällen ab (siehe unten). Dies gilt ebenfalls für die *Versenderwahl*: Ein Kunde, der mit dem DPD- oder UPS-Boten schlechte Erfahrungen gemacht hat, freut sich zu wissen, dass er auch andere Paketdienste auswählen kann.

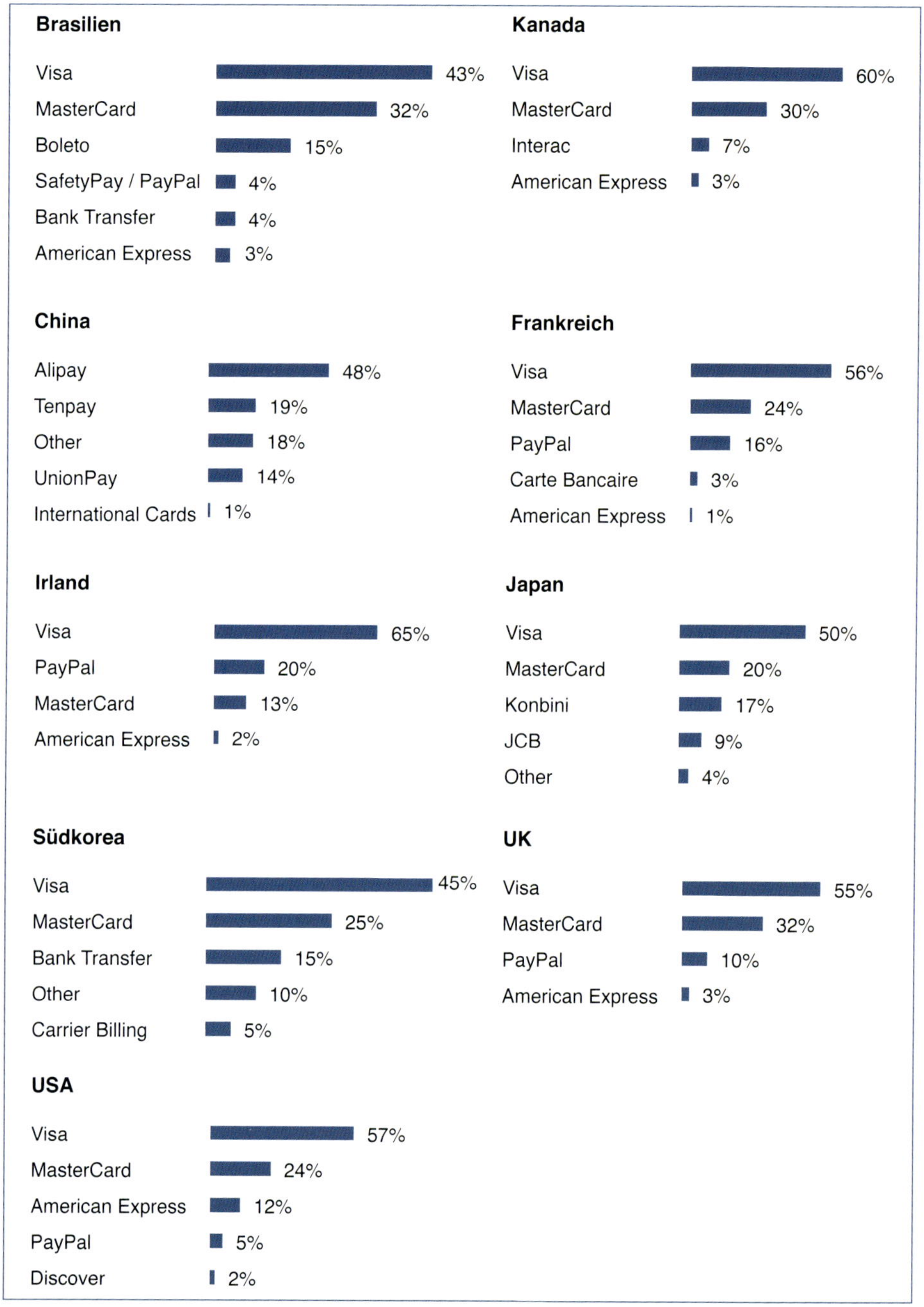

Abbildung 2.22: Internationale Präferenzen der Bezahlungsmöglichkeiten
Quelle: https://www.adyen.com/dam/documentation/paymentmethods/global-ecommerce-payments-guide-2015.pdf (abgerufen März 2016)

Generell sollte im Warenkorb sehr auf das nachvollziehbare Sicherheitsbedürfnis des Kunden geachtet werden.

Vertrauenselemente wie das „Trusted-Shop"-Sicherheitssiegel sollten gut sichtbar platziert sein – sowie Zeichen für sicheren SSL-Datentransfer, damit der Kunde weiß, dass seine Kreditkartendaten nicht von jedem Hacker-Anfänger abgefangen werden können. Weitere vertrauenerweckende Zeichen, wie beispielsweise solche von einem Retourenservice, können eingebunden werden. Und für Kunden, die sich Sorgen um den Planeten machen, bieten einige Logistikunternehmen (etwa DHL) den CO_2-neutralen Versand an – und ein in den Online-Shop integrierbares Siegel dazu. Auch sollten *Kontaktdaten* im Warenkorb nicht fehlen. Die beste Kombination sind eine Telefonnummer mit Erreichbarkeitsangaben und eine E-Mail-Adresse. Die Telefonnummer stiftet Vertrauen, wird aber selten gewählt. Bei Fragen zu ihrer Bestellung schreiben die meisten Kunden dann lieber eine Mail. Und vor allem Erstbesteller schätzen die Möglichkeit, ohne Kundenkonto zu kaufen: Wer etwa seit fünf Jahren dieselbe E-Mail-Adresse als Identifikation für Online-Shopping-Konten nutzt, der wird an seiner Inbox merken, wie schwierig es sein kann, unerwünschten oder viel zu häufig verschickten Newslettern, Aktionsaufrufen und dergleichen zu entkommen. Da ermöglicht die *Gastbestellung*, zu signalisieren, dass man den Kunden vordergründig erst einmal in seinen Wünschen bedienen möchte und ihn nicht als Melkkuh betrachtet. Außerdem legen besonders datensicherheitsbedachte User erst überhaupt keine Konten an und sind dann weg.

Letzte, diffuse Gefühle der Unsicherheit können dem Kunden im Warenkorb auch dadurch genommen werden, dass er immer daran erinnert wird, dass er die *Kontrolle* behält: Schaltflächen wie „Weiter shoppen", die zurück in den Laden führen, lassen eine Hintertür auf, weg vom Warenkorb zu kommen, ohne gleich den Shop verlassen zu müssen. So sieht der Kunde: Ich werde hier nicht gedrängt.

Licht am Ende des Check-out-Tunnels

Sobald sich der Kunde aber selbst entscheidet, mit dem Warenkorb zur Kasse zu gehen, und auf den entsprechenden Button klickt, soll er möglichst störungsfrei die weiteren Schritte gehen können. Das Prinzip heißt **Tunneling**: Der Kunde betritt in Richtung Kasse einen Tunnel, aus dem er nur mit der Rückwärtstaste seines Browsers oder eben durch die Kasse kommt. Die Navigation ist ab jetzt idealerweise so eingeschränkt, dass ablenkende Elemente ausgeblendet sind. Kategorieleisten, Produktsuche, Display-Werbung – alles sollte aus dem Tunnel verbannt werden. Sogar die Verlinkung des Logos (meist oben links), das auf fast allen Webseiten zurück zur Homepage führt, kann deaktiviert werden. So kann der Kunde sich auf eine fehlerfreie Eingabe seiner Adressen- und Zahlungsdaten konzentrieren und wird nicht von seiner Kaufentscheidung abgelenkt. Überlegt er sich das Ganze wirklich noch einmal, kann er ja immer noch das Browserfenster beziehungsweise den Tab schließen.

Und tut er das, sollte sein Warenkorb trotzdem nicht gelöscht werden. Viele Kunden erwarten eine *„Ständiger-Warenkorb"-Funktion*, da der Warenkorb schließlich auch als Merkzettel dient. Selbst im Tunnel kurz vor der Bestellung ist ein Kaufabbruch nicht unbedingt endgültig. Vor allem bei aktiv identifizierten Kunden (siehe *2.2 Produktpräsentation*) lohnt es sich, Warenkörbe über längere Zeiträume zu speichern: Die Daten fallen ohnehin in Kundenkonten an und da der Shop E-Mail-Adressen hat, kann er Abbrechern die in ihren Körben befindlichen Artikel in personalisierten Mails nochmal anpreisen. Dieser Aufwand kann extrem lohnenswert sein: Untersuchungen zufolge geben Kunden, die nach einem Abbruch erfolgreich in den Shop zurückgebracht werden, bis zur Hälfte mehr aus, wenn sie es doch zu einer Bestellung bringen.[22]

Selbst bei Nutzern ohne Kundenkonto kann über passive Identifikation jeder zurückgelassene Warenkorb einem Kundenprofil oder Cookie zugeordnet werden. Über Retargeting mittels Display-Ads (siehe *2.3.2 Online-Advertising*) können dem Kunden dann exakt die Artikel, die in seinem gerade zurückgelassenen Korb liegen, nochmal beworben werden. Wird vom selben Computer oder Handy aus nochmal auf den Shop zugegriffen, kann der Warenkorb dann wieder in Sekundenschnelle geladen werden – und der Kunde begibt sich vielleicht erneut in Richtung Bestellung.

2.5.2 Zahlungsmöglichkeiten

Neben dem Warenkorb verdient im Bereich Kaufabwicklung die Frage der Zahlungsarten eine ausführlichere Betrachtung, geht es doch hier um Existenzielles: Ein Online-Shop, der nicht die Zahlungsmöglichkeit anbietet, die Kunden benutzen möchten, bekommt auf die Dauer weniger Bestellungen. Jeder fünfte Kunde in den deutschsprachigen Ländern bricht den Kauf bei Online-Shops ab, wenn sein Lieblingszahlungsverfahren nicht angeboten wird (und ganze 67 Prozent über-

22 www.forrester.com (abgerufen Dezember 2016)

legen zumindest, es zu tun).[23] Gleichzeitig sind einige Zahlungsmöglichkeiten für Shop-Betreiber mit Unsicherheiten behaftet und können zu Liquiditätsrisiken werden. Andererseits können Kunden vor allem bei neuen Online-Anbietern skeptisch sein (siehe oben) und haben dann entsprechende Zahlungspräferenzen.

Im Folgenden beleuchten wir etwas näher die Anforderungen der Kunden sowie die der Händler und listen die Anforderungen auf, die sowohl Kunden als auch Hersteller an Zahlungssysteme stellen.[24] Danach gehen wir auf die gängigen Zahlungssysteme im E-Commerce aus diesen zwei Perspektiven ein.

Anforderungen der Kunden

Eine zentrale Anforderung ist für viele Kunden die **Möglichkeit zum Widerruf,** vor allem bei ersten Bestellungen. Kennt der Konsument den Online-Shop nicht, handelt es sich für ihn bei der ersten Bestellung um eine Art „Testballon" und er möchte möglichst erst nach Erhalt der gewünschten Ware in gutem Zustand zahlen. Dies führt dazu, dass Kunden gern auf Rechnung bestellen oder eine Lastschrift erteilen (die ja zurückgerufen werden kann).

Zudem wünschen sich viele Kunden so viel **Anonymität** wie möglich: Deutsche Konsumenten gehen im internationalen Vergleich sehr sorgfältig mit persönlichen Daten um – und Zahlungsdaten sind alles andere als eine Ausnahme. Es handelt sich dabei längst nicht nur um diskrete Bestellungen für Produkte, von denen nicht jeder etwas erfahren soll: Der Wunsch besteht auch beim Kauf von Socken. Kunden wissen, dass Daten, die erst gar nicht herausgegeben werden, auch nicht missbraucht werden können.

Gemeinsame Anforderungen

In dieser Angelegenheit eröffnet sich eine Schnittstelle zu den Händleranforderungen. Denn sowohl Käufer als auch Verkäufer haben ein Interesse an hoher **technischer Sicherheit und Zuverlässigkeit**. Abgefangene Zahlungsdaten und Missbrauch verschrecken die Kunden, während Fehler oder manipulierte Daten für Händler zu Zahlungsausfällen führen. Auch bei der Verarbeitung der Daten gilt: Weder Kunde noch Händler profitieren von fehlerhaften Zahlungsprozessen, die Zuvielzahlungen und Nachforderungen nach sich ziehen. Dabei wollen beide Seiten diese hohen Sicherheitsstandards am liebsten gepaart mit **Schnelligkeit** und **niedrigen Kosten**.

---

23 www.ebusiness-lotse-koeln.de (abgerufen Dezember 2016)
24 Dombret (2011), Zahlungssysteme im Internet

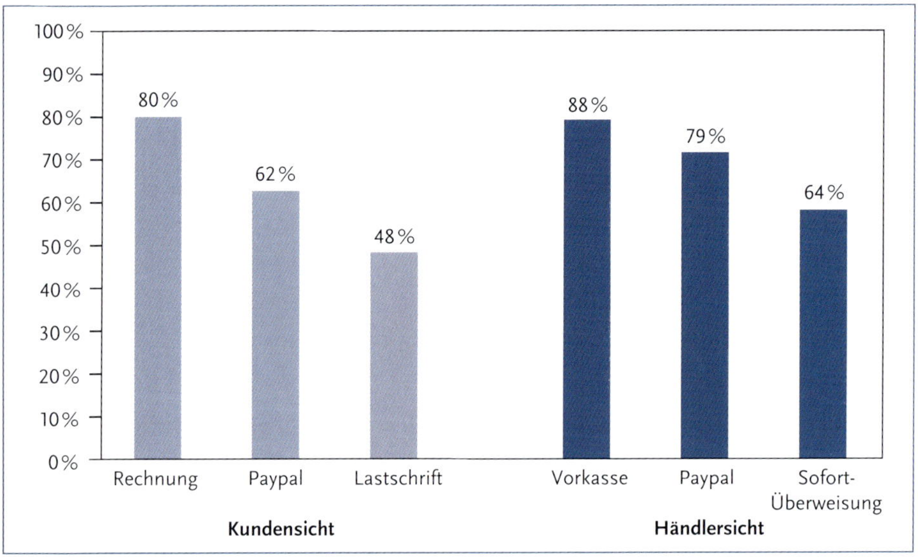

Abbildung 2.23: Beliebteste Zahlungsmittel von Händlern vs. Kunden
Quelle: eigene Darstellung in Anlehnung an www.ecckoeln.de/Downloads/Themen/Payment/PaymentimE-CommerceDerInternetzahlungsverkehrausSichtderHndlerundderVerbraucherIZ2013.pdf (abgerufen März 2016)

Käufer wollen möglichst wenig Aufwand beim Bezahlen, Verkäufer wollen schnell an ihr Geld kommen, und beide wollen keine nennenswerten Mehrkosten.

Die Kreditkarten der Firma American Express werden zum Beispiel in Deutschland sowohl von Händlern als auch von vielen Kunden verschmäht, verlangt das Unternehmen doch von beiden Gebühren, die über dem Marktdurchschnitt liegen. Zudem wissen Konsumenten, dass die Karte nicht überall akzeptiert wird. Und weil so wenig Kunden die Karte verwenden, haben Händler überhaupt keinen Anreiz, sich umzustellen. Ein wahrer Teufelskreis, der zeigt: Sowohl Kunden als auch Händler sind auf eine **hohe Verbreitung** und **hohe Akzeptanz** angewiesen.

Beiden ist ebenfalls viel an einer **universellen Nutzbarkeit** gelegen. Kunden wollen keine fünf verschiedenen Kredit- und EC-Karten, wo doch zwei reichen sollten. Ein Zahlungsmittel ist aus Kundensicht immer besser, je breiter sein Anwendungsfeld ist. Sinnbild hierfür ist die Bequemlichkeit, mit der man durch die Eurozone reisen und alles in derselben Währung begleichen kann, die der gemeinsamen Währung in wohl so manch einer erregten Stammtischdebatte die Haut gerettet hat. Stichwort **Internationalität**: Kunden wollen auch im E-Commerce anderer Länder einkaufen – und viele Händler wollen Kundschaft aus dem Ausland. Zahlungsmittel, die grenzüberschreitend eingesetzt werden können, sind von Vorteil.

Eine weitere gemeinsame Anforderung ist die **Nachvollziehbarkeit**. Sowohl Käufer als auch Verkäufer möchten für ihre Kenntnisnahme beziehungsweise Buchhaltung einen Beleg mit dem Zeitpunkt der Zahlung, der Betragshöhe, dem Zahler sowie dem Zahlungsempfänger erhalten – entweder rein elektronisch oder in gedruckter Form. Obendrein wünschen sie eine Bestätigung über den Erfolg des Zahlungsvorgangs vorab.

Anforderungen der Handler

Allerdings haben Verkäufer auch Anforderungen, die das glatte Gegenteil der Käuferwünsche darstellen. Während Kunden auf Anonymität bedacht sind, wollen Shop-Betreiber **Informationen über ihre Kunden** gewinnen. Und zwar sowohl aus einfachen Verwaltungsgründen (Zahlungen müssen Bestellungen zugeordnet werden) als auch zur Kundenprofilgenerierung.

Der Punkt, an dem die Anforderung an Zahlungssysteme aber am weitesten auseinanderklaffen, ist die Möglichkeit zum Widerruf: Denn aus Händlersicht ist eine **Zahlungsgarantie** das einzige erstrebenswerte Ziel. Idealerweise kommt eine Zahlung vom Kunden sofort oder zu einem festen Termin und kann nicht mehr zurückgebucht werden. Allerdings scheuen viele Kunden exakt diese Art der Zahlung und lassen sich lieber Rechnungen mit einem großzügigen Zahlungsziel oder sogar Kreditlinien mit über Monate gestaffelter Tilgung geben. Weder die Ausfallquote bei diesen Zahlungsverfahren noch die Zahl der Lastschriften, die zurückbelastet werden, ist zu unterschätzen und kann bei den oft sehr dünnen Margen im E-Commerce schnell zu einem echten Liquiditätsrisiko werden.

Einzelne Zahlungsmittel

Dieses Tauziehen zwischen Händlern, die lieber heute als nie Geld sehen wollen, und Kunden, die erst dann bezahlen möchten, wenn sie die Ware auch in den Händen halten, wird an der statistischen Verbreitung der Zahlungsmöglichkeiten sichtbar. Während Online-Händler am häufigsten Vorkasse anbieten, wollen Kunden am häufigsten auf Rechnung bestellen.[25] Der bei Kunden zweitbeliebtesten Zahlungsmöglichkeit, der Lastschrift, steht das verbindlichere Verfahren der So-

25 www.ebusiness-lotse-koeln.de (abgerufen Dezember 2016)

fort-Überweisung auf Platz 3 der Händlerseite entgegen. Nur Paypal schafft es auf die ersten drei Plätze der Zahlungsbeliebtheit bei sowohl Händlern als auch Kunden.

Das Angebot der Zahlungsmittel passt also nicht zur Nachfrage: Volle 87,7 Prozent der Händler bieten die quasi risikofreie Vorkasse an; benutzt wird diese lediglich von 12,4 Prozent der Kunden. Bei der Sofort-Überweisung ist die Kundenakzeptanz nur leicht größer: 19,5 Prozent der Verbraucher verwenden dieses Zahlungsmittel gern. Angeboten wird es aber von fast zwei Dritteln aller Händler – nicht zuletzt wegen der vergleichsweise geringen Gebühren. Beim Rechnungskauf ist es umgekehrt: Knappe 80 Prozent der Kunden wollen auf Rechnung kaufen, aber unter 60 Prozent der Händler erlauben es ihnen wegen des höheren Ausfallrisikos, das damit einhergeht. Ebenfalls übersteigt die Kundennachfrage nach Lastschriftzahlung (48,1 Prozent) das Händlerangebot.

Wo Angebot und Nachfrage besser zusammenpassen, kommen leichter Geschäfte zustande. So hat sich Paypal – 62,4 Prozent der Kunden und 79,2 Prozent der Händler verwenden es – zum am häufigsten genutzten Zahlungsmittel im deutschen E-Commerce entwickelt. Statistisch gesehen wird es in 28,2 Prozent der Online-Käufe verwendet, während an dritter Stelle 20,6 Prozent der Transaktionen mit Kreditkarten bezahlt werden. Fast die Hälfte der Händler akzeptiert Kreditkarten und über ein Drittel der Konsumenten verwendet sie gern. Trotz Händlerbedenken schafft es der Rechnungskauf auf den zweiten Platz: Kunden benutzen diese Möglichkeit offensichtlich, wo sie nur können.

Es werden also auf die Dauer viele Zahlungsarten im E-Commerce existieren. Jeder Händler wird den Mix an Verfahren, die er anbietet, in dem Spannungsfeld zwischen den Wünschen seiner Kunden und seinen eigenen Bedürfnissen ansiedeln müssen. Im Folgenden werden die verschiedenen Zahlungsmittel dargestellt und ihre Vor- und Nachteile von beiden Seiten beleuchtet.

Die meistbenutzten Zahlungsverfahren im Überblick

Paypal ist eine **universelle Zahlungsplattform**, die Nutzern mit einer E-Mail-Adresse in allen Ländern offensteht. Die E-Mail-Adresse dient als eindeutiges Zuordnungsmerkmal und unterscheidet grundsätzlich nicht zwischen Käufern und Verkäufern: Jeder hat ein Konto, das mit einem Bankkonto oder einer Kreditkarte verbunden ist. Der Käufer zahlt den Betrag, den er mit Paypal begleicht, per Bankeinzug, Kreditkarte oder Überweisung an Paypal. Das Unternehmen reicht den

Betrag dann zum Konto des Verkäufers weiter. Aus Kundensicht sind die Vorteile zahlreich: Da bei jeder Zahlung beim Kunden verifiziert wird und das Geld ohne Angabe von Kontodaten an den Händler ausgezahlt wird, gilt das System als sicher und relativ anonym. Paypal bietet auch Käuferschutz unter bestimmten Voraussetzungen, sodass ein Widerruf der Zahlung nicht komplett ausgeschlossen ist. Gleichfalls genießen Händler Verkäuferschutz und zahlen keine Grundgebühr. Erst, wenn Umsätze fließen, nimmt Paypal Gebühren, die innerhalb der Europäischen Union aktuell unter zwei Prozent zuzüglich eines Fixbetrags von etwa 35 Cent liegen.

Beim **Kauf auf Rechnung** handelt es sich um eine Zahlungsart, bei der der Geldfluss meist mit erheblicher Verspätung einsetzt. Kunden erhalten Rechnungen, die sie dann auf einen Schlag oder auf Raten zahlen. Für die Ratenzahlung müssen in der Regel persönliche Informationen wie das Geburtsdatum zur Bonitätsprüfung preisgegeben werden, sonst muss der Kunde lediglich eine Rechnungsadresse eingeben. Für den Händler ist die Methode noch aufwendiger: Eine Rechnung muss erstellt und verschickt werden, und dann müssen Nichtzahler noch erinnert und gemahnt werden. Daher benutzen viele Händler Payment-Service-Provider, die Rechnungserstellungssysteme zum Einbinden in Shopsysteme anbieten (u. a. *Payone, Easybill, Billomat*) sowie Factoring-Dienstleister, die dem Händler die Forderung aus der Rechnung abkaufen. Allein wegen dieses Aufwands verlangen einige Online-Shops einen Bearbeitungsaufschlag. Allerdings bleibt das Verfahren für die meisten Kunden kostenlos.

Auch **Kreditkarten** können Händler ohne Payment-Service-Provider – bei Kreditkartendienstleistungen auch als „Acquirer" bekannt – nicht annehmen. Ist ein solcher Dienstleister allerdings bereits im Shop integriert, verursacht die Zahlung mit *Visa, Mastercard* und Co. keinen darüber hinaus nennenswerten Aufwand. Es fallen allerdings Provisionen an den Dienstleister für die Zahlungsabwicklung an, die einige Händler, vor allem in englischsprachigen Ländern, als Gebühr an ihren Kunden weiterreichen. Diese Praxis ist inzwischen Gegenstand von Richtlinien, die besagen, dass nur dann Zuschläge verlangt werden können, wenn der Händler tatsächlich erhöhte Kosten hat – und nur die tatsächlich anfallenden Kosten dürfen dem Kunden weitergegeben werden. In der Regel können Kunden in Deutschland kostenlos mit Kreditkarte zahlen – und werden dies wohl auch weiterhin tun können.

Allerdings dürfen Kunden im Zuge von Sicherheitsprüfungen wie 3D-Secure nicht mehr ohne Weiteres eine Zahlung widerrufen wie zum Beispiel bei der Lastschrift.

Früher konnten Kunden einfach behaupten, ihre Karte sei missbraucht worden. Die Beweislast wird aber dadurch umgekehrt, dass die neuen Sicherheitsverfahren fast wasserdicht sind: Der Kunde wird vom Online-Shop zu einem Zahlungsdienstleister weitergeleitet und muss dort seinen Kauf bestätigen und ein langes Passwort eingeben, bevor die Zahlung genehmigt wird. Das ist vergleichsweise kompliziert: Wer sein Passwort vergessen hat, muss die Transaktion abbrechen – und das tun viele Kunden auch. Nichtsdestotrotz ist die Kreditkartenzahlung ein durchaus beliebtes Zahlungsmittel, wenn auch eines, das zahlreiche Kunden ausschließt, die keine Kreditkarte von ihrer Bank erhalten.

Eine **elektronische Lastschrift** steht dagegen prinzipiell jedem offen, der ein Bankkonto hat. Für Kunden geht diese Zahlungsart mit der Preisgabe der Kontodaten einher, allerdings kann seit Einführung des SEPA-Systems die Belastung bis zu acht Wochen nach Abbuchung widerrufen und rückgängig gemacht werden. Der Kunde gibt sein Geld auf diese Weise nicht auf Nimmerwiedersehen aus der Hand, was seinem Sicherheitsbedürfnis entgegenkommt, sondern er gibt dem Händler lediglich sein Einverständnis das Geld einzuziehen. Der Betrag kommt relativ zeitnah beim Zahlungsempfänger an, kann aber acht Wochen lang im vollen Umfang zurückgerufen werden. Im Durchschnitt wird jede zwanzigste betätigte Lastschrift storniert, womit dieses Zahlungsmittel aus Händlersicht zu den unsichersten Verfahren gehört. Diesem Nachteil können auch die generell niedrigen Kosten sowie die einfache Einbindung über Payment-Service-Provider wenig entgegensetzen.

Aus Händlersicht sind **Online-Überweisungen** eine viel solidere Lösung. Wie bei der Lastschrift wird der zu zahlende Betrag direkt vom Bankkonto des Kunden auf das Konto des Händlers gebucht, jedoch überweist der Kunde selbst – und Überweisungen können nicht widerrufen werden. Wie bei der Kreditkartenzahlung werden User von einem Acquirer (Zahlungsdienstleister) vom Shop zur eigenen Bank geleitet. Hier geben sie Login und PIN ein und tätigen die Überweisung, der Händler bekommt dann eine direkte Zahlungsbestätigung von der Bank. Ist ein Acquirer bereits im Shop integriert, ist der Zusatzaufwand der Einbindung von Online-Überweisungen zwar gering, der Dienstleister muss aber autorisiert sein (größte Anbieter derzeit sind *Sofort-Überweisung* und *Giropay*). Zudem fallen beim Händler Anmeldegebühren an, bevor auch nur ein Cent an Zahlungen eingegangen ist. Und wie bei der elektronischen Kreditkartenzahlung müssen Kunden, die gerade nicht die nötigen vertraulichen Daten zur Hand haben, die Zahlung abbrechen.

Exoten und Neuankömmlinge

Für den kleinen Anteil an Online-Shoppern, die entweder nicht einmal über ein Bankkonto verfügen oder dermaßen auf Anonymität oder Sicherheit bedacht sind, dass andere Zahlungsmöglichkeiten für sie überhaupt nicht infrage kommen, bieten sich **Wertkarten** an. Diese Prepaid-Karten können mit Bargeld zu runden Summen wie 10 oder 20 Euro an Verkaufsstellen erworben werden, das Guthaben wird dann nach und nach mittels Zahlungscodes bei Online-Händlern aufgezehrt. Hierbei handelt es sich nicht mehr um Geld, sondern um ein erkauftes Guthaben, mit dem der Anbieter Geld verdienen möchte. Beispielsweise werden bei *Paysafecard* nach einem Jahr 2 Euro pro Monat vom verbleibenden Betrag abgezogen. Auch Händler zahlen ordentliche Provisionen (von 5 Prozent bis zu 35 Prozent pro Zahlung) und haben hohe Kosten, um das System in den Shop zu integrieren. Insofern werden Wertkarten weiterhin ein Nischendasein fristen. Für bestimmte sicherheitsbewusste Kundensegmente und Händler mit Sortimenten, für die sich Menschen erst unter Schutz der Anonymität entscheiden, stellen solche Systeme allerdings eine Notwendigkeit dar.

Alles andere als anonym sind die neuen **mobilfunkbasierten Zahlungssysteme**, die sich in den kommenden Jahren ausbreiten dürften. Ein Wettrüsten findet gerade zwischen Apple und Google statt, die *Apple Pay* und *Google Wallet* ins Rennen schicken. Beide Systeme weisen Ähnlichkeiten mit universellen Plattformen wie Paypal auf: Beide werden mit Bankkonten oder Kreditkarten verknüpft und tätigen für den Kunden die Zahlung an den Händler. Diese Systeme sind sowohl für das mobile Umfeld im stationären Umfeld als auch für Online-Zahlung konzipiert. In einem Geschäft nimmt das Smartphone mit installiertem Apple Pay oder Google Wallet über einen Near-Field-Communication- (NFC-)Chip Kontakt zu einer Kasse auf. Auf seinem Display tippt der User eine Pin ein und die Zahlung wird veranlasst. Apple Pay kann aber auch verwendet werden, um in verknüpften Apps und dem Apple Store zu zahlen, genau wie Google Wallet für Downloads aus Google Play verwendet werden kann. Google Wallet, das auf dem Vorgänger Google Checkout aufbaut, wird sogar in Paypal-Manier bei diversen Online-Shops als externes Zahlungssystem eingebunden. Amazon ist auf diesem Feld bereits mit *Amazon Payments* vertreten. Die Provisionen, die die Konzerne für ihre Zahlungsdienste kassieren, sind niedriger als die anderer Anbieter – bei Apples Gebühren von wenigen Cent pro 100 US-Dollar Umsatz kann getrost von Kampfpreisen gesprochen werden. Aber die verlockenden Datenmengen sowie die immer tiefere Integration in das Kundenerlebnis haben für die beiden Konzerne einen eigenen Wert. Eine Prognose sei hier auf Basis bisherigen Verhaltens gewagt: Mit diesen Systemen werden ihre Macher mit niedrigen Gebühren eine überragende Marktpräsenz erkaufen. Sobald genug Akteure fest an sie gebunden sind, werden die Kosten angehoben.

Spatzen und Tauben: Risikomanagement für Händler

Weder mit Blick auf mögliche zukünftige Entwicklungen noch auf heutige Kundenpräferenzen ist es ratsam, sich in die Abhängigkeit von einzelnen Zahlungssystemen zu begeben. Online-Shops müssen die Zahlungsverfahren anbieten, die ihre Kunden auch benutzen wollen. Beim Blick auf das Ausfallrisiko bei Rechnungen, Lastschriften oder Ratenkauf mag einigen der Spruch in den Sinn kommen: „Lieber den Spatz in der Hand als die Taube auf dem Dach." Allerdings schließen die „Spatzen" (Online-Überweisung und Vorkasse) keineswegs die „Tauben" (Lastschrift und Rechnung) aus. Und ohne die beliebten Verfahren Rechnungskauf und Lastschrift kommt kein Online-Händler auf sein volles Umsatzpotenzial: Rund 25 Prozent des Umsatzes in den 1.000 größten Online-Shops Deutschlands kamen im Jahr 2014 über den Rechnungskauf und erst ungefähr 20 Prozent über Paypal-Zahlungen.[26] Das hängt damit zusammen, dass die Rechnung gern für größere, materielle Güter wie Kleidung, Möbel oder Fahrräder verwendet wird. Diese sind hochwertiger als digitale Güter – Software, Streaming, Downloads –, für die zum Beispiel eher Paypal und Kreditkarten, die beiden anderen der beliebtesten Zahlungsmittel, verwendet werden.

Bei vielen Händlern bringen weitere Zahlungsmöglichkeiten, die offline risikobehaftet sind, nennenswerte Umsatzsteigerungen:[27] Die Einführung von Rechnungskäufen bringt ein durchschnittliches Plus von 17,9 Prozent und Finanz- oder Ratenkauf trägt 14 Prozent bei. Es folgen Paypal oder Amazon Payments, die jeweils einen Mehrumsatz von gut 20 Prozent generieren – keine Trumpfkarten, aber auch nicht unerheblich. Abhängig von Produktsegment und Durchschnittsbeträgen müssen Händler also Kunden die Möglichkeit des Rechnungskaufs einräumen, um mit dem Markt zu wachsen. Sogar Finanzierungen und Ratenkäufe können in Online-Shops, die hochpreisige Waren anbieten, signifikante Umsätze generieren. Also gilt es, die Risiken dieser spezifischen Zahlungsmittel zu kennen und entsprechende Vorsorgemaßnahmen zu treffen.

26 EHI Retail Institute (2014), Online-Payment-Studie
27 www.ifhkoeln.de(abgerufen Dezember 2016)

Händlerangaben[28] können dabei helfen, die Risiken mit konkreten Zahlen zu quantifizieren.

Durchschnittlich müssen Online-Shop-Betreiber mit rund 1 Prozent Ausfall bei Lastschriften rechnen. Zwar werden 5 Prozent aller Lastschriften zurückbelastet, aber das Gros hiervon geschieht nicht im E-Commerce: Widerrufe kommen in sogenannten Dauerschuldverhältnissen wie Mietzahlungen oder Nachzahlungen ans Finanzamt viel öfter vor. Bei Rechnungskäufen werden Ausfallquoten von durchschnittlich 1,4 Prozent gemeldet, während Finanzierungskäufe am häufigsten ins Leere führen: Hier müssen sich Shop-Betreiber auf rund 2 Prozent gefasst machen. Deutlich besser schneiden Kreditkarten und Paypal ab (rund 0,5 Prozent beziehungsweise 0,25 Prozent Ausfälle), während Online-Überweisungen und Vorkasse naturgemäß mit Nullen überzeugen.

Vor allem in der Startphase eines neuen Online-Shops sind Ausfälle nicht nur wegen ohnehin hohen Aufbaukosten besonders ärgerlich, sondern leider auch besonders häufig. Ihre Zahl mag gering sein, aber die „Halunken" gibt es, die auf neueröffnete Shops stürzen und diesen auf Standfestigkeit testen: Wie ernst werden nicht bezahlte Rechnungen genommen? Ist das Retourenmanagement professionell oder kann ich einfach die Ware nicht zurückschicken und trotzdem die Lastschrift unter der Angabe widerrufen, ich hätte die Ware zurückgeschickt? Wie sieht das Risikomanagement aus und wie viel kann ich bestellen, ohne dass die Alarmglocken läuten?

In dieser Phase ist es für Betreiber ohne großen finanziellen Puffer ratsam, im Zweifelsfall lieber eine Bonitätsprüfung zu viel einzuholen als eine zu wenig: Diese Dienstleistung bei Auskunfteien kostet zwar, hilft aber zumindest, bekannte Wiederholungstäter sowie finanziell chaotische Käufer zu identifizieren und ihnen den Zutritt zu solchen Zahlungsmöglichkeiten zu verwehren – oder das Risiko durch Factoring weiterzureichen. Beim Aufbau der Kundschaft sollte ebenfalls eine eigene Liste von „Schlechtzahlern" geführt werden, damit das Risikomanagement intern zu geringeren Kosten und aufbauend auf Erfahrungen mit dem eignen Kundenstamm erfolgen kann.

28 EHI Retail Institute (2012), Online-Payment-Studie

Mit wachsender Kundenbasis und längerem Erfahrungsschatz sollten Händler nicht nur blind auf externe Dienstleister vertrauen: Kundenhistorien können mindestens so aufschlussreich sein wie kostenpflichtige Auskünfte.

Mal angenommen, ein treuer Kunde, der einen durchschnittlich hohen Warenkorbwert sowie geringe Retourenquoten vorweist, möchte einmal auf Rechnung statt etwa per Online-Überweisung zahlen. Selbst wenn eine Risikoprüfung negativ ausfallen würde, sollte es in Erwägung gezogen werden, dem Kunden den Rechnungskauf zu ermöglichen. Das Risiko, dass es doch zum Ausfall kommt, steht dem Risiko gegenüber, einen treuen Kunden durch offenkundig mangelndes Vertrauen zu vergraulen.

Die Kosten der Zahlungsarten

Spätestens hier stellen sich größere – teilweise kompliziertere – betriebswirtschaftliche Fragen: Mal abgesehen von Ausfällen, was kosten überhaupt welche Zahlungsarten? Shop-Betreiber bekommen Rechnungen von den Zahlungsdienstleistern, Payment-Service-Providern und Acquirern, die mit den Umsätzen und der Höhe der individuellen Zahlungen variieren, aber hier enden die Kosten längst nicht. Bei Rechnung, Lastschrift und Finanzierung fallen neben den Gebühren der Bonitätsprüfer nicht exakt zu beziffernde interne Kosten zur Risikoausfallprüfung an. Aber auch beim Nullausfall-Verfahren Vorkasse gibt es aus betriebswirtschaftlicher Sicht indirekte Kosten, zum Beispiel für die Buchhaltung, wenn die Zahlung, wie etwa die vom Kunden durchgeführte Überweisung, identifiziert und verbucht werden muss. Weitere unsichtbare Kosten entstehen dadurch, dass die noch nicht verschickte Ware bis die Zahlung eingegangen und der Bestellung zugordnet worden ist, Platz im Lager einnimmt. Geht die Zahlung doch nicht ein, war die Ware aber reserviert und stand deswegen nicht zum Verkauf, sind ebenfalls Opportunitätskosten entstanden.

Solche Kosten werden systematisch unterschätzt, wenn der Fokus auf Ausfallrisiken und den nachvollziehbaren Abrechnungen von Provisionen durch Zahlungsdienstleister liegt. Laut einer Studie können auch Verfahren mit minimalem Einsatz des Dienstleisters trotzdem hohe Kosten verursachen.[29] So können Gesamtkosten für Vorkasse per Überweisung – bei der keine Gebühren für den Händler anfallen und kein Ausfallrisiko besteht – durchschnittlich mit 3,52 Prozent beziffert werden,

29 www.ibi.de (abgerufen Dezember 2016)

während das Verfahren der Online-Überweisung trotz Gebühren lediglich 1,87 Prozent Kosten pro Bestellung verursacht. Nicht außer Acht gelassen werden darf an dieser Stelle auch die kundenseitige Akzeptanz der verschiedenen Verfahren (siehe oben).

Es lohnt sich, Zahlungssysteme in Bezug auf ihre Auswirkung auf Kosten und folglich auf die Marge umfassend zu beurteilen. Zumal stark davon auszugehen ist, dass es einen direkten Zusammenhang zwischen der Zahlungsform und den kostenfressenden Retouren gibt: Kunden, die noch nicht bezahlt haben, haben eine psychologische Hemmung weniger, freien Gebrauch von ihrem Retourenrecht zu machen. Vor allem zweifelhafte oder einfach nur dreiste Retouren (der nach Zigarrenrauch riechende Smoking mit Flecken und Opernkarten in der Tasche lässt grüßen) werden wohl dann gewagt, wenn der Kunde noch auf dem Geld sitzt und dieses nicht zurückfordern muss (siehe *2.6 Logistik*). Jedoch haben mehrere Studien ergeben, dass rund zwei Drittel aller Online-Shop-Betreiber in Deutschland keine Steuerung der von ihnen angebotenen Zahlungsarten vornehmen. Dabei gibt es sowohl passive als auch aktive Steuerungsmöglichkeiten.

Aktiv können Händler werden, indem sie Kunden risikobehaftete Zahlungsverfahren wie Rechnung oder Lastschrift nicht anbieten.

Passiv können Aufschläge für Risiko-Zahlungsarten berechnet beziehungsweise Rabatte für kostengünstige und sicherere Verfahren angeboten werden. Auch denkbar sind Versandkostenbefreiungen bei gewünschten Zahlungsarten. Grundsätzlich sollten Online-Shops ihren Kunden möglichst viele Zahlungsmöglichkeiten anbieten, damit sie den Kauf nicht abbrechen. Dennoch sind nicht alle Zahlungsverfahren gleich: Es gibt für jeden einen Primus inter Pares, über den mehr von jedem Euro beim Verkäufer bleibt – und in diese Richtung kann der Strom ruhig gelenkt werden.

Im E-Commerce ist es in diesem Punkt ähnlich wie im Supermarkt: Wenn der Kunde sieht, dass nicht genug Kassen auf sind, stellt er sich nicht an. Frau Müller soll also ruhig noch eine Kasse aufmachen. Aber ihr Stundenlohn, die Geschwindigkeit, mit der sie die Kunden bedient, ihre Geistesgegenwart bei Last-Minute-Käufen und ihre Adleraugen bei den Beträgen müssen regelmäßig im Vergleich zu den Leistungen ihrer Kolleginnen überprüft werden.

2.6 Logistik

Einführung

So virtuell der Handel im Internet auch ist, steht und fällt der E-Commerce mit einem sehr physischen Faktor: der Logistik. Die Waren, die die Kunden bestellen, müssen schnell und reibungslos ausgeliefert werden – sonst drohen Reklamationen, Retouren und ein beschädigter Ruf auch für den schönsten und benutzerfreundlichsten Online-Shop. Dabei haben es einige Anbieter einfacher als andere: Die Online-Shops von Bahngesellschaften und Fluglinien verkaufen hauptsächlich Tickets, die sich genauso gut elektronisch wie auf dem Postweg zustellen lassen (netter Nebeneffekt: Die Kosten für das Papier und die Tinte fallen bei den Kunden, nicht bei den Anbietern an). Den nächsten Schritt stellen E-Tickets dar, die an mobilen Geräten direkt nach Zahlung abrufbar und von Zugbegleitern respektive Flughafenpersonal lesbar sind – und deshalb nie außerhalb der elektronischen Umgebung existieren. Auch Musik-Downloads und Video-Streaming-Angebote profitieren von der direkten digitalen Zustellung. Hier findet überhaupt kein Medienbruch zwischen Kaufprozess und Produkt mehr statt. Aber bis Star-Trek-mäßige Hologramme Alltag geworden sind, kommen etwa Möbelhändler im Netz nicht darum herum, dass mehrere Kilogramm Holz und Metall beim Kunden zu Hause ankommen müssen.

Anbieter von physischen Produkten müssen also im E-Commerce viel Planungskapazität dafür aufwenden, wie sie die räumliche Distanz zwischen ihrem Bestand und ihren Kunden am besten überbrücken (sofern die Logistik nicht an externe Dienstleister ausgelagert wird). Das setzt geschliffene Prozesse in den drei übergeordneten Bereichen voraus, die als „Fulfillment" (englisch: Erfüllung, Vollziehung, Abwicklung) bezeichnet werden:

1. **Kommissionierung:** das Aufsuchen von bestellten Waren im Lager und das Zusammenstellen zu versandbereiten Paketen.

2. **Versand:** das Ausliefern von Paketen an Kunden.

3. **Retourenabwicklung:** das Entgegennehmen und Bearbeiten zurückgeschickter Waren.

Mängel in nur einem dieser Bereiche sind gravierend. Fehler bei der Kommissionierung können beispielsweise dazu führen, dass Kunden die falschen Artikel bekommen und diese Fehllieferungen dann zurückschicken und auf erneute Zustellung warten müssen. Funktioniert die Retourenabwicklung nicht, wird das Chaos noch einmal gesteigert. Ein erstklassiger Retourenservice stellt ein wichtiges Servicemerkmal dar. Der Versand ist allerdings unter allen drei genannten Bereichen das Sorgenkind: Während es sich bei der Kommissionierung und Retourenabwicklung um Prozesse handelt, die ein Online-Shop selbst gestalten und verbessern kann, liegt der Versand weitestgehend in den Händen von Paketdiensten, die unter der Last der wachsenden Auftragsvolumina ächzen.

Dabei tut sich eine Kluft zwischen Multichannel-Händlern und Online-Pure-Playern auf (siehe *2.4.3 Multichannel-Strategien*). Erstere können auf Filialnetze mit gewachsenen Logistikstrukturen zurückgreifen, mit dem Vorteil, dass Kunden ihre Online-Bestellungen vor Ort abholen können. Das spart nicht nur Versandkosten, sondern gibt dem Kunden die Kontrolle darüber, wann er seine Ware entgegennimmt. Der britische Multichannel-Händler Argos baut dieses Prinzip sogar zu einem Alleinstellungsmerkmal aus: Neben den Filialen in Einkaufszentren und Fußgängerzonen eröffnet Argos aktuell reine Abholflächen in Londoner Bahnhöfen. Berufstätige können Produkte, die sie bis mittags online bestellen, schon wenige Stunden später auf dem Heimweg abholen. In Deutschland experimentiert Saturn mit Abholstationen – zunächst allerdings nur in ausgewählten Filialen.[30]

In London zieht Amazon nach: An einigen Orten in der Stadt sprießen Abholstationen aus dem Boden, in die Amazon-Kunden ihre Bestellungen ausliefern lassen können. In Seattle hat der Konzern sogar seine erste Filiale eröffnet (siehe ebenfalls *2.4 Vertrieb*). Denn Amazon scheut keine Kosten, um seine Kunden möglichst schnell und flexibel an ihre Waren kommen zu lassen. Der Global Player hat früh erkannt, dass im Online-Handel die Logistik noch vor der Preis- oder Sortimentsgestaltung über den Geschäftserfolg entscheidet – und zwar in zweifacher Hinsicht.

Erstens bestellen Kunden nur dann online Waren, die sie auch im stationären Einzelhandel kaufen könnten, wenn sie diese korrekt, zeitnah und ohne allzu großen Preisaufschlag bekommen – und wenn sie diese bei Bedarf auch unkompliziert zurückschicken können.

Klappt die Logistik, sind sie allerdings begeistert und bereit, vieles online zu kaufen, was sie vorher in Geschäften erworben haben.

30 www.internetworld.de (abgerufen Dezember 2016)

Spart es doch Zeit: Anstatt am Samstag für ein Buch, ein Spiel und eine Blu-ray-Disc in drei verschiedene Läden gehen zu müssen, können Berufstätige am Mittwoch alle drei Produkte von der Arbeit aus in fünf Minuten bei Amazon bestellen und diese spätestens am Freitag aus dem Briefkasten nehmen. Am Samstag kann man dann umso länger schlafen – oder Eis essen gehen. So wird der Einzelhandel ausgestochen: Aber nur, wenn die Logistik einwandfrei klappt.

Zweitens merken Kunden, dass die Verkaufspreise bei Amazon regelmäßig sogar günstiger sind als im Einzelhandel – sogar zuzüglich Versandkosten. Das liegt daran, dass Amazons Preisgestaltung eben maßgeblich von einer gelungenen Logistik abhängt. Der Konzern ist so effizient in Lagerung, Kommissionierung und Versand von Produkten, dass seine Kosten im Vergleich zum klassischen Einzelhandel viel niedriger ausfallen, obwohl er eine bestechend schnelle und zuverlässige Bearbeitung von Bestellungen anbietet.

Fallbeispiel: Amazon

Die besondere Herangehensweise von Amazon fängt damit an, dass die Logistikstandorte des Konzerns – vulgo Fulfillment-Center – bislang in wirtschaftlich schwächeren, eher dünn besiedelten Gegenden angesiedelt werden (die allerdings an die Ballungszentren gut angebunden sind). Die dort verfügbaren Flächen sind groß und die Grundstücke günstig, die Stadtverwaltungen und Bauausschüsse freundlich und die Arbeitnehmer motiviert. So kann der Konzern Logistikzentren mit bis zu 110.000 Quadratmetern Fläche errichten und diese mit einer Kernbelegschaft von rund 1.000 Mitarbeitern betreiben; weitere benötigte Kapazitäten – vor allem für die Vorweihnachtszeit – werden mit rund 2.000 Saisonkräften vorgehalten.

Die Arbeitskraft ist günstig und wird mittels Technologie mit höchster Effizienz gesteuert: „Picker", die durch die Lagerhallen gehen, um bestellte Artikel zu holen, bekommen vom Zentralcomputer flexibel erstellte Wege angezeigt, welche Artikel sie wo demnächst abzuholen haben – je nachdem, wo sie gerade stehen und wo die Ware zu finden ist. Denn Amazon hat sich in seinen Lagerhallen weitestgehend von festen Platzierungen pro Warengruppe verabschiedet: Das Chaos-Prinzip wird angewendet. Da der Computer weiß, wo die Artikel stehen und wo sich die Mitarbeiter aufhalten, ist es nicht erforderlich, einen Lagerungsplan einzuhalten. Picker werden konstant vom Konzern über ihre Scanner geortet und müssen den vom Computer errechneten Takt bis zum nächsten Artikel einhalten. Bei der weiteren Prozessoptimierung helfen

Vorgesetzte, die im Lean-Management geschult sind und konstante Schwachstellenfindung betreiben: Beispielsweise stellten früher Barcode-Scanner einen Engpass dar, weil sie am Schichtbeginn nicht immer vollständig aufgeladen waren – bis dies einem Manager auffiel, der die Prozesse daraufhin so optimierte, dass die Scanner stets mit vollem Akku herausgegeben wurden.

Mit diesem rein auf Effizienz getrimmten System ist Amazon in der Lage, den Kunden Produkte zum selben Preis anzubieten wie der Einzelhandel (oder sogar günstiger), obwohl diese noch im Lager gesucht und verpackt sowie frankiert und verschickt werden müssen. Der Konzern spart in den Fulfillment-Centern so viele Kosten ein, dass er damit verkaufsfördernde Maßnahmen quersubventionieren kann. Das mündet in einer Aufwärtsspirale von weiterem Wachstum: Umsatztreiber wie Versandkostenfreiheit ab einem gewissen Bestellwert können angeboten werden; der Umsatz – sowohl insgesamt als auch pro Kunde – steigt. Die Fulfillment-Center arbeiten bei hoher Auslastung nur noch effizienter und es kann wieder mehr Geld in die Verbesserung der Attraktivität des Angebots gesteckt werden.

Insofern ist Amazon im Bereich der Logistik für alle im E-Commerce der Maßstab – und für viele auch die Lösung.

2.6.1 Versand

Fulfillment- und Logistikanbieter

Das System Amazon lässt sich nicht einfach ohne Weiteres kopieren – auch nicht im Kleinen. Die Investitionen sind enorm, die Strukturen bereits gewachsen: Amazons Fulfillment-Center liegen beispielsweise für gewöhnlich direkt neben einer Niederlassung der Firma DHL, damit es die Pakete nicht weit bis zum Lkw haben – und bereits heute setzt der Konzern Hochleistungsroboter ein, um Prozesse noch weiter zu beschleunigen (siehe unten). Diesen Vorsprung spielt der Konzern auch außerhalb des eigenen Geschäfts aus und hat sich als spezialisierter Logistikanbieter für E-Commerce etabliert. So können Online-Händler und Hersteller Produkte über Amazons Fulfillment-Center an ihre Kunden verschicken. Der Verkäufer lässt die Waren einem Amazon-Standort zukommen, wo sie vorübergehend eingelagert werden. Dort werden sie dann verpackt und an die Kunden weitergeleitet. Mit Provisionen und Gebühren für diese Dienstleistungen verdient Amazon rund 15 Prozent seines Jahresumsatzes[31].

31 www.wiwo.de (abgerufen Dezember 2016)

Dabei bietet der Konzern zwei Stufen der Integration an. Händler oder Hersteller, die im Amazon-Marktplatz verkaufen, können sich auf die ganze Palette der Fulfillment-Maschinerie verlassen. Zum einen werden die Produkte vom Konzern konsumentenfertig verpackt (wahlweise auch als Geschenk) und zu denselben Konditionen geliefert wie Bestellungen direkt von Amazon. Zum anderen stehen Verkäufern sowie Kunden die beachtlichen Serviceleistungen des Riesen zur Verfügung. So können Händler ihren Lagerbestand in Echtzeit über die Amazon-Software verwalten, während Kunden bei Amazon die Bestellung vor Versand ändern und während des Versands verfolgen können. Bei Problemen mit der Sendung oder den bestellten Artikeln bietet der Amazon-Kundenservice dem Käufer umfassende Hilfestellung an und nimmt Retouren entgegen. Hier tritt Amazon als **Fullservice-Fulfillment-Anbieter** auf. In Rechnung stellt der Konzern dem Verkäufer pro Artikel eine Kommissionierungsgebühr (auf Amazon-Neudeutsch „Pick & Pack") und eine Pauschale für die Bearbeitung pro Bestellung sowie einen nach Gewicht gestaffelten Zuschlag. Die Versandkosten übernimmt der Konzern, um sie entweder beim Kunden zurückzuholen oder ihm zu erlassen. Allerdings kommen diese Leistungen nicht zum Schnäppchenpreis, sondern lohnen sich nur für Produkte mit einer ausreichenden Marge als Spielraum.

Die zweite Integrationsebene betrifft Produkte, die nicht über den Amazon-Marktplatz verkauft werden. Online-Shop-Betreiber sowie Verkäufer auf anderen Marktplätzen wie Ebay können ebenfalls auf Amazon als **Fulfillment-Anbieter** zurückgreifen, aber mit Einschränkungen: Hier bietet der Konzern als Dritter Verpackung, Versand und Annahme von Rücksendungen ohne zusätzliche Serviceleistungen für Verkäufer und Käufer an. Verkäufer zahlen die „Pick-&-Pack"-Gebühr sowie volle Kosten für die gewählte Versandart und einen Gewichtszuschlag. Dass Amazon hier weniger großzügige Konditionen anbietet, ist nachvollziehbar: Wer über den Amazon-Marktplatz verkauft, hilft dem Konzern, die Palette an auf amazon.de verfügbaren Produkten zu steigern – was wiederum mehr Kunden anzieht –, und begibt sich obendrein immer weiter in die Abhängigkeit zum Konzern, je mehr er über ihn verkauft. Das ist Teil von Amazons Vertriebsstrategie zur absoluten Dominanz (siehe *2.4 Vertrieb*). Aber selbst Verkäufer, die lediglich auf „Fulfillment light" für Bestellungen im eigenen Online-Shop zurückgreifen, melden automatisch Verkaufsdaten an den Konzern: So erfährt Amazon, welche Produkte gut laufen, und kann erwägen, diese selbst im Sortiment aufzunehmen.

Amazon ist immer zugleich Fulfillment-Partner und konkurrierender Händler und unterscheidet sich alleine mit seinem daraus erwachsenden Interesse an Verkaufsstatistiken klar von anderen E-Commerce-Partnern.

Zudem bietet Amazon selbst nur die Ausgangslogistik an – also das Picken und Packen der Waren sowie den Versand vom Lager an den Kunden. Die einzulagernden und zu verkaufenden Produkte werden allerdings nicht von Amazon abgeholt: Händler und Hersteller teilen dem Konzern mit, welche Ware in welcher Menge sie ins Lager einsenden möchten und bekommen vom Konzern detaillierte Hinweise, wann die Waren angeliefert werden sollen und wie diese markiert sein müssen. Der Verkäufer selbst muss dann ein passendes Transportunternehmen aussuchen und die Lieferung ins Amazon-Lager beauftragen. Überhaupt konzentriert sich Amazon auf Dienstleistungen rund um sein Glanzstück: das Fulfillment-Center – also die Lagerverwaltung und Abwicklung von Bestellungen und Retouren. Der Versand an den Kunden erfolgt ebenfalls mit einem Dienstleister – Paketdienste wie DHL und Hermes – und mit diesen Versandunternehmen können Online-Shop-Betreiber, die ihre eigene Lagerung und Kommissionierung übernehmen, natürlich direkt zusammenarbeiten.

Versandunternehmen wie DHL, Hermes und DPD treten in aller Regel als reine **Logistikanbieter** auf: Bestellungen werden noch beim Hersteller oder Händler bearbeitet und die versandbereiten Pakete werden dann zur direkten Auslieferung an den Endkunden über den Transporthub des Unternehmens abgeholt. Allerdings reichen einige Dienstleistungen dieser Anbieter in andere Bereiche des Fulfillments wie Kommissionierung oder Retourenabwicklung hinein. Am weitesten ist DHL entlang der Wertschöpfungskette gegangen: mit MeinPaket.de, einem Online-Marktplatz mit Fulfillment-Service für Händler. Waren werden im Logistikzentrum Staufenberg nahe der geografischen Mitte Deutschlands eingelagert und kommissioniert und von dort aus mit DHL verschickt – und im Retourenfall dorthin zurückgebracht. Hermes bietet ebenfalls eine Fulfillment-Lösung für Online-Shops an – allerdings ohne angeschlossenen Online-Marktplatz. Andere Anbieter, die nicht zwingend aus der Logistikbranche stammen, entdecken den Bedarf an Fulfillment-Lösungen für sich, wie zum Beispiel Ebay, das jetzt selbst ein Logistikzentrum am wachsenden Umschlagplatz Leipzig eröffnet.[32]

Für Verkäufer, die selbst Fulfillment-Aktivitäten wie Kommissionierung erledigen, beschränken sich die Dienstleistungen von DHL und Hermes auf die klassischen Logistikschritte Abholung, Versand und Rückversand. Hier treten die Unternehmen in den Wettbewerb mit anderen Paketdiensten, wie DPD, GTS, GLS, iloxx und UPS. Hersteller und Händler, die ihre eigene Kommissionierung übernehmen und

32 www.internetworld.de (abgerufen Dezember 2016)

zwischen diesen Logistikanbietern wählen müssen, sollten sich detaillierte Fragen stellen:[33]

- Passen die angebotenen Services zu den Bedürfnissen des Verkäufers? (Zum Beispiel: Liefert der Logistikdienstleister auch ins Ausland, wenn international verkauft wird?)
- Welche Preise und Konditionen werden für welche Bestellvolumen angeboten?
- Wann genau wird im Lager abgeholt? Und wie schnell kann geliefert werden?
- Welche Schnittstellen werden Verkäufern und Käufern zur Verfügung gestellt (etwa Online-Dienste zur Verfolgung einer Sendung)?
- Gegebenenfalls: Können Besonderheiten berücksichtigt werden (zum Beispiel Übergrößen bei sperrigen Artikeln oder Kühlung beim Versand von Lebensmitteln)?

Ein Online-Shop für personalisierte Surfboards, der durchschnittlich zwei Bretter die Woche verkauft, wird also andere Anforderungen an einen Paketdienst stellen als einer, der aktuelle Trendmode anbietet und Hunderte eher kleinere Pakete pro Woche verschickt. Allerdings passt bei vielen Faktoren – vor allem Preis, angenommene Paketgrößen und Lieferfristen – fast kein Blatt zwischen die Anbieter.

In diesem sehr vollen Markt versuchen die Versandunternehmen sich also mit besonderen Dienstleistungen sowohl für Versender als auch für Empfänger zu profilieren. Beispielsweise können Privatpersonen, die online viel bestellen und zu Hause die Pakete nicht annehmen wollen oder können, die Packstationen von DHL nutzen. So landet das Paket nicht beim Nachbarn und der Kunde kann seine Bestellungen dann abholen, wann es ihm am besten passt (und sie in der Packstation auch wieder zur Retoure abgeben). Das komfortable System wird allerdings zum Opfer des eigenen Erfolges: Die Packstationen sind mitunter dermaßen ausgelastet, dass die Pakete doch zu den Kunden nach Hause oder in eine Postfiliale müssen.[34] Auf der anderen Seite können Verkäufer ab 300 Sendungen pro Jahr mit DHL definierte Abholzeiten vereinbaren, nach denen sie ihre Prozesse ausrichten können, sowie andere Sonderkonditionen.

Hermes bietet mit seinen Paketshops ein Netzwerk an Kiosken, Internetcafés und Kleinhändlern, die Pakete in der Nachbarschaft annehmen. Auch GLS bietet diese Lösung für Vielbesteller, die ihre Pakete nur selten zu Hause empfangen können.

33 www.estrategy-magazin.de (abgerufen Dezember 2016)
34 www.krautreporter.de (abgerufen Dezember 2016)

Zudem besteht bei allen Dienstleistern die Möglichkeit, Pakete direkt an den Arbeitsplatz liefern zu lassen: ein Traum für die Fraktion „Cash-rich/Time-poor", die so gern mangels Zeit fürs Einkaufen online bestellt. Darüber hinaus bieten diverse Paketdienstleister meist gegen einen Aufpreis Zeitfenster an, damit Endkunden die Zustellung nach ihren Bedürfnissen ausrichten können.

Wie bei den Zahlungsarten (siehe *2.5.2 Zahlungsmöglichkeiten*) sollten Online-Shop-Betreiber darüber nachdenken, ihren Kunden mehrere Versandarten von mehreren Versandunternehmen anzubieten. Dabei müssen sie in Bezug auf ihre eigenen Bedürfnisse und die ihrer Kunden einen Mittelweg finden. Sowohl Käufer als auch Verkäufer achten auf Kosten und Abhol- beziehungsweise Lieferzeiten. Darüber hinaus haben beide gewisse Servicebedürfnisse (vor allem eine unkomplizierte Sendungsverfolgung) sowie ein Interesse an umfassender Versicherung. Dennoch können diese gemeinsamen Interessen auseinanderklaffen: Einige Verkäufer mögen die Tarife und Konditionen von DHL nicht besonders interessant finden, während viele Käufer begeisterte Packstation-Benutzer sind und wegen schlechter Erfahrung mit einem Fahrer nun andere Konkurrenten meiden wie der Teufel das Weihwasser. Wenn sie nicht Amazon oder DHL als Fullservice-Fulfillment-Partner nutzen, gilt es daher für Online-Händler und Hersteller im Direktverkauf einen eigenen Mix aus Versandpartnern zu definieren – was sicherlich auch eine Kostenfrage ist.

Die Fulfillment-Schritte Kommissionierung und Retourenabwicklung können Online-Shop-Betreiber selbst in die Hand nehmen: Wer genügend Lagerraum hat und zuverlässige Prozesse für das Zusammensuchen und Verpacken von Produkten aufstellen kann, braucht diese nicht fremdzuvergeben. Dabei ist jeder Online-Pure-Player – der ja im Gegensatz zu einem Multichannel-Händler nicht über ein eigenes Filialnetz verfügt – komplett auf Versandunternehmen angewiesen, damit die Waren bei den Kunden ankommen.

Innovationen: Wenn der Postmann nicht ein einziges Mal klingelt

Neue Wege in der Zustellung geht zum Beispiel DHL mit der Paketbox, einer Art privaten Packstation vor dem eigenen Haus, die ausschließlich von DHL-Fahrern und dem jeweiligen Kunden geöffnet werden kann. In dicht besiedelten Innenstädten wird sich dieses Modell nicht verwirklichen lassen, aber hier tüftelt schon die Start-up-Welt an Produkten wie der „Lockbox", die mit einer Kette an Wohnungstüren befestigt wird und Lieferungen von verschiedenen Paketdiensten den ganzen Tag über sicher aufbewahrt. Weitere Innovationen werden folgen. Die Paketdienste haben bei ihren Margen kein Interesse an einem Stagnieren des Paketgeschäftes, müssen aber neue Konzepte anbieten, um profitabel zu wachsen. Auch Online-Shops werden ihren Kunden in ihren Wünschen entgegenkommen müssen und auf solche neuen Modelle als Wachstumsgaranten setzen. Und nicht zuletzt eröffnen innovative Strukturen für junge Unternehmen und etablierte Händler neue Möglichkeiten: Start-ups wie Shutl in London oder Tiramizoo in München vernetzen mit Algorithmen Online-Käufer, Produkt und Kurier optimal miteinander, damit Einkäufe binnen Stunden geliefert werden können. Das Ziel ist es, Same-Day-Delivery zum selben Preis wie klassische Lieferer anzubieten. Dies dürfte in Großstädten, wo sich Angebot, Logistik und Nachfrage ballen, rasch zu verwirklichen sein. Amazon bietet dies seinen Prime-Kunden bereits in 14 deutschen Metropolregionen an (Evening-Express): Bei einigen Produkten ist die Zustellung von morgendlichen Bestellungen zur Feierabendzeit gewährleistet. Darüber hinaus gibt es in Deutschland, wie auch in den USA, in manchen Fällen sogar die Option der Lieferung binnen zwei Stunden oder schneller (Prime Now, siehe auch *Strategische Überlegungen* in Kapitel *3 Case Studies*). Sollten solche Änderungen in der Logistik dazu führen, dass Kunden beispielsweise mehr Lebensmittel online bestellen, dürfte es nicht allzu lange dauern, bis ein Kampf um diesen Markt zwischen Amazon, neuen Food-Lieferdiensten und Supermarktketten entfacht. Da könnte es zum Beispiel naheliegend sein, Kunden mit sicher angebrachten Kühlboxen im eigenen Brand-Look auszustatten und so an das Unternehmen zu binden.

2.6.2 Retouren

Schrei vor Glück – Punkt

Neue Lösungen für die Zustellung von Paketen an Kunden bedeuten ebenfalls neue Lösungen für die Abholung von Paketen bei Kunden: Denn die Zurücksendung von bestellten Artikeln gehört genauso zum Alltag des Online-Handels wie der Versand – vor allem in Deutschland, wo Konsumenten mehr retournieren als in jedem anderen europäischen Land. Ergeben hat sich diese Situation aus einem Zusammenspiel zwischen der für lange Zeit kundenfreundlichen deutschen Gesetzgebung und der hierzulande beliebten und weitverbreiteten Zahlung auf Rechnung (siehe *2.5.2 Zahlungsmöglichkeiten*). Die ersten Versandhäuser boten bereits in den 1950er-Jahren den Kauf auf Rechnung an, um ihr Geschäft anzukurbeln. Die einzige andere damals weitverbreitete Zahlungsart war die Vorkasse, die viele Kunden abschreckte. Werner Otto ging als erster das Risiko des Kaufs auf Rechnung ein, alle anderen zogen nach. Und die Konsumenten lernten, dass sie Waren bestellen und zurückschicken konnten, ohne dass sie ihr Geld aus der Hand geben mussten.

Die logische Folge war – vor allem bei Modeartikeln –, bei Unsicherheit eine „Auswahlbestellung" aufzugeben: Welche Farbe passt am besten? Welche Größe brauche ich bei diesem Schnitt? So wurden erst einmal alle möglichen Alternativen bestellt, um dann das passende Kleidungsstück zu behalten und zu bezahlen – und alles andere zurückzuschicken. Während sich in anderen Ländern Vorkasse oder, ab den 1980er-Jahren, Kreditkartenzahlung und Überweisungen als gängigste Zahlungsmittel im Distanzhandel durchsetzten, blieb in Deutschland der Kauf auf Rechnung beliebt. Obwohl andere Länder ebenfalls Konsumentenrechte zur Rückgabe festlegten, mussten Kunden dort schon immer zuerst bezahlen und sich anschließend um eine Erstattung der Kaufsumme für retournierte Waren bemühen. Einfacher war es, nur Artikel zu bestellen, von denen man wirklich überzeugt war, oder notfalls missliebige Bestellungen privat weiterzuverkaufen – Usus vor allem in osteuropäischen Ländern mit schwacher Infrastruktur, wo sich Paketsendungen teilweise wochenlang hinziehen.

Es ist also ein gelerntes Konsumentenverhalten in Deutschland, grundsätzlich Waren zur Ansicht mit Option auf Retoure zu bestellen.

Kunden sehen darin nichts Schlimmes: Kann man doch in den Geschäften Sachen anfassen und anprobieren – warum dann nicht auch zu Hause? Und dieses Verhalten hat sich hartnäckig in das Zeitalter des Online-Handels hinübergerettet – anfänglich unterstützt von den großen Online-Händlern, die erkannten, dass es dem schnellen Wachstum dienlich war, auf dieses Kundenverhalten explizit einzugehen, anstatt es zu umgehen. Zalandos Werbeslogan „Schrei vor Glück!" war bei der Einführung doppelt so lang: „Schrei vor Glück, oder schick's zurück!" Dass der Kleidungsgigant kommentarlos den zweiten Teil des Satzes gestrichen hat, wundert nicht.

Je nach Segment werden bis zu 70 Prozent der Waren, die online verkauft werden, zurückgeschickt: Spitzenreiter sind Modeartikel wie Kleidung und Schuhe, die ja oft Teil von Auswahlbestellungen in verschiedenen Größen und zudem überdurchschnittlich oft vom Phänomen „Kauf-Reue" betroffen sind. Vergleichsweise selten retourniert werden etwa Bücher und CDs oder auch DVDs, Möbel sowie Wein. Aber jede einzelne Retoure verursacht Kosten und ist insofern eine Retoure zu viel: Der Artikel muss zur Retourenstelle transportiert werden, was Paketdienste wiederum in Rechnung stellen. Dann muss der Artikel angenommen und untersucht werden, was Mitarbeiterstunden kostet. Zudem muss der Artikel gegebenenfalls aufbereitet werden, bevor er wieder in Umlauf gebracht werden kann. Kann der Artikel nicht wieder verkauft werden, muss er abgeschrieben werden. Selbst wenn er die Transportwege sowie das Aus- und Einpacken im einwandfreien Zustand überlebt hat, beansprucht er nun wieder Platz im Lager.

Dabei können die horrenden Retourenquoten im Modesegment weniger kostenfressend sein als etwa die geringeren Rücksendungen im Möbelverkauf. Bei anprobierten T-Shirts reicht es nämlich oft, ein neues Label anzukleben, sie neu zu falten und zu verpacken, damit sie am nächsten Tag wieder als neu verkauft werden können: So werden Modeartikel in der Regel fast bis zu 100 Prozent wieder in den Warenkreislauf gebracht.[35] Bei Möbelstücken, die erst aufgebaut werden, bevor der Kunde merkt, dass sie doch nicht passen, ist der Verlust für den Händler dahingegen meist immens: Nach Abbau und Transport taugt eine Schrankwand generell nur noch als Sperrholz. Im Schnitt, über alle Segmente hinweg, verursacht jede Retoure laut Forschern der Universität Bamberg rund 15 Euro Kosten.

Dieselben Forscher geben ebenfalls eine „Missbrauchsquote" von 20 Prozent an, wobei „missbräuchlich" nicht im engen juristischen Sinne auszulegen ist. Weder das alte deutsche Rückgaberecht, das bis Mitte Juni 2014 galt, noch das neue, etwas weniger konsumentenfreundliche EU-einheitliche Widerrufsrecht, das es ersetzt hat, definieren Umstände, unter denen Waren nicht retourniert werden dürfen. Von einer aus moralischer Sicht fragwürdigen Auslegung des Konsumentenrechts auf Rückgabe kann aber durchaus gesprochen werden, wenn die retournierte Ware offenbar zu voller Zufriedenheit benutzt – und dazu nicht gerade pfleglich behandelt – worden ist. Retournierte Ballkleider mit Rotweinflecken sind dabei ebenso wenig die Ausnahme wie der bereits angesprochene Smoking mit angerissenen Opernkarten in der Innentasche. Auch keine Seltenheit: schwere, teure Gegenstände wie Mountainbikes oder Kletterzubehör, die als „Einwegprodukte" für Urlaube verwendet wurden. Solche Retouren sind Anfang September beliebt. Und Mitte Oktober trudeln bei den Trachtenhändlern wieder die Lederhosen ein: Dabei kann nicht immer auf den ersten Blick unterschieden werden zwischen den Modellen im gespeckten Vintage-Look und denen, die einfach von fettigen Oktoberfest-Schmankerln wie Backhähnchen und Schweinshaxe in Mitleidenschaft gezogen worden sind. Und dann kommt ja noch der Januar: ein Monat, in dem teures Geschirr und Besteck noch mit angetrockneten Essensresten wieder im Lager auftauchen.

35 www.zeit.de (abgerufen Dezember 2016)

Solche Geschichten sind offene Geheimnisse der Branche, über die jedoch kein Hersteller oder Händler gerne spricht. Erstens, weil Kunden doch zum größten Teil aufrichtig sind und einfach nur Gebrauch von ihren Rechten machen wollen. Zweitens, weil kein Online-Shop den Eindruck erwecken will, er stelle Kunden unter Generalverdacht. Drittens und am allerwichtigsten:

Retouren sind zwar Kostenfresser, aber gleichzeitig Wachstumstreiber.

Sie nehmen Kunden die Unsicherheit beim Bestellen (siehe *2.5 Kaufabwicklung*), stiften Vertrauen in das Unternehmen und können unter Umständen zu mehr Umsatz pro Bestellung führen: Vielleicht plante der Kunde nämlich, nur ein T-Shirt zu kaufen, mochte aber zwei von den dreien, die er zur Auswahl bestellt hatte. Die unbequeme Wahrheit des Retournierens ist: Ohne gibt es weniger Umsatz, aber mit gibt es weniger Rendite.

Daran wird zumindest kurzfristig auch die seit 2014 geltende EU-einheitliche Neuregelung wenig ändern. Obwohl das neue Widerrufsrecht theoretisch aus Kundensicht scharfe Einschnitte in das alte Rückgaberecht vornimmt – Kunden dürfen nicht mehr ohne Angaben ihrer Beweggründe retournieren und Retournierer haben selbst die Kosten des Zurücksendens zu tragen (insofern der Händler sie ausreichend bei der Bestellung darüber informiert hat) –, wird es von den meisten Online-Händlern bislang sehr kundenfreundlich ausgelegt. So verlängern Händler die Frist freiwillig auf einen längeren Zeitraum (zum Beispiel bei Zalando auf 100 Tage) oder schicken weiterhin frankierte Rücksendescheine mit, was jetzt einfach eine nette Aufmerksamkeit statt eine gesetzliche Pflicht darstellt. Höchstens margenschwächere Discount-Modelle verzichten auf dieses Servicemerkmal. Denn keiner der großen Händler, der seine Kunden in ihren Nicht-mehr-Rechten beschneidet, will damit als erster auffallen: Wer sich früher aus der Deckung wagt, ist länger tot.

Retourengründe und Retourenvermeidung

Viele Online-Shop-Betreiber unternehmen einiges gegen Retouren, ohne dabei ihre allgemeinen Geschäftsbedingungen öffentlichkeitswirksam zu ändern. Denn nach Jahren des rasanten Wachstums bei Verlusten oder sehr geringen Margen müssen selbst Giganten wie Amazon und Zalando anfangen, renditestärker zu werden. Dazu würde eine deutliche Senkung der Retourenquote viel beitragen.

Und wer die Gründe für die nicht als missbräuchlich einzustufenden Retouren versteht, kann besser dagegen vorgehen. Diese Gründe teilen sich in vier Kategorien auf.[36]

1. **Kundenseitige Gründe:** Hierzu gehören nicht nur die Auswahlbestellungen und Ansichtssendungen, sondern auch falsch gelesene Beschreibungen oder zu optimistisch eingeschätzte Dimensionen. Und einige Bestellungen sind einfach von vornherein unnötig, wie sich beispielsweise abends am Küchentisch herausstellt, wenn Eheleute merken, dass sie sich beide für eine gewisse Anschaffung zuständig fühlten.
2. **Warenbezogene Gründe:** Defekte Artikel werden natürlich retourniert. Manchmal liegt zwar kein Mangel vor, aber die durch die Webseite erweckte Anmutung und das reale Produkt stimmen nicht überein. Besonders bei der Passform von Kleidung sowie bei Farben von Textilien, Gerätehüllen und Möbeln kann das Auseinanderklaffen zwischen Erwartung und Wirklichkeit technologische Gründe haben: Dazu zählen unzureichendes oder irreleitendes Bildmaterial auf der Produktseite oder ungewöhnliche Farbeinstellungen am Bildschirm des Kunden. Hier gehen einige warenbezogene Gründe nahtlos in kundenseitige Unachtsamkeit oder Fehleinschätzungen über.
3. **Fulfillment-verursachte Gründe:** In der Kommissionierung können Packfehler dazu führen, dass der falsche Artikel an den Kunden verschickt wird, während unzureichend oder schlampig verpackte Waren häufiger unter Transportschäden leiden. Der Transport selbst kann aber auch einwandfreien Verpackungen etwas anhaben: Ein Restrisiko ist immer vorhanden. Zudem können ganz banale Probleme, wie vom Kunden falsch eingetragene Adressdaten oder Schwierigkeiten mit der Auffindbarkeit seitens des Paketboten, in Unzustellbarkeit münden.
4. **Dispositionsbezogene Gründe:** Stellt sich ein Artikel nach Abgabe der Bestellung als nicht lieferbar heraus, beginnt die Rückabwicklung dieser Bestellung, bevor die Ware überhaupt verschickt werden kann. Ebenfalls führen verspätete Lieferungen oft zu Retouren: Benötigte der Kunde den Artikel bis zu einem festen Termin, besorgt er sich diesen bei ausbleibender Lieferung im stationären Handel und lässt den Nachzügler retour gehen. Oder bestellt zur Sicherheit gleich bei mehreren Online-Anbietern: *The winner takes all*, die Zweit- und Drittbesten gehen wieder ins Lager.

36 In Anlehnung an Thieme (2013), Versandhandelsmanagement, S. 318ff.

Gegen jeden einzelnen dieser Retourengründe kann vorgegangen werden, ohne an derzeitigen Rückgabebedingungen zu rütteln – und im Einklang mit geltenden Gesetzen. Denn der erste Schritt ist, festzustellen, welche Gründe besonders häufig zu Retouren führen. Und da die EU-Richtlinie eine eindeutige schriftliche, elektronische oder telefonische Erklärung von Kunden verlangt, mittels der er sein Widerrufsrecht ausübt, ist es nur noch ein kleiner Schritt, bei dieser Gelegenheit nach Gründen zu fragen. So setzt der Otto-Versand beispielsweise eine nummerierte Liste von Rücksendegründen neben den Retouren-Paketaufkleber: Wählen kann der Retournierer zwischen Optionen die von „41: Zu lang“, „43: Zu kurz“ und „44: Farbe/Muster anders als abgebildet“ reichen bis zu „51: Zu spät geliefert/Liefertermin nicht eingehalten“ und „52: Falsch geliefert/falsch bestellt“.

Viele „40er“ wären bei Otto ein Zeichen dafür, dass Maßtabellen und Warendarstellungen vielleicht überarbeitungsbedürftig sind. Manchmal ist die Lösung ganz simpel: Bei Zalando sanken beispielsweise einst hohe Retourenquoten bei Handtaschen schlagartig, als diese nicht mehr wie Schuhe alleinstehend, sondern mit Models dargestellt wurden, damit das Verhältnis zur Körpergröße sofort ersichtlich war. Darüber hinaus sollte das Potenzial von Kundenrezensionen nicht unterschätzt werden: Rezensionen aus der Perspektive der Kunden, die schon einmal bei dem jeweiligen Artikel die Unterschiede zwischen Fotodarstellung sowie Beschreibungstext und tatsächlichem Produkt erlebt haben, können viele aufkeimende Fragen beantworten und Kunden in der Überlegungsphase dabei helfen, bessere Kaufentscheidungen zu treffen. Solche **kommunikationsorientierten Maßnahmen** sind sinnvoll, schmerzlos und bedeuten einen Gewinn für den Kunden (siehe *2.2 Produktpräsentation*).

Eine hohe Anzahl „50er“ bei Otto würde allerdings bedeuten, dass etwas an der Logistik nicht stimmt. **Fulfillment-orientierte Maßnahmen** wie Kontrollen und gegebenenfalls Wechsel der Zusteller sowie Prozess- und Qualitätsmanagement im Lager à la Amazon (siehe oben) könnten dann eine Lösung sein. Auch die Verpackung könnte optimierungsbedürftig sein. Ebenso könnten **dispositionsorientierte Maßnahmen** wie eine verbesserte Warenverfügbarkeit vonnöten sein.

Werden viele nicht funktionsfähige Artikel retourniert oder ergibt die Kundenkommunikation ständige Diskrepanzen zwischen erwarteter Qualität und tatsächlichem Look-and-Feel, sind möglicherweise **sortimentsorientierte Maßnahmen** die Lösung: Entweder muss die Qualitätskontrolle beim Wareneingang erhöht oder missliebige Produkte/Hersteller/Lieferanten müssen gänzlich aussortiert werden.

Bei kundenseitigen Retourengründen können oft **kundenorientierte Maßnahmen** helfen. Diese sollten schon bei der Bestellung ansetzen: Zum Beispiel können Shopsysteme Rules-basiert bei erkennbaren Auswahlbestellungen – beispielsweise derselbe Schuh in zwei Größen oder eine Jacke in drei Farben – Appelle an die Vernunft oder Umweltfreundlichkeit der Kunden richten. Umgekehrt können Prämien wie etwa Prozente auf künftige Einkäufe angeboten werden, wenn Kunden nicht retournieren. Diese dienen dann gleichzeitig der Kundenbindung. Etwas sensibler ist die Direktansprache von Kunden, die auffällig viel und oft retournieren: Am unverbindlichsten sind „Kundenzufriedenheitsumfragen", die inhaltlich auf das Verhalten zielen. Die Eskalationsskala reicht über ein persönliches Schreiben des Kundenservice (siehe *2.7 Kundenservice*), ob alles mit den Bestellungen in Ordnung gewesen sei, bis hin zu Warnungen, dass das Kundenkonto gesperrt werden könnte.

Am heikelsten sind „härtere" kundenorientierte Maßnahmen wie Kontosperrungen, die dann zum Einsatz kommen, wenn es um beratungsresistente Gewohnheitsretournierer oder äußerst dreiste Rücksendungen geht. Laut Qualitätssiegel-Vergeber Trusted Shops erlebten im Jahr 2013 fast 2 Prozent der deutschen Kunden im Online-Handel eine solche Sperrung.

Etwas weniger kontrovers – und sehr effektiv – geht es beispielsweise mit dem selektiven Ausschluss vom Kauf auf Rechnung, denn die Unverbindlichkeit der nachträglichen Begleichung führt oft zu Auswahlbestellungen oder solchen, die nachher der Kauf-Reue zum Opfer fallen. Die Vorleistung – auch wenn sie nichts am Widerrufsrecht und dem Anspruch auf Rückzahlung ändert – ist einfach psychologisch abschreckend und führt zu einem weniger leichtfertigen Bestellverhalten.

> *Ebenfalls unkontrovers ist der schweigende Ausschluss von „Retourensündern" aus verkaufsfördernden Kommunikationsmaßnahmen und Aktionen, lässt sich doch eine E-Mail-Adresse ganz einfach aus einer Mailingliste entfernen.*

Fehlerquelle Mensch – Heilsbringer Technologie

Langfristig müssen Retourenquoten reduziert sowie die Logistikinfrastruktur effizienter und effektiver werden, wenn Margen im E-Commerce größer werden sollen. Und um dieses Ziel zu erreichen, investieren die Big Player, allen voran Amazon, riesige Summen, um den möglichen Risikofaktor Mensch zu reduzieren.

Dies gelingt zum Beispiel durch verbesserte Produktdarstellungen mittels Technologie. In den kommenden Jahren werden sich Kunden im Modesegment „Avatare" (digitale Repräsentation ihrer selbst) zulegen können, um originalgetreu Kleidung vor dem Kauf anzuprobieren und in verschiedenen Kombinationen, Größen und Lichtverhältnissen zu erleben. Bereits heute stellen Möbelhändler „Augmented-Reality"-Applikationen zur Verfügung, die über die Kamera eines Smartphones ein Zimmer „anschauen" und abmessen können, damit eine Darstellung von verschiedenen Möbelstücken an verschiedenen Orten im Zimmer erzeugt werden kann (siehe *2.2 Produktpräsentation*). Mittels solcher technologischer Lösungen soll menschlichen Fehlern, wie falschen Zimmerabmessungen oder dem Übersehen von Details an Kleidungsstücken, vorgebeugt und menschliches Verhalten, wie unrealistisches Wunschdenken in Bezug auf Zimmergröße oder Körperumfang, schon im Vorfeld verhindert werden.

Dennoch können Online-Händler und Hersteller ihre Kunden nur bedingt erziehen und müssen notfalls zulassen, dass sie nicht ganz passende Bestellungen tätigen. Im Bereich der Fulfillment-Infrastruktur ist der Mensch aber aus Sicht vieler E-Commerce-Unternehmen eigentlich nur ein Stör- und Kostenfaktor: Menschen unterlaufen beispielsweise bei der Kommissionierung oder bei der Zustellung Fehler, vor allem wenn sie in Eile sind, Menschen erledigen ungern repetitive Arbeit unter Dauerstress, suchen sich folglich andere Jobs oder werden häufiger krank.

Um die Prozesse und Abläufe weiter zu optimieren, kommen in der Lagerlogistik immer häufiger Roboter zum Einsatz. So zum Beispiel bei Amazon die „Bots" der Firma Kiva (die 2012 von Amazon gekauft wurde), die unermüdlich kiloschwere Regale mit Artikeln durch die Lagerhallen in vorgegebenen Bahnen über ein Schachbrettmuster lenken. Verknüpft mit dem Zentralcomputer, der nach dem Zufallsprinzip die Lagerung ordnet und die Roboter agil steuert, ergibt sich ein System, in dem der Mensch nicht mehr benötigt wird: Wo die Bots am Werke sind, wird eine „Human Exclusion Zone" eingerichtet. Fulfillment-Center, in denen nur noch Roboter picken und Menschen allein fürs Verpacken zuständig sind, können bis zu viermal so produktiv sein wie herkömmliche Standorte: Bestellung gehen live ein und sind bei Bedarf schon nach 15 Minuten versandbereit. Damit ist eine wichtige Voraussetzung für die Same-Day-Delivery (siehe oben) erfüllt. Es ist nur eine Frage der Zeit, bis die Roboter auch das Verpacken übernehmen und die Zeit von Bestellung bis zur Versandbereitschaft nochmals drastisch verkürzen und das ganze Logistikzentrum zu einer menschenfreien Zone wird. Danach ist der Transport dran: Diejenigen, die die Amazon-Paket-Lieferdrohne von 2013 für einen gewieften

PR-Gag hielten, haben die Tragweite dieser Entwicklung nicht verstanden. Mittlerweile wurde eine zweite Lieferdrohne vorgestellt, die sogar anderen fliegenden Objekten ausweichen kann, dazu kommen futuristische Pläne zu Luftschiffen als mobile Warenzentren. Logistikpartner DHL hörte sehr wohl die Signale – und testet mit einer eigenen Zustell-Drohne im Regelbetrieb die Zustellung von Medikamenten auf die Nordseeinsel Juist.[37] Die nahe Zukunft hält wahrscheinlich keine Star-Trek-Hologramme bereit, die uns ein Regal oder einen Schrank ins Zimmer projizieren – dafür aber wohl semiautonom arbeitende Roboter, die uns Pakete nach Hause fliegen oder zumindest die Treppe hochtragen, um den Zusteller vor Ort zu entlasten.

2.7 Kundenservice

Einführung

Seitdem es E-Commerce gibt, haben Stimmen immer wieder behauptet, niemand würde über das Internet bestellen wollen. Man wisse überhaupt nicht, mit wem man es zu tun habe. Man könne die Produkte nicht anschauen, in der Hand halten oder ausprobieren. Und wenn was schief gehe, gäbe es keinen Laden, den man mit dem defekten Produkt aufsuchen und ein klärendes Gespräch führen könne. Natürlich ist an all diesen Behauptungen etwas dran, sonst wäre der stationäre Handel jetzt schon mehr oder minder ausgestorben. Aber dass diese Hindernisse nicht unüberwindbar sind, haben erfolgreiche Online-Händler immer wieder unter Beweis gestellt.

So ist das virtuelle Schaufenster immer besser geworden: Mit hochauflösenden Bildern aus allen Richtungen lassen sich Artikel ausreichend anschauen. Vergleichswerte liefern Produkte, die man bereits zu Hause hat, oder auch die Kommentare von anderen Kunden (siehe *2.2.3 Produktseiten und Artikeldetails*). Darüber hinaus gibt es weitere Vorteile für Kunden: Die virtuelle Einkaufsstraße ist länger als jede physische, sie lässt sich in Sekundenschnelle navigieren, jeder Laden ist viel größer und kann ein viel breiteres und spezifischeres Sortiment beherbergen als selbst der größte Fachmarkt (siehe *2.1 Beschaffung*). Solange es eine ausreichend schnelle Shopsuche gibt, sind alle Produkte sofort zu finden. Und sollte man doch

37 www.focus.de (abgerufen Dezember 2016)

mal daneben greifen, kann man ohnehin alles retournieren (siehe *2.6.2 Retouren*). In allen genannten Punkten kann es der E-Commerce in der Summe vor allem mit den großen Handelsketten und Fachmärkten aufnehmen.

Und trotzdem fehlt dem E-Commerce noch etwas: der lächelnde Verkäufer, der das Einkaufserlebnis persönlich gestaltet und der dem Kunden in Erinnerung bleibt, oder die erfahrene Verkäuferin, die den Kunden ansieht, was sie gerade suchen. Die Empfehlungsmechanismen im Online-Shop mögen zwar präzise sein, sie sind jedoch keine Menschen und schießen gerne einmal vollkommen daneben. Sie können ihre Empfehlung auch (noch) nicht gemäß dem jeweiligen Gesichtsausdruck des Kunden korrigieren. Darüber hinaus lässt sich die höchstverbindliche Haltung eines langjährigen Mitarbeiters oder stolzen Ladeninhabers, für die angebotenen Produkte persönlich geradezustehen, online schwerer vermitteln als im persönlichen Gespräch.

Schwer heißt aber nicht gleich unmöglich. Nur müssen Online-Shops das liebevoll eingerichtete Ladeninterieur und das Lächeln des Verkäufers mit anderen Mitteln wettmachen: mit einem vertrauenerweckenden Design und verbindlichen Versprechen – vor allem in der Kaufabwicklung (siehe *2.5 Kaufabwicklung*) – sowie mit gezielten Marketing- und Kommunikationsmaßnahmen für Bestandskunden (mehr hierzu in *2.3 Marketing* und *2.4 Vertrieb*). Zu guter Letzt müssen Online-Händler und Hersteller, die online verkaufen, höchste Serviceansprüche an sich selbst stellen und diese auch kommunizieren.

Der Kundenservice im E-Commerce muss besser sein als im stationären Handel – nicht nur, um das fehlende Persönliche wettzumachen, sondern auch, um zu einem überzeugenden Alleinstellungsmerkmal zu werden.

Wie die Logistik ist der Kundenservice ein Prioritätsbereich, in den Mittel fließen sollen, bevor diese in die Vermarktung gesteckt werden. Denn die Sicherheit eines zuverlässigen Service soll beim Kunden vor einer Erstbestellung den letzten Restzweifel beseitigen – und im Problemfall soll der Service so reibungslos funktionieren, dass der Kunde nicht nur zurückkommt, sondern vom positiven Serviceerlebnis erzählt.

Wer kennt das nicht im Bekanntenkreis? Da wird etwas bei Amazon bestellt, das sich als defekt erweist. Der Bekannte meldet sich bei Amazon und bekommt einen Anruf von einem ausgeprägt freundlichen, sehr kompetenten Mitarbeiter, der nach einem kurzen Gespräch die Versendung eines neuen Exemplars veranlasst, noch bevor er den Hörer mit einem netten Wort auf den Lippen aufgelegt hat. Am nächsten Tag kommt ein funktionstüchtiger Ersatz an – möglicherweise bevor der Bekannte den defekten Artikel überhaupt für die „Rückreise" wieder eingepackt hat. Der begeisterte Bekannte merkt: Wenn mein Produkt nicht funktioniert, hilft mir der Händler – und ich muss nicht einmal das Haus verlassen. Eigentlich ist der Online-Kauf in solch einem optimalen Fall sogar viel praktischer als ein Erwerb im stationären Laden: Der Zeitverlust war geringer; der erste Kundenberater wusste schon ganz genau, was ich wollte, und musste nicht zuerst den Chef holen; der Ersatz war nicht vergriffen, sondern kam am nächsten Tag.

Dass solche Erlebnisse tagsüber im Büro oder abends am Esstisch bei Freunden erzählt werden, muss das Ziel sein. Alles, was weniger ehrgeizig ist, hilft weder konservative Kunden von der eigenen Seriosität zu überzeugen noch sich gegen die Konkurrenz durchzusetzen, die schon online ist und solche Standards geprägt hat. Wie diese Ansprüche im Einzelnen aufzuführen sind, hängt aber von den Eigenschaften des Online-Shops ab:

- Handelt es sich um einen herstellereigenen Online-Shop oder um den eines Online-Händlers?
- Welche **Warenkategorien** werden angeboten? Wie **service-**, **beratungs-** und **wartungsintensiv** sind sie, in welchem **Preisbereich** liegen sie und inwiefern unterliegen sie einer **Herstellergarantie**?
- In welcher **Größenordnung** liegt der Absatz? Welche Systeme (fest angestellter Kundenberaterstab, eigens eingerichtete Telefonzentrale) sind bezogen auf den Aufwand angemessen und wirtschaftlich aufzubauen?
- Welche **Erwartungen** bringen die Kunden an Erreichbarkeit und Konditionen mit?

Diese Faktoren sind in vielen Fragen des Kundenservices maßgeblich enthalten: Welche Probleme werden am häufigsten auftreten? Was kann oder muss versprochen werden? Was ist mit den vorhandenen Umsätzen finanzierbar? Hier klaffen sichtbare Lücken zum Beispiel zwischen großen Online-Modehändlern und Herstellern von hochwertigen Werkzeugen, die online verkaufen, oder zwischen Antiquariatsbuchhandlungen und Möbelherstellern mit Online-Shops.

Dennoch stehen die verfügbaren Kundenservicekanäle allen Online-Shop-Betreibern offen: Kostenbarrieren für die Einrichtung sind durchweg niedrig. Die einzige Frage ist, wie viele von ihnen wie bedient werden sollen. Im Folgenden beleuchten wir daher zunächst die diversen Kanäle, bevor wir anschließend auf überragende Kundenservicekonzepte aus strategischer Sicht eingehen.

2.7.1 Kanäle

Telefonische Hotline

Im EU-einheitlichen Widerrufsrecht von 2014 wird festgestellt, dass Händler ihren Kunden eine Telefonnummer zur Kontaktaufnahme klar kommunizieren müssen. Zudem dürfen für telefonische Anfragen von Bestandskunden keine höheren Kosten als der Grundtarif berechnet werden. Das heißt: Hat der Händler eine Telefonnummer, muss sie spätestens auf der Rechnung angegeben werden und darf für Kunden nicht viel mehr als rund 20 Cent pro Anruf kosten.

Es gibt jedoch große Unterschiede zwischen einer Kontaktnummer und einem vollen Hotline Service. Private Online-Händler, die ihren Gartenschuppen als Warenlager verwenden und im heimischen Arbeitszimmer sitzen, können hier einfach ihre heimische Telefonnummer angeben (auch wenn es sich vielleicht eher empfiehlt, dafür eine zweite Nummer schalten zu lassen), während große Anbieter ganze Callcenter einrichten müssen.

Ob eine Telefonnummer kommuniziert wird oder nicht, hängt aber nicht von der Größe der Telefonzentrale, sondern vom Kundenservicekonzept ab. Amazon verheimlicht eine Telefonnummer und setzt auf eine digitale Vorkanalisation der Anfragen: So ist der Konzern telefonisch erst zu sprechen, nachdem der Kunde sein Problem geschildert hat und um einen Rückruf bittet. Das hat große Vorteile: Das Unternehmen bestimmt die Zahl der Telefonate, die geführt werden müssen, indem alle Fragen, die eine einfache elektronische Antwort haben, aussortiert werden. Das sorgt für eine hohe Qualität der Anrufe, da Kunden, die angerufen werden, keine frustrierende halbe Stunde in der Warteschleife verbringen müssen und die tatsächlich verbleibenden Telefonate auf einer besseren Informationsbasis und dadurch zielführender stattfinden (siehe den Abschnitt *Selfservice* unten).

Wie zahlreiche von Frust erfüllte Beiträge in Internetforen bezeugen, ist diese Herangehensweise bei aller Effektivität aber nicht jedermanns Geschmack. Im Gegenzug setzen andere Händler auf schnelle telefonische Erreichbarkeit als Servicemerkmal und sortieren mittels Auswahlmenüs mit Tasteneingabe die Anfragen vorab in verschiedene Bereiche ein. So wissen die Mitarbeiter dieser Callcenter im Vorfeld ungefähr, worum es in der Anfrage geht, und die Anrufe können in größeren Zentralen zu speziell ausgebildeten Teams weitergeleitet werden.

Für kleinere Händler oder Hersteller ist eine Telefonnummer auch ohne größere Zentrale Pflicht. Erstens haben Betreiber von kleinen Online-Shops in der Regel keine Rechtsabteilung wie amerikanische Großkonzerne und können es sich daher nicht leisten, Abmahnungen zu riskieren. Zweitens genießen sie in der Regel auch keinen Vertrauensvorschuss wie namhafte Unternehmen. Zwar mögen sich einige telefonaffine Kunden im Nachhinein aufregen, dass sie nicht einfach mal bei Amazon anrufen können; so haben sie dort trotzdem ohne Zögern gekauft, weil schon Millionen andere damit gute Erfahrungen gemacht haben. Bei kleineren Shops, die Kunden noch nicht kennen, ist die Angabe einer Telefonnummer eine vertrauensstiftende Maßnahme, die wahrscheinlich einen stärkeren Effekt hat als drei Sicherheitssiegel von Trusted Shops und Co. auf einmal.

Fakt ist, dass viele Kunden es ohnehin bevorzugen, Serviceanfragen elektronisch abzugeben: Berufstätige in Großraumbüros können es sich nicht unbedingt leisten, aufgrund einer nicht angekommenen privaten Bestellung ein 15-minütiges Telefonat zu führen. Um eine E-Mail in derselben Angelegenheit zu schreiben, kann sich hingegen fast jeder unbemerkt ein paar Minuten Zeit nehmen.

Nur wenige Berufstätige möchten nach Feierabend aus einer überfüllten Straßenbahn anrufen oder hierfür ihr Abendbrot verschieben, aber auch diese Menschen beruhigt die Vorstellung, irgendwo anrufen zu können – nicht allerdings die Vorstellung, anrufen zu müssen!

Ein guter Telefonservice ist trotzdem für alle ein Muss: Ob der Schwerpunkt darauf gelegt wird, Rückfragen und Probleme möglichst online zu bearbeiten oder nicht, das Telefon ist der Ort im E-Commerce, wo es im Online-Shop am meisten menschelt. Wenn Kundengespräche geführt werden, sind überzeugende Verbindlichkeit und ein freundlicher Ton das A und O – auch wenn die Antwort kurz und knapp auf einen anderen Kanal verweist: „Wenn Sie uns bitte dazu eine kurze E-Mail mit einem Bild zukommen lassen könnten, wäre das am besten. Ich gebe Ihnen mal die Adresse durch."

Elektronische Kontaktmöglichkeiten

Elektronische Kommunikation in Schriftform ist im E-Commerce-Kundenservice eine tragende Säule. Kunden, die ein Produkt in einem stationären Geschäft erwerben, gehen mit ihren Problemen und Fragen dorthin zurück. Im Online-Handel ist es allein deswegen naheliegend, online Kontakt aufzunehmen, weil kein Medienbruch stattfindet.

Oft sind Service-**E-Mail**-Adressen bereits in Mails zur Bestellungsbestätigung aufgeführt, damit Kunden in ihren Inboxen direkt darauf klicken und sofort losschreiben können. Andere Shop-Betreiber werben offensichtlich im Online-Shop mit der Mail-Adresse – und spätestens im Impressum muss diese angegeben werden oder zumindest ein Kontaktformular als Teil der Impressumspflicht. Das EU-Richtlinienkonforme Widerrufsrecht schreibt vor, dass, wenn vorhanden, unter anderem eine E-Mail-Adresse des Online-Shops aufgeführt werden muss. Auch hier bildet Amazon eine Ausnahme insofern, als dass es am Sinn des Gesetzes vorbeischrammt: Die E-Mail-Adresse impressum@amazon.de ist eingerichtet worden, um der Impressumspflicht nachzukommen, während das Kontaktformular erst eingeloggten Kunden angezeigt wird. Auch in Bestellbestätigungs-Mails knausert Amazon mit Kontaktaufnahmemöglichkeiten: Kunden werden angehalten, sich möglichst einzuloggen und ihre Service-Anfragen über den Amazon-Shop zu bearbeiten.

Kontaktformulare sind bei vielen Shop-Betreibern beliebt, da sie Kunden durch ihre Struktur dazu bringen, in einem Schreiben möglichst viele Informationen anzugeben. Beispielsweise können Pflichtfelder von sehr generellen Angaben – Name, Adresse, Telefonnummer, gegebenenfalls Kundennummer – bis hin zu detaillierteren Informationen wie Grund der Kontaktaufnahme oder Bestellungsnummer reichen. So wird oft ein zusätzlicher Mailwechsel vermieden, weil bereits im Vorfeld möglichst viele Informationen auf einmal gesammelt werden; inbesondere jene, die Kundenberater brauchen, um ein Anliegen zu bearbeiten.

Dabei gibt es bei E-Mails und Kontaktformularen einige elementare Best Practices, die sich zwar selbstverständlich anhören mögen, aber oft genug nicht befolgt werden – auch von größeren Anbietern:

- E-Mail-Adressen im Kundenservice sollten am besten auch nach Kundenservice klingen: service@musteronlineshop.de zum Beispiel. Auch denkbar sind getrennte E-Mail-Adressen für verschiedene Problemfelder: bestellungen@musteronlineshop.de sowie retouren@musteronlineshop.de. Auch wenn bei kleineren Shops alle E-Mails demselben Kundenbetreuer zugestellt werden, helfen solche Trennungen bei der Sortierung der Anfragen.
- Automatisierte Eingangsbestätigungen meiden Folgeanfragen oder Anrufe. Oft wird nicht einmal 30 Minuten gewartet, bevor sich ein Kunde mit einem (vermeintlich) dringenden Problem – oder mit überhöhten Ansprüchen – erneut meldet, was für das Unternehmen einen Zeitverlust darstellt und zu Verwirrung mit Bloßstellungspotenzial führen kann: Wurde die E-Mail von vor zwei Stunden bearbeitet oder wurde das schon am Telefon geklärt ...?

- Eingangsbestätigungen bei Kontaktformularen sind ratsam, da der Kunde nicht selbst in seinen gesendeten Mails nachprüfen kann, ob die Mail rausgegangen ist. Die Eingangsbestätigung übernimmt somit in etwa die Rolle des Verkäufers, der Ihnen sagt: „Ich bin gleich bei Ihnen." Der Kunde fühlt sich gut aufgehoben und ist eher geneigt, sich einen Augenblick zu gedulden.
- Bei Online-Shops mit größeren Anfragezahlen, die Ticketing-Systeme einsetzen, sollten Eingangsbestätigungen mit der für jede Anfrage erteilten Bearbeitungsnummer gesendet werden, damit Kunden diese immer gleich angeben können.
- Standardantworten oder -antwortbausteine sollten für wiederkehrende Fälle abgelegt werden. Dies erhöht die Bearbeitungsgeschwindigkeit und senkt das Fehler- oder Unvollständigkeitspotenzial in den Antworten der Kundenbetreuer, was wiederum zu weniger Nachfragen und somit eingesparten Kapazitäten führt.

Ein weiterer Ansatz, um mehrere E-Mails einzusparen, ist ein **Chat**, also das direkte Austauschen von kurzen schriftlichen Nachrichten über ein kleines Browserfenster. Viele Unternehmen bieten diese Form von Kundenservice an – vorwiegend für kniffligere Fälle, bei denen viel Information abgefragt werden muss. Der Vorteil ist, dass Kunden lange Bearbeitungsnummern oder andere alphanumerische Informationen aus Mails kopieren und in die Chat-Box einfügen oder gleich dem Kundenberater Screenshots und Fotos zukommen lassen können. Letzteres ist am Telefon nicht möglich und kann in einen langen E-Mail-Austausch münden. Im Chat können ebenfalls Standardsätze und -antworten verwendet werden, um einen professionellen Service und einen immer passenden Ton zu garantieren, was am Telefon viel mehr Ausbildung und Professionalität verlangt und oft direkt vom jeweiligen Berater und dessen Stimmung abhängt. Im Gegensatz zu Telefonnummern, E-Mail-Adressen und Kontaktformularen erfordert eine Chatfunktion allerdings eine spezifische Softwarelösung, die sich nicht unbedingt im Lieferumfang eines handelsüblichen Shopsystems oder Mailprogramms befindet. Sie ist aber eine leistungsstarke, schnelle Serviceoption, die einen echten Nutzen sowohl für die Kunden als auch für die Kundenberater besitzt.

Social-Media-Kanäle

Viele soziale Netzwerke bieten ebenfalls Chatfunktionen an, die angemeldeten Kunden und Online-Shops zur Verfügung stehen. Für internetaffine Konsumenten, die viel Zeit online verbringen und in einigen Social Networks wie **Facebook** oder **Twitter** vertreten sind, ist es fast eine Selbstverständlichkeit, dass Unternehmen auch dort präsent sind – und sie freuen sich in der Regel mehr über Kundenservice-Kontaktmöglichkeiten in „ihren“ Netzwerken als über Werbung (siehe *2.3 Marketing*). So kann Messaging bei Facebook oder eine Direktnachricht bei Twitter in der Problemlösung genauso zielführend sein wie eine eigene Chatlösung. Zumal diese Funktionalität nichts zusätzlich kostet und eine breite Kundenakzeptanz hat.

Die meisten User stellen ihre Servicefragen hier innerhalb öffentlicher Postings, die für alle anderen User sichtbar sind. Hierdurch begeben sich Händler und Hersteller mit Social Media außerhalb der Unternehmenssphäre in ein Feld, das mindestens so viel Pannengefahr wie Kundenbindungspotenzial birgt. Denn so direkt und öffentlich die Kundenansprache dort ist, so direkt und öffentlich sind auch die Kundenrückmeldungen: User geben ihre Probleme zu Protokoll und vertreten ihre Meinung häufig unverblümt. Die Tastatur hat schon immer Ungefiltertes und bisweilen Hässliches von Konsumentenseite aus hervorgebracht – bereits mit der Schreibmaschine verfasste Beschwerdebriefe an Kataloghändler ließen im Ton oft zu wünschen übrig –, aber Social Media verstärkt die Dissonanz zwischen dem, was Kunden beispielsweise am Telefon zu sagen bereit wären, und dem, was sie schreiben. Darüber hinaus sind außerhalb des Chat- und Messaging-Bereiches schriftliche Äußerungen öffentlich und teilbar. Die Gruppenmentalität ist schließlich das Wesen sozialer Netzwerke:

> *Wenn ein Kunde sich auf ein Unternehmen einschießt, sehen das schnell andere Enttäuschte und ziehen nach.*

Gefährlich wird es, wenn die Interaktivitätserwartung in diesem Umfeld vom Unternehmen missachtet wird: Schreibt das Unternehmen nicht zurück – oder postet es nur Standardformulierungen und Werbetexte –, verstärken sich der Frust und die Lust, das Unternehmen bloßzustellen. So etwas kann dann in einen „Shitstorm“ münden.

Fallbeispiel: Deutsche Bahn

Es kommt vor, dass Social-Media-Auftritte von Unternehmen oft schon bei kleinsten Fehlern mit Kritik überhäuft werden – selbst dann, wenn sie allein dem Kundenservice und nicht der Werbung dienen.

Ein Paradebeispiel ist der Twitter-Servicekanal der Deutschen Bahn, der für Kunden rund um die Uhr erreichbar ist und sekundenaktuelle Informationen zu Verspätungen liefert: Wer an @DB_Bahn eine Frage zum aktuellen Zugverkehr schickt, bekommt generell binnen fünf Minuten eine aufschlussreiche, freundlich formulierte Antwort. Eigentlich ein schöner Service, mit dem Kunden, die in einem verspäteten Zug sitzen, bisweilen schneller Bescheid wissen als der Zugbegleiter selbst. An dem ruppigen, selbstgerechten Ton einiger Twitter-Nutzer ändert das aber nichts. Die Bahn ist ja immer ein dankbares Ziel für Volksfrust.

Die Deutsche Bahn twittert ebenfalls unter @DB_Info mit Verkehrsmeldungen, Angeboten und anderen Informationen und verweist alle Kundenserviceanfragen an @DB_Bahn. Die Trennung der Kanäle dient dazu, den Werbe- und Informationsauftritt sauber vom Servicekanal abzugrenzen: Insofern ist der sekundenaktuelle @DB_Bahn-Account so etwas wie ein Blitzableiter, der Fragen, Verzweiflung und Beleidigungen der Öffentlichkeit abfängt und weg von der öffentlichen Twitter-Darstellung des Unternehmens lenkt. Zudem sind die rund 20 Mitarbeiter des Servicekanals professionell geschult und schaffen es durch konstante Höflichkeit und konsequente Sachlichkeit, die Wut vieler Nutzer zu beschwichtigen. Die Stärke des Auftritts: Kunden erhalten Informationen und Hilfestellung bei Störungen – und zwar öffentlich. Insofern bildet dieser Twitter-Account einen Servicekanal, eine Kundenbindungsmaßnahme und eine Art Werbung – alles in einem.

Online-Shops, die nicht über solche Ressourcen verfügen, können trotzdem mit Erfolg in den Social Media-Kanälen auftreten. Da die professionelle Bearbeitung von Serviceanfragen in der Öffentlichkeit ein starkes Signal hinsichtlich der Seriosität des Unternehmens sendet, ist es nicht notwendig, Info- und Serviceauftritte voneinander zu trennen. Eine Schulung oder zumindest eine Sensibilisierung der Mitarbeiter, die Social-Media-Auftritte betreuen, ist jedoch unbedingt geraten, damit diese mögliche Fallstricke erkennen. Auf der einen Seite darf und soll die Ansprache in sozialen Netzwerken ruhig etwas familiärer sein – das Siezen ist immer weniger gebräuchlich und standardmäßige oder komplett vorformulierte Antworten fallen direkt auf –, andererseits sollte familiär nicht mit flapsig verwechselt werden. Ebenfalls tabu ist das Eingehen auf Streitgesuche: Recht haben und Recht bekommen sind besonders in den sozialen Netzwerken keineswegs dasselbe. Sich im Zweifel bei Kollegen vor dem Posten zu versichern, ob der Tonfall eines Tweets oder die Formulierung bei Facebook angemessen ist, sollte eine Selbstverständlichkeit sein.

Dazu kommt eine vermeintlich triviale goldene Regel, gegen die auch gestandene Social-Media-Profis immer wieder mal verstoßen: Fehler, die doch gemacht werden, dürfen nicht vertuscht werden.

Einem Kundengespräch am Telefon, das aus dem Ruder läuft, kann beispielsweise mit einem „versehentlichen" Auflegen entkommen werden – der verärgerte Kunde erzählt dies wahrscheinlich weiter, trägt aber die Beweislast, dass das Gespräch so verlaufen ist und er nicht ebenfalls zur Eskalation beigetragen hat. Eine misslungene Äußerung auf Facebook hingegen ist schriftlich in die Welt gesetzt worden und wird in Sekundenschnelle geteilt. Screenshots belegen die ursprüngliche Wortwahl. Nachträgliche Änderungen an Postings fallen Usern sofort auf – und werden hart abgestraft.

Nicht vergessen sollte man jedoch, dass Social Media ein wahres Minenfeld in Bezug auf die Verstrickung von dienstlichen und privaten Belangen ist. Der lockere Ton und das Versprechen von Transparenz können Mitarbeiter, die auch privat in den sozialen Netzwerken aktiv sind, zu unratsamen Postings verleiten. Kritische Verflechtungen entstehen schnell, wenn jemand einen Firmen-Account betreut, einen eigenen pflegt und noch dazu auf ach so entspannten „Barcamps" (vulgo: Konferenzen) zum Thema Social Media mit anderen nett plaudert und sich vernetzt. Schnell kann dabei vergessen werden, was wo hingehört – und was als „Einblicke" und was als vertrauliche Firmeninterna zu bezeichnen ist. Jeder Online-Shop-Betreiber sollte klare Regeln für den Gebrauch von sozialen Netzwerken am Arbeitsplatz – ob privat oder im Dienst des Unternehmens – aufstellen und Mitarbeiter daran erinnern, welche Verpflichtungen sie im Arbeitsvertrag unterschrieben haben.

Nicht nur im Kundenservice, sondern generell in der Unternehmensdarstellung ist Social Media ein komplexes Themenfeld: Aber eines, das keinesfalls außer Acht gelassen werden sollte. Denn die Verweigerung – vor allem im E-Commerce – ist keine Option. Auch wer keinen Auftritt bei Facebook, Twitter und Co. pflegt, kann dort in den Strudel geraten – nur ohne jegliche Möglichkeit, zu reagieren und das Gespräch zu steuern. Schlimmstenfalls können Persiflage-Accounts eingerichtet werden, die letztendlich die einzige Darstellung des Unternehmens in diesem so wichtigen Umfeld bilden. Und wer keine Social-Media-Kompetenz pflegt, weiß nicht, was in den verschiedenen Communitys los ist. Beispielsweise ist viel Kritik zur Deutschen Bahn entgegen aller Erwartungen bei chefkoch.de zu finden. Warum? Weil die Foren nicht der direkten Kontrolle der Bahn unterliegen und sich die Kunden frei austauschen können. Die Deutsche Bahn kann höchstens versuchen, moderierend einzugreifen – muss aber auch erst einmal über Mitarbeiter verfügen, die durch ihre Einbindung in die sozialen Medien von solchen Milieus erfahren.

2.7.2 Selbsthilfe und Kundencenter

Selfservice

Das komplette Gegenteil der Risiken von Social Media bilden Selfservice-Konzepte. Hier geht es darum, die Kundeninteraktion möglichst vom Unternehmen aus zu gestalten: Kunden sollen in den allermeisten Fällen nicht zu schreiben und erst recht nicht anzurufen brauchen, da sie die benötigte Hilfestellung in klar formulierten Texten auf der Webseite vorfinden. Fällt ihr Problemfall doch durch das Raster, dann schicken sie eine schriftliche Anfrage über ein Kontaktformular, damit sich ein Kundenberater zunächst ein Bild der Lage verschaffen kann, bevor er mit dem Kunden auf dem von ihm gewünschten Weg in Kontakt tritt.

> *Gelingt es, den Kundenservice von Push auf Pull umzustellen, locken erhebliche Effizienz- und Qualitätsvorteile.*

Ein Beispiel hierfür ist wieder Branchenprimus Amazon, der mit dem Bereich „Hilfe" auf der Webseite eine strukturierte Übersicht vieler Inhalte und Prozesse anbietet, damit die Mehrzahl von Serviceanfragen von Kunden selbst abgewickelt wird. Beispielsweise kann der Kunde im Online-Rücksendezentrum Retouren komplett allein auf den Weg bringen: Dafür stellt er sich im automatisierten Verfahren sogar selbst einen Rücksendeschein aus – mit der Wahl, ob er damit lieber DHL oder Hermes beauftragen möchte. Wer keine Lust hat, die langen Anleitungen zu lesen, kann bei Amazon ein zweiminütiges Retoure-for-Dummies-Video anschauen – mit Screenshots unterlegt und bis ins kleinste Detail erklärt. Aufwand für die Kundenberater bei Amazon: null. Papierkosten für den Druck des Scheins für Amazon? Ebenfalls null. Da Retourenraten in einigen Segmenten bis zu 70 Prozent erreichen können und immer in die Gewinnmarge gehen (siehe *2.6 Logistik*) wird eben alles Notwendige getan, um den Aufwand minimal zu halten.

Ein anderer Zeitfresser sind Kunden, die anrufen, um den Status ihrer Bestellung zu erfragen. Für diese bietet Amazon im Bereich „Versand & Lieferung" so viele Informationen an, dass sich fast jeder Kontakt erübrigen dürfte. Eine Seite hilft Kunden, die normale Lieferzeit bei ihren Produkten zu berechnen, und zeigt ihnen, wo das voraussichtliche Lieferdatum ihrer konkreten Bestellung in ihrem Konto zu finden ist. Bei wirklich verspäteten Lieferungen verweist die Amazon-Hilfeseite einfach auf die Tracking-Möglichkeiten der vom Konzern verwendeten Paketdienste und gibt deren Kontaktdaten an. Diese sind übrigens die einzigen Telefonnummern, die auf der Webseite zu finden sind.

Natürlich geht das ganze Konzept nicht auf, wenn Kunden einfach anrufen, anstatt sich vorher zu informieren. Die Hilfe-Seite ist groß, verzweigt und dicht an Informationen. Gut denkbar, dass einige Kunden gern zum Hörer greifen würden, wenn dort eine Telefonnummer angezeigt würde. Da sie aber selbst im Impressum nicht zu finden ist, sind die Kunden gezwungen, sich mit den schriftlichen Informationen zu befassen. Was nicht in offiziellen Amazon-Texten abgedeckt wird, kommt oft in den Foren vor, die dem Kunden ebenfalls in der Hilfe-Navigation angezeigt werden. Hier können User dem Unternehmen sowie anderen Usern Fragen stellen, die dann über Textbeiträge für alle ersichtlich aufgearbeitet werden. Kommt ein Problem auffällig oft vor, können Amazon-Forenmitarbeiter dieses aufgreifen und mittels der Erfahrungswerte, die im Forum dokumentiert sind, in Standardtextbeiträge fassen, die wiederum fast alle erdenklichen Fragen abdecken.

Wird eine Problemstellung erkannt, bei der der Konzern doch tätig werden muss, wird der Kunde zum Kontaktformular geleitet. Hier gibt er die betreffende Bestellung und das Produkt sowie das Thema der Anfrage an – und den gewünschten Kontakt (per Telefon, E-Mail oder Chat). Erst ab diesem Moment fällt ein Aufwand beim Kundenberater an, der allerdings sehr effizient gestaltet werden kann, denn einige Schritte fallen weg:

- Die Verifizierung: Da der Kunde eingeloggt war, als er das Kontaktformular ausgefüllt und seine E-Mail-Adresse oder Telefonnummer angegeben hat, erübrigt sich die Identifikation mittels persönlicher Fragen.
- Die Problemfeststellung: Dies ist bereits im Vorfeld geschehen. Somit kann sich der Berater von der ersten Minute an auf die Lösung konzentrieren.
- Die Lösung: Der Berater kann sich im Vorfeld Lösungsvorschläge vom Amazon-System geben lassen, das Millionen solcher oder ähnlicher Fälle enthält. So erkennt das System zum Beispiel einen guten Kunden und geht mit ihm extra kulant um: Gegebenenfalls wird das Produkt nicht vom Kunden zurückgefordert und dennoch das Geld erstattet (etwa bei einem derart geringen Warenwert, für den das Retouren-Handling unverhältnismäßig wäre).

So werden Erlebnisse mit Wow-Faktor erzeugt, von denen Kunden berichten. Im Gedächtnis bleibt nicht die lange Informationssuche, sondern der blitzschnelle

Rückruf eines aufgeweckten Mitarbeiters, der schnell eine vernünftige Lösung parat hatte. Der Kunde merkt nicht, dass er viel Arbeit selbst erledigt hat. Und der Auftritt des Kundenberaters – der entspannter ist, weil nicht ständig bei ihm das Telefon klingelt, sondern beim Kunden – überzeugt. Wer will sich da noch bei Verbraucherschützern darüber beschweren, dass dieses doch so effektive System nicht unbedingt mit geltendem Gesetz vereinbar ist?

Customer-Service-Center

Was den Amazon-Kundenservice ebenfalls so leistungsstark macht, ist der Multichannel-Einsatz: Kunden können mit Mitarbeitern des Konzerns an einem Tag telefonieren und am nächsten chatten – je nachdem, wie es gerade passt – und davon ausgehen, dass der jeweilige Kundenbetreuer voll im Bilde über die jeweilige Problemstellung ist. Wer im Vertrieb über verschiedene Kanäle arbeiten möchte, muss dies ebenfalls im Kundenservice tun, denn Kunden können es immer weniger nachvollziehen, wenn sie sich auf denjenigen Kanal beschränken müssen, in dem sie das Produkt erworben haben (siehe *2.4 Vertrieb*) oder in dem sie einmal den Kundenservice in Anspruch genommen haben. Kunden sehen es auch nicht ein, ihr Problem, das sie bereits in einer E-Mail geschildert haben, erneut am Telefon erklären zu müssen, nur weil der Berater keinen Zugriff auf den Schriftwechsel hat.

> *Für einen Kundenservice, der sich über alle Kanäle erstreckt, ist die einzige Lösung daher die Bündelung aller Kommunikationen pro Kunde in einem Customer-Interaction-Center (CIC).*

Hier müssen Telefon-Hotline, Chat und E-Mail zusammenfließen und die Kundenhistorie muss über alle Kanäle hinweg für jeden Kundenberater anhand einer Kundenidentifikationsnummer oder einfach über den Namen und die Adresse abrufbar sein. So kann beispielsweise in einem Telefongespräch Bezug auf vorhergehende E-Mails mit Fotos oder anderen wichtigen Anlagen genommen werden. Zudem ist der Kunde besser einzuschätzen, wenn seine komplette Kommunikationshistorie abgerufen werden kann: In welcher Tonalität verfasst er Postings auf Facebook? Auf welche Befindlichkeiten muss man bei ihm achten?

Hier haben kleinere Shop-Betreiber sogar einen Vorteil insofern, als dass alle Kanäle ohnehin zusammenlaufen, wenn die Kundenserviceabteilung aus nur wenigen oder sogar nur einer Person besteht. Bei größeren Multichannel-Händlern kann die Einrichtung eines CIC sowie das Zusammenführen von verschiedenen Datensätzen und Systemen erhebliche Ressourcen in Anspruch nehmen. An dieser Integration führt aber langfristig kein Weg vorbei: Sonst wird der Anbieter zum Objekt von Anekdoten am Esstisch, in denen er zur Lachnummer degradiert wird – das komplette Gegenteil vom Effekt des Amazon-Kundenservice.

Das letzte – und das erste – Glied in der Wertschöpfungskette

Der Kundenservice mag zwar das letzte Glied in der Wertschöpfungskette des E-Commerce darstellen, ist aber von übergeordneter Priorität. Für das vorhergehende Glied Logistik hat er beispielsweise eine hohe Bedeutung: Erfolgreicher Service verhindert voreilige Retouren, da Kunden besser Bescheid wissen, wann ihre Pakete ankommen, und nicht aus Panik bei der Konkurrenz bestellen. Zudem können unverhältnismäßig kostspielige Retouren von einem guten Kundenservice erkannt und verhindert werden.

Auch in der Zahlungsabwicklung ist der Kundenservice als vertrauensbildende Maßnahme unverzichtbar: Eine prominent platzierte Rufnummer oder Kontaktmöglichkeit erleichtert nervösen Kunden den Schritt zur Bestellung, während gut dokumentierte Interaktionen mit Bestandskunden zu interessanten Schlüssen hinsichtlich der Zahlungsangebote führen können. Ein Kunde, der viel retourniert und ständig in der Leitung hängt, lohnt sich für das Unternehmen kaum noch und könnte etwa durch die Verweigerung von Zahlung auf Rechnung abgeschüttelt werden. Ebenfalls nicht zu unterschätzen ist die Bedeutung von gutem Kundenservice als Werbemittel: Kundenbetreuung, von der gern erzählt wird, ist Mundpropaganda vom Feinsten und kann ganze Kampagnen ersetzen.

In den Anfang der Wertschöpfungskette können wichtige Erkenntnisse aus dem Kundenservice einfließen. Im Austausch mit Kunden kann zum Beispiel festgestellt werden, ob Produktpräsentationen passend sind. Rufen Kunden immer wieder an, um sich darüber zu beschweren, dass ein bestimmter Artikel ihren Erwartungen nicht entspricht, ist dies als konkreter Hinweis darauf zu deuten, dass andere Schwerpunkte im Verkaufstext gesetzt werden müssen – oder dass das Produkt schlichtweg anders fotografiert werden muss. Ein einzelner Kunde kann sich irren, mehrere Tausend haben meistens recht. Beschweren sich Kunden über die Qualität des Artikels oder geht dieser schnell defekt, dann muss sogar ganz am Anfang der Wertschöpfungskette, im Einkauf, angesetzt werden: Der Artikel gehört in diesem Fall aussortiert. Auch das ist Teil der kundenorientierten Beschaffung (siehe *2.1 Beschaffung*), die alle Online-Shops anstreben sollten.

3 Case Studies

Nach dem Internet ist vor dem Internet

Entgegen so manch einer Beteuerung unterscheiden sich die Herausforderungen im E-Commerce grundsätzlich nicht von denen im herkömmlichen Handel. Daher lassen sich auch Auswirkungen des Internets im Handel in das weit verbreitete Fünf-Kräfte-Modell einfügen – wie dessen Urheber Michael E. Porter übrigens schon auffallend früh erkannt hat. In einem sehr populären, bereits 2001 veröffentlichten Aufsatz fasst Porter die Herausforderungen im Internet folgendermaßen zusammen:[1]

> *Does the Internet render established rules about strategy obsolete? To the contrary, it makes them more vital than ever. Why? The Internet weakens industries' profitability, as rivals compete on price alone. And it no longer provides proprietary advantages, as virtually all companies now use the Web.*
>
> *The Internet is no more than a tool – albeit a powerful one – that can support or damage your firm's strategic positioning. The key to using it most effectively? Integrate Internet initiatives into your company's overall strategy and operations so that they 1) complement, rather than cannibalize, your established competitive approaches and 2) create systemic advantages that your competitors can't copy. Integrating Internet initiatives enhances your company's ability to develop unique products, proprietary content, distinctive processes, and strong personal service – all the things that create true value, and that have always defined competitive advantage.*

Die Weitsicht dieser Ausführungen, wonach das Internet die geltenden Regeln der Konkurrenz im Handel nicht außer Kraft setzt, sondern vielmehr enorm potenziert, ist erstaunlich: Allein die Tatsache, dass Porter den bekannten Artikel bereits 2001 geschrieben hat und fast alle Aussagen darin auch 2016 noch Gültigkeit haben,

1 M. E. Porter, Strategy & Internet, Harvard Business Review 03/2001

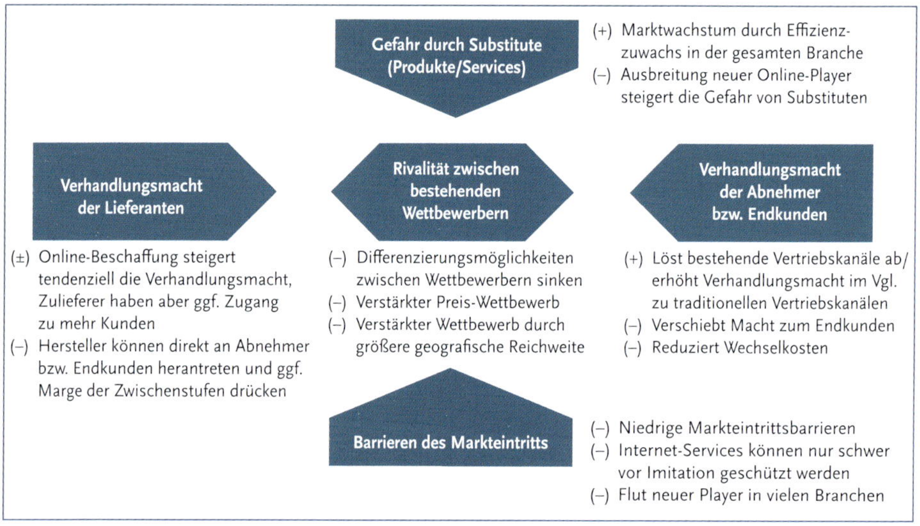

Abbildung 3.1: Wettbewerbseffekte nach M. E. Porter
Quelle: M. E. Porter, Strategy & Internet, Harvard Business Review 03/2001

machen ihn für Leser dieses Buches zur Pflichtlektüre. Sein bekanntes Modell der fünf Kräfte[2] lässt sich folgendermaßen auf E-Commerce-Modelle anwenden.

Die Wirkungsweisen der einzelnen Chancen und Risiken sind gut nachvollziehbar: Im Markt setzt sich zunehmend die Meinung durch, dass das Internet auf bestehende und neue Geschäftsmodelle wie ein Katalysator wirkt. Gute Ideen und Modelle werden schneller als bisher zum Erfolg geführt, während durchschnittliche oder schlichtweg schlechte durch das Internet schneller aus dem Markt ausscheiden. Aus unserer Sicht ist dieser Aspekt des „beschleunigten Wettbewerbs" für Unternehmen die wirklich neue und zentrale Herausforderung.

In diesem Kapitel stellen wir Ihnen 50 der größten und spannendsten E-Commerce-Unternehmen weltweit vor und beschreiben in kurzen Case Studies die jeweiligen Geschäftsmodelle sowie Stärken und Schwächen der einzelnen Marktteilnehmer, um sie hinsichtlich ihrer Eignung für den immer gnadenloser werdenden, durch E-Commerce ausgelösten Wettbewerb auf Herz und Nieren zu prüfen. Anschließend geben wir einen Ausblick, welche Entwicklungen in den nächsten Jahren aus strategischer Sicht besonders spannend zu beobachten sein werden.

2 M. E. Porter (1980), Competitive Strategy

Für die **Auswahl der Fallbeispiele** wurden zum einen die *Umsatzgröße* und zum anderen der *Innovationsgrad* der Unternehmen betrachtet. Hierfür haben wir neben Marktreports und Datenbanken auch unsere eigenen Praxiskenntnisse genutzt, um Ihnen die verschiedensten Geschäftsmodelle vorzustellen. Insgesamt ergibt sich ein spannender Überblick über dominante Marktteilnehmer wie Amazon und Otto, erfolgreiche Spezialshops wie Zooplus und Decathlon sowie nennenswerte Konzepte wie About You und Ali Express. Außerdem wurden einige Unternehmen aufgenommen, die wie Fab.com und Groupon in den letzten Jahren viel Aufsehen erregt haben, deren einst vielversprechendes Geschäftsmodell heute allerdings nicht mehr im Fokus der Geschäftstätigkeiten steht.

Diese Fallbeispiele stellen wir jeweils zunächst mit einem einleitendem Steckbrief in Form von *Key Facts* vor, um einen ersten Überblick über Ursprung und Größe des Unternehmens zu geben. Die dort dargestellten Informationen wie Umsatz und Mitarbeiterzahl sind dabei allerdings nicht automatisch als Erfolgsskala zu verstehen, sondern sollen Ihnen vielmehr für eine grobe Größeneinordnung dienen. Im Weiteren werden die Unternehmen genauer vorgestellt und mithilfe des *Business Model Canvas* und der *Matrix Handelspositionierung* betriebswirtschaftlich analysiert.

Business Model Canvas

Der Business Model Canvas[3] ist ein Tool zur einheitlichen und übersichtlichen Darstellung von Geschäftsmodellen. Die Systematik wurde 2010 von Alexander Osterwalder veröffentlicht[4] und hat sich heute in Theorie und Praxis als Methodik durchgesetzt. Die simple Darstellung versucht, ein Unternehmen ganzheitlich und dennoch in knapper Form zu erklären. Das dient zum einen der Darstellung bestehender Geschäftsmodelle, wie im vorliegenden Kapitel, als auch der Konzeption neuer Gründungen.

Der Business Model Canvas umfasst vier Kategorien:

Infrastruktur: Hierzu gehören die Partner, Ressourcen und Aktivitäten eines Unternehmens, die besonders zur Wertschöpfung beitragen.

Value-Proposition: Die Value-Proposition beschreibt den Wert, den das Unternehmen seinen Kunden bietet. Welches Kundenproblem wird wie gelöst?

3 www.businessmodelgeneration.com (abgerufen Dezember 2016)
4 Alexander Osterwalder (2010), Business Model Generation.

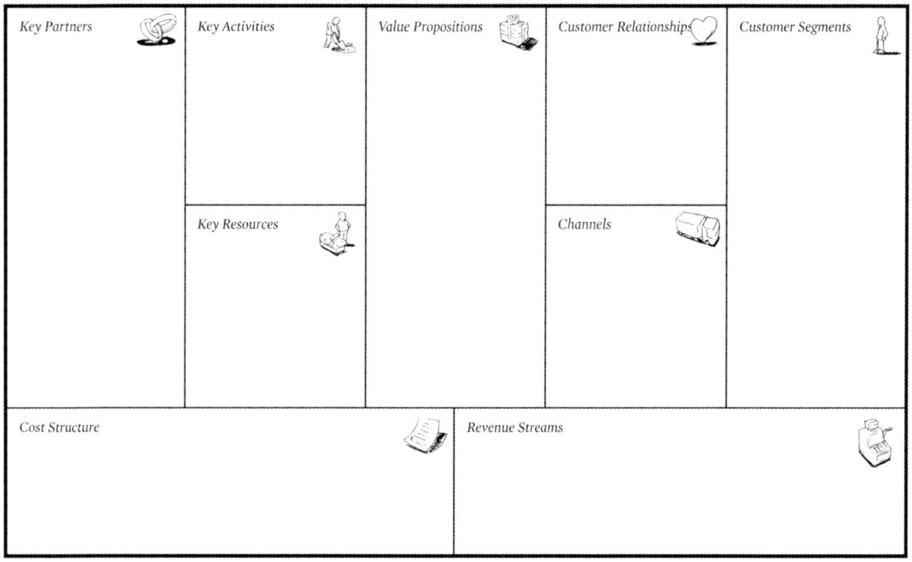

Abbildung 3.2: Business Model Canvas
Quelle: Alexander Osterwalder (2010), Business Model Generation

Kunden: Die Kundenseite beschreibt das Kundensegment, welches das Geschäftsmodell bedient, die Art und Betonung der Kundenbeziehung sowie die Verkaufs- und Kommunikationskanäle.

Finanzen: Der Finanzteil des Business Model Canvas stellt die Kosten den Einnahmequellen gegenüber und veranschaulicht, ob und wie das Unternehmen profitabel agieren kann.

Dieses Modell hat den Anspruch, eine „gemeinsame Sprache zur Beschreibung, Visualisierung, Bewertung und Veränderung von Geschäftsmodellen" zu sein. Dafür wird eine sehr einfache Visualisierungstechnik genutzt, die zur Abbildung und Hinterfragung von Geschäftsprozessen in Unternehmen genutzt wird. Das Modell ersetzt zwar keinen Businessplan, aber es ist sehr wertvoll beim Hinterfragen bestehender Positionierungen und wird in der Regel bei vielen Start-up-Konferenzen eingesetzt.[5] Angewandt auf Unternehmen, die schon am Markt sind und deren Geschäftsmodelle oft nicht mehr grundsätzlich unter die Lupe genommen werden, ist das Modell bei aller Einfachheit oft äußerst aufschlussreich.

5 www.startupweekend.org (abgerufen Dezember 2016)

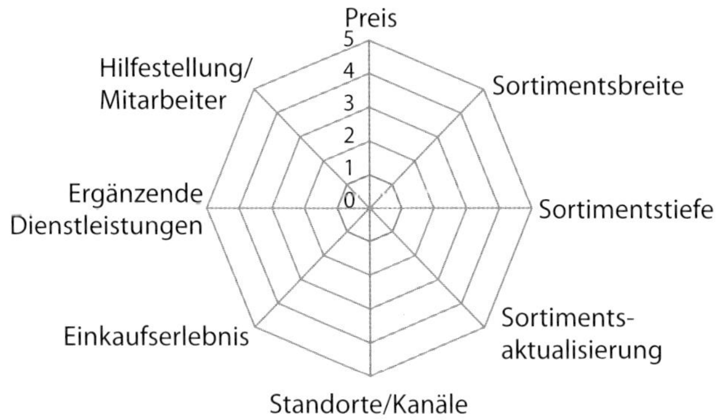

Abbildung 3.3: Matrix Handelspositionierung
Quelle: in Anlehnung an Finne & Sivonen (2009), The Retail Value Chain

Handelspositionierung

Im Normalfall versuchen Unternehmen ihre Geschäftsmodelle über bestimmte „USPs" (Unique Selling Propositions) zu positionieren. Diese dienen dazu, sich vom Wettbewerb zu differenzieren und Kunden anzusprechen, um Produkte oder Dienstleistungen zu verkaufen. Das kann ein herausragender Service sein, ein einzigartiges Produktangebot oder ein besonders niedriger Preis. Je nach Geschäftsmodell lassen sich so verschiedene Faktoren in einer Positionierungsmatrix zusammenstellen. *Abbildung 3.3* zeigt eine solche Matrix für Handelsmodelle.[6]

In dieser Matrix lassen sich nun verschiedene Handelsmodelle verorten und so eine generelle Positionierung ableiten. Amazon und H & M lassen sich zum Beispiel vor allem hinsichtlich der Faktoren „Standorte", „Service" und „Sortimentsbreite" unterscheiden.

Die Matrix erlaubt es, auf einen Blick sowohl etwaige Alleinstellungsmerkmale sofort zu erkennen als auch die Stärke des Gesamtangebots einzuschätzen. Je mehr Fläche ein Geschäftsmodell auf dieser Matrix für sich beanspruchen kann, indem es die einzelnen Wettbewerbspunkte weiter nach außen schiebt, desto stärker ist die Position des Unternehmens auf dem Markt.

6 In Anlehnung an Finne & Sivonen (2009), The Retail Value Chain

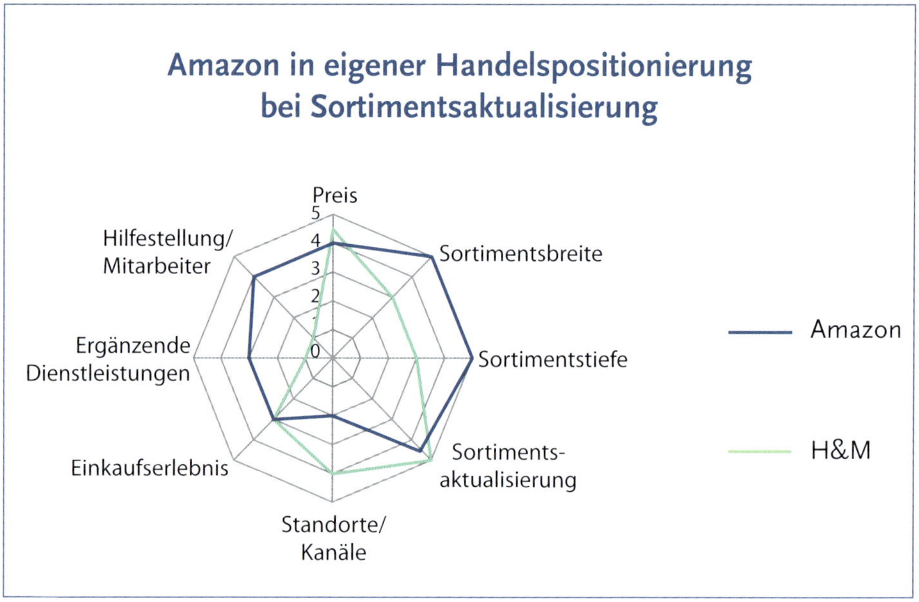

Abbildung 3.4: Matrix Handelspositionierung, Amazon und H & M
Quelle: eigene Darstellung

Strategische Überlegungen

Nun gibt es bezüglich des Internets zwei wesentliche strategische Effekte zu beachten, die vor allem auf dieser Matrix sichtbar werden. Der erste Effekt ist der zunehmende **Wettbewerbsdruck** im E-Commerce. Wir beobachten seit Jahren eine Flut von Neugründungen, die oftmals mit reichlich Investorenkapital ausgestattet sind und versuchen, durch sehr starke Ausprägung von Alleinstellungsmerkmalen den Wettbewerb zu übertreffen. Dies sind in den meisten Fällen, wie bereits angesprochen, ein besonders guter Service, ein besonders niedriger Preis oder eine besonders große Auswahl – aus gutem Grund, denn die Kunden fokussieren online zunehmend auf die Faktoren „Preis", „Verfügbarkeit" und „Angebotsbreite", wie in vielen Studien der letzten Jahren deutlich wird.[7] Weiche Faktoren wie zum Beispiel „Emotionalisierung" oder „Kanalverknüpfung" lassen bisher für sich keine stabilen Geschäftsmodelle erklären.

Dieser Trend dürfte zum weiteren Wachstum von Amazon beitragen, das sein Geschäftsmodell auf die erstgenannten Faktoren ausgerichtet hat. Die zunehmend

7 www.ecckoeln.de (abgerufen Januar 2015)

populärer werdenden Click-&-Collect-Strategien,[8] bei welchen sich stationäre Handelskonzepte Wettbewerbsvorteile durch die Verbindung von Offline- und Online-Kanälen ausrechnen, sind vor diesem Hintergrund zu diskutieren, weil die Basis-Erfolgsfaktoren Preis, Verfügbarkeit und Angebotsbreite hierdurch meist nur sehr oberflächlich tangiert werden können.

Zum Leidwesen solcher Multichannel-Hoffnungen beschleunigt die schnelle technologische Entwicklung den Effekt des Wettbewerbsdruck in den „harten Faktoren" zusätzlich: Die Positionierungsmatrix wird in fast allen Faktoren permanent ausgeweitet. Während 2008 in Deutschland beispielsweise noch bei fast allen Online-Shops die Lieferung standardmäßig für vier bis sechs Euro angeboten wurde, sanken die Gebühren in einer Vielzahl von großen Onlineshops nicht zuletzt dank Amazon und Zalando bereits bis zum Jahr 2013 auf null – und sind dann in vielen Fällen kostenlos geblieben. Ein Aufschlag für Expresslieferungen (innerhalb von 24 Stunden) in Höhe von 10 Euro oder mehr ist durch die steigende Popularität von Amazon Prime[9] in den von ihm dominierten Sortimenten kaum noch durchsetzbar. In diesem Programm erhalten die Kunden für 49 Euro pro Jahr (Deutschland) alle bestellten Waren standardmäßig im Expressverfahren, bestimmte Artikel sogar am gleichen Tag. Neuerdings ist in Berlin und München mit Prime Now zudem eine Lieferung binnen zwei Stunden möglich – und gegen Aufpreis sogar innerhalb nur einer Stunde. Diese Art der Niveauverschiebung in den einzelnen Wettbewerbsdimensionen ist in klassischen Strategieprozessen kaum abbildbar, weil diese einen relativ statischen Markt voraussetzen. Durch die Beschleunigung im Internet – nach Kräften vorangetrieben durch die agilen Online-Unternehmen – ist alle Statik endgültig der Dynamik gewichen.

Der zweite Effekt – **Transparenz** – verstärkt diesen Wettbewerbsdruck zusätzlich, denn er beeinflusst nicht nur die faktische, sondern auch die vom Kunden wahrgenommene Positionierung. Durch die zunehmende Transparenz im Internet nehmen heute Kunden die Veränderung in der Positionierung schneller wahr als im traditionellen Handel. Der nächste Online-Shop ist nur einen Klick entfernt, mächtige Intermediäre wie Google und Preisvergleichsseiten erleichtern den Vergleich der Leistungen, die ein Shop zum Beispiel im Bereich Preis oder Service anbietet, und die Kommunikation unter Kunden ist durch Verbraucherportale und Social-Media-Empfehlungen ebenfalls verstärkt. Eine starke Positionierung wird also heute viel schneller vom Kunden wahrgenommen als im klassischen Handel.

8 www.bcgperspectives.com (abgerufen Dezember 2016)
9 www.amazon.de (abgerufen Dezember 2016)

Dadurch werden sämtliche Bemühungen, Kunden langfristig an sich zu binden, beispielsweise mit speziellen Kundenbindungsprogrammen oder Lock-in-Effekten, zunehmend erschwert.

Stark positionierte Unternehmen steigen heute im E-Commerce schnell an die Spitze der Kundenwahrnehmung, verlieren ihre Top-Position jedoch auch schnell wieder und werden vom Wettbewerb verdrängt, wenn sie ihre Leistungen nicht schnell genug innovieren beziehungsweise zum Wettbewerb aufholen. Unternehmen, die es schaffen, durch stetige Anpassung und Innovation an der Spitze der Positionierung zu bleiben, sind heute besonders erfolgreich. Der flüchtige Wettbewerb ist also für die in diesem Kapitel beschriebenen Unternehmen kritisch zu beachten. Online-Shop A, der sich heute beispielsweise über Liefergeschwindigkeit positioniert, kann in kurzer Zeit seine Position verlieren. Denn sollten die Online-Shops B, C und D nun ebenfalls schnelle oder sogar schnellere Lieferung anbieten als Online-Shop A, ist das Alleinstellungsmerkmal verlorengegangen beziehungsweise zum reinen Hygienekriterium geworden. In einem Wort: Wer nicht selbst die Positionen der Matrixpunkte ständig weiter nach außen schiebt, muss demjenigen hinterherhecheln, dem die Verschiebung gelungen ist.

Was aus Sicht des Vor-Internet-Zeitalters wie sinnlose Selbstverausgabung aussehen könnte, ist also zum Tagesgeschäft geworden, weil Nachteile Konkurrenten gegenüber sofort für Kunden sichtbar sind. So argumentiert Peter Thiel, einer der Gründungsinvestoren von Facebook, dass erfolgreiche Online-Unternehmen regelrecht gezwungen sind, Monopolsituationen anzustreben, um Märkte erfolgreich erobern zu können.[10] Diese Situation ist je nach Betrachtungsweise bei Google im Bereich der Suchmaschinen oder bei Amazon im Bereich des Online-Handels bereits eingetreten. Unabhängig von der moralischen und volkswirtschaftlichen Bewertung von Monopolen, scheint diese Art der Wettbewerbssituation zunehmend dominant zu werden, was von populären Medien bereits intensiv diskutiert wird:[11]

> *Something about the internet clearly favours such mushrooming quasi-monopolies. But rather than being a regrettable by-product of internet commerce and in need of strict oversight, might they instead be an integral part of what makes it so prone to rapid growth and life-improving innovation – not a bug, as the phrase has it, but a feature? Peter Thiel, one of the founders of PayPal (now the market*

10 www.wsj.com (abgerufen Dezember 2016)
11 www.economist.com (abgerufen Dezember 2016)

leader in online and mobile payments), and an early investor in Facebook, argues that monopolies add „entirely new categories of abundance to the world". If he is right, then treating monopolies in the digital realm just like their bricks-and-mortar – or ‚oil-well-and-pipeline' – predecessors would be very bad for innovation and growth.

3.1 About You – personalisiert den Kunden erreichen

Key Facts
Name: ABOUT YOU GmbH
Firmensitz: Hamburg, Deutschland
Mitarbeiter weltweit: 250 (Collins)
Umsatz weltweit 2015: n. a.
Gründungsjahr: 2014
Ursprung: Online-Pure-Player

About You ist der Flagshipstore der Collins-Unternehmensgruppe und eines der wachstumsstärksten E-Commerce-Projekte Europas. Unter dem Dach der Otto-Gruppe betreibt About You seine Online-Fashionshops in Deutschland, Österreich und der Schweiz.[12] Dabei stehen vor allem Nutzerfreundlichkeit, Inspiration und Personalisierung im Vordergrund, und das Rezept scheint aufzugehen: Schon 2016 will About You die 100-Millionen-Euro-Umsatzmarke deutlich knacken.[13] Zwei innovative Ansätze fallen bei Collins besonders auf: personalisiertes Einkaufserlebnis und das Open-Commerce Prinzip. Der Fokus auf Personalisierung fängt bei About You schon im Namen an – das Logo passt sich bei eingeloggten Kunden direkt an den Vornamen an, zum Beispiel „About Max". Kunden haben außerdem die Möglichkeit, ihre persönlichen Präferenzen (Style, Größen, Farben etc.) zu hinterlassen, und erhalten somit individuelle Empfehlungen und intelligente Produktfilter. Über die auf dem Open Commerce basierende App-Welt von About You können externe Entwickler Anwendungen in den Shop integrieren und am jeweiligen Umsatz beteiligt werden. Heute bietet About You seinen Kunden dadurch bereits über 50 inspirierende Shopping-Apps.[14] Der IT-Fokus der Collins-Gruppe ist deutlich, 50 Prozent aller Mitarbeiter arbeiten IT-nah.[15]

Handelspositionierung

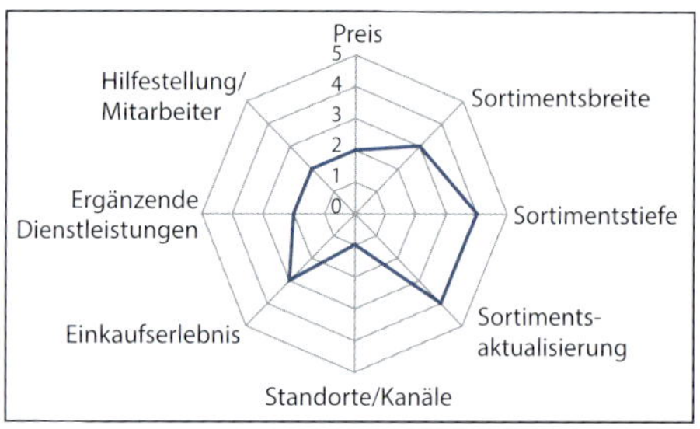

About You positioniert sich gegenüber dem Wettbewerb vor allem über das Einkaufserlebnis. Der Shop ist nicht nur State of the Art, sondern About You hat es außerdem geschafft, mit der App-Welt das Online-Shopping emotional und inspirierend zu gestalten. Mit immer neuem Content bleibt das Einkaufserlebnis relevant. Die usergenerierte Personalisierung unterstützt das Einkaufserlebnis zusätzlich, jeder vierte Kunde gibt bereits seine Präferenzen im eigenen Profil an.[16]

12 www.handelsblatt.com (abgerufen Dezember 2016)
13 www.internetworld.de (abgerufen Dezember 2016)
14 www.internetworld.de (abgerufen Dezember 2016)
15 www.t3n.de (abgerufen Dezember 2016)
16 www.internetworld.de (abgerufen Dezember 2016)

<table>
<tr><th colspan="5">Business Model Canvas</th></tr>
<tr><td rowspan="2">Partner
Investor und Muttergesellschaft Otto Group, App-Developer, Fashion-Blogger und andere Content-Ersteller</td><td>Aktivitäten
Technologie, CRM, Marketing, Produkt- und Developer-Sourcing</td><td rowspan="2">Value Proposition
personalisierter Online-Shop im Stil der Kunden, inspiratives Einkaufserlebnis</td><td>Kundenbeziehung
Selfservice-Shoppen, stark personalisierter Online-Shop</td><td rowspan="2">Kundensegment
junge, Fashion-affine Kundengruppe, 80 Prozent weibliche Kunden[17]</td></tr>
<tr><td>Ressourcen
Plattform, Netzwerk, Online-Expertise</td><td>Kanäle
online, mobile, stationär (Schwesterfirma Edited)</td></tr>
<tr><td colspan="2">Kostenstruktur
Plattform, Personal, Marketing</td><td colspan="3">Einnahmequellen
transaktionsabhängige direkte Erlöse (App-Developer werden am Umsatz beteiligt)</td></tr>
</table>

Bewertung und Perspektive aus Sicht der Autoren

About You hat eine neue Geschäftskategorie im E-Commerce begründet. Das E-Commerce-Ökosystem zielt unter anderem darauf ab, externen Entwicklern und Firmen Zugriff auf die eigenen Produkte und Kundengruppen zu geben. Im gewissen Sinne hat About You damit das App-Store-Konzept von Apple für digitale Güter in die E-Commerce-Welt physischer Produkte übertragen. Zudem hat About You durch die entsprechende Eigenkapitalausstattung die Möglichkeit, weiterhin sehr innovativ zu agieren, neue Konzepte zu testen und eigene Marken zu entwickeln. Die Entwicklung und auch die Learnings, die About You heute generiert, sind für die meisten E-Commerce-Händler in Deutschland, aber auch weltweit wegweisend. Denn das Unternehmen ist die erste Plattform, die in Form eines E-Commerce-Ökosystems auftritt. Hierbei handelt es sich sicherlich um eine der spannendsten Entwicklungen der letzten Jahre. Mittlerweile hat sich sogar Zalando ein Vorbild an About You genommen und einige der dort eingeführten Innovationen übernommen.

17 www.etailment.de (abgerufen Dezember 2016)

3.2 Ali Express – das goldene Tor zum Kunden im Westen

Key Facts
Name: AliExpress.com
Firmensitz: Hongkong, China
Mitarbeiter weltweit: n. a. (Alibaba: 36.465)
Umsatz weltweit 2015: n. a.
Gründungsjahr: 2010
Ursprung: Online-Pure-Player

Ali Express ist Teil der chinesischen Alibaba Group und eine der Plattformen des Online-Riesen, die sich an internationale Kunden wenden.[18] Der B2C-Marktplatz bündelt das Angebot von über 10.000 chinesischen Herstellern und Exporteuren und verdient bei jeder Transaktion eine Umsatzprovision von 5 Prozent. Zum Singles' Day 2015 verarbeitete Ali Express über 21 Millionen Bestellungen für Kunden in 220 Ländern, von denen Russland, die USA und Brasilien die umsatzstärksten sind.[19] In Russland beispielsweise generiert die Website bereits mehr als doppelt so viel Traffic wie das „russische Amazon" Ozon.ru[20] und hat etwa 22 Millionen User monatlich,[21] was Ali Express zur größten E-Commerce-Webseite Russlands macht.[22] Wichtig für den Erfolg ist für Ali Express vor allem der Vertrauensaufbau unter den Kunden durch Ausfallschutz und Kulanz der Kundenbetreuung, da der Verkauf über unbekannte chinesische Hersteller nicht immer auf Vertrauen stößt.[23]

Handelspositionierung

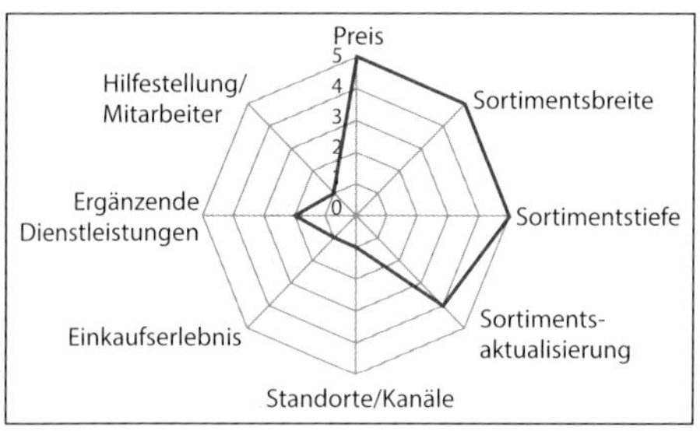

Ali Express positioniert sich gegenüber seinen internationalen Kunden über Preis und Sortiment: Die Preise sind im Vergleich zum Wettbewerb sehr niedrig, denn der Kunde bestellt direkt beim Hersteller in China und zahlt dadurch keine hohen Handelsmargen. Mit etwa 100 Millionen Produkten in über 30 Kategorien[24] ist ein sehr breites und tiefes Sortiment gegeben. Durch Einkaufserlebnis oder Service hebt sich Ali Express bislang nicht hervor.

18 www.chinainternetwatch.com (abgerufen Dezember 2016)
19 www.aliexpress.com (abgerufen Dezember 2016)
20 www.internetretailer.com (abgerufen Dezember 2016)
21 www.bloomberg.com (abgerufen Dezember 2016)
22 www.internetretailer.com (abgerufen Dezember 2016)
23 www.chinacheckup.com (abgerufen Dezember 2016)
24 www.internetretailer.com (abgerufen Dezember 2016)

Business Model Canvas				
Partner 10.000 chinesische Hersteller und Exporteure, Logistik, Alibaba	**Aktivitäten** Sourcing, Plattform, Kundenbetreuung **Ressourcen** Herstellernetzwerk	**Value Proposition** Riesenauswahl sehr günstiger Ware direkt in China bestellen	**Kundenbeziehung** Selfservice **Kanäle** online, mobile	**Kundensegment** Massenmarkt, preissensitive Kundengruppe
Kostenstruktur Sourcing, Plattform, Logistik, Qualität der Händler sichern		**Einnahmequellen** Händler zahlen 5 Prozent Provision aller Umsätze und zusätzlich für Marketing-Sercives		

Bewertung und Perspektive aus Sicht der Autoren

Ali Express ist ein Vorgeschmack auf die B2C-Aktivitäten der Alibaba-Gruppe. Schon heute lassen sich dort versandkostenfrei diverse Produkte direkt aus der Fabrik in China nach Deutschland bestellen, teilweise auch mit Expresslieferzeiten von drei bis sieben Tagen. Durch die starke Verzahnung mit den Herstellern und dem Verzicht auf verschiedene Zwischenhandelsstufen ist es sogar möglich, den Amazon-Preis in Deutschland in etlichen Produktkategorien um 10 bis 40 Prozent zu unterbieten. Das Momentum, das von Ali Express oder bald sicherlich nachfolgenden Seiten ausgeht, ist sehr beeindruckend. Wir empfehlen jedem Leser, zum Test einfach mal bei Ali Express, banggoods.com und ähnlichen Plattformen Produkte zu bestellen. Schnell wird einem dadurch klar, welche Veränderungen der Handelslandschaft in Deutschland noch bevorstehen. Durch die starken Investitionen der chinesischen Regierung in den Bereich Handelsinfrastruktur dürfte das Wachstum solcher Plattformen in den nächsten Jahren stark zunehmen.

3.3 Alibaba Group – Amazon-Killer oder Scheinriese?

Key Facts
Name: Alibaba Group Holding Ltd.
Firmensitz: Hangzhou, China
Mitarbeiter weltweit: 36.465[25]
Umsatz weltweit 2015/16[26]: 101,1 Mrd. CNY (13,7 Mrd. EUR)[27]
Gründungsjahr: 1999
Ursprung: Online-Pure-Player

Die Alibaba-Gruppe ist der größte weltweit aktive Online-Retailer Chinas und konnte 2014 den bis dato größten Börsengang der Welt mit einem Wert von 21,767 Milliarden US-Dollar in Amerika hinlegen. Die vielen Tochtergesellschaften des Online-Riesens sind extrem dominant in China aufgestellt und steigen zugleich immer tiefer in den internationalen Handel ein. Mit insgesamt sechs Marktplätzen – drei inländischen und drei Cross-Border-Marktplätzen (Tmall Global: chinesische Konsumenten kaufen ausländische Waren; Ali Express: ausländische Konsumenten kaufen chinesische Waren; Alibaba.com: Großhandel von chinesischen Waren für ausländische Kunden) – und zahlreichen weiteren Firmen in Bereichen wie zum Beispiel Cloud Computing, Mobile Internet-Services und Finanzen ist die Gruppe als ein sich selbst unterstützendes Ökosystem zu verstehen, das von der Customer-Journey über die Bestellung bis hin zur Logistik viele Bereiche der wichtigsten E-Commerce-Kundenzyklen abdeckt.

Gemessen am Bruttowarenvolumen kommt das Ergebnis auf Gruppenebene im vierten Quartal 2015 (149 Milliarden US-Dollar) allein aus chinesischen Marktplätzen[28] bereits nahe an das gesamte Jahres-Bruttowarenvolumen („annual GMV") von Amazon 2015 (Schätzungsweise 160 Milliarden US-Dollar)[29] heran. Gleichzeitig ist die Gruppe allerdings deutlich umsatzschwächer mit 12 Milliarden US-Dollar (2015) gegenüber 107 Milliarden US-Dollar bei Amazon. Der große Unterschied erklärt sich vor allem durch die sehr viel geringeren Transaktionsgebühren von (je nach Marktplatz) 2 bis 5 Prozent. Das Geschäftsmodell basiert hier vielmehr auf Gebühren auf das Bruttowarenvolumen sowie auf Provisionen und Zusatzservices in Bereichen wie beispielsweise Marketing, Finanzdienstleistungen und Logistik.

Strategisch liegt der Fokus der Gruppe auf fünf Kernthemen:

1. globale Importe nach China,
2. ländliche Expansion,
3. Gewinn an mehr Marktanteilen in den chinesischen „First-Tier"-Städten Beijing, Shanghai, Guangzhou und Shenzhen,
4. Cloud-Computing und
5. mobiler Sektor.

25 www.businesswire.com (abgerufen Dezember 2016)
26 Geschäftsjahr endet am 31.März.2016
27 www.statista.com (abgerufen Dezember 2016)
28 Nach Unternehmensdefinition sind diese chinesischen Marktplätze Taobao Marketplace, Tmall und Juhuasuan.
29 www.marketwatch.com (abgerufen Dezember 2016)

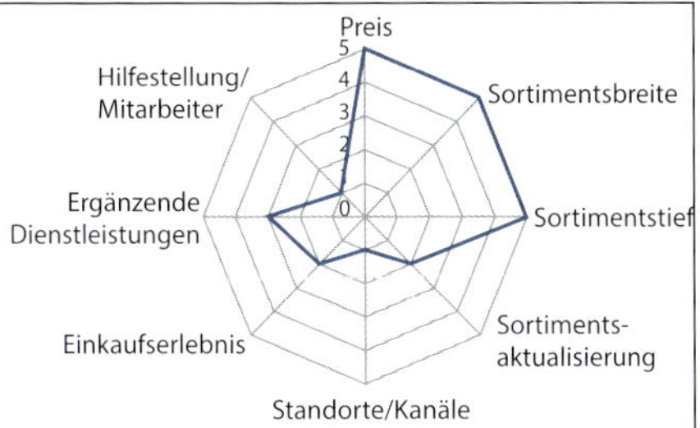

Im ersten Quartal 2016 wurden bereits 70 Prozent des Bruttowarenvolumens der mehr als 400 Millionen aktiven Käufer über mobile Endgeräte abgewickelt.[30]

Die Gruppe hat neben ihren 126 Büros in China 29 weitere weltweit, wie zum Beispiel in Kalifornien, London und Mumbai, und untermauert ihre Ambitionen für den globalen Online-Handel 2015 mit 17 strategischen Investitionen, wovon acht international getätigt wurden.[31] Darunter ist ein Investment in den Amazon-Konkurrenten Jet.com sowie eines in Snapdeal, das Alibaba Indiens. Die viel diskutierten Bemühungen Alibabas im Westen werden zunehmend als potenzielle Bedrohung für westliche Firmen wahrgenommen, da der direkte Vertriebszugang chinesischer Produzenten zu den westlichen Konsumenten über Alibaba die Zwischenhändler vor allem in Europa und den USA in Bedrängnis bringen kann.[32] Als Umsatzkanal für einen ersten Markteinstieg in China wird Alibaba (vor allem über Tmall-Markenshops) von allen großen westlichen Marken genutzt, sogar Amazon hat hier einen eigenen Flagshipstore.[33]

E-Commerce		Service	Sonstiges
tmall.com B2C-Marktplatz	**Ali Express** Globaler B2C-Marktplatz	**Ant Financial** Financial Services	**aliyun.com** Cloud-Computing
juhuasuan.com Group-Buying-Marktplatz	**taobao.com** C2C-Marktplatz	**Cainiao** Logistics Information	
Alibaba.com Globaler Wholesale-Marktplatz	**1688.com** Chinesischer Wholesale-Marktplatz	**Alimama.com** Online-Marketing-Plattform und viele mehr	

Bewertung und Perspektive aus Sicht der Autoren

Wir haben im Rahmen der Bucherstellung sehr viel über Alibaba gelesen und mit vielen Menschen dazu diskutiert. Auch nach all diesen Gesprächen können wir nicht nachvollziehen, wie Börsenanalysten zu einer brauchbaren Bewertung von Alibaba gelangen können. Alibaba ist kein Händler, sondern eine extrem heterogene Holding mit unzähligen Geschäftszweigen. In China ist Alibaba so dominant, dass es bereits heute staatlicher Eingriffe bedarf, um den Wettbewerb wieder teilnehmen zu lassen. Im Ausland versucht Alibaba mit Teilen seiner Holding Fuß zu fassen und investiert, aus unserer Sicht extrem diffus, in diverse Geschäftsmodelle und Handelsassets. Bisher scheint das gut zu funktionieren. Solange sie Geld verdienen und dieses im Ausland für Investitonen einsetzen, werden sie in der Lage sein, auch dort die Marktgegebenheiten zu verändern.

30 www.alibabagroup.com (abgerufen Dezember 2016)
31 www.techinasia.com (abgerufen Dezember 2016)
32 www.digitalkaufmann.de (abgerufen Dezember 2016)
33 www.reuters.com (abgerufen Dezember 2016)

3.4 Amazon – der Schrecken eines jeden Händlers?

Key Facts
Name: Amazon.com, Inc.
Firmensitz: Seattle, USA
Mitarbeiter weltweit: 245.200
Umsatz weltweit 2015: 107 Mrd. USD[34]
Gründungsjahr: 1994
Ursprung: Online-Pure-Player

Amazon ist längst nicht mehr nur das universelle Online-Kaufhaus mit mittlerweile jährlich 304 Millionen aktiven Kunden,[35] sondern besticht zunehmend durch seine zusätzlichen Services wie Prime Shipping und Streaming, Amazon Web Services und die firmeneigene Logistik. Der Marktplatz verbindet das eigene Amazon-Sortiment mit dem Marktplatzprinzip, über welches andere Unternehmen sowie Privatpersonen neue und gebrauchte Produkte anbieten. Neben dem enormen Ausbau des Sortiments dienen die Marktplatzumsätze außerdem als Datenquelle für Amazon, um die eigene Sortiments- und Preisgestaltung zu optimieren. Daneben bietet Prime, das bereits circa 46 Prozent der amerikanischen Haushalte erreicht,[36] eine Mitgliedschaft mit unbegrenztem Premiumversand sowie digitale On-Demand Produkte wie Musik, Video und Bücher. Diese Extras führen zu einer im E-Commerce bisher nicht dagewesenen Kundenloyalität und einer besonders hohen Wiederkaufrate. Dazu kommen noch die Ambitionen rund um Last-Mile-Delivery: Neben dem Logistiknetzwerk mit über 290 Zentren[37] kommen bereits Amazon Flex (Privatpersonen liefern) und Amazon Fresh (Lebensmittellieferung) in Amerika zum Einsatz. Zuletzt machte Amazon mit Umsätzen von 1 Milliarde US-Dollar[38] auf dem B2B-Marktplatz, 7 Milliarden US-Dollar[39] im Bereich Amazon Web Services und mit den neuen Eigenmarken im Fashion-Bereich auf sich aufmerksam.

Handelspositionierung

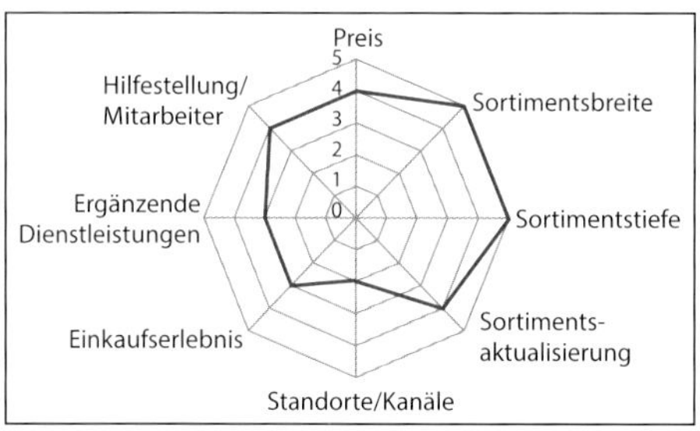

Amazon positioniert sich vor allem über die Auswahl (Sortimentsbreite und Sortimentstiefe) und den Preis. Dabei unterboten die Marktplatzhändler zunehmend die eigenen Amazon-Preise und waren 2014 im Durchschnitt die günstigsten Anbieter[40] am Markt. Trotz eingängiger Navigation und nutzerfreundlichen Shop-Elementen bietet Amazon kein besonders emotionales Einkaufserlebnis.

34 www.phx.corporate-ir.net (abgerufen Dezember 2016)
35 www.statista.com (abgerufen Dezember 2016)
36 www.usatoday.com (abgerufen Dezember 2016)
37 www.mwpvl.com (abgerufen Dezember 2016)
38 www.cnet.com (abgerufen Dezember 2016)
39 www.phx.corporate-ir.net (abgerufen Dezember 2016)
40 www.shopanbieter.de (abgerufen Dezember 2016)

<table>
<tr><th colspan="5">Business Model Canvas</th></tr>
<tr>
<td rowspan="2">Partner
Hersteller und Marken, Logistikunternehmen, Verlage, Marketplace-Händler</td>
<td>Aktivitäten
Logistik, Sortimenterstellung, CRM, IT/Analytics</td>
<td rowspan="2">Value Proposition
riesige Auswahl, niedrige Preise und hervorragender Kundenservice, bestmögliche Verfügbarkeit</td>
<td>Kundenbeziehung
Kunde im Mittelpunkt, Selbstbedienung</td>
<td rowspan="2">Kundensegment
Online-Shopper, preissensitive Kunden, die auf schnelle Lieferung und guten Service Wert legen</td>
</tr>
<tr>
<td>Ressourcen
Daten, Software</td>
<td>Kanäle
online und mobile</td>
</tr>
<tr>
<td colspan="2">Kostenstruktur
Umsatzkosten: 74 Prozent
Technologie: 9 Prozent
Fulfillment: 8 Prozent
Marketing: 4 Prozent</td>
<td colspan="3">Einnahmequellen
direkte Einnahmen über das Amazon-Sortiment, Provisionseinnahmen über Marketplace, Einnahmen aus dem B2B-Bereich (Hosting, Fulfillment, Web-Enabling etc.)</td>
</tr>
</table>

Bewertung und Perspektive aus Sicht der Autoren

Die Entwicklungsgeschwindigkeit von Amazon ist phänomenal. Kein anderes Unternehmen dieser Größenordnung verändert schneller und nachhaltiger die Handelslandschaft unserer Zeit. Solange die Aktionäre die Wachstumsstragie von Amazon weiter unterstützen (mehr Umsatz, weniger Gewinn), werden wir in allen Ländern, in denen Amazon vertreten ist, weiterhin massive Verschiebungen in der Handelslandschaft sehen. Amazon ist mittlerweile groß genug, um seine Kundenbasis auch für die Eroberung neuer Segmente, wie zum Beispiel Amazon Instant Video, einzuspannen. Zudem schlummern weitere Potenziale zur Kosteneinsparung in der Logistik (Stichwort „Roboter"), die Raum für weitere Investitionen in das Wachstum lassen. Dazu gehören auch Test-and-Learn-Innovationen wie Amazon Dash oder Amazon Echo, um noch näher beim Kunden zu sein, wenn ein Kaufbedürfnis entsteht. Aus unserer Sicht hat die wirklich spannende Zeit mit Amazon gerade erst begonnen. Wir sind noch bei Tag eins.

3.5 Amorelie – mit Lust zum Erfolg

Key Facts

Name: Sonoma Internet GmbH
Firmensitz: Berlin, Deutschland
Mitarbeiter weltweit: 75
Umsatz weltweit 2015: n. a.
Gründungsjahr: 2013
Ursprung: Online-Pure-Player

Amorelie ist ein Lifestyle-Onlineshop für Erotikprodukte, der im April 2015, zwei Jahre nach seiner Gründung, zu 75 Prozent vom Münchener Medienhaus ProSiebenSat.1 übernommen wurde.[41] Der Shop verkauft Lovetoys, Dessous und Accessoires in fünf Ländern Europas. Spannend an Amorelies Konzept ist vor allem die Zielgruppe junger Frauen, Paare und Einsteiger[42] und holt damit das Erotikthema aus dem Tabu in den Mainstream. Der „Online-Sexshop für Normalos“[43] erreicht seine Zielgruppe vor allem durch positives Branding und Kommunikation rund um Qualität, aufklärenden Online-Content sowie wirksame PR-Maßnahmen. Das Unternehmen ist ein gutes Beispiel, wie hochwertiger Online-Content und selbst PR effektiv genutzt werden können, um eine zögerliche Kundengruppe erfolgreich zu gewinnen. Dazu betreibt Amorelie außerdem die deutsche TV-Sendung „Amorelie Love Lounge“ auf dem TV-Sender für junge Frauen *Sixx*. Nicht zuletzt dank der Zugehörigkeit zur ProsiebenSat.1-Gruppe und die folgliche Ausweitung seiner TV-Kampagnen konnte das Unternehmen in den ersten neun Monaten des Jahres 2015 einen Umsatz von 13,25 Millionen Euro erreichen.[44]

Handelspositionierung

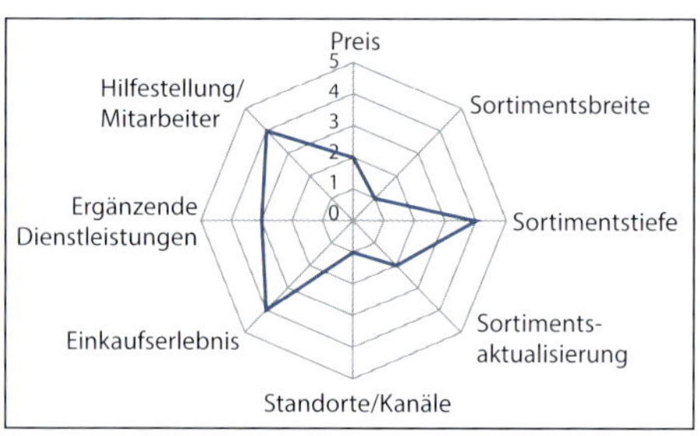

Amorelies Betonung auf stilvollem Online-Shopping von Erotikartikeln zielt vor allem auf das Einkaufserlebnis ab, das durch Nutzerfreundlichkeit und diskretes Design weiter unterstützt wird. Dies geht Hand in Hand mit einem hohen Beratungsniveau durch Online-Content sowie gutem Kundenservice via Hotline, E-Mail und Live-Chat. Insgesamt versucht das Konzept, vor allem bei Neukunden schnell Vertrauen zu wecken und sich damit von traditionellen Erotikshops abzugrenzen.

41 www.prosiebensat1.com (abgerufen Dezember 2016)
42 www.amorelie.de (abgerufen Dezember 2016)
43 www.t3n.de (abgerufen Dezember 2016)
44 www. excitingcommerce.de (abgerufen Dezember 2016)

Business Model Canvas

Partner	Aktivitäten	Value Proposition	Kundenbeziehung	Kundensegment
Marken, Medienpartner, Content-Netzwerke	Sourcing, Marketing, PR	Erotikprodukte für Einsteiger, Service und Beratung, Diskretion	Relationship-Building durch Beratung (vor allem indirekt durch Online-Content)	Zielgruppe: junge online-affine Frauen, Paare, Einsteiger
	Ressourcen Markenbeziehung, PR-wirksames Team		**Kanäle** online, Test von Offline-Showrooms	
Kostenstruktur Personal, Marketing, Sourcing		**Einnahmequellen** transaktionsabhängige direkte Erlöse		

Bewertung und Perspektive aus Sicht der Autoren

Die deutsche Sextoy-Branche war lange Zeit auf ein Duopol beschränkt – Beate Uhse und Orion. Diese beiden Unternehmen haben den Markt über Jahrzehnte dominiert, und die meisten Online-Wettbewerber stürzten sich auf das gleiche Kundensegment. Amorelie hat es geschafft, den Markt auf neue Kundensegmente auszuweiten, indem es die Produkte als Lifestyle-Accessoires positionierte, statt den einen Dildo 2.0 auf den Markt zu bringen. Durch geschickte PR und eine strategische Partnerschaft mit ProSiebenSat.1 hat sich Amorelie erfolgreich entwickelt. Auch der Erfolg von „Fifty Shades of Grey" kam für das Unternehmen zum richtigen Zeitpunkt und hat zu weiteren Wachstumsschüben geführt. Heute ist Amorelie mehr als nur ein Handelsunternehmen. Es kann vielmehr als Marktplatz für Lifestyle-Sextoys bezeichnet werden, mit der Stärke, auch eigene Produkte und Marken zu lancieren. Wir gehen davon aus, dass Amorelie in den nächsten Jahren eine starke Bedrohung für traditionelle Händler wie Orion darstellen wird. Denn für Amorelie wird es viel einfacher sein, das Geschäft in die „Sextoy-Nische" auszudehnen als umgekehrt.

3.6 AO.com – kann es für weiße Ware einen Gewinner geben?

Key Facts
Name: AO World plc
Firmensitz: Bolton, England
Mitarbeiter weltweit: 1.450
Umsatz weltweit 2015: 476,7 Mio. GBP (647,3 Mio. EUR)
Gründungsjahr: 2000
Ursprung: Online-Pure-Player

Appliances Online ist ein britischer Online-Pure-Player für Haushaltsgeräte (weiße Ware) mit knapp einer halben Milliarden Pfund Umsatz 2015 (circa 647 Millionen Euro). Seit 2000 im Vereinigten Königreich am Markt, wagte AO 2014 den Sprung nach Deutschland, 2016 in die Niederlande und plant weitere Expansionen in der nahen Zukunft.[45] Als Folge der Expansion tritt der Händler nun gegen Handelsriesen wie Amazon, Otto und MediaSaturn an, erwartet aber trotz der starken Konkurrenz im deutschen Markt einen Umsatz von 60 Millionen Euro im ersten Geschäftsjahr,[46] für das UK-Geschäft erwartet AO im selben Zeitraum 18,5 Prozent Umsatzwachstum.[47] Das börsennotierte Unternehmen will seine ambitionierten Expansionsziele vor allem über günstige Preise und hochwertigen Lieferservice erreichen und hat dazu sowohl im Vereinigten Königreich als auch in Deutschland eine eigene Lieferflotte aufgebaut.[48] Damit verspricht sich AO, die Belieferung auf der „letzten Meile" und seine Services wie Geräteanschluss und Altgerätmitnahme auf konstant hohem Niveau zu wahren. Im Vereinigten Königreich hat AO sein Sortiment um Unterhaltungselektronik erweitert.[49] Noch trägt das profitable UK-Geschäft die teure europäische Expansion.[50]

Handelspositionierung

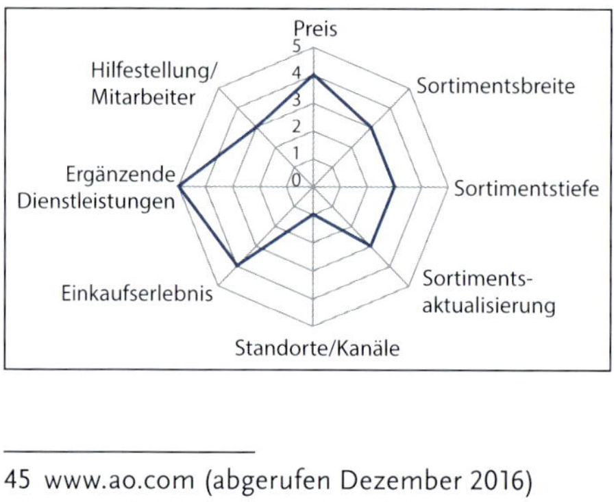

AO positioniert sich vor allem über seinen Lieferservice, der allerdings in vielerlei Fällen (zum Beispiel Altgerätentsorgung) wie auch bei Amazon oder Otto kostenpflichtig ist. Mit seiner Tiefpreisgarantie werden außerdem dem Kunden gegenüber die günstigen Preise kommuniziert, allerdings ist AO im Direktvergleich mit Amazon oftmals nicht der günstigste Anbieter. Auch die Auswahl ist im Vergleich zur Konkurrenz

45 www.ao.com (abgerufen Dezember 2016)
46 Geschäftsjahr endet März 2016
47 www.excitingcommerce.de (abgerufen Dezember 2016)
48 www.insidermedia.com (abgerufen Dezember 2016)
49 www.neuhandeln.de (abgerufen Dezember 2016)
50 www.neuhandeln.de (abgerufen Dezember 2016)

deutlich geringer, dafür bietet AO ein nutzerfreundliches und auf die Warengruppen gut zugeschnittenes Einkaufserlebnis.

Business Model Canvas				
Partner Hersteller und Marken, Werbeplattformen	**Aktivitäten** Marketing, Sourcing, Distribution	**Value Proposition** Haushaltsgeräte zum guten Preis mit schneller, verbindlicher Lieferung	**Kundenbeziehung** Selfservice	**Kundensegment** Massenmarkt
	Ressourcen Distribution, Sourcing		**Kanäle** online	
Kostenstruktur Logistik und Lagerinfrastruktur, Inventar, Marketing, IT		**Einnahmequellen** AO Website Sales, Third-Party Website Sales, Third-Party Logistics Services		

Bewertung und Perspektive aus Sicht der Autoren

Aus Sicht der Autoren haben E-Commerce-Unternehmen ein hohes Erfolgspotenzial, wenn diese den Markt hinsichtlich folgender Faktoren dominieren: Preis, Auswahl und Verfügbarkeit. AO.com hat dies in der Tat für den britischen Markt erreicht und zudem einen Fokus auf Service gesetzt. Nach dem Börsengang von AO.com im Jahr 2014 bezweifelten Analysten, dass dies ein erfolgreiches, skalierbares Geschäftsmodell außerhalb des Vereinigten Königreichs werden kann, da sich der dortige Erfolg ausschließlich auf die Pionier-Position zurückführen lässt. Nach gut zwei Jahren ist AO.com immer noch in Deutschland aktiv und weist hohe Wachstumszahlen aus, was den lokalen Marktgrößen wie Media Markt durchaus Kopfschmerzen bereiten könnte. Wir halten dies für einen bemerkenswerten Erfolg, glauben aber, dass sich Gewinne zukünftig allein auf Basis der Serviceumsätze realisieren lassen werden.

3.7 Apple – Paradebeispiel für Markenhersteller mit Direktverkauf

Key Facts
Name: Apple Inc.
Firmensitz: Cupertino, USA
Mitarbeiter weltweit: 115,000[51]
Umsatz weltweit 2015: 233,7 Mrd. USD[52]
Gründungsjahr: 1976
Ursprung: Hardware-/Softwarehersteller

Apple ist nicht nur die wertvollste Marke der Welt,[53] sondern laut Internet Retailer auch der zweitgrößte Online-Händler in den USA – und das mit nur 11,3 Prozent E-Commerce-Anteil am Umsatz im Jahr 2014.[54] Apple ist in über 119 Ländern aktiv,[55] und während das Wachstum in Nordamerika und Europa abflacht, wächst der Umsatz im asiatischen Raum weiter an,[56] allen voran China mit 70 Prozent jährlichem Wachstum.[57] Mit einem Markenwert von 145,3 Milliarden US-Dollar und der beispiellosen Umsatzrendite von 31 Prozent[58] hat Apple es wie kaum ein anderer Hersteller geschafft, Lock-in-Effekte zu nutzen, die es Kunden erschweren. Dazu gehören zum Beispiel komfortable Synchronisierung zwischen Apple-Produkten oder Softwarebarrieren zu anderen Betriebssystemen. Besonders spannend für den E-Commerce sind die Entwicklungen Apple Pay und Apple-TV. Seit 2014 bietet Apple Pay ein mobiles Zahlungsverfahren über die Fingerabdruckfunktion des Iphones in Kooperation mit bereits 2 Millionen Einzelhandels-Locations in den USA sowie etlichen mobilen Shopping-Apps. Auch Apple-TV erlaubt dem User das Shoppen über Apps.

Handelspositionierung

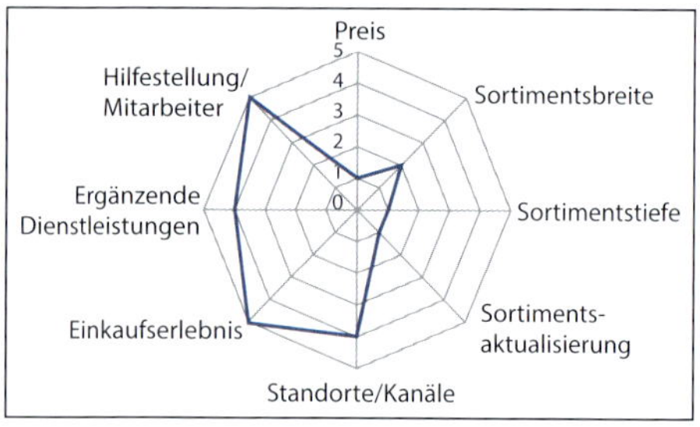

Apple hat bei seinen Kunden eine starke Markenwahrnehmung erlangt und positioniert sich preislich im Premiumsegment. Weiterhin betont Apple Hilfestellung und Service (zum Beispiel die Genius Bar im Filialgeschäft) sowie das Einkaufserlebnis durch hervorragendes Design und sehr gute Produktdarstellung. Im Mittelpunkt der Positionierung stehen bei Apple allerdings das Produkt und seine intuitive Bedienung.

51 www.bloomberg.com (abgerufen Dezember 2016)
52 www.statista.com (abgerufen Dezember 2016)
53 www.forbes.com (abgerufen Dezember 2016)
54 www.internetretailer.com (abgerufen Dezember 2016)
55 www.apple.com (abgerufen Dezember 2016)
56 www.fool.de (abgerufen Dezember 2016)
57 www.images.apple.com (abgerufen Dezember 2016)
58 www.wikinvest.com (abgerufen Dezember 2016)

Business Model Canvas				
Partner Mobilfunkbetreiber, Plattenfirmen und Verlage, Zulieferer, App-Developer	**Aktivitäten** Design, Softwareentwicklung, HR **Ressourcen** Marke, Patente	**Value Proposition** Marke, Benutzerfreundlichkeit, Service	**Kundenbeziehung** Selfservice online, persönlich offline **Kanäle** online, mobile, Filialen, Drittanbieter	**Kundensegment** Massenmarkt
Kostenstruktur Personal, Zulieferer, Marketing und Vertrieb		**Einnahmequellen** Hardware-Verkauf, Content-Verkauf (Apps, Musik, Filme, Bücher), Provisionen für Musik- und Film-Streaming		

Bewertung und Perspektive aus Sicht der Autoren

Apple ist in unserer Aufzählung ein Sonderfall. Eigentlich ist es kein Handelsunternehmen im üblichen Sinne, sondern ein Hersteller. Mit seinen sehr mächtigen Plattformen, wie dem IOS-App-Store und auch Itunes, versteht es Apple aber wie kein anderer, verschiedene Sortimente zu durchdringen, insbesondere bei digitalem Content (Musik, Videos und Online-Spiele). Hier hat das Unternehmen durch seine IOS-Verbreitung eine recht starke Positionierung erreicht.

Grundsätzlich ist nicht davon auszugehen, dass Apple in den nächsten Jahren stark nachlassen wird. Das Unternehmen hat viel Cash zur Verfügung und somit die Möglichkeit, durch weitere strategische Akquisitionen neue Geschäftsfelder zu belegen sowie Innovationen voranzutreiben. Ob diese aber im Bereich Handel und E-Commerce angesiedelt sein werden, ist noch vollkommen offen.

3.8 Asos – Großbritanniens beliebtester Fashionshop

Key Facts
Name: ASOS Plc
Firmensitz: London, England
Mitarbeiter weltweit: 2.038[59]
Umsatz weltweit 2015: 1,15 Mio. GBP (1,56 Mio. EUR)
Gründungsjahr: 2000
Ursprung: Online-Pure-Player

Asos steht für „As Seen On Screen" und wurde als Online-Shop gegründet, in dem Kunden die Outfits im Stil ihrer Stars zu günstigen Preisen bestellen können. Heute betreibt das Unternehmen einen der größten Online-Shops für Fast Fashion und Beauty mit über 80.000 Produkten und 850 Marken,[60] darunter auch Eigenmarken, die im Vereinigten Königreich bereits 50 Prozent der Umsätze ausmachen.[61] Asos ist das Paradebeispiel für ein organisch gewachsenes E-Commerce-Start-up,[62] das mit einer Umsatzrendite um die 4 Prozent seit vielen Jahren profitabel am Markt agiert.[63] Asos setzt dabei immer mehr auf Internationalisierung, bedient heute länderspezifische Shops in neun Sprachen,[64] versendet seine Ware in 240 Länder und macht bereits über die Hälfte des Umsatzes außerhalb Großbritanniens.[65] Neben seinem Hauptgeschäft betreibt Asos auch einen Marktplatz, auf dem externe Boutiquen ihre Produkte direkt an Asos-Kunden verkaufen können.[66] Momentan kommuniziert Asos ein mittelfristiges Umsatzziel von 2,5 Milliarden Pfund und will dieses durch Produktinnovation und Fokus auf die Märkte Frankreich, USA und Deutschland erreichen.[67] Auch der chinesische Markt wird mit einer Mobile-first-Strategie bedient.

Handelspositionierung

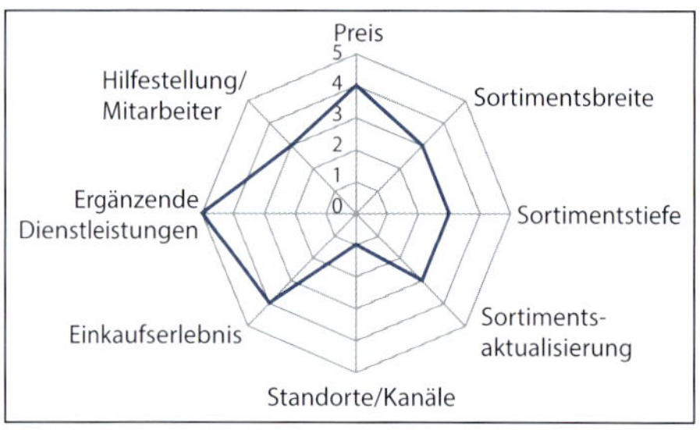

Asos ist vor allem über sein hoch und trendgetriebenes Sortiment positioniert. Noch immer stehen Promi-Outfits im Mittelpunkt der Marketingstrategie, ob auf den Social-Media-Seiten, wenn Prominente selbst Asos-Mode tragen oder auch im hauseigenen Magazin, das seit Mai 2016 auch in Deutschland Modereportagen, Star-Interviews und Stylingtipps bietet –

59 www.asosplc.com (abgerufen Dezember 2016)
60 www.kassenzone.de (abgerufen Dezember 2016)
61 www.uk.reuters.com (abgerufen Dezember 2016)
62 www.bloomberg.com (abgerufen Dezember 2016)
63 www.businessoffashion.com (abgerufen Dezember 2016)
64 www.businessoffashion.com (abgerufen Dezember 2016)
65 www.news.markets (abgerufen Dezember 2016)
66 www.asosplc.com (abgerufen Dezember 2016)
67 www.businessoffashion.com (abgerufen Dezember 2016)

natürlich mit Bestellfunktion aller vorgestellten Produkte im Online-Shop. Ansonsten ähnelt die Positionierung sehr der von Zalando, wobei sich das Sortiment nach Angaben von Asos deutlich vom Zalando-Angebot unterscheidet.[68]

Business Model Canvas

Partner	Aktivitäten	Value Proposition	Kundenbeziehung	Kundensegment
Markenhersteller, Logistikfirmen, Prominente	Sortimenterstellung und Aktualisierung, Marketing, Versand und Technologie	aktuelle Trends (Fast Fashion) zum guten Preis	Selfservice, Kundenbindung über Content-Marketing wie z. B. das eigene Fashionmagazin	jung (16 bis 35 Jahre), modebewusst
	Ressourcen		**Kanäle**	
	Image als Modeexperte		online, mobile	

Kostenstruktur	Einnahmequellen
Distribution & Logistik, Marketing, Plattform	transaktionsabhängige direkte Erlöse, Provisionseinnahmen (20 Prozent) aus Asos Marketplace

Bewertung und Perspektive aus Sicht der Autoren

Asos ist als börsennotiertes Unternehmen extrem spannend zu beobachten. Das Kunden-Feedback ist positiv und die Margen sowie der Anteil an Eigenmarken sind besonders vorteilhaft. Damit ist Asos eine Art Blaupause für viele Handelsunternehmen in Europa geworden. Insbesondere der geringe Kapitaleinsatz, mit dem das Umsatzvolumen von 1,2 Milliarden Euro erreicht wurde, ist beachtenswert. Ob diese Struktur auch international weiter gepusht werden kann, ist fraglich angesichts vieler neuer Wettbewerber, die genau in die Bereiche vordrängen, in denen Asos aktiv ist. Denn das Cross-Border-Shopping birgt für Asos große Herausforderungen – insbesondere was ein einheitliches Preisimage angeht. Die direkt von britischen Pfund in Euro umgerechneten Preise halten gerade bei Markenprodukten nicht immer einem Preisvergleich mit lokalen Anbietern Stand. Dieses Problem will man aber nun durch ein lokales Pricing in den Griff bekommen.[69] Ob Asos seine Marktposition in Deutschland oder in Frankreich verteidigen kann, wird das Jahr 2017 zeigen.

68 www.onlinehaendler-news.de (abgerufen Dezember 2016)
69 www.asosplc.com (abgerufen Dezember 2016)

3.9 Blue Apron – Lebensmittel-Abo für faule, aber begeisterte Köche

Key Facts

Name: Blue Apron, Inc.
Firmensitz: New York City, USA
Mitarbeiter weltweit: 2600
Umsatz weltweit 2015: 300 Mio. USD (geschätzt)[70]
Gründungsjahr: 2012
Ursprung: Online-Pure-Player

Das New Yorker Meal-Kit-Start-up Blue Apron hat es in drei Jahren auf eine 2-Milliarden-Dollar-Bewertung geschafft und ist somit so schnell zu einem „Unicorn" geworden wie kaum ein anderes US-amerikanisches E-Commerce Projekt. Für 60 US-Dollar pro Woche liefert das Unternehmen zu Rezepten zusammengestellte, vorverpackte Lebensmittel für drei Gerichte, die der Kunde dann selbst zu Hause kocht. 2015 verschickte Blue Apron bereits 5 Millionen Mahlzeiten pro Monat, im Vorjahr waren es noch 500.000.[71] Das Wachstum ist beeindruckend, aber auch teuer erkauft. In einer neuen Finanzierungsrunde konnte sich das Start-up 135 Millionen US-Dollar sichern und übertraf seinen europäischen Konkurrenten Hellofresh, der 126 Millionen US-Dollar einsammelte.[72] Auch Traffic-seitig hängt Blue Apron seine beiden Wettbewerber Hellofresh und Plated in Nordamerika ab.[73] Seine App launchte das Unternehmen 2015 und konzentriert sich hier vor allem auf hochwertigen Content und Zusatzinformationen zu den Rezepten.[74] Mit dem passenden Wein zum Gericht erweiterte Blue Apron 2015 sein Produktportfolio.[75]

Handelspositionierung

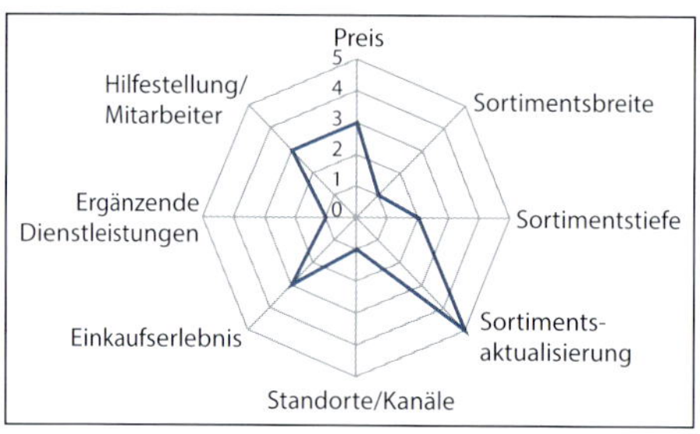

Von der Konkurrenz, den direkten Wettbewerbern Hellofresh und Plated, setzen sich die New Yorker durch etwas günstigere Preise[76] und eine besonders hochwertige Produkt- und Rezeptpräsentation ab,[77] jedoch sind die Preise gegenüber dem Lebensmittelgeschäft oder Amazon Fresh nicht besonders gering. Ein weiteres Positionierungsmerkmal ist die hohe Fre-

70 www.forbes.com (abgerufen Dezember 2016)
71 www.forbes.com (abgerufen Dezember 2016)
72 www.fastcompany.com (abgerufen Dezember 2016)
73 www.businessinsider.com (abgerufen Dezember 2016)
74 www.mobilestrategies360.com (abgerufen Dezember 2016)
75 www.fastcompany.com (abgerufen Dezember 2016)
76 www.blueapron.com (abgerufen Dezember 2016)
77 www.businessinsider.com (abgerufen Dezember 2016)

quenz an Produkt-Updates, die das Businessmodell langfristig tragen, solange die Rezepte abwechslungsreich genug sind.

Business Model Canvas				
Partner Zulieferer, lokale Bauern, Logistik	**Aktivitäten** Sourcing, Content, Marketing **Ressourcen** Abonnenten, Partnerschaften	**Value Proposition** von Experten zusammengestellte Rezepte mit allen dafür benötigten Zutaten im bequemen Abonnement	**Kundenbeziehung** Selfservice **Kanäle** online, mobile	**Kundensegment** kochbegeisterte Haushalte, Paare und Familien
Kostenstruktur Marketing, Sourcing, Content, Technologie		**Einnahmequellen** transaktionsbasierte direkte Erlöse		

Bewertung und Perspektive aus Sicht der Autoren

Wir verstehen, dass es ausreichend potenzielle Kunden in Metropolen gibt, die diese Art von Service sehr schätzen. Zudem dürften noch einige Kunden in ländlichen Regionen hinzukommen, die aufgrund schrumpfender stationärer Infrastruktur ebenfalls ein Interesse an einem solchen Service haben. Wir können aber bisher weder die Unternehmensbewertung noch die Nachhaltigkeit in der Kundenakquisition nachvollziehen. Das Geschäftsmodell macht auf uns den Eindruck, dass, analog zu Uber, eine Lieferinfrastruktur aufgebaut werden soll, die dann anderen Unternehmen beziehungsweise Sortimenten zur Verfügung gestellt wird – ein klassischer Kapitalwettbewerb. Andernfalls funktioniert das Modell nur in einer sehr speziellen Nische, die solche Bewertungen aus unserer Sicht nicht zulässt. Zudem ist offen, ob der Ansatz als eigenständiges Geschäftsmodell bestehen kann, wenn andere Player diese Funktion als Nebenangebot abbilden können (zum Beispiel Amazon Fresh).

3.10 Blue Nile – strahlendes Beispiel für hochwertigen Schmuck online

Key Facts

Name: Blue Nile, Inc.
Firmensitz: Seattle, USA
Mitarbeiter weltweit: 301[78]
Umsatz weltweit 2015: 480,1 Mio. USD[79]
Gründungsjahr: 1999
Ursprung: Online-Pure-Player

Blue Nile ist der weltweit größte Onlineshop für Diamanten und Schmuck mit Fokus auf Verlobungs- und Eheringen.[80] Pro Tag wurden 2015 300 bis 400 Ringe verschickt, im vierten Quartal bedingt durch die Feiertage sogar 800 bis 1.000 Ringe.[81] Seine 480 Millionen US-Dollar Umsatz erreicht Blue Nile mit einem durchschnittlichen Bestellwert von 2.000 US-Dollar, bei Verlobungsringen liegt dieser bei 7.000 US-Dollar. Der Pure-Player verkauft in 45 Länder und akzeptiert 23 Währungen.[82] Seit 2004 bereits an der Börse, erreicht der profitable Online-Shop einen Nettogewinn von 11 Millionen US-Dollar und ein EBITDA von 25 Millionen US-Dollar. 2015 war allerdings ein stagnierendes Jahr; der Pure-Player konnte seinen Nettoumsatz um nur 1,4 Prozent steigern, im vierten Quartal sank der Umsatz um ganze 4,8 Prozent im Vergleich zum Vorjahr und die Jahresumsatzziele konnten nicht erreicht werden.[83] Grund hierfür waren laut Unternehmensaussagen die sinkenden Preise für Diamanten sowie schlechte Wechselkurse. Dennoch war 2015 volumenseitig das Jahr mit den meisten versandten Verlobungsringen.[84] Für 2016 hat das Unternehmen pessimistisches Null-Prozent-Wachstum angekündigt.[85]

Handelspositionierung

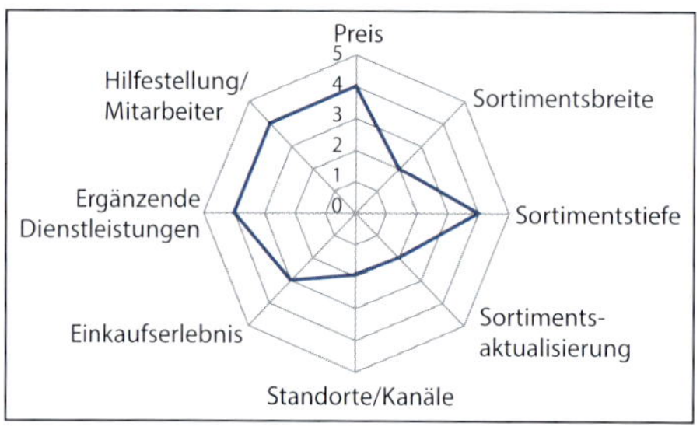

Im Segment für Diamanten und hochwertigen Schmuck ist Blue Nile stark über seine vergleichsweise geringen Preise positioniert. Wettbewerbsfähige Preise erreicht der Pure-Player vor allem, indem Mittelmänner aus der traditionellen Wertschöpfungskette übersprungen werden. Einkaufserlebnis und Services wie Einkaufsberater und Finanzierungsmöglich-

78 www.stockpup.com (abgerufen Dezember 2016)
79 www.investor.bluenile.com (abgerufen Dezember 2016)
80 www.bluenile.com (abgerufen Dezember 2016)
81 www.internetretailer.com (abgerufen Dezember 2016)
82 www.bluenile.com (abgerufen Dezember 2016)
83 www.investor.bluenile.com (abgerufen Dezember 2016)
84 www.investor.bluenile.com (abgerufen Dezember 2016)
85 www.fool.com (abgerufen Dezember 2016)

keiten tragen ebenfalls zur Positionierung von Blue Nile bei. Lokale Partner ermöglichen es Kunden, den Schmuck vor dem Kauf vor Ort anzuprobieren. Seit 2015 erweitert der Schmuckhändler außerdem seine Verkaufskanäle mit eigenen Showrooms[86] sowie einer Kooperation mit Nordstrom in Nordamerika[87].

Business Model Canvas				
Partner Zulieferer, lokale Partner, Goldschmiede und Service-Anbieter	**Aktivitäten** Sourcing, Content und Education, Marketing	**Value Proposition** hochwertiger Schmuck, vor allem Verlobungsringe, zum guten Preis	**Kundenbeziehung** Selfservice, Beratung in Ausstellungsräumen	**Kundensegment** preisbewusste, aber auch qualitätsbewusste Kunden, Verlobungspaare
	Ressourcen Markenwahrnehmung, Sourcing-Prozesse und Partnerschaften für Diamanten		**Kanäle** online, mobile, Showroom, Nordstrom-Kooperation	
Kostenstruktur Inventory, Qualitätsmanagement, Marketing			**Einnahmequellen** transaktionsabhängige direkte Erlöse	

Bewertung und Perspektive aus Sicht der Autoren

Blue Nile zeigt die Symptome eines klassischen alten Category-Leaders. Er dominiert zwar seine Nische und erwirtschaftet in dieser eine bekömmliche Rendite, allerdings kann aus unserer Sicht kein E-Commerce-Handelsmodell langfristig bestehen, das nicht mindestens analog zum Gesamtmarkt wächst. In der aktuellen Verfassung dürfte Blue Nile von deutlich innovativeren jungen Konzepten, die gegebenenfalls besseren, hochwertigeren oder passenderen Schmuck produzieren, überholt werden. Im Übrigen stellt sich hier nicht die Frage, ob das passiert, sondern nur wann. Erschwerend kommt hinzu, dass die stationäre Vertriebsstruktur, die sich Blue Nile in den letzten zehn Jahren aufgebaut hat, in einer zunehmen digitalen Welt kein zentrales Asset mehr darstellt. Individuell gefertigte Ringe bedürfen zum Ausprobieren und Erleben keines Schmuckladens mehr.

86 www.internetretailer.com (abgerufen Dezember 2016)
87 www.internetretailer.com (abgerufen Dezember 2016)

3.11 Bonobos – die Online-Fashionmarke, für die die Welt noch nicht bereit war

Key Facts

Name: Bonobos, Inc.
Firmensitz: New York, USA
Mitarbeiter weltweit: 320
Umsatz weltweit 2015: n. a.
Gründungsjahr: 2007
Ursprung: Online-Pure-Player

Bonobos ist eine Online-Fashionmarke für Männer, gegründet 2007 mit Fokus auf Markenhosen und heute mit einer erweiterten Auswahl von Schuhen, Anzügen, Oberteilen und Accessoires. Besonders macht Bonobos von sich reden durch sein neuartiges Retail-Konzept: Neben dem Verkauf im Online-und Mobile-Shop betreibt Bonobos 21 „Guideshops“ in den USA, die als Anprobe und Beratungs-Showroom fungieren und die besonders großen Wert auf Service legen. So buchen Kunden eine Stunde Beratung, werden mit einem kühlen Bier begrüßt und von einem persönlichen Styleberater beraten. Gekaufte Ware wird dann zum Kunden nach Hause geschickt, direkt vom Geschäft mitnehmen kann man die Artikel nicht. Außerdem führen 120 Nordstrom-Geschäfte Bonobos Markenartikel. 2015 soll Bonobos 100 Millionen US-Dollar Umsatz und ein positives Jahresergebnis erzielt haben.[88] Vermarktet wird bisher ausschließlich in den USA, nachdem der internationale Vertrieb vorerst wieder eingestellt wurde. Ayr, die Spin-off-Marke mit gleichem Konzept für Frauen, ist seit März 2016 selbstständig und gehört nicht mehr zum Unternehmen.

Handelspositionierung

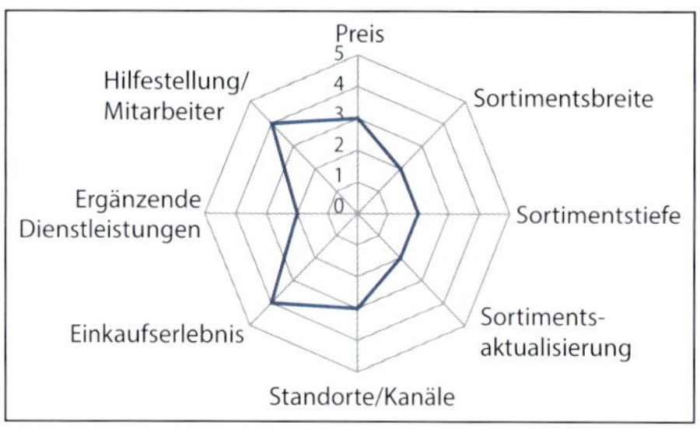

Bonobos hat sich die Mission auf die Fahnen geschrieben, sowohl online als auch offline das optimale Shopping-Erlebnis für Männer zu bieten. Die Marke ist bekannt für seine Service-Mitarbeiter, die sogenannten „Ninjas“, als auch für seinen Fokus auf Personalisierung und Bequemlichkeit. Die besondere Positionierung als ein Zwei-Kanal-Konzept mit Online-Fokus und stationären Guideshops hebt Bonobos wie kaum eine andere Marke hervor. Preislich liegt Bonobos im mittleren Segment.

88 www.businessinsider.com (abgerufen Dezember 2016)

Business Model Canvas				
Partner Nordstrom (seit 2012 Investor bei Bonobos)	**Aktivitäten** Branding, Produktentwicklung **Ressourcen** Markenwahrnehmung	**Value Proposition** hochwertige Männermode mit sehr gutem Service	**Kundenbeziehung** starker Service-Fokus **Kanäle** online, offline , mobile	**Kundensegment** männliche Kunden zwischen 25 und 40 mit über 100.000 US-Dollar Jahreseinkommen
Kostenstruktur Sourcing, Retail Structures, Marketing		**Einnahmequellen** transaktionsabhängige direkte Erlöse		

Bewertung und Perspektive aus Sicht der Autoren

Bonobos lässt uns etwas ratlos zurück. Gemessen an dem gewaltigen Investment in die Firma (über 100 Millionen US-Dollar) sind der erreichte Umsatz und das Wachstumsniveau enttäuschend. Die Expansion in andere Märkte, Zielgruppen und Produktbereiche ist nicht gelungen. Auf dieser Expansion basierte allerdings die Preisvorstellung der Bonobos-Investoren. Insofern würden wir hier die Bewertung aufteilen: Für die bestehenden Kunden und die definierte Nische war und ist Bonobos ein gutes Modell. Für die Investoren ist es eine Enttäuschung.

3.12 Casper – Meister des Direktvertriebs

Key Facts
Name: Casper Sleep, Inc.
Firmensitz: New York, USA
Mitarbeiter weltweit: 100
Umsatz weltweit 2015: n. a.
Gründungsjahr: 2014
Ursprung: Online-Pure-Player

Casper Sleep ist Hersteller der hippen Casper-Matratze, die das Unternehmen ausschließlich über seinen Online-Shop vertreibt. Nur ein Jahr nach seiner Gründung verbucht Casper 2015 bereits über 100 Millionen US-Dollar Umsatz, alles über den Direktvertrieb im Internet. Allein in seinem ersten Verkaufsmonat 2014 konnte das Start-up schon 1 Million US-Dollar Umsatz vorweisen.[89] Dabei setzt Casper für seinen Onlineshop, für seine erfolgreichen Marketingkampagnen und für das Produktdesign selbst stark auf den Design- und Hippness-Faktor. Seit seinem Start als Ein-Produkt-Unternehmen verkauft der Hersteller seit Kurzem auch Kissen und Bettwäsche. Den Erfolg verdankt Casper neben dem hochwertigen und logistikoptimierten Produktdesign einer cleveren Marketingstrategie. Die Matratze wird für den Versand stark komprimiert und kann so ohne aufwendige Logistik geliefert werden. Der Kunde kann die Matratze dann zu Hause auspacken, sie entfaltet sich, ohne an Qualität zu verlieren. Und Casper versteht es, Marketing und Social Media besonders wirksam einzusetzen: Hunderte „Unboxing-Videos" der Matratze erhalten auf Youtube Tausende von Clicks. Zu dem Unternehmen gehören außerdem zwei Ausstellungsräume in Los Angeles und New York.[90]

Handelspositionierung

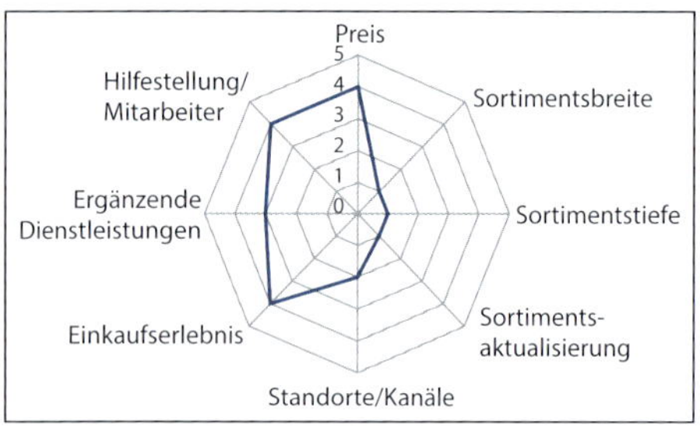

Casper positioniert sich vor allem über Shoppingerlebnis, Service und Preis. Im hochwertigen Matratzensegment ist Casper mit 500 bis 950 US-Dollar je Matratze günstig, und es werden keine Versandkosten verlangt. Mit nur drei Produkten und keiner Sortimentstiefe (es gibt jeweils nur ein Produkt) ist Casper sehr spitz positioniert und verkauft die Marketing-Message „one mattress fits all". Der Service umfasst einen großzügigen Testzeitraum, in dem die Matratze getestet und problemlos zurückgeschickt werden kann.

89 www.huffingtonpost.com (abgerufen Dezember 2016)
90 www.casper.com (abgerufen Dezember 2016)

Business Model Canvas				
Partner Zulieferer, Investoren	**Aktivitäten** Marketing, Produktentwicklung **Ressourcen** Branding, Prozesse	**Value Proposition** hochwertig designte Matratze für einen guten Preis und bequemes Einkaufen	**Kundenbeziehung** Selfservice, Beratung vor Ort im Showroom **Kanäle** online, Showroom	**Kundensegment** qualitätsbewusste Kunden
Kostenstruktur Marketing, Content, Logistik		**Einnahmequellen** transaktionsabhängige direkte Erlöse		

Bewertung und Perspektive aus Sicht der Autoren

Caspers ist es gelungen, ein bisher kaum digitalisiertes Geschäft auf die Online-Welt zu übertragen. Das Marketingkonzept von Caspers geht auf, die Weiterempfehlunsgrate ist sehr gut und es gibt weltweit Nachahmer. Die Matratzenindustrie fühlt sich aufgerüttelt – chapeau! Die ordentlichen Margen, niedrigen Retouren und das gelöste Logistikprobem sind sehr positiv für das Geschäftsmodell. Kritisch stimmt uns allerdings die langfristige Aussicht: Sollte der Wettbewerb mit ähnlichen Modellen anziehen, und davon ist stark auszugehen, befindet sich Caspers in einem Online-Marketingwettbewerb und zudem in einem Geschäft, bei dem die Wiederkaufsrate in den ersten drei Jahren zu vernachlässigen ist. Keine guten Voraussetzungen für langfristige Profite. Insofern sind wir gespannt, wie Caspers sein Modell vertikalisiert oder anderweitig weiterentwickelt. Das aktuelle Modell ist mittelfristig sehr instabil.

3.13 Conrad – warum „Multichannel" als Differenzierung nicht genug ist

Key Facts

Name: Conrad Electronic SE
Firmensitz: Hirschau, Deutschland
Mitarbeiter weltweit: 3.900[91]
Umsatz weltweit 2014: 998,7 Mio. EUR[92]
Gründungsjahr: 1923
Ursprung: Katalog seit 1939, stationär seit 1951[93]

Conrad ist ein Familienunternehmen im Bereich Elektronik, Werkzeuge und Hobby, das sich neben dem B2C-Geschäft seit 2013 verstärkt um die B2B-Kundengewinnung bemüht.[94] Neben den 37 Filialen in Europa verliert das Kataloggeschäft immer mehr an Bedeutung, und so verlässt Conrad seine Wurzeln und hat sich seit einigen Jahren den E-Commerce auf die Fahnen geschrieben.[95] Dabei betont der Elektronikhändler vor allem den Multichannel-Ansatz und ist in der Kanalverknüpfung auf Kunden- und Geschäftsprozessebene viel gelobter Marktteilnehmer. In den Filialen werden zum Beispiel Internet-Terminals aufgestellt, der Online-Shop bewirbt lokale Angebote und Kunden können ihre Bestellung in die Ladengeschäfte schicken lassen beziehungsweise vorrätige Ware innerhalb von zwei Stunden aus der Filiale geliefert bekommen.[96] Des Weiteren ermöglicht ein neues modernes Logistikzentrum, 100.000 Pakete pro Tag in bis zu 150 Länder zu versenden.[97] Das im Dezember 2013 erworbene insolvente Unternehmen Get-it-Quick GmbH mit den zwei Online-Shops Getgoods.de und HOH.de versprach auch durch intensive Maßnahmen keinen Gewinn und wurde Ende 2015 geschlossen.[98]

Handelspositionierung

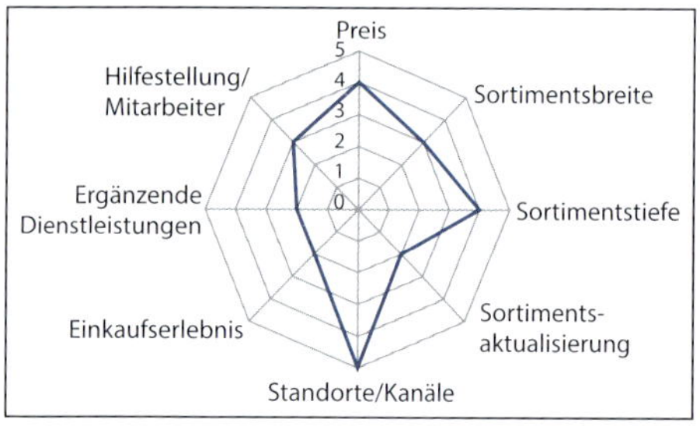

Conrads Positionierung im Vergleich zum Wettbewerb ist vor allem auf seine Multichannel-Aktivitäten sowie günstige Preise[99] konzentriert. In klassischen Multichannel-Maßnahmen ist der Händler weiterhin sehr positiv zu bewerten. Sollte der Wettbewerb hier allerdings schnell aufholen, bleibt zu beobachten, ob Conrad es in Zukunft schafft, den Kunden echte Mehrwerte aus der Kanalverknüpfung zu bieten.

91 www.conrad.com (abgerufen Dezember 2016)
92 www.neuhandeln.de (abgerufen Dezember 2016)
93 www.conrad.de (abgerufen Dezember 2016)
94 www.elektroniknet.de (abgerufen Dezember 2016)
95 www.channelpartner.de (abgerufen Dezember 2016)
96 www.conrad.de (abgerufen Dezember 2016)
97 www.logistra.de (abgerufen Dezember 2016)
98 www.neuhandeln.de (abgerufen Dezember 2016)
99 www.locationinsider.de (abgerufen Dezember 2016)

Business Model Canvas				
Partner Logistikunternehmen, Markenhersteller	**Aktivitäten** Sortimentserstellung, Technologie	**Value Proposition** Technikprodukte zum attraktiven Preis, bequemes Einkaufen durch Fokus auf Multichannel-Ansatz	**Kundenbeziehung** Selfservice, Beratung in den Filialen	**Kundensegment** Massenmarkt
	Ressourcen hochmoderne Logistik, stabile finanzielle Situation		**Kanäle** online, offline, Katalog	
Kostenstruktur Umsatzkosten, Personal in den Filialen, IT/Technologie		**Einnahmequellen** transaktionsabhängige direkte Erlöse		

Bewertung und Perspektive aus Sicht der Autoren

Conrad hat sich in den letzten zwei Jahren zu einem Multichannel-Musterspieler entwickelt. Die klassische stationäre Ausprägung wurde zugunsten einer Online-Strategie etwas aufgehoben und der Service sehr stark in den Vordergrund gerückt. Damit taucht Conrad in fast allen Zukunftspräsentationen zum Thema Multi- und Omnichannel auf. Aus unserer Sicht werden die wesentlichen USPs, die für einen Erfolg im E-Commerce-Zeitalter erforderlich sind, allerdings nicht tangiert. Die Themen Service und verfügbare Ware vor Ort sind nur noch für eine schrumpfende Zielgruppe relevant, insbesondere für ältere Kunden, die sich mit der E-Commerce-Thematik bislang nicht stark auseinandergesetzt haben, oder für Kunden, denen das haptische Kauferlebnis besonders wichtig ist. Damit optimiert Conrad sein Geschäftsmodell für einen schrumpfenden Markt. Die Frage, ob das zukunftsfähig ist, verneinen wir.

3.14 Delivery Hero – das wohl aggressivste europäische E-Commerce-Unicorn

Key Facts

Name: Delivery Hero Holding GmbH
Firmensitz: Berlin, Deutschland
Mitarbeiter weltweit: 3.000
Umsatz weltweit 2015: 198 Mio. EUR
Gründungsjahr: 2011
Ursprung: Online-Pure-Player

Delivery Hero ist einer der größten Lieferdienstvermittler weltweit mit über 200.000 teilnehmenden Restaurants[100] in 34 Ländern, wobei sie nach eigenen Angaben in 29 der Märkte als Marktführer agieren.[101] Dabei führt das Unternehmen unter dem Dach der Delivery Hero Holding verschiedenste Lieferdienste, im deutschen Markt sind sie beispielsweise mit Lieferheld, Pizza.de und Foodora präsent. Mit einem Bruttoumsatz von über 1,6 Milliarden Euro konnte Delivery Hero seine KPIs 2015 deutlich steigern und behält den Wachstumskurs auch 2016: Das mit 3,1 Milliarden bewertete Unternehmen[102] verarbeitete im Januar 2016 mit 14 Millionen Bestellungen mehr als doppelt so viele wie noch 2015.[103] Allerdings sind die Marketingausgaben ebenfalls beachtlich, vor allem im deutschen Markt schreibt das „Einhorn" noch tiefrote Zahlen. Über das Jahr 2015 verteilt sammelte Delivery Hero mit drei Finanzierungsrunden insgesamt 586 Millionen Euro ein[104] und berät sich laut etlichen Quellen zu einem möglichen Börsengang,[105] welchen seine beiden großen Konkurrenten GrubHub und Just Eat bereits gewagt haben.[106]

Handelspositionierung

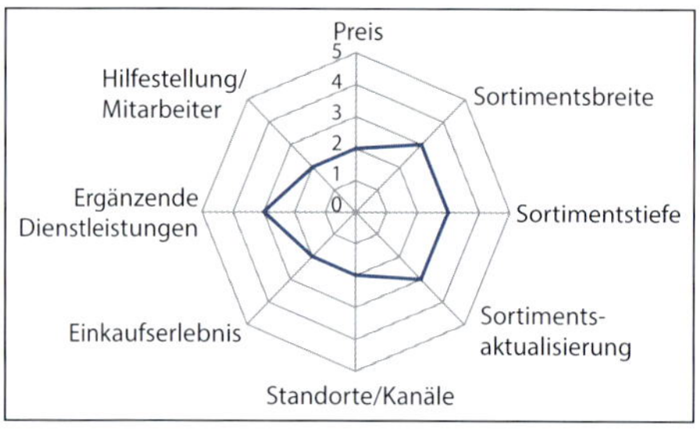

Delivery Hero positioniert sich hauptsächlich über die enorme Sortimentstiefe. Während die Sortimentsbreite mit Speisen und Getränken recht beschränkt ist, punktet der Lieferservice mit besonders großer Auswahl an Restaurants und Gerichten. Das Unternehmen hat Standorte in 34 Ländern und kommt auf insgesamt 200.000 teilnehmende Restaurants; bedient werden diese über Online-Kanäle (Desktop und mobile).

100 www.deliveryhero.com (abgerufen Dezember 2016)
101 www.welt.de (abgerufen Dezember 2016)
102 www.deliveryhero.com (abgerufen Dezember 2016)
103 www.gruenderszene.de (abgerufen Dezember 2016)
104 www.welt.de (abgerufen Dezember 2016)
105 www.internetworld.de (abgerufen Dezember 2016)
106 www.welt.de (abgerufen Dezember 2016)

Business Model Canvas

Partner	Aktivitäten	Value Proposition	Kundenbeziehung	Kundensegment
Restaurants, über 4.700 Lieferanten, Gastronomieketten, Ad-Networks	Partnerschaftexpansionen, Technologie	Speisen und Getränke bequem aus einer riesigen Auswahl an Restaurants und Lieferdiensten bestellen	Selfservice	Massenmarkt
	Ressourcen		**Kanäle**	
	Marken-Portfolio, Marktverständnis, Momentum		online, mobile	

Kostenstruktur	Einnahmequellen
Marketing, Expansion, Lieferdienst	Provisionseinnahmen über den Marktplatz, 8 bis 15 Prozent je nach Produktkategorie

Bewertung und Perspektive aus Sicht der Autoren

Für uns geht das Geschäftsmodell langfristig nur auf, wenn Delivery Hero es schafft, die einzige Lieferplattform in den relevanten Märkten zu sein. Wir verstehen bisher nicht, warum Delivery Hero so stark auf die Internationalisierung setzt, weil wir kaum Synergieeffekte über Ländergrenzen hinweg sehen. Der Erschließungsaufwand pro Land bleibt gleich. Das größere Risiko sind allerdings andere große App-Anbieter wie Uber, die einen solchen Service ebenfalls mit ihrem Geschäftsmodell abdecken könnten. Es sind noch sehr viele „Wenns“ in der Bewertung dieses Geschäftsmodells, aber grundsätzlich haben wir die Fantasie, dass Delivery Hero es schafft, diesen Markt zu dominieren, und auf dieser Basis dann gleich noch den Lebensmittelhandel neu erfindet.

3.15 Ebay – eine E-Commerce-Legende am Ende ihrer Kräfte?

Key Facts
Name: eBay Inc.
Firmensitz: San Jose, USA
Mitarbeiter weltweit: 36.500
Umsatz weltweit 2015: 8,6 Mrd. USD[107]
Gründungsjahr: 1995
Ursprung: Online-Pure-Player

Ebay hat in den letzten 20 Jahren als größtes Internetauktionshaus weltweit mit Amazon den internationalen E-Commerce vorangetrieben. Heute ist Ebay allerdings weit abgeschlagen und musste dieses Jahr sogar sein erstes Negativwachstum verzeichnen mit knapp 200 Millionen US-Dollar weniger Umsatz als noch 2014, machte dabei aber immer noch einen Profit von 6,8 Millionen US-Dollar.[108] Ebays Geschäftsmodell hat sich seit seiner Gründung immer mehr vom C2C-Auktionshaus weg hin zum gewöhnlichen Marktplatzmodell bewegt, allerdings bestehen weiterhin beide Modelle parallel. Seit 2014 müssen Verkäufer sich auf Ebay nicht mehr selbst um die Abwicklung kümmern, sondern können den professionellen Verkaufsservice „Valet" nutzen.[109] Insgesamt konsolidiert Ebay seine Strukturen: 2015 trennte sich Ebay neben Ebay Enterprise und Magento auch von Paypal, welches immer wieder für steigende Umsätze bei Ebay gesorgt hatte. Um der aggressiven Konkurrenz von Amazon etwas entgegenzusetzen, führte der Pure-Player 2015 Ebay Plus ein, einen Prime-ähnlichen Aboservice für kostenfreien Expressversand sowie zusätzliche Promotions. Damit soll laut Aussagen des Unternehmens die Kundenbasis von 157 Millionen aktiven Käufern und 25 Millionen Verkäufern gehalten und vergrößert werden.[110]

Handelspositionierung

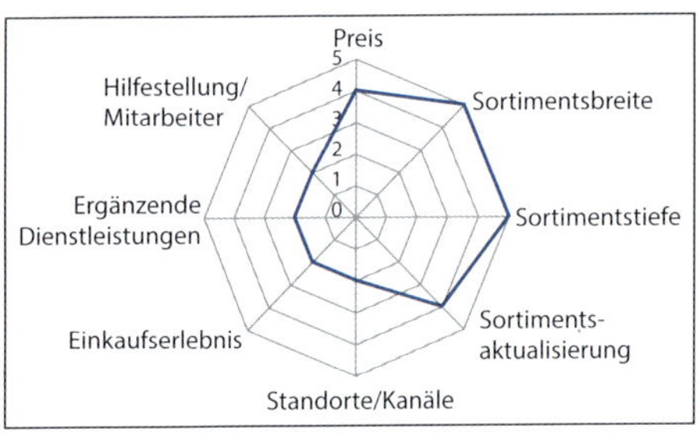

Ebay positioniert sich als Auktions- und Marktplatz vorrangig über die Auswahl, also eine besonders hohe Sortimentsbriete und -tiefe. Dabei ist vor allem die Sortimentstiefe zu betonen, da Ebay durch sein C2C-Modell als Fundgrube für Sammler und alle Longtail-Artikel gilt. Der Preis ist ebenfalls ein wichtiger Positionierungsfaktor, während Service und Einkaufserlebnis weniger hervorzuheben sind, da beides durch den Versand und Kundenservice über die Seller, nicht Ebay selbst, weniger kontrollierbar ist.

107 www.investors.ebayinc.com (abgerufen Dezember 2016)
108 Bedingt vor allem durch den schwachen Euro
109 www.ebay.com (abgerufen Dezember 2016)
110 www.presse.ebay.de (abgerufen Dezember 2016)

<table>
<tr><th colspan="6">Business Model Canvas</th></tr>
<tr><td rowspan="2">Partner
Hersteller und Marken, Marketplace-Händler</td><td>Aktivitäten
Marketing, Markenbeziehung, Technologie</td><td colspan="2" rowspan="2">Value Proposition
riesige Auswahl zu guten Preisen sowie Zugang zu Millionen von Käufern für neue oder gebrauchte Ware</td><td>Kundenbeziehung
Selfservice</td><td rowspan="2">Kundensegment
private Käufer und Verkäufer von gebrauchter und neuer Ware</td></tr>
<tr><td>Ressourcen
Daten, Software</td><td>Kanäle
online, mobile</td></tr>
<tr><td colspan="3">Kostenstruktur
Sales & Marketing, generell & administrativ, Produktentwicklung</td><td colspan="3">Einnahmequellen
Verkaufsgebühr, Marketingservices</td></tr>
</table>

Bewertung und Perspektive aus Sicht der Autoren

Persönlich sind wir große Fans von Ebay. Es gibt keinen vergleichbaren Marktplatz, der so sehr dabei hilft, überflüssige Gegenstände in einem Customer-to-Customer-Umfeld zu handeln. Mit diesem Modell ist Ebay groß geworden und es gibt auch heute noch niemanden, der Ebay in diesem Bereich das Wasser reichen kann. Im Vergleich dazu waren fast alle strategischen Maßnahmen, insbesondere in Deutschland, die auf Wachstum und B2C-Handel ausgerichtet waren, nicht mehr als ein schlechter Versuch, Amazon nachzuahmen. Ebay hat in vielen Märkten seine Relevanz durch die schwammige Strategie und fehlende Innovationen eingebüßt. Die Zukunftsaussichten sind nicht viel rosiger. Wir hoffen zwar noch immer, dass Ebay nicht das nächste AOL oder Yahoo wird, aber uns fehlt es an Glauben an eine Rückkehr.

3.16 Etsy – Longtail-Goldgrube im Bereich Handgemachtes

Key Facts

Name: Etsy, Inc.
Firmensitz: New York, USA
Mitarbeiter weltweit: 819
Umsatz weltweit 2015: 273 Mio. USD[111]
Gründungsjahr: 2005
Ursprung: Online-Pure-Player

Etsy ist ein Marktplatz, der weltweit Käufer und Verkäufer von handgefertigten und Vintageprodukten, Kunst und Künstlerbedarf zusammenbringt. Dabei liegt ein spezieller Fokus darauf, dass Hobbykünstler und Kleinunternehmer den bequemen Absatzkanal nutzen und eine Marke aufbauen können. Die meisten der Produkte werden vom Verkäufer persönlich handgefertigt und können so in vielen Fällen auch personalisiert werden.[112] Als Marktplatz bietet Etsy etwa 35 Millionen Produkte von 1,6 Millionen Verkäufern an.[113] Gut die Hälfte des Umsatzes wird durch Seller-Services erwirtschaftet wie zum Beispiel „Pattern", eine Möglichkeit, seinen Etsy-Shop in eine benutzerdefinierte Webseite zu verwandeln. Konkurrenz herrscht vor allem durch Ebay und Amazon. Amazon hat erst kürzlich mit dem Launch von „Handmade at Amazon" seine Bestrebungen im Bereich für handgefertigte Produkte verstärkt.[114] Etsy selbst lockert seine Definition und die Kriterien für handgemachte Produkte seit Jahren, was dazu geführt hat, dass zunehmend auch Massenware direkt aus China auf dem Marktplatz platziert wurde und „Amazon Handmade" als guter zweiter Absatzmarkt von regulären Händlern gesehen wird.[115] Letztes Jahr ist Etsy Manufacturing mit der Beta-Version gestartet – eine Plattform, die Hersteller und Personen, die Interesse haben, handgefertigte Ware produzieren zu lassen, miteinander verbindet.

Handelspositionierung

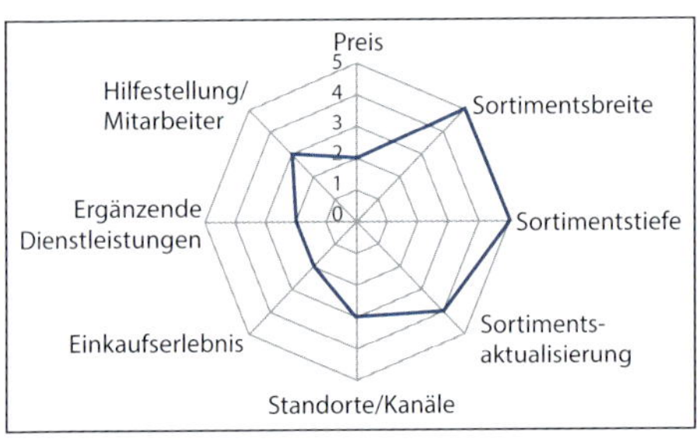

Als größter Marktplatz für Handgemachtes und mit einer riesigen Anzahl an Einzelstücken im Sortiment hebt sich Etsy vor allem durch Sortimentsbreite und -tiefe hervor. In der Seller-Beziehung zu den Kleinunternehmern und Künstlern positioniert sich Etsy vor allem durch die Bequemlichkeit der Plattform, Artikel möglichst leicht anzubieten und auch mit wenig Technologieverständnis ein ansprechendes Einkaufserlebnis und einen guten Kundenservice für die Käufer zu schaffen.

111 www.investors.etsy.com (abgerufen Dezember 2016)
112 www.investopedia.com (abgerufen Dezember 2016)
113 www.investors.etsy.com (abgerufen Dezember 2016)
114 www.excitingcommerce.de (abgerufen Dezember 2016)
115 www.forbes.com (abgerufen Dezember 2016)

Business Model Canvas

Partner	**Aktivitäten**	**Value Proposition**	**Kundenbeziehung**	**Kundensegment**
kleine Hersteller und Händler, Künster	Seller-Services **Ressourcen** Hersteller-Community, Plattform	ein Marktplatz, der Menschen mit einem Interesse für einzigartige/handgefertigte Produkte zusammenbringt	Selfservice **Kanäle** online, mobil	Käufer und Verkäufer von einzigartigen Produkten (kleine Unternehmen und Künstler)
Kostenstruktur Marketing, Produktentwicklung		**Einnahmequellen** Provisionseinnahmen aus Listings und Transaktionen, Verkäufer-Services		

Bewertung und Perspektive aus Sicht der Autoren

Wenn wir danach gefragt werden, welche Geschäftsmodelle uns bekannt sind, die nicht von Amazon betroffen sind, dann ist Etsy ein Name, der uns besonders oft einfällt. Ein Marktplatz, der selbstgemachten Produkten die richtige Bühne bietet – das ist innovativ genug, und das ist nichts, was Amazon gut kann. Die letzten beiden Jahre hat Etsy allerdings versucht, dieses Geschäftsmodell in neue Richtungen zu entwickeln, und hat dafür den Kern seiner Community etwas aufgegeben. Leider haben sich die neuen strategischen Optionen bisher nicht bewährt, während gleichzeitig neue Plattformen und Technologien die alten Kunden Etsys umgarnen. So entstehen mehr und mehr einfache Shoplösungen für Einsteiger, sodass die Produkte von den Kreativen selbst angeboten werden können. Ein schönes Beispiel dafür, dass man den Status quo eines Geschäftsmodells nicht überbewerten darf.

3.17 Fahrrad.de – Nischengewinner mit europäischen Ambitionen

Key Facts
Name: internetstores GmbH
Firmensitz: Stuttgart, Deutschland
Mitarbeiter weltweit: 350
Umsatz weltweit 2015: 140 Mio. EUR[116]
Gründungsjahr: 2003
Ursprung: Online-Pure-Player

Fahrrad.de ist der größte Online-Shop aus dem Internetstores-Portfolio, zu dem außerdem drei weitere Fahrrad- und zwei Outdoor-Versender in Europa gehören. Neben etwa 600 Fremdmarken mit über 40.000 Artikeln hat das Team um Gründer René Köhler auch die Eigenmarke Votec für hochwertige Mountainbikes und Rennräder entwickelt.[117] Für den Webshop, die Gründerleistung und den Kundenservice wurde fahrrad.de mehrfach ausgezeichnet.[118] Das anhaltende Umsatzwachstum[119] hat Internetstores im ersten Halbjahr 2015 mit einem Plus von über 25 Prozent[120] einen Jahresumsatz von 140 Millionen Euro beschert.[121] Das EBITDA konnte um 190 Prozent im Vergleich zum Vorjahr gesteigert werden auf 10 Millionen Euro 2015.[122] Das lange aus eigenen Mitteln gewachsene Unternehmen[123] will in Zukunft vor allem über weitere Internationalisierung wachsen.[124] Zu den jüngsten Erweiterungen zählen die Shops für den Markt in Dänemark, Finnland und Schweden.[125] Anfang November 2016 wurde bekannt, dass der Karstadt-Mutterkonzern Signa Retail die Internetstores übernommen hat, was zum Zeitpunkt des Redaktionsschlusses noch durch die Kartellbehörden geprüft wird.[126]

Handelspositionierung

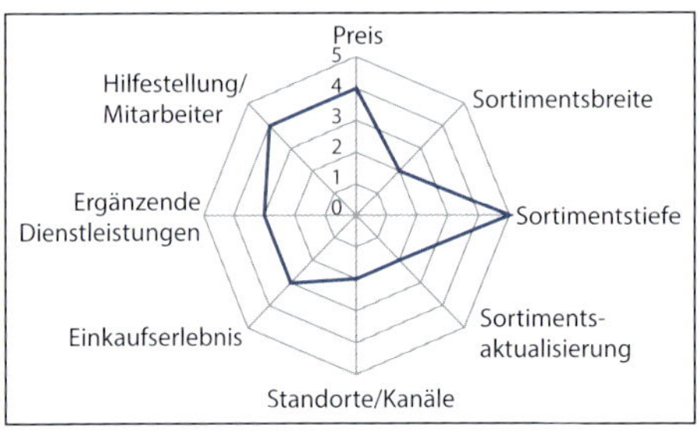

Fahrrad.de ist als größter Online-Shop rund ums Fahrrad vor allem über den Preis und die Sortimentstiefe positioniert. Auch ergänzende Dienstleistungen wie beispielsweise telefonische Beratung und kundenfreundliche Lieferkonditionen helfen den Online-Shops der Internetstores, sich vom Wettbewerb abzusetzen. Wichtige Po-

116 www.excitingcommerce.de (abgerufen Dezember 2016)
117 www.internetstores.de (abgerufen Dezember 2016)
118 www.internetstores.de (abgerufen Dezember 2016)
119 www.de.statista.com (abgerufen Dezember 2016)
120 www.internetstores.de (abgerufen Dezember 2016)
121 www.excitingcommerce.de (abgerufen Dezember 2016)
122 www.internetstores.de (abgerufen Dezember 2016)
123 www.deutschergruenderpreis.de (abgerufen Dezember 2016)
124 www.internetstores.de (abgerufen Dezember 2016)
125 www.internetstores.de (abgerufen Dezember 2016)
126 www.internetworld.de (abgerufen Dezember 2016)

sitionierungsmerkmale sind für fahrrad.de außerdem Logistik und Versand. Hier kann sich das Unternehmen durch schlanke Strukturen absetzen und ermöglicht sogar eine Lieferung am gleichen Tag bei Bestellungen werktags vor 16 Uhr.

Business Model Canvas				
Partner Investoren, Marken, Vertriebspartner	**Aktivitäten** Sourcing, CRM, Logistik **Ressourcen** Online-Expertise, Logistik	**Value Proposition** große Auswahl an Markenrädern zu günstigen Preisen	**Kundenbeziehung** Selfservice **Kanäle** online, mobile	**Kundensegment** Massenmarkt, internetaffine Zielgruppe
Kostenstruktur Personal, Logistik, Plattform		**Einnahmequellen** transaktionsabhängige direkte Erlöse		

Bewertung und Perspektive aus Sicht der Autoren

Fahrrad.de ist einer der ganz wenigen Online-Pure-Player, die es geschafft haben, in ihrer Kategorie eine führende Rolle einzunehmen und dabei nachhaltig profitabel zu sein. Das ist insbesondere deshalb erstaunlich, weil ein Sortiment wie Fahrräder nur mit geringen Kauffrequenzen aufwarten kann. Der Lebenswert eines einmal gewonnenen Kunden ist relativ gering, weil er mit hoher Wahrscheinlichkeit beim Kauf des nächsten Rades ohnehin erneut akquiriert werden muss. Es bleibt daher spannend zu beobachten, wie fahrrad.de in Zukunft wachsen kann und will. Insbesondere, da es den Preiswettbewerb, der auch hier in Zukunft von Amazon und Ebay forciert werden wird, sicherlich nicht mitmachen will. Entsprechend ist es interessant, die starke Ausrichtung auf den Bereich Service und Beratung zu verfolgen. Die Jahresberichte 2015, 2016 und 2017 dürften für jeden E-Commerce-Interessierten spannender Input sein. Die Akquisition durch Signa Retail im November 2016 wurde in der Branche zwar überrascht wahrgenommen, könnte aber für die Neuausrichtung von Karstadt durchaus Impulse liefern. Was dies allerdings für die Entwicklung der Internetstores in diesem neuen Umfeld bedeutet, wird die Zeit zeigen.

3.18 Gilt – ein Flash-Seller wird selbst zum Flash-Sale

Key Facts

Name: Gilt Groupe, Inc.
Firmensitz: New York, USA
Mitarbeiter weltweit: über 1.000
Umsatz weltweit 2014: 650 Mio. USD[127]
Gründungsjahr: 2007
Ursprung: Online-Pure-Player

Gilt ist ein amerikanischer Flash-Sale-Händler für Fashion, Einrichten, Aktivitäten in Städten und seit Kurzem auch beliebte Reiseziele. Als einer der ersten nordamerikanischen Flash-Sale-Start-ups im Fashion-Bereich und mit der stark wachsenden Beliebtheit dieser Modelle[128] stieg der Umsatz in den ersten Jahren nach Gründung rasant an, und mehr und mehr Geschäftszweige wurden hinzugefügt (zum Beispiel Gilt Taste, Park & Bond und Jetsetter). In nur vier Jahren erreichte der Investorenliebling die Eine-Milliarden-Dollar-Bewertung – von der bei seinem Verkauf im Januar 2016 an die kanadische Retail-Holding Hudson Bay allerdings gerade mal ein Viertel (250 Millionen US-Dollar) übrig blieb.[129] Die ersten Anzeichen von Schwierigkeiten zeigten sich bereits 2012, als Gilt mit seiner ersten Entlassungswelle sowie dem Verkauf beziehungsweise der Einstellung einiger Vertikals das Unternehmen gesundschrumpfen wollte.[130] Ähnliche Schwierigkeiten betrafen seitdem auch Gilts Konkurrenten wie Zulily, Rue Lala und Hautelook. Mit der Akquisition verspricht sich Hudson Bay vor allem das E-Commerce-Wissen des viel gefeierten Händlers in den Bereichen Kundenservice und Einkaufserlebnis, nicht zuletzt durch eine sehr gute Mobile-Strategie.

Handelspositionierung

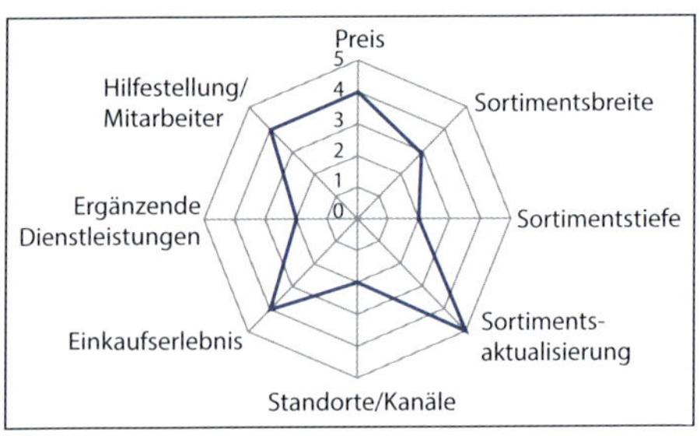

Die Gilt Groupe positioniert sich als Flash-Sale-Modell in erster Linie über den Preis. So bietet der Shopping-Club Luxusartikel in den Bereichen Mode und Einrichten für einen jeweils begrenzten Zeitraum mit starken Rabatten an. Neben dem Preis spielt in diesem Geschäftsmodell selbstverständlich die besonders hohe Frequenz der Sortimentsaktualisierung eine wichtige Rolle, allein in Deutschland erscheinen in dem Shopping-Club über 200 neue Deals pro Woche. Weiterhin ist Gilt für ein sehr kundenfreundliches Einkaufserlebnis bekannt.

127 www.recode.net (abgerufen Dezember 2016)
128 www.orckestra.com (abgerufen Dezember 2016)
129 www.forbes.com (abgerufen Dezember 2016)
130 www.businessinsider.com (abgerufen Dezember 2016)

Business Model Canvas

Partner	Aktivitäten	Value Proposition	Kundenbeziehung	Kundensegment
Markenhersteller, Hudson Bay (Eigentümer)	Sourcing, Beziehungsmanagement mit den Marken	hochwertige Markenware zu stark reduzierten Preisen, stilvolle Produktauswahl und große Auswahl an stets neuen Deals	Selfservice	markenbewusste, preissensible Millenials, Schnäppchenjäger
	Ressourcen Technologie, Beziehungen zu Partnern und Kunden		**Kanäle** online, mobile	
Kostenstruktur Marketing, Umsatzkosten, Mitarbeiter		**Einnahmequellen** transaktionsabhängige direkte Erlöse		

Bewertung und Perspektive aus Sicht der Autoren

Gilt ist ein ideales Modell, um die Learnings dieses Buches anzuwenden:

- Zu Anfang: klarer Kunden-USP.
- Danach: Starker Wettbewerb macht die Margen kaputt.
- Am Ende: Auch in diesem Modell sind die Kunden nicht loyal und das tägliche E-Commerce-Business kann sehr anstrengend sein.

Drei, zwei, eins ... vorbei.

3.19 Grainger – Amazons letzte Hürde im B2B-Segment

Key Facts

Name: W. W. Grainger, Inc.
Firmensitz: Lake Forest, USA
Mitarbeiter weltweit: 23.600[131]
Umsatz weltweit 2015: 10 Mrd. EUR[132]
Gründungsjahr: 1927
Ursprung: stationärer Einzelhandel

Grainger ist Nordamerikas größter Händler für Industriegüter[133] und bedient weltweit über zwei Millionen B2B-Kunden, davon 1,4 Millionen in den USA. Vermarktet werden Werkzeuge, Zubehör und teilweise Werkstoffe für die Wartung, Reparatur und Produktion in Industriebetrieben in Europa, Asien, Nordamerika sowie Lateinamerika. Grainger betreibt 330 Filialen in Nordamerika. Auf den E-Commerce entfallen heute 40 Prozent des Umsatzes, mit stark steigender Tendenz.[134] Das traditionell sehr gut performende Unternehmen kämpft allerdings seit einigen Jahren mit sinkendem Wachstum, im Jahre 2015 entsprach der Umsatz schließlich 0 Prozent bei sinkender Profitabilität. 2016 sollten Dutzende Filialen geschlossen werden. Online allerdings ist Grainger 2016 stark gewachsen und hat die Expansion nach Europa mit dem Unternehmen Zoro.de deutlich vorangetrieben.[135] Zur Erweiterung des Geschäfts in Europa dient unter anderem die Akquisition des britischen Cromwell, das sowohl online als auch stationär das Wachstum zurück auf einen zweistelligen Umsatzzuwachs bringen soll.[136]

Handelspositionierung

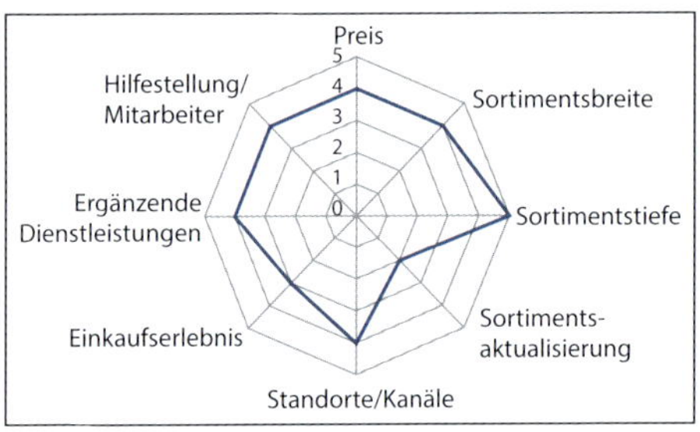

Grainger hat es wie kaum ein anderes Unternehmen in der B2B-Landschaft geschafft, hervorragenden Service und deutlichen B2B-Mehrwert zu leisten. Vom Geschäftsmodell her positioniert sich Grainger vor allem über die Sortimentstiefe, aber auch über Sortimentsbreite und kompetitive Preise. Das Traditionsunternehmen vermarktet sowohl online als auch offline und verschickt in über 160 Länder.

131 www.phx.corporate-ir.net (abgerufen Dezember 2016)
132 www.phx.corporate-ir.net (abgerufen Dezember 2016)
133 www.phx.corporate-ir.net (abgerufen Dezember 2016)
134 www.internetretailer.com (abgerufen Dezember 2016)
135 www.inddist.com (abgerufen Dezember 2016)
136 www.internetretailer.com (abgerufen Dezember 2016)

Business Model Canvas

Partner	Aktivitäten	Value Proposition	Kundenbeziehung	Kundensegment
Hersteller, Industrieverbände, Bauunternehmer	Sourcing, Beziehungsmanagement	riesige Auswahl an Industriegütern zu sehr guten Preisen mit auf den B2B-Kunden zugeschnittenem Service	Fokus auf Beratung in Filialen/telefonisch, Online-Selfservice	B2B-Kunden (Hersteller, Bauunternehmer, Regierung)
	Ressourcen Infrastruktur, Kundenstamm		**Kanäle** online, Filialen, mobile, via Anruf	

Kostenstruktur	Einnahmequellen
Umsatzkosten, Infrastruktur	transaktionsabhängige direkte Erlöse

Bewertung und Perspektive aus Sicht der Autoren

Grainger hat alles richtig gemacht in den letzten Jahren, wenn man den Thesen der klassischen E-Commerce-Beratung glaubt. Sie haben neue Services entwickelt und ihre Strukturen modernisiert, versuchen preislich mit Amazon und Co. zu konkurrieren und leisten damit Pionierarbeit im B2B-Markt. Aber all das scheint nicht zu reichen, Amazon holt sehr schnell auf – Kunden werden Amazons B2C-Services auch im B2B-Kontext zu schätzen wissen. Grainger fehlen zurzeit zukunftsfähige Konzepte.

3.20 Harry's – New Yorker Start-up insourct seine Wertschöpfungskette

Key Facts

Name: HF Global, Inc.
Firmensitz: New York, USA
Mitarbeiter weltweit: 615[137]
Umsatz weltweit 2015: n. a.
Gründungsjahr: 2013
Ursprung: Online-Pure-Player

Harry's will seit seiner Gründung 2013 den Markt für Nassrasierer aufmischen. Traditionell ist dieser extrem von Procter & Gamble's Gillette dominiert mit über 70 Prozent Marktanteil in den USA.[138] 2011 trat mit Dollar Shave Club (DSC) die erste disruptive Online-Marke in den Markt, die vor allem durch sein Rasierklingen-Abo und besonders medienwirksame Social-Media-Kampagnen auf sich aufmerksam machte. Harry's launchte 2013 ein sehr ähnliches Konzept, allerdings mit zwei Alleinstellungsmerkmalen: Erstens konnte Harry's es schaffen, durch gezieltes Influencer-Marketing eine deutlich effektivere und kostengünstigere Wachstumsstrategie zu etablieren als sein Konkurrent DSC. Zweitens wagte die Online-Marke 2015 einen mutigen Schritt und kaufte für über 100 Millionen US-Dollar aus seinem eingesammelten Investment von insgesamt 287 Millionen US-Dollar eine deutsche Rasierklingenfabrik.[139] Dadurch hat Harry's nun Kontrolle über die Qualität seiner Produkte gewonnen und kann sich dem Preiswettbewerb ein Stück weit entziehen. DSC beispielsweise bietet Markenrasierer, die teilweise von anderen Anbietern günstiger zu bekommen sind. Die Marke hat nach eigenen Angaben eine Wiederkaufrate (Retention Rate) von 60 Prozent.[140]

Handelspositionierung

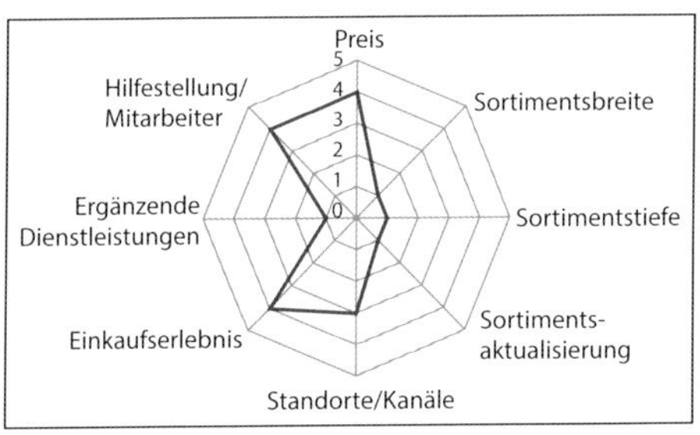

Harry's positioniert sich vor allem über den Preis, der bei ungefähr 2 US-Dollar pro Klinge deutlich unter den 4 US-Dollar des Konkurrenten Gillette liegt. Außerdem schafft Harry's ein hochwertiges Einkaufserlebnis und erhält sehr gute Bewertungen für Service. Sortimentsbreite und -tiefe sind dabei sehr gering mit zwei unterschiedlichen Rasierern, einem Typ Rasierklingen, Rasierschaum, Gel und ein wenig Zubehör.

137 www.businessinsider.de (abgerufen Dezember 2016)
138 www.forbes.com (abgerufen Dezember 2016)
139 www.businessinsider.de (abgerufen Dezember 2016)
140 www.businessinsider.de (abgerufen Dezember 2016)

Business Model Canvas				
Partner Investoren, Advertising Netzwerke	**Aktivitäten** Marketing, Produkt-Design	**Value Proposition** hochwertige Rasierklingen und Zubehör zu einem guten Preis im Abo automatisch erhalten	**Kundenbeziehung** Selfservice	**Kundensegment** preisbewusste männliche Kunden
	Ressourcen eigene Herstellung, Markenbekanntheit, Kundenstamm		**Kanäle** online, mobile	
Kostenstruktur Marketing, Herstellung, Technologie		**Einnahmequellen** transaktionsabhängige direkte Erlöse		

Bewertung und Perspektive aus Sicht der Autoren

Harry's zeigt nicht unbedingt, wie man die Handelslandschaft verändert, aber sie haben einen Weg gefunden, eine neue Marke in einem oligopolistischen, hochpreisigen Markt zu schaffen. Das Abo-Modell war dabei aus unserer Sicht nur ein kleiner Teil des Erfolgs. Ein gutes Produkt, sensationelles Marketing und dazu noch ein guter Service überzeugen die Kunden einfach. Als Marke könnten sie zudem ihre Produkte auch bei Amazon verkaufen (ebenfalls im Abo).

3.21 Hellofresh – das Kochboxen-Start-up wächst und wächst

Key Facts
Name: HelloFresh AG
Firmensitz: Berlin, Deutschland
Mitarbeiter weltweit: 800[141]
Umsatz weltweit 2015: 305 Mio. EUR
Gründungsjahr: 2011
Ursprung: Online-Pure-Player

Hellofresh bietet ein Abonnement für Rezepte und die passenden Zutaten zum Selbstkochen für bis zu fünf Mahlzeiten pro Woche. Der Kochboxenlieferant macht vor allem in der Berliner Start-up-Szene von sich reden, sei es aufgrund seiner 2,6-Milliarden-Euro-Bewertung, des verschobenen Börsengangs oder der zuletzt berichteten Wachstumsraten von über 380 Prozent. Das macht ihnen so schnell nicht mal im Rocket-Internet-Umfeld ein zweites Unternehmen nach. Um derartiges Wachstum zu erreichen, investiert Hellofresh nach wie vor beträchtliche Summen in die Kundengewinnung sowie den Ausbau der Logistik und konzentriert sich dabei zunehmend auf den US-Markt.[142] Auch ohne den geplanten Börsengang, der vorerst bis auf Weiteres verschoben wurde, kann das Tempo dank einer neuen Finanzspritze fortgesetzt werden.[143] Die derzeitige Anzahl von einer halben Million Abonnenten wird in der DACH-Region sowie in Australien, den Niederlanden, Belgien, Großbritannien und den USA beliefert.[144] Ein neu gewonnener Kunde rentiert sich nach Angaben des Unternehmens ab einer Mitgliedszeit von etwa sieben Monaten.[145] Neben den aggressiven Marketingausgaben ist Hellofresh auch technologisch stark aufgestellt und agiert datengetrieben wie kaum ein anderes E-Commerce-Start-up.[146]

Handelspositionierung

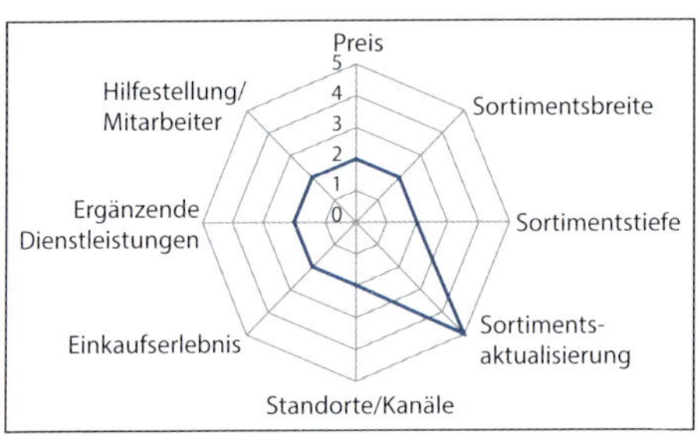

HelloFresh positioniert sich besonders über die Sortimentsaktualisierung, bereits über 5.000 verschiedene Rezepte und dazugehörige Zutatenboxen wurden an die Kunden versandt. Dabei sind allerdings Sortimentsbreite und -tiefe stark eingeschränkt, der Kunde hat die Wahl zwischen einer Classic-, einer Veggie- und einer Obst-Box. Preislich liegt Hellofresh im Mittel, vergleicht man es mit seinen US-amerikanischen Wettbewerbern Blue Apron und Plated.

141 www.welt.de (abgerufen Dezember 2016)
142 www.excitingcommerce.de (abgerufen Dezember 2016)
143 www.excitingcommerce.de (abgerufen Dezember 2016)
144 www.hellofreshgroup.com (abgerufen Dezember 2016)
145 www.excitingcommerce.de (abgerufen Dezember 2016)
146 www.excitingcommerce.de (abgerufen Dezember 2016)

Business Model Canvas				
Partner Advertiser-Netzwerke, Investoren, Opinion-Leader (Kooperation mit Jamie Oliver)	**Aktivitäten** Sourcing, Marketing, Logistik	**Value Proposition** Stets neue, vordefinierte Rezepte und die benötigten Zutaten zum Selbstkochen	**Kundenbeziehung** Selfservice	**Kundensegment** kochbegeisterte Haushalte, Paare und Familien
	Ressourcen Kundenstamm		**Kanäle** online, mobile	
Kostenstruktur Marketing, Sourcing, Technologie		**Einnahmequellen** transaktionsbasierte direkte Erlöse		

Bewertung und Perspektive aus Sicht der Autoren

Ein sehr spannendes Unternehmen, das aus unserer Sicht die besten Chancen hat, neben Amazon den Lebensmittelmarkt aufzumischen. Das Wachstum musste bislang teuer erkauft werden – aber die vordefinierten Rezepte sind möglicherweise nur der Anfang.

3.22 Home Depot – alles online, was der Häuslebauer braucht

Key Facts

Name: Homer Depot, Inc.
Firmensitz: Atlanta, USA
Mitarbeiter weltweit: 385.000
Umsatz weltweit 2015: 88,5 Mrd. USD
Gründungsjahr: 1978
Ursprung: stationärer Einzelhandel

Home Depot ist der weltweit größte Bau- und Heimwerkerbedarfshändler mit Vertrieb in den USA, Kanada und Mexiko.[147] Der Online-Umsatz legte 2015 um etwa 1 Milliarde Dollar zu und erreichte mit 4,7 Milliarden Dollar knappe 6 Prozent des Gesamtumsatzes des Unternehmens.[148] Das Online-Wachstum betrug 26 Prozent, womit Home Depot das zweite Mal in Folge Amazons Wachstumraten übertreffen konnte.[149] Im Jahr 2015 erhielt das Unternehmen die Internet-Retailer-Excellence-Auszeichnung für seine Erfolge im Ausbau des E-Commerce. Den Online-Handel sieht der Händler als wichtigsten Wachstumsträger und investierte zwischen 2012 und 2015 über 300 Millionen US-Dollar in Technologie und Logistik. Dabei will Home Depot vor allem auf seine neueste Initiative „Interconnected Retail" setzen, indem sie ihre 2.200 Stationärgeschäfte als Warenlager für den E-Commerce nutzen. Bis Ende 2016 sollen das alle Ladengeschäfte technologisch abwickeln können.[150] So will das Unternehmen bis 2018 von 83 Milliarden US-Dollar auf 100 Milliarden US-Dollar Umsatz wachsen, ohne einen einzigen neuen Store hinzuzufügen.[151]

Handelspositionierung

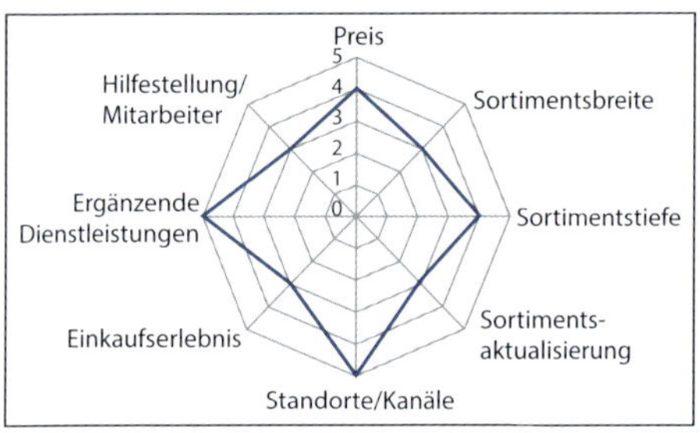

Home Depot bietet eine enorme Sortimentstiefe zu recht günstigen Preisen. Wie kaum ein anderer Stationärriese investiert Home Depot außerdem in die Kanalverknüpfung seiner 2.200 Geschäfte, des Online-Shops und des mobilen Shops, über den bereits 50 Prozent alles Online-Traffics verbucht werden. Das Unternehmen ist außerdem stark im Bereich Services positioniert und vermittelt lokale Handwerker, bietet Werkzeugverleih sowie viele B2B-spezifische Services.

147 www.focus.de (abgerufen Dezember 2016)
148 www.internetretailer.com (abgerufen Dezember 2016)
149 www.internetretailer.com (abgerufen Dezember 2016)
150 www.internetretailer.com (abgerufen Dezember 2016)
151 www.bloomberg.com (abgerufen Dezember 2016)

Business Model Canvas				
Partner Lokale Hand-werks-betriebe und Service-Anbieter, Marken und Hersteller	**Aktivitäten** Marketing, Sourcing, Service **Ressourcen** Markenimage, Kundenstamm	**Value Proposition** Große Auswahl an Werkzeugen und Bauausstattung für Heimwerker und Handwerksbetriebe	**Kundenbeziehung** Service-Orientierung, Online Self Service **Kanäle** online, offline, mobile	**Kundensegment** Massenmarkt, speziell für Hobbyisten und Handwerker
Kostenstruktur Infrastruktur, Marketing, Sourcing, Technologie		**Einnahmequellen** transaktionsbasierte direkte Erlöse		

Bewertung und Perspektive aus Sicht der Autoren

Anstatt Nordstrom und Co. auf Konferenzen als strahlende Vorbilder der Handelsdigitalisierung zu loben, könnte sich Home Depot als neues Beispiel anbieten. Die Konzepte sind schlüssig und die Kanalintegration gelingt bisher – bis hin zur kanalübergreifenden Sortimentsoptimierung. Zudem sind die Produkte viel schwerer online handelbar als viele andere Sortimente, bei denen sich Amazon schon durchgesetzt hat. Der Weg für Home Depot ist noch lang und wird auch noch sehr teuer, aber die Aussichten sind sehr positiv.

3.23 Home 24 – der Online-Händler, der Ikea abhängen konnte

Key Facts

Name: Home24 AG
Firmensitz: Berlin, Deutschland
Mitarbeiter weltweit: 1.200[152]
Umsatz weltweit 2015: 317 Mio. EUR
Gründungsjahr: 2009
Ursprung: Online-Pure-Player

Home 24 ist Rocket Internets Antwort auf den Möbelhandel und verkauft online Möbel sowie Einrichtungs- und Dekoartikel in Deutschland und sieben weiteren Ländern. Seit 2015 hat der Pure-Player nun auch Ikeas Online-Aktivitäten deutlich überholt und konnte 317 Millionen Euro Umsatz verbuchen, was einer knappen Verdopplung der Ergebnisse von 2014 entspricht. Das Sortiment von Home 24 umfasst 180.000 Artikel von 800 Herstellern und besteht aus Fremd- sowie auch einer Vielzahl von Eigenmarken, wovon allein 2015 sieben hinzukamen.[153] Das Unternehmen setzt auf massives Wachstum mit der Eröffnung seines bisher größten Logistikzentrums in Niedersachsen[154] und dem Erwerb der Fashion For Home GmbH.[155] Durch den dazugewonnenen hochwertigen Designer-Einrichtungsshop[156] erweitert die Aktiengesellschaft ihre Position in Europa.[157] Das Berliner Start-up setzt hierbei stark auf Technologie, 120 der 700 Mitarbeiter arbeiten in der IT und entwickeln unter anderem innovative Apps für Smartphones und Tablets, die inzwischen 40 Prozent des Umsatzes einbringen.[158]

Handelspositionierung

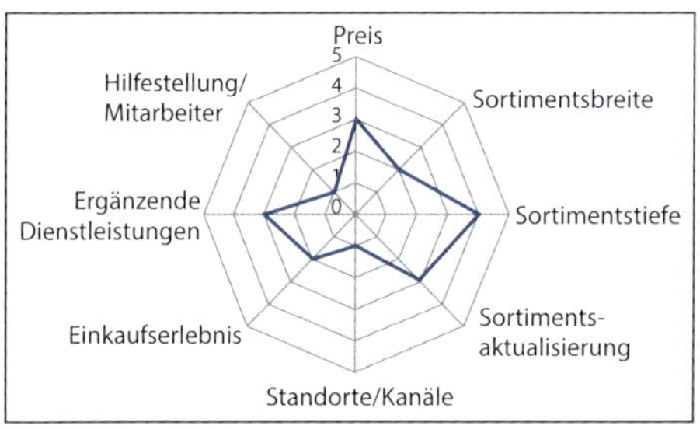

Home 24 positioniert sich sich gegenüber dem Wettbewerb im Möbel- und Wohnsegment mit einer besonders großen Auswahl (Sortimentstiefe). Nach Angaben des Unternehmens hat kein anderer deutscher Online-Shop für Möbel auch nur halb so viele Artikel im Sortiment wie home24.de.[159] Spannend wird hier außerdem, ob sich Home24 in Zukunft über Versand positionieren kann; die letzten 18 Monate hat Home 24 seine Logistikkapazitäten mehr als verdreifacht.[160]

152 www.cdn.home24.net (abgerufen Dezember 2016)
153 www.rocketinternet.com (abgerufen Dezember 2016)
154 www.berlinerzeitung.de (abgerufen Dezember 2016)
155 www.cdn.home24.net (abgerufen Dezember 2016)
156 www.cdn.home24.net (abgerufen Dezember 2016)
157 www.cdn.home24.net (abgerufen Dezember 2016)
158 www.excitingcommerce.de (abgerufen Dezember 2016)
159 www.home24.de (abgerufen Dezember 2016)
160 www.berlinerzeitung.de (abgerufen Dezember 2016)

Business Model Canvas				
Partner Lieferanten und Marken, Produktions-partner in Asien, Affiliates, Logistik	**Aktivitäten** Marketing, Platt-form, CRM	**Value Proposition** große Auswahl und gute Preise im benutzerfreundlichen Online-Shop, kostenfreie Lieferung bis in die Wohnung	**Kundenbeziehung** Selfservice	**Kundensegment** Massenmarkt, Werbeaktivitäten zielen vor allem auf junge Familienväter[161]
	Ressourcen Sourcingbezie-hungen, Platt-form		**Kanäle** online, mobile	
Kostenstruktur Marketing, Logistik, Sourcing			**Einnahmequellen** transaktionsabhängige direkte Erlöse	

Bewertung und Perspektive aus Sicht der Autoren

Von Home 24 erwarten wir uns 2015 und 2016 viel mehr Impulse, als das Unternehmen in den letzten zwei Jahren liefern konnte. Der deutsche Möbelmarkt wächst online langsamer als gedacht und die Prozessprobleme in der Möbelproduktion durch die Make-to-order-Thematik lassen sich nicht ohne Weiteres durch übliche E-Commerce-Methoden lösen. Hier muss Produktionsoptimierung geleistet werden, und die ist nicht einfach so innerhalb weniger Monate zu meistern. Aus unserer Sicht wird das Geschäftsmodell von Home 24 erst dann wirklich spannend, wenn ein Investor bereit ist, entsprechend viel Geld zur Verfügung zu stellen, sodass man einen ausreichend großen Teil des Sortimentes permanent vorrätig halten kann. Um das zu erreichen, müssen allerdings diverse logistische Probleme in der Möbelproduktion erst noch geklärt werden. Das Momentum in diesem Bereich könnte durchaus von Home 24 ausgehen. Mit Interesse verfolgen wir auch die „Beiboot-Aktivitäten“ von Home 24 – so zum Beispiel die Matratzen-Eigenmarke „Smood“ (nach den US-Vorbildern Tuft&Needle sowie Casper.com).

161 www.meedia.de (abgerufen Dezember 2016)

3.24 Ikea – E-Commerce-Spätzünder in der Multichannel-Falle?

Key Facts
Name: IKEA Group
Firmensitz: Leiden, Niederlande
Mitarbeiter weltweit: 155.000[162]
Umsatz weltweit 2015: 31,9 Mrd. EUR[163]
Gründungsjahr: 1943
Ursprung: stationärer Einzelhandel

IKEA ist mit 328 Einrichtungshäusern[164] weltweit die größte Handelsgruppe für Möbel und Wohnaccessoires. Online überschritt Ikea 2015 erstmals die 1-Milliarde-Euro-Marke weltweiten Jahresumsatzes und meldete 1,9 Milliarden Online-Shop-Besuche.[165] In 13 von 28 Ländern ist der Online-Shop bereits verfügbar und in den kommenden Jahren werden weitere hinzukommen. Bis 2020 strebt das Unternehmen einen Gesamtumsatz von 50 Milliarden Euro an, der nun auch zunehmend durch den E-Commerce getrieben werden soll.[166] So sollen eine neue Webseite, Apps für Smartphone und Tablets sowie ein verbessertes Logistiksystem[167] einen Online-Umsatz von 5 Milliarden Euro in fünf bis sechs Jahren ermöglichen.[168] Der Möbelhändler will dazu Abholstationen für online erworbene Produkte einrichten,[169] allerdings bleibt das Online-Sortiment weiterhin beschränkt und nicht alle Artikel sind im Webshop zu kaufen.[170] Mit einer wachsenden Mittelschicht in Indien und China steigt der potenzielle Absatzmarkt in Asien, weshalb Ikea über das nächste Jahrzehnt zehn neue Einrichtungshäuser in Indien mit einer 2-Milliarden-Dollar-Investition plant.[171] Europa bleibt allerdings weiterhin der stärkste Absatzmarkt mit 67 Prozent aller Umsätze und dem umsatzstärksten Land Deutschland, welches ganze 14 Prozent des Gesamtumsatzes erwirtschaftet.[172]

162 www.ikea.com (abgerufen Dezember 2016)
163 www.ikea.com (abgerufen Dezember 2016)
164 www.ikea.com (abgerufen Dezember 2016)
165 www.ikea.com (abgerufen Dezember 2016)
166 www.bloomberg.com (abgerufen Dezember 2016)
167 www.applianceretailer.com (abgerufen Dezember 2016)
168 www.ecommercenews.eu (abgerufen Dezember 2016)
169 www.onlinehaendlernews.de (abgerufen Dezember 2016)
170 www.stern.de (abgerufen Dezember 2016)
171 www.fortune.com (abgerufen Dezember 2016)
172 www.ikea.com (abgerufen Dezember 2016)

Handelspositionierung

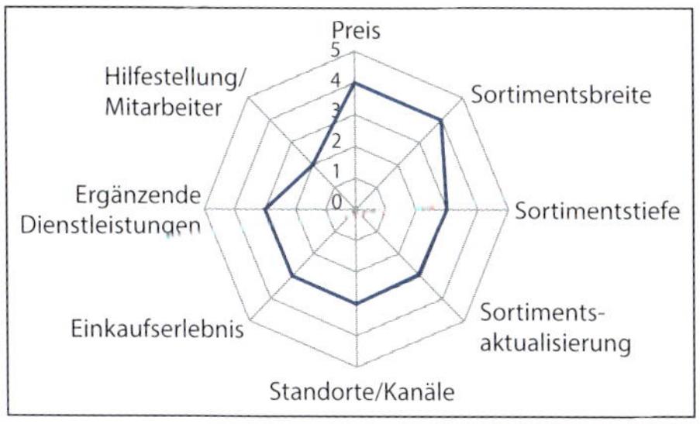

Ikea hebt sich von seinen Wettbewerbern hauptsächlich durch den Preis und die Sortimentsbreite ab. Günstige Preise erreicht das Möbelhaus vor allem über Skaleneffekte in der Produktion und Einsparungen im Service, wie zum Beispiel der Selbstbedienung in der Warenabholung und dem eigenständigen Möbelaufbau der Kunden zu Hause. Nennenswert ist außerdem Ikeas bislang starke Offline-Positionierung. Die neuen stationären City-Konzepte mit online unterstützten Services könnten ein erster Schritt in Richtung Multichannel sein.

Business Model Canvas

Partner	**Aktivitäten** / **Ressourcen**	**Value Proposition**	**Kundenbeziehung** / **Kanäle**	**Kundensegment**
Zulieferer, Distributionspartner	**Aktivitäten**: Produktion, Marketing **Ressourcen**: Marke, Kunden, bestehende Logistik	praktische Möbel und Einrichtungsgegenstände zu günstigen Preisen	**Kundenbeziehung**: Selfservice, auch Aufbau der Möbel **Kanäle**: offline, online, Katalog	Massenmarkt, vor allem junge und preisbewusste Kunden

Kostenstruktur	**Einnahmequellen**
Filialnetz, Logistik und Produktion, Marketing	transaktionsabhängige direkte Erlöse

Bewertung und Perspektive aus Sicht der Autoren

Die Online-Strategie von Ikea ist für Außenstehende kaum nachzuvollziehen. Insbesondere E-Commerce-Fachleute fragen sich regelmäßig, warum Ikea sein Online-Potenzial nicht voll ausschöpft. Ikea.de ist kein Online-Shop, versucht es aber. Eine zielorientierte Nutzerführung findet nicht statt. Es wird nicht zwischen wichtigen und unwichtigen Informationen unterschieden. Visuelle Handlungsaufforderungen fehlen oder sind unverständlich.[173] Es existiert keine ausreichende Web-Exzellenz im Detail. In den Diskussionen wird aber schnell deutlich, dass Ikea bisher alles richtig macht. Ikea verdient mit den Mitnahmeartikeln auf der Fläche am meisten Geld und muss zwingend dafür sorgen, dass die Kunden ihre Artikel wirklich im Laden kaufen. Ein optimiertes Online-Einkaufserlebnis widerspricht diesem Interesse erheblich. Erst wenn es beträchtliche Konkurrenzeffekte durch einen Online-Wettbewerber geben sollte, muss IKEA anfangen, sich Gedanken über einen sehr guten Online-Shop zu machen. Mit der aktuellen Variante lassen sich Billy und Co. ausreichend gut bestellen.

173 www.cx-commerce.de (abgerufen Dezember 2016)

3.25 JD.com – kundennaher Markteinstiegsgehilfe für internationale Marken

Key Facts
Name: JD.com, Inc.
Firmensitz: Beijing, China
Mitarbeiter weltweit: 105.963[174]
Umsatz weltweit 2015: 181,3 Mrd. CNY (25,5 Mrd. EUR)[175]
Gründungsjahr: 2004
Ursprung: Online-Pure-Player

JD.com ist nach der Alibaba-Gruppe der zweitgrößte Online-Händler Chinas[176] mit über 155 Millionen aktiven Kundenkonten. Am Umsatz gemessen steht JD mit 181 Milliarden Yuan (25,5 Milliarden Euro) allerdings klar vor der Alibaba-Gruppe,[177] die 2015 nur 76 Milliarden Yuan (10,7 Milliarden Euro) erzielte. Das Bruttowarenvolumen von 462,7 Milliarden Yuan (65,2 Milliarden Euro) wuchs dabei 2015 um stattliche 78 Prozent, der Umsatz um 58 Prozent.[178] Das Geschäftsmodell ist ein simples Marktplatzprinzip à la Amazon gemischt mit eigenem Warenbestand. Durch den Einkauf des Inventars garantiert JD seinen Kunden die entsprechende Qualität. Genauso wie Tmall betreibt JD einen inländischen und einen Cross-Border-Marktplatz, letzteren können ausländische Händler nutzen. Zudem hat JD.com neben seinen 213 Warenhäusern und seinen 5.367 Liefer- und Abgabestationen auch noch ein landesweites Liefernetzwerk,[179] wodurch unter anderem in 134 Bezirken Same-Day-Delivery angeboten werden kann.[180] Der E-Commerce-Riese kontrolliert die Wertschöpfung also vom Einkauf bis zum Versand und hat sein Liefernetzwerk außerdem Firmenpartnern geöffnet, was JD.com zum beliebten Partner für ausländische Firmen wie beispielsweise Tom Tailor macht. Im letzten Jahr wurden 61,4 Prozent aller Käufe bei JD über mobile Endgeräte getätigt. Ein Großteil dieses Ansatzes wird durch die Kooperation mit Tencents Wechat[181] ermöglicht. Mit über 650 Millionen monatlichen Nutzern und 200 Millionen potenziellen Kunden[182] ist Wechat der größte Wachstumstreiber für JD.[183]

---

174 www.globenewswire.com (abgerufen Dezember 2016)
175 Umgerechnet zum Euro mit Stand des US-Dollar am 31.12.2015 (1,0859)
176 JD ist der zweitgrößte Online Händler nach Bruttowarenvolumen und der Größte nach Umsatz.
177 Die Zahlen der Alibaba Gruppe beinhalten unter anderem diese der Firmen Alibaba.com, Tmall, Taobao, Alipay und Juhuasuan.
178 www.ir.jd.com (abgerufen Dezember 2016)
179 www.ir.jd.com (abgerufen Dezember 2016)
180 www.ir.jd.com (abgerufen Dezember 2016)
181 Für Hintergründe zu der Zusammenarbeit von JD und Tencent siehe auch *1.2 E-Commerce in China.*
182 Kunden, welche ihre Kreditkarten Daten bei Wechat hintergelegt haben und bereits andere Paid services genutzt haben.
183 venturebeat.com (abgerufen Dezember 2016)

Handelspositionierung

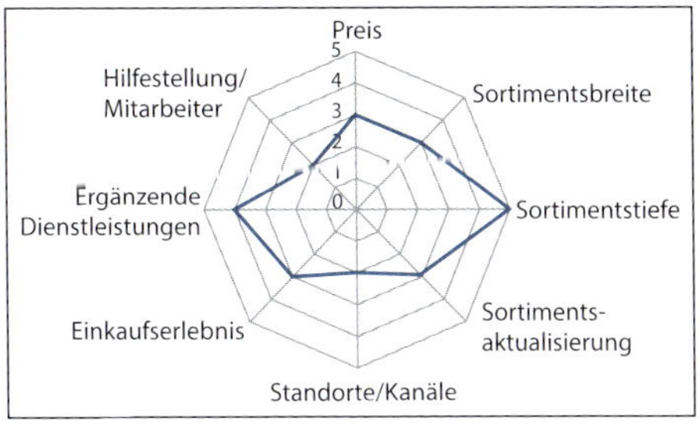

JD.com positioniert sich vor allem über die Nähe zu den Kundenbedürfnissen. Die Qualitätssicherung und der Verkauf authentischer ausländischer Waren sind den Kunden besonders wichtig. Auch die Sortimentstiefe von 40 Millionen Produkten bei wenigen Produktzweigen ist nennenswert (ursprünglich war JD nur im Electronics- und Home-Appliance-Bereich aktiv, jetzt werden immer mehr Warengruppen hinzugefügt), aber auch der Komfort der hauseigenen Same-Day-Lieferanten mit Möglichkeit der Sofort-Retoure, das eigene Bezahlsystem (Tenpay/JD Pay) und natürlich die Integration in die beliebteste und größte mobile Messaging-App Chinas (Wechat) bestärken JDs Positionierung.[184]

Business Model Canvas

Partner	Aktivitäten	Value Proposition	Kundenbeziehung	Kundensegment
Hersteller und Marken, Wechat (Tencent), Marketplace-Händler	Logistik, Qualitätsgarantie, Sortimentserstellung	riesige Auswahl an Markenprodukten aus dem In- und Ausland sicher und komfortabel bestellen	Selfservice mit direktem Kundenkontakt bei der Lieferung (Sofort-Retour möglich)	wachsende Mittelschicht Chinas, in- und ausländische Händler.
	Ressourcen		**Kanäle**	
	Daten, Logistiksoftware		online und mobile	

Kostenstruktur	Einnahmequellen
1. Traffic Akquisition	1. Direkte Einnahmen über das Sortiment
2. Direktvertrieb	2. Provision über die Handelsplattform

Bewertung und Perspektive aus Sicht der Autoren

In der westlichen Welt hat sich weitestgehend Amazon als Gewinner im Marktplatzwettbewerb herausgestellt. Aus unserer Sicht gibt es keine Hinweise dafür, dass es in China im Gegensatz zum Rest der Welt langfristig mehr als einen Gewinner gibt. Insofern ist der Wettstreit zwischen JD und Tmall sehr interessant zu verfolgen. Ob die Kooperation mit Wechat ausreicht, um die Kunden langfristig an JD.com zu binden, bleibt für uns unklar.

184 www.china-briefing.com (abgerufen Dezember 2016)

3.26 Jet.com – Amazon-Konkurrent oder heiße Luft und VC-Falle?

Key Facts
Name: Jet.com, Inc.
Firmensitz: Hoboken, USA
Mitarbeiter weltweit: n. a.
Umsatz weltweit 2015: 1 Mrd. USD[185], neun Monate seit Launch
Gründungsjahr: 2014
Ursprung: Online-Pure-Player

Jet.com ist im Sommer 2015 als extrem ambitionierter Online-Marktplatz an den Start gegangen und will mit kompetitiven Preisen, dynamischen „Smart-Cart"-Angeboten sowie besseren Händlerkonditionen Amazon sowohl Kunden als auch Seller streitig machen. Gestartet war Jet mit einer 50-Dollar-Mitgliedschaft für seine Kunden, ähnlich dem Costco-Konzept, diese wurde aber nach kurzer Zeit abgeschafft. Nun konzentriert sich der Pure-Player vor allem auf seine Smart-Cart-Funktionalität: Der Kunde erhält in Echtzeit Mengenrabatte und Produktvorschläge, die den Gesamtpreis des Warenkorbs senken sollen. Dabei scannt Jet stets alle möglichen Händler und Konditionen in möglichst preisgünstigen Kombinationen. Für den Kunden bleibt dabei der jeweilige Versender des Produktes bis zur Bestellung unsichtbar. Nach eigenen Angaben kann so vor allem bei den Lieferkosten ein großer Preisvorteil erzielt werden, da das Produkt wenn möglich von einem Händler in der Nähe versandt wird. Seit Launch konnte Jet nach eigenen Angaben 3,6 Millionen Kunden, 1.600 Händler und 10 Millionen Produkte auf die Plattform bringen,[186] allerdings mit extrem hohen Marketingausgaben, die durch Venture-Capital in Höhe von rund 800 Millionen US-Dollar[187] gespeist werden. Im Sommer 2016 wurde Jet.com von Walmart für etwa 3 Milliarden US-Dollar übernommen und soll dort den digitalen Handel vorantreiben und helfen, sich besser gegen den Rivalen Amazon aufzustellen.[188]

Handelspositionierung

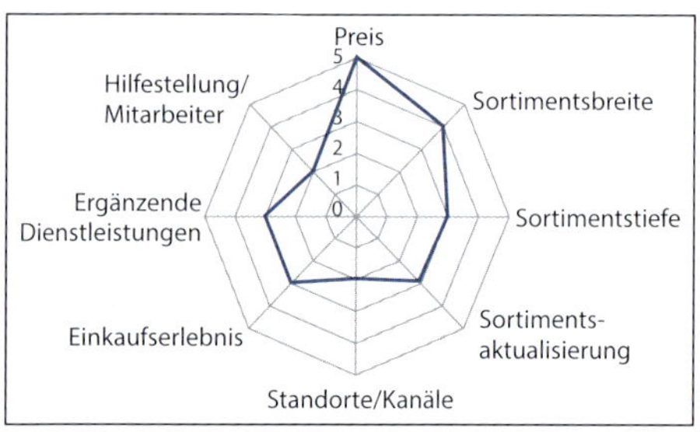

Bei Jet dreht sich alles um den Preis. Die dynamische Preisfindung in Echtzeit, die Jet mit hohen Investments technologisch entwickelt hat, ist bisher einzigartig und soll dem Kunden spielerisch helfen Geld zu sparen, wo immer es möglich ist. Als Amazon-Konkurrent will Jet auch in der Sortimentstiefe und -breite besonders stark sein, was allerdings bis heute noch nicht in

185 www.newsslash.com (abgerufen Dezember 2016)
186 www.internetretailer.com (abgerufen Dezember 2016)
187 www.investors.com (abgerufen Dezember 2016)
188 http://fortune.com (abgerufen Dezember 2016)

ausreichendem Maße gelungen ist, um Amazon wirklich gefährlich werden zu können (so stehen 10 Millionen Produkte bei Jet knapp 500 Millionen bei Amazon gegenüber).

Business Model Canvas

Partner	Aktivitäten	Value Proposition	Kundenbeziehung	Kundensegment
Hersteller und Marken, Logistikunternehmen, Advertising-Netzwerke	IT/Analytics, Sourcing, Marketing	transparentes Shoppen für Schnäppchenjäger	Selfservice	preissensitive Kunden
	Ressourcen Dynamic Pricing Engine		**Kanäle** online	
Kostenstruktur Umsatzkosten, Technologie, Marketing		**Einnahmequellen** Provisionseinnahmen über den Marktplatz, 8 bis 15 Prozent je nach Produktkategorie		

Bewertung und Perspektive aus Sicht der Autoren

Jet.com gewinnt Kunden mit dem Versprechen, dass man dort Produkte zum niedrigsten Preis kaufen kann, und presst bei weiterem Wachstum so viel Handelsmarge wie möglich aus dem System, sodass es strategisch weder für Hersteller noch Händler sinnvoll ist, Produkte an oder über Jet.com zu liefern. Für Kunden hat der Kauf solange Sinn, wie das enorme Funding der Plattform in die Subventionierung des Angebotes gesteckt wird. Eine echte Kundenbindung gibt es nicht. Das bestehende Funding ist zwar beeindruckend, reicht aber nicht einmal ansatzweise aus, um Amazon und Co. zu gefährden. Uns hinterlässt die Strategie nur noch kopfschüttelnd. Die Akquisition durch Walmart für gute 3 Milliarden US-Dollar war unserer Meinung nach also ein äußerst geschickter Schachzug von Jet.com. Aus Sicht von Walmart mag sich die Akquisition von Jet.com zwar wie ein großer Sprung nach vorn in Sachen E-Commerce und Digitalisierung anfühlen – allerdings wohl nur aus dieser Sicht. Glückwunsch an die Jet.com-Gründer!

3.27 Justfab – das nächste Zara oder die nächste Fab-Pleite?

Key Facts
Name: JustFab Inc.
Firmensitz: El Segundo, USA
Mitarbeiter weltweit: 2.000[189]
Umsatz weltweit 2015: 504 Mio. USD[190]
Gründungsjahr: 2010
Ursprung: Online-Pure-Player

Justfab ist ein Fashion-Shopping-Club mit monatlichem Abo, der die Handelsmarken Fabkids, Shoe Dazzle, Fabletics, Justfab und FL2 im Fast-Fashion-Bereich betreibt. Die Sortimente der Formate umfassen Mode, Schuhe, Schmuck und Handtaschen, darunter auch Eigenmarken.[191] Die 35 Millionen Mitglieder erhalten monatlich ein „Lookbook" mit personalisierten Modevorschlägen und können durch eine zusätzliche VIP-Mitgliedschaft für 39,95 US-Dollar im Monat vom Festpreis von ebenfalls 39,95 US-Dollar je Artikel profitieren. Justfab hat seit seiner Gründung 2010 über 4 Millionen VIP-Mitglieder in zehn Ländern gewinnen können. Das Geschäftsmodell wird vielerseits als außerordentlich lukrativ angesehen durch die starke Kundenbindung, 80 Prozent des Umsatzes werden über bestehende Kunden erwirtschaftet[192] sowie durch die monatliche „Vorzahlung" von knapp 40 US-Dollar, die Kunden stark motiviert, regelmäßig etwas zu kaufen. Investoren haben insgesamt 300 Millionen US-Dollar in das mit 1 Milliarde US-Dollar bewertete Unternehmen investiert. Für 2016 wird ein Umsatz von 675 Millionen US-Dollar anvisiert mit geplanten Marketingausgaben von über 100 Millionen US-Dollar.[193] Doch die Stimmung ist nicht unbedingt heiter: Aufgrund des monatlichen Zahlungseinzugs, der vielen Kunden bei Anmeldung nicht deutlich wird, sowie erschwerter Kündigungsbedingungen wurden und werden tausende Beschwerden gegen Justfab eingereicht – einige landeten bereits vor Gericht – und das Unternehmen erntet regelmäßig Kritik für die Irreführung der Kunden.[194]

Handelspositionierung

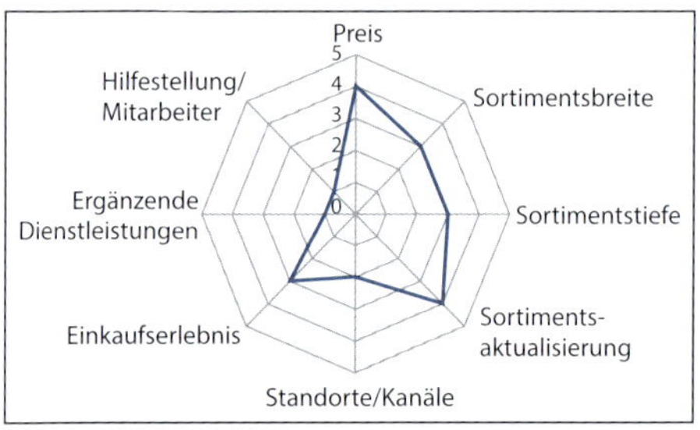

Justfab positioniert sich über günstige Preise für hochwertige Modemarken, vor allem für Kunden, die das VIP-Angebot nutzen. Besonders wichtig ist bei Justfab auch die hohe Frequenz der Sortimentserneuerung. Jeden Monat erhalten die Kunden einen neuen, individualisierten Produktkatalog mit aktuellen Angeboten. Die Sorti-

189 www.vator.tv (abgerufen Dezember 2016)
190 www.buzzfeed.com (abgerufen Dezember 2016)
191 www.presseportal.de (abgerufen Dezember 2016)
192 www.corp.justfab.com (abgerufen Dezember 2016)
193 www.buzzfeed.com (abgerufen Dezember 2016)
194 www.internetretailer.com (abgerufen Dezember 2016)

mentsbreite und -tiefe sind beschränkt, allerdings hat Justfab erst im Herbst 2015 sein Angebot um 5.000 Artikel aus der hauseigenen Kollektion erweitert. Der Service wird regelmäßig kritisiert, vor allem bei Kündigungswunsch des Abonnements sei der Prozess besonders kundenunfreundlich.

<table>
<tr><th colspan="10">Business Model Canvas</th></tr>
<tr><td colspan="2" rowspan="2">Partner
Marken, Händler, Ad-Networks</td><td colspan="2">Aktivitäten
Sourcing, Marketing</td><td colspan="2" rowspan="2">Value Proposition
hochwertige Fashion-Marken zum günstigen Preis im monatlichen Abo</td><td colspan="2">Kundenbeziehung
Selfservice</td><td colspan="2" rowspan="2">Kundensegment
fashionbegeisterte, preisbewusste Frauen zwischen 26 und 40, neuerdings mit FL2 auch sportlich aktive Männer</td></tr>
<tr><td colspan="2">Ressourcen
Kundenstamm, Markenbeziehungen</td><td colspan="2">Kanäle
online, mobile</td></tr>
<tr><td colspan="5">Kostenstruktur
Marketing, Umsatzkosten</td><td colspan="5">Einnahmequellen
transaktionsabhängige direkte Erlöse</td></tr>
</table>

Bewertung und Perspektive aus Sicht der Autoren

Wir können die Idee des Justfab-Modells sehr gut nachvollziehen. Im Grunde genommen wollen sie ein besseres H & M online aufbauen. Der gewählte Wachstumspfad mit Werkzeugen aus dem Graubereich des Online-Marketings (Spam-Newsletter, Abofallen und so weiter) dürfte sich aber sehr nachteilig auswirken und die echte Kundenloyalität stark reduzieren. Schade!

3.28 Limango – alles für die junge Familie

Key Facts
Name: Limango GmbH
Firmensitz: München, Deutschland
Mitarbeiter weltweit: 230[195]
Umsatz 2015: 129 Mio. EUR[196]
Gründungsjahr: 2007
Ursprung: Online-Pure-Player

Limango ist eine Shopping-Community für Frauen und junge Familien mit jährlich etwa 4.000 Flash-Sale-Aktionen von 1.500 Marken[197] aus den Bereichen Mode, Home und Living sowie Reise und Freizeit. Neben dem Flash-Sale-Ansatz hat der Shopping-Club vor einigen Jahren zusätzlich Limango Outlet gelauncht, das reduzierte Markenware in einem Online-Shop vertreibt.[198] Limango ist 100-prozentige Tochter der My Toys GmbH und will in Zukunft Synergien mit dem Pure-Player für Spielwaren nutzen, um die gemeinsame Zielgruppe noch effizienter und stärker ansprechen zu können.[199] Die Shopping-Community hat heute 6 Millionen Mitglieder[200] und ist in Deutschland, Österreich, Polen und den Niederlanden aktiv. Limango plant momentan seine Expansion in weitere europäische Länder[201] sowie die Intensivierung der Marktstellung in den Niederlanden und Polen.[202] Auch sortimentsseitig wird sich ausgeweitet: Der Bereich Home und Living wird aktuell ausgebaut und ab 2016 sollen unverderbliche Lebensmittel angeboten werden.[203] Mit einem Stammkunden-Umsatz von 80 Prozent ist Limango ein spannendes Geschäftsmodell mit vielversprechenden KPIs.

Handelspositionierung

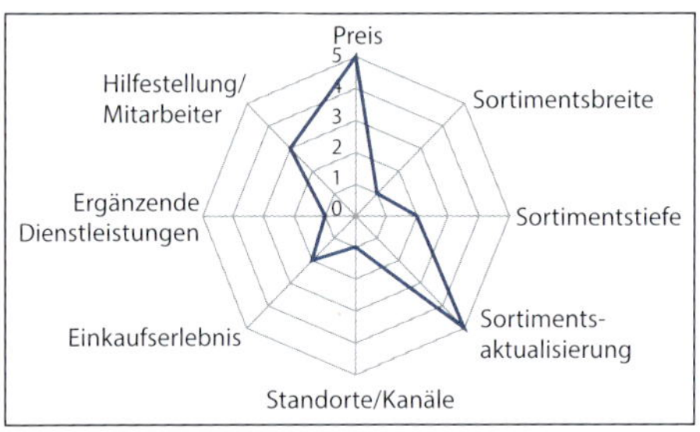

Limango positioniert sich wie Vente-Privée[204] über den Preis und die Sortimentsaktualisierung und erweitert stets seine Angebotsbreite; allein 2015 konnte die Anzahl der Aktionen dadurch um 66 Prozent gesteigert werden.[205] Die Preise der Markenprodukte sind bei Limango um bis zu 70 Prozent heruntergesetzt. Limango Outlet

195 www.ottogroup.com(abgerufen Dezember 2016)
196 www.kassenzone.de(abgerufen Dezember 2016)
197 www.ottogroup.com(abgerufen Dezember 2016)
198 www.limango.de und www.ottogroup.com (abgerufen Dezember 2016)
199 www.internetworld.de (abgerufen Dezember 2016)
200 www.a3.cdn.limango-media.de (abgerufen Dezember 2016)
201 www.ottogroup.com (abgerufen Dezember 2016)
202 www.internetworld.de (abgerufen Dezember 2016)
203 www.internetworld.de (abgerufen Dezember 2016)
204 Siehe auch Unternehmensprofil Vente-Privée
205 www.ottogroup.com (abgerufen Dezember 2016)

bietet ebenfalls stark reduzierte Preise im regulären Online-Shop. Die Flash-Sale-Seite Limangos aktualisiert ihr Sortiment ständig, rund 60 Aktionen pro Woche sind jeweils für ein bis vier Tage erhältlich.

Business Model Canvas

Partner	Aktivitäten	Value Proposition	Kundenbeziehung	Kundensegment
1.000 Markenpartner,[206] My Toys und Otto Group (Limango ist 100-prozentige Tochter)	Sourcing und Beziehnungmanagement mit Marken, Kundenkommunikation	Markenprodukte bis zu 70 Prozent reduziert, Stöbern und Kennenlernen neuer Produkte und Marken für Mütter und Familien	Selfservice, aktionsgetriebene E-Mail-Kommunikation	Mütter und Familie
	Ressourcen		**Kanäle**	
	Markenbeziehungen, Mitglieder/ Stammkunden		online, mobile	
Kostenstruktur		**Einnahmequellen**		
Sourcing, Personal, CRM		transaktionsabhängige direkte Erlöse		

Bewertung und Perspektive aus Sicht der Autoren [206]

Als Limango 2007 im Markt startete, gab es rund um das Thema Shopping-Clubs noch viel größere Wachstumsfantasien, als es heute der Fall ist. Heute befindet sich Limango in einer hybriden Positionierung zwischen Shopping-Club und Marken-Outlet und muss wie jeder andere Online-Shop auch Kunden teuer akquirieren. Dabei hat Limango nur ein geringes Margenpotenzial, denn das Leistungsversprechen hoher Rabatte ist nur dann zu erreichen, wenn auf absolute Marge verzichtet wird. Wir sehen in Summe eine Stagnation des Shopping-Club-Marktes. Limango hat sich in diesem Markt zu einem der absolut besten Anbieter in Deutschland entwickelt und dürfte bei entsprechender operativer Optimierung national auch weiterhin im Kinder- und Damensegment erfolgreich sein. Inwiefern noch großes Wachstumspotenzial besteht, ist heute aus unserer Sicht schwer festzustellen.

206 www.onetoone.de (abgerufen Dezember 2016)

3.29 Media-Saturn – ist der Elektronik-Riese aus dem Winterschlaf erwacht?

Key Facts
Name: Media-Saturn Holding GmbH
Firmensitz: Ingolstadt, Deutschland
Mitarbeiter weltweit: 65.000
Umsatz weltweit 2014/15: 21,7 Mrd. EUR
Gründungsjahr: 1979
Ursprung: stationärer Einzelhandel

Media-Saturn bildet mit Media-Markt, Saturn und Redcoon die größte Elektronik-Fachhändler-Gruppe Europas. Nachdem sich Media-Markt und Saturn lange Zeit mit dem Start in den E-Commerce schwer taten, ist die Unternehmensgruppe mit 1,8 Milliarden Euro Online-Umsatz heute besser integriert. Dennoch macht der E-Commerce im Geschäftsjahr 2014/15 weiterhin gerade einmal 8 Prozent des Gesamtumsatzes von 21,7 Milliarden Euro aus. Die Online-Sparte wächst jährlich um 20 Prozent und liegt damit deutlich über dem Gesamtwachstum von 3,6 Prozent.[207] Dabei verlor die Tochter Redcoon 2015 allerdings über 10 Prozent an Umsatz.[208] Durch weitere Investitionen in Logistik und Versand, zum Beispiel mit der bundesweiten Same-Day-Delivery, will Media-Saturn Amazon Paroli bieten können.[209] Zukünftig sieht sich das Unternehmen als Partner und will seine Kunden in der zunehmend komplexer werdenden Digitalwelt begleiten. Dazu investiert die Gruppe stärker in den Servicebereich, der 2015 bereits 1 Milliarde Euro Umsatz einbrachte, durch die Übernahme von RTS-Services[210] sowie die Erweiterung seines Streaming-Services Juke.[211]

Handelspositionierung

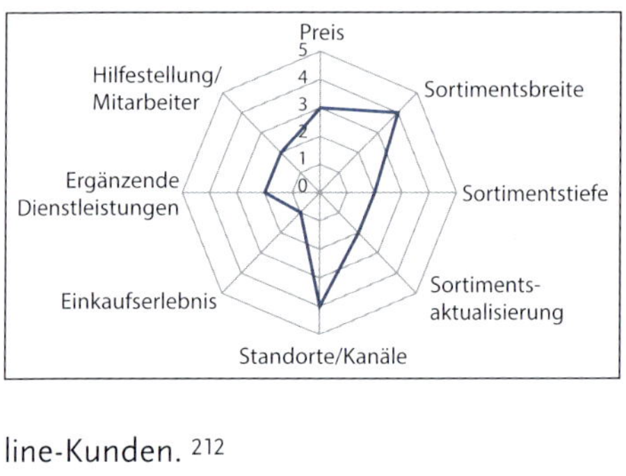

Media-Saturn positioniert sich über günstige Preise, eine große Sortimentsbreite und über seinen Mehrkanal-Ansatz. Im E-Commerce-Zeitalter wird es im Vergleich mit der Online-Konkurrenz allerdings zunehmend schwieriger, sich effektiv vom Wettbewerb abzuheben. Den viel diskutierten Multichannel-Service des Selbstabholens in der Filiale nutzen nach Angaben der Unternehmensgruppe 40 Prozent aller Online-Kunden. [212]

207 www.metrogroup.de (abgerufen Dezember 2016)
208 www.channelpartner.de (abgerufen Dezember 2016)
209 www.heise.de (abgerufen Dezember 2016)
210 www.metrogroup.de (abgerufen Dezember 2016)
211 www.metrogroup.de (abgerufen Dezember 2016)
212 www.channelpartner.de (abgerufen Dezember 2016)

Business Model Canvas				
Partner Elektronikhersteller, Werbeplattformen, Investoren	**Aktivitäten** Marketing, Sourcing, Pricing	**Value Proposition** breites Angebot, attraktive Preise im stationären Vergleich	**Kundenbeziehung** Beratung in Filialen, Selfservice online	**Kundensegment** Massenmarkt
	Ressourcen Marke, Marktstellung		**Kanäle** Filialen, online, mobile	
Kostenstruktur Filialgeschäft (Mieten, Mitarbeiter, Warenbestand), Marketing		**Einnahmequellen** transaktionsabhängige direkte Erlöse		

Bewertung und Perspektive aus Sicht der Autoren

Aus Sicht der Autoren ist Media-Saturn deshalb ein interessantes Beispiel für das vom Internet veränderte Wettbewerbsumfeld, weil zunehmend deutlich wird, dass sich das Geschäftsmodell, mit dem Media-Saturn in den 80er- und 90er-Jahren groß geworden ist, im Zeitalter des Internet nicht mehr durchhalten lässt. Eine günstig wahrgenommene Preispositionierung und die große Auswahl auf relativ teuren Mietflächen in der Innenstadt sind USPs, die Amazon und Co. heute relativ einfach aufwiegen können. Auch die Strategie, günstige Angebote als Filialmagneten zu bewerben und dann teure Zubehörartikel über Cross-Selling zu verkaufen, geht in Zeiten der Online-Preistransparenz nicht mehr auf. In den letzten Jahren ist es der Handelsgruppe nicht gelungen, neue USPs für sich zu entwickeln oder die Verkaufsflächen so zu nutzen, dass auskömmliche Renditen zu erwirtschaften wären. Im Geschäftsjahr 2015/2016 sind von dem mittlerweile in Ceconomy umbenannten Unternehmen 2 Milliarden Euro Online-Umsatz erwirtschaftet worden, was etwa 9 Prozent vom Gesamtumsatz ausmacht. Das Online-Wachstum bleibt damit hinter dem Wachstum des gesamten E-Commerce-Marktes deutlich zurück. Für uns noch nicht ersichtlich, wo das zukünftige stabile Geschäftsmodell von Media-Saturn liegen soll.

3.30 Nordstrom – Hoffnungsträger aller Omnichannel-Händler?

Key Facts
Name: Nordstrom, Inc.
Firmensitz: Seattle, USA
Mitarbeiter weltweit: 67.000
Umsatz weltweit 2015: 14,1 Mrd. USD[213]
Gründungsjahr: 1901
Ursprung: stationärer Einzelhandel

Der Fashion-Retailer Nordstrom hat seine Wurzeln in den Anfängen des letzten Jahrhunderts als Schuhgeschäft in Seattle und ist seitdem zu einem der größten Multichannel-Handelskonzerne in den USA gewachsen. Heute verbucht der Modehändler im gehobenen Preissegment einen Jahresumsatz von 14,1 Milliarden US-Dollar. Eine Vielzahl der 323 Ladengeschäfte gehören heute zur Outlet-Marke Nordstrom Rack, welche umsatzseitig offline ein Wachstum von 10 Prozent vorweist, während die regulären Nordstrom-Geschäfte 2015 um knapp 1 Prozent an Umsatz verlieren. 2015 macht die Online-Sparte 20 Prozent aller Umsätze aus, und in diesem Bereich wächst der Konzern ähnlich der Marktentwicklung um 15 Prozent.[214] Nordstrom hat sich als traditioneller Retailer den Omnichannel-Handel auf die Fahnen geschrieben wie kaum ein anderer. Mit hohen Investitionen in wachsende Online-Umsätze, welche 30 Prozent bis zum Jahr 2020 ausmachen sollen,[215] sowie Akquisitionen und Investments in Online-Pure-Player will der Konzern sich für die Zukunft wappnen. So hat Nordstrom den Mode-Shopping-Club Hautelook[216] sowie den Curated-Shopping-Anbieter Trunkclub gekauft sowie Partnerschaften mit Etsy, Warby Parker, Bonobos und anderen aufgebaut.[217] Doch ringt Nordstrom seitdem mit der Profitabilität, die weiterhin in den traditionellen Ladengeschäften am höchsten ist.[218] Doch sein Wachstum findet sich in weniger profitablen Kanälen wie Nordstrom Rack, für welches 199 neue Geschäfte bis 2030 entstehen sollen,[219] und dem E-Commerce.

213 www.investor.nordstrom.com (abgerufen Dezember 2016)
214 www.investor.nordstrom.com (abgerufen Dezember 2016)
215 www.internetretailer.com (abgerufen Dezember 2016)
216 www.trunkclub.com (abgerufen Dezember 2016)
217 www.cbinsights.com (abgerufen Dezember 2016)
218 www.internetretailer.com (abgerufen Dezember 2016)
219 www.businessinsider.de (abgerufen Dezember 2016)

Handelspositionierung

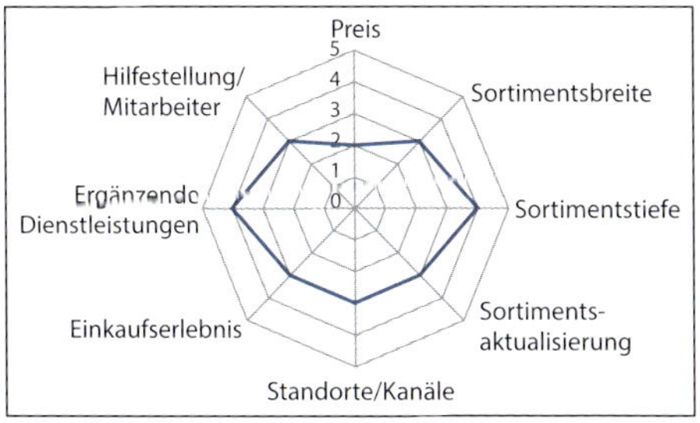

Nordstrom positioniert sich vor allem über hochwertige und saisonale Marken und Waren, aber auch über die Sortimentstiefe und die Kanalverknüpfung. Die Omnichannel-Aktivitäten von Nordstrom beinhalten zunehmend eine mobile Strategie, in die 2015 stark investiert wurde.[220] Die hochwertig ausgestatteten Läden, meist in Toplagen als zentraler Retailer beliebter Shoppingmalls, spielen außerdem auf das Einkaufserlebnis ein. Zusätzlich zeigt Nordstrom seinen Fokus auf Kundenservice beispielsweise mit der Einführung von mobilen Point-of-Sale-Geräten, durch die ein Kunde jederzeit bei einem Mitarbeiter die Ware zahlen kann, ohne an der Kasse anstehen zu müssen.[221]

Business Model Canvas

Partner Hersteller und Marken, Technologieanbieter, Mall-Betreiber, Investoren	**Aktivitäten** Sourcing, M&A, Technolgie **Ressourcen** Markenimage, Geschäfte in Toplagen	**Value Proposition** hochwertige und kuratierte Mode mit großer Auswahl	**Kundenbeziehung** Persöhnlich in Filialien, Self-service online **Kanäle** online, offline, mobile	**Kundensegment** breites Kundensegment/Massenmarkt, höhere Preisklasse
Kostenstruktur Mieten, Technologieentwicklung, Staffing		**Einnahmequellen** transaktionsbasierte direkte Erlöse		

Bewertung und Perspektive aus Sicht der Autoren

Nordstrom zeigt öffentlich, dass das Unternehmen davon ausgeht, es reiche aus, Marktanteile aufzubauen und auf Basis dieser dann in Zukunft online Geld zu verdienen. Die nächsten Quartalsberichte werden sicherlich zeigen, wohin die Reise geht, aber zukunftsfähig finden wir das nicht. Nordstrom hat auf keinen Fall bewiesen, dass man einen alten Retailer transformieren kann, aber die Investmentstrategie, die sie Mitte der 2000er-Jahre gestartet haben, zahlt sich bisher auf der Topline aus. Die Strategie ist allerdings begrenzt. Die Preise für aktuelle Zielunternehmen sind vollkommen andere und die Wachstumschancen der Pure-Player sind in einem deutlich wettbewerbsintensiveren Markt nicht mehr dieselben. Trotzdem sind die Tätigkeiten vom Nordstrom im Vergleich zu anderen Retailern beeindruckend. Wenn die Investmenttätigkeiten so fortgesetzt werden, dann ist Nordstrom auf dem direkten Weg zu einer Finanzholding. In diesem Fall müsste aber der Anspruch der Managementholding inklusive Multichannel-Ziel aufgegeben werden. Wir werden sehen, wohin sich Nordstrom entwickelt. Bisher ist die Liebe zu den stationären Geschäften noch sehr ausgeprägt.

220 www.internetretailer.com (abgerufen Dezember 2016)
221 www.businessinsider.de (abgerufen Dezember 2016)

3.31 Otto – vom Katalogversender zur Retail-Holding

Key Facts

Name: Otto GmbH & Co. KG
Firmensitz: Hamburg, Deutschland
Mitarbeiter weltweit: 4.350[222]
Umsatz weltweit 2014/15: 2,6 Mrd. EUR[223]
Gründungsjahr: 1949
Ursprung: Katalogversender

Das traditionelle Versandhaus wurde vor über 60 Jahren als Katalogversender gegründet. Der Online-Handel hat für Otto die Wettbewerbssituation stark verändert. Die Pleite seiner direkten Wettbewerber Quelle und Neckermann verhalf Otto zwar vorerst zu neuen Kunden, zeigte aber auch, wie schwierig sich die Umsatzverlagerung vom Katalog- ins Online-Geschäft für die Traditionshäuser gestaltet. Die neuen Konkurrenten heißen nun Amazon, Zalando und Wayfair, die mit Effizienz, niedrigen Preisen, umsatzorientierten Online-Strategien, riesigen Sortimenten und technischem Know-how jedes der Geschäftsgebiete von Otto angreifen. 2013 launchte Otto seinen neuen Webshop, um sich mit moderner Systemarchitektur in Zukunft flexibel den Innovationen im Markt anpassen zu können. Die langfristige Wettbewerbsfähigkeit von Otto wird mitunter kontrovers diskutiert, unter anderem da Otto in den letzten Jahren deutlich unter Marktwachstum gewachsen ist. Auf Konzernebene erwirtschaftete die Otto-Gruppe im Geschäftsjahr 2015/2016 online 6,6 Milliarden Euro (bei 12,57 Milliarden Euro Gesamtumsatz[224]) und positioniert sich mit seinen 123 Einzelunternehmen als zweitgrößter Online-Händler weltweit.[225] Dazu gehört unter anderem auch die My-Toys-Gruppe, die über 500 Millionen Euro Umsatz im abgelaufenen Geschäftsjahr erzielte.[226]

Handelspositionierung

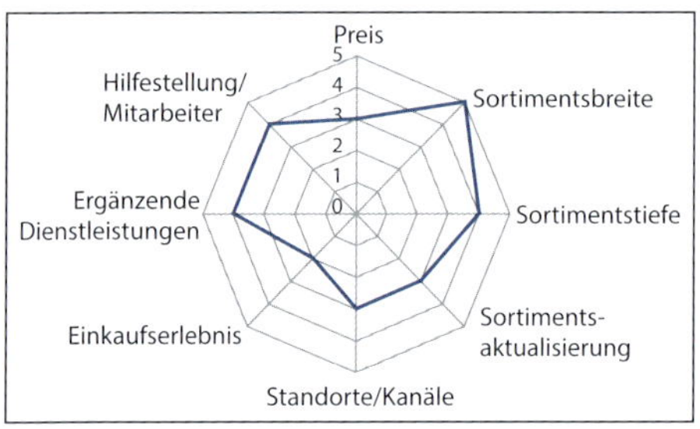

Otto positioniert sich als Universalhändler vor allem über die Sortimentsbreite und -tiefe. Eine Ausweitung der Sortimentstiefe erreicht Otto durch die Einbindung externer Händler im Rahmen des One-Stop-Shopping. Zusätzlich versucht der Distanzhändler, sich über Service und Zusatzleistungen zu differenzieren. So kann der Kunde auf Raten kaufen oder mit der Zahlpause ein Produkt bestellen und bis zu 100 Tage spä-

222 www.otto.de (abgerufen Dezember 2016)
223 www.otto.de (abgerufen Dezember 2016)
224 www.wiwo.de (abgerufen Dezember 2016)
225 www.ottogroup.com (abgerufen Dezember 2016)
226 www.ottogroup.com (abgerufen Dezember 2016)

ter zahlen.[227] Preislich bewegt sich Otto im Mittelfeld zwischen Premium- und Niedrigpreis.

<table>
<tr><th colspan="6">Business Model Canvas</th></tr>
<tr><td rowspan="2">Partner
Marken und Hersteller, Logistik</td><td>Aktivitäten
Sortimenterstellung, CRM, SEM</td><td rowspan="2" colspan="2">Value Proposition
Produktauswahl und breites Sortiment, Services wie Ratenfinanzierung und Zahlpause</td><td>Kundenbeziehung
Selfservice</td><td rowspan="2">Kundensegment
Sehr breites Kundensegment/ Massenmarkt</td></tr>
<tr><td>Ressourcen
Kundenstamm</td><td>Kanäle
Katalog, online, mobile</td></tr>
<tr><td colspan="3">Kostenstruktur
Warenwert, Umsatzkosten, Personalkosten</td><td colspan="3">Einnahmequellen
transaktionsabhängige direkte Erlöse, Provisionseinnahmen über den Marktplatz</td></tr>
</table>

Bewertung und Perspektive aus Sicht der Autoren

Otto ist der letzte große Vertreter der ehemaligen Katalogversender. Das Geschäftsmodell hat heute kaum noch etwas mit dem Versand von Katalogen im Sinne eines eigenen Vertriebskanals zu tun – die Strukturen allerdings schon. So ist auch in den kommenden Jahren mit weiteren Anpassungen des Geschäftsmodells und der internen Strukturen zu rechnen. Die Kundenbasis und die E-Commerce-Erfahrung sprechen für einige weitere erfolgreiche Jahre des Unternehmens im Handelssektor, allerdings sind die Wettbewerber wie Zalando, Asos und Co. mittlerweile auf einem Niveau angekommen, bei dem vertikale Erweiterungen des Geschäftsmodells relevant werden. Grundsätzlich scheint sich der Fashion-Bereich im E-Commerce weiterhin sehr diversifiziert zu entwickeln, was auch daran liegt, dass Fashion (noch) nicht so rational eingekauft wird wie andere Sortimente. Darin dürfte auch die Chance für Otto liegen.

227 www.otto.de (abgerufen Dezember 2016)

3.32 Overstock – das Outlet-Konzept als Online-Geschäftsmodell

Key Facts
Name: Overstock.com, Inc.
Firmensitz: Salt Lake City, USA
Mitarbeiter weltweit: 1.500
Umsatz weltweit 2015: 1,7 Mrd. USD[228]
Gründungsjahr: 1999
Ursprung: Online-Pure-Player

Gegründet 1999 brachte Overstock.com das Outlet-Konzept online und wuchs eigenfinanziert auf 80 Millionen US-Dollar Jahresumsatz bis zu seiner IPO im Jahre 2002.[229] In den Anfängen des Pure-Players kam das Inventar der „Online-Resterampe" vor allem von gescheiterten E-Commerce-Start-ups aus der Dotcom-Krise, deren Lagerbestände CEO Byrne den Unternehmen für geringe Preise abkaufte. Heute ist Overstock, kurz O.co,[230] umfangreicher Verkäufer von Möbeln, Teppichen, Bettwaren, Elektronik, Kleidung und Schmuck – insgesamt über eine Million Artikel – und verschickt seine Ware in 180 Länder.[231] Der Pure-Player verkaufte schon vor seinen heutigen Konkurrenten Amazon und Wayfair Einrichtungsgegenstände im Internet, noch heute macht die Kategorie Möbel etwa 18 Prozent des Umsatzes aus.[232] Für das Geschäftsjahr 2015 steigerte Overstock seinen Umsatz um 11 Prozent auf 1,7 Milliarden US-Dollar bei einem Betriebsergebnis von 2,4 Millionen US-Dollar.[233] Seit Anfang 2014 akzeptiert das Unternehmen die Währung Bitcoin, die derzeit 0,1 Prozent des Umsatzes ausmacht.[234] Mit der Tochter Worldstock Fair Trade gründete das Unternehmen einen Marktplatz für handgefertigte Produkte aus aller Welt, die sich ebenfalls für Förderprogramme in Entwicklungsländern einsetzt.[235]

228 www.overstock.com (abgerufen Dezember 2016)
229 www.overstock.com (abgerufen Dezember 2016)
230 www.overstock.com (abgerufen Dezember 2016)
231 www.help.overstock.com (abgerufen Dezember 2016)
232 www.furnituretoday.com (abgerufen Dezember 2016)
233 www.internetretailer.com (abgerufen Dezember 2016)
234 www.wired.com (abgerufen Dezember 2016)
235 www.overstock.com (abgerufen Dezember 2016)

Handelspositionierung

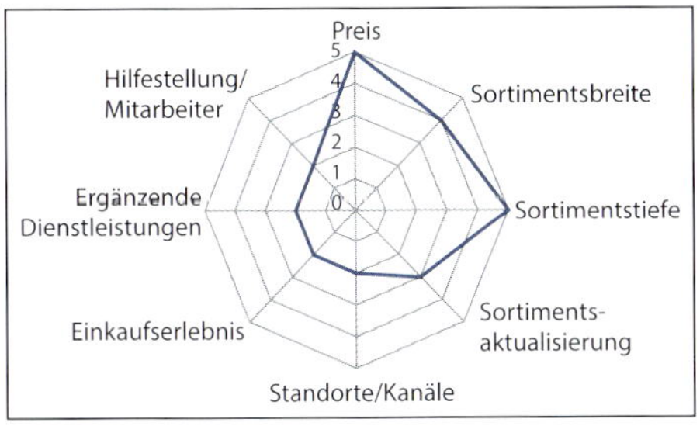

Overstocks Positionierung fokussiert sich auf günstige Preise sowie die Sortimentstiefe. Die Produkte sind preislich stark heruntergesetzt und bestehen auch heute teilweise noch aus den überschüssigen Lagerbeständen gescheiterter E-Commerce-Unternehmen. Die Sortimentsbreite ist ebenfalls hoch. Overstock war einer der ersten großen Online-Retailer, die Bitcoin als Zahlungsmittel annehmen.

Business Model Canvas				
Partner Marken, Ad-Networks, Aktionäre	**Aktivitäten** Sourcing günstiger Outlet-Ware **Ressourcen** Marken- und Händlerbeziehungen	**Value Proposition** Outlet-Ware zu heruntergesetzten Preisen in sehr großer Auswahl online bestellen	**Kundenbeziehung** Selfservice **Kanäle** online, mobile	**Kundensegment** Massenmarkt
Kostenstruktur Umsatzkosten, Marketing, Technologie		**Einnahmequellen** transaktionsabhängige direkte Erlöse		

Bewertung und Perspektive aus Sicht der Autoren

Aus unserer Sicht ein gutes Onlinemodell aus den Anfängen des E-Commerce. Sollte Overstock weiterhin nur moderat wachsen, sehen wir ausreichend Zukunftspotenziale. An diesem Model gibt es wenige Besonderheiten.

3.33 Rakuten – Ambitionen, der größte Internet-Serviceanbieter zu werden

Key Facts
Name: Rakuten, Inc.
Firmensitz: Tokyo, Japan
Mitarbeiter weltweit: 11.723[236]
Umsatz weltweit 2015: 713 Mrd. JPY (5,4 Mrd. EUR)[237]
Gründungsjahr: 1997
Ursprung: Online-Pure-Player

Mit 35 Prozent Marktanteil ist Rakuten Japans größtes E-Commerce-Unternehmen. Global gesehen hat das Unternehmen über 100 Millionen Kunden[238] in 28 Ländern[239] und bündelt auf seinen Marktplätzen weltweit über 60.000 kleine und große Händler.[240] Das Geschäftsmodell ähnelt Ebay dahingehend, dass Rakuten nur die Technologie stellt und nicht selbst als Händler auftritt. Die Plattform hat ein Marktplatzprinzip wie Amazon und verkauft wie Etsy seine Waren auf personalisierten Storefronts kleinerer Händler.[241] Seinen shopbasierten Ansatz[242] verbindet Rakuten außerdem mit einem Serviceportfolio, was der japanischen Plattform durch die positiven Händlerbeziehungen einen Vorteil gegenüber dem aggressiveren Amazon gibt.[243] Trotz ambitionierter Ziele, Amazon international Konkurrenz zu machen, entwickeln sich diese bisher eher ernüchternd.[244] Die Ausbreitung in neue Segmente verhalf dem Unternehmen zu einem Umsatzanstieg von 19 Prozent auf 6,3 Milliarden US-Dollar für das Geschäftsjahr 2015, während der Nettogewinn um 38 Prozent auf 393 Millionen US-Dollar sank. Umstrukturierungen und die Schließung einiger Marktplätze in Südostasien sollen die Performance 2016 optimieren.[245]

236 www.global.rakuten.com (abgerufen Dezember 2016)
237 www.techcrunch.com (abgerufen Dezember 2016)
238 www.newsroom.rakuten.de (abgerufen Dezember 2016)
239 www.newsroom.rakuten.de (abgerufen Dezember 2016)
240 www.newsroom.rakuten.de (abgerufen Dezember 2016)
241 www.kassenzone.de (abgerufen Dezember 2016)
242 www.excitingcommerce.de (abgerufen Dezember 2016)
243 www.techcrunch.com (abgerufen Dezember 2016)
244 www.excitingcommerce.de (abgerufen Dezember 2016)
245 www.techcrunch.com (abgerufen Dezember 2016)

Handelspositionierung

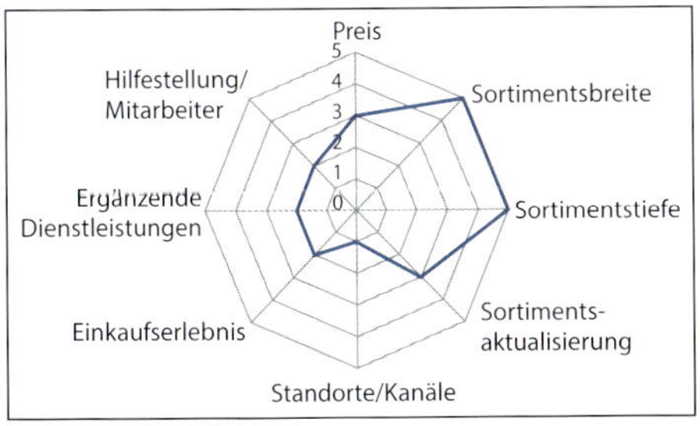

Rakuten positioniert sich als Marktplatz vor allem über Sortimentsbreite und Sortimentstiefe. Weltweit umfasst das Sortiment über 100 Millionen Produkte von über 60.000 Fachhändlern.[246] Durch individuelle Darstellung der Händler-Storefronts schafft Rakuten ebenfalls ein für eine E-Commerce-Plattform relativ emotionales Einkaufserlebnis.

Business Model Canvas

Partner	Aktivitäten	Value Proposition	Kanäle	Kundensegment
sehr gute Beziehung zu Marktplatzhändlern	Händler-Sourcing, Plattform, CRM	**Händlersicht**: positive Beziehungen, Unterstützung und Beratung **Kundensicht**: persönlicher online einkaufen, Zugang zu kleinen Händlern	online, mobile	Massenmarkt
	Ressourcen		**Kundenbeziehung**	
	Händlernetzwerk, Kundenstamm		Selfservice, aber je nach Händler persönliche Beratung online	

Kostenstruktur	Einnahmequellen
Sourcing, Plattform, Personal	1. Festpreiseinnahmen der Storefronts 2. Provisionseinnahmen[247]

Bewertung und Perspektive aus Sicht der Autoren [247]

Rakuten ist in Japan unfassbar erfolgreich und zeigt sich mit einer ausgesprochen agilen Wachstumsstrategie international experimentierfreudig. Ob diese Strategie aufgehen wird, ist noch unklar. Die Marktplatzsysteme in Deutschland wie Hitmeister, Yatego und mittlerweile auch Rakuten stehen unter dem enormen Druck von Amazon und Ebay und haben es in den letzten Jahren nicht geschafft, wieder Marktanteile zu gewinnen. Das Servicemodell rund um leichten Shopaufbau, Cross-Border-Commerce und Co., das Rakuten vielen Händlern verspricht, ist durch neue Anbieter so stark unter Druck geraten, dass es zunehmend schwierig erscheint, in einem fremden Markt mit zugekaufter Technologie erfolgreich zu sein. Aus unserer Sicht pocht Rakuten zu sehr darauf, das Erfolgsmodell aus Japan in Märkte wie beispielsweise Deutschland zu übertragen, in denen es an Spannung längst verloren hat. Deshalb erwarten wir in den Jahren 2016 und 2017 von Rakuten – zumindest in Deutschland – keine spannenden Wachstums- oder Innovationsimpulse.

246 www.global.rakuten.com (abgerufen Dezember 2016)
247 www.internetretailer.com (abgerufen Dezember 2016

3.34 Staples – zweite Chance E-Commerce oder der langsame Händlertod?

Key Facts

Name: Staples, Inc.
Firmensitz: Framingham, USA
Mitarbeiter weltweit: 85.000
Umsatz weltweit 2015: 21,1 Mrd. USD
Gründungsjahr: 1986
Ursprung: stationärer Einzelhandel

Staples ist einer der weltweit größten Händler für Bürobedarf. Mit 44 Prozent Online-Umsatz hat das Unternehmen einen relativ hohen Online-Anteil für einen traditionellen Stationärhändler. Der Umschwung zeigt sich zunehmend in der Unternehmensstrategie: Alle Bemühungen werden auf online gepolt, immer mehr Filialen schließen[248] und ein neues Shopsystem wurde als interne Lösung eingeführt.[249] Mit Staples International hat das Unternehmen ein breites Netzwerk in 37 Ländern auf fünf Kontinenten,[250] doch auch bei Staples heißt die Konkurrenz heute und in Zukunft Amazon und Amazon Business; der Gesamtumsatz sinkt seit Jahren weiter. Um sein Sortiment stark zu erweitern und im Preiskampf nicht ganz unterzugehen, hat Staples im Dezember 2014 in Nordamerika das Marktplatzprinzip „Staples Exchange" ähnlich dem Amazon Marketplace aufgenommen, um externe Händler in die Plattform zu integrieren.[251] Mit der geplanten Akquisition des Konkurrenten Office Depot sollen das Angebot und der Service zukünftig ebenfalls weiter ausgebaut werden.[252]

Handelspositionierung

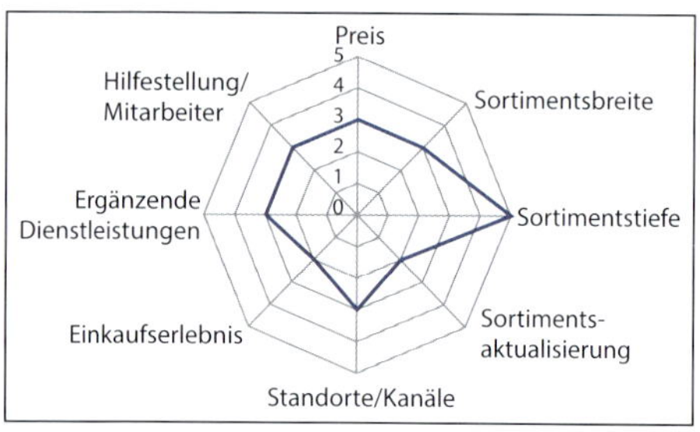

Staples hat zunehmend Schwierigkeiten, sich wirksam im Markt zu positionieren. Bislang war vor allem die regionale Nähe eines Fachhändlers für Bürobedarf für viele Kunden ausschlaggebend. Durch den Online-Handel wird dieses Verkaufsargument jedoch immer weniger wichtig. Am ehesten kann sich Staples über die Sortimentstiefe gegenüber dem Wettbewerb abheben.

248 www.investor.staples.com (abgerufen Dezember 2016)
249 www.computerweekly.com (abgerufen Dezember 2016)
250 www.staplesadvantage.de (abgerufen Dezember 2016)
251 www.pymnts.com (abgerufen Dezember 2016)
252 www.investor.staples.com (abgerufen Dezember 2016)

<table>
<tr><th colspan="6">Business Model Canvas</th></tr>
<tr><td rowspan="2">Partner
Zulieferer, Marktplatz-Händler</td><td>Aktivitäten
Sortimentserstellung, CRM</td><td rowspan="2" colspan="2">Value Proposition
spezialisiertes Sortiment, Sortimentstiefe, lokale Penetration durch viele Filialen</td><td>Kundenbeziehung
kein Fokus auf persönlicher Beratung</td><td rowspan="2">Kundensegment
80 Prozent B2B-Kunden, 20 Prozent Privatkunden</td></tr>
<tr><td>Ressourcen
Marke, Kundenstamm</td><td>Kanale
Filialen, online, Katalog, mobile</td></tr>
<tr><td colspan="3">Kostenstruktur
Staples versucht seit einigen Jahren, vor allem die Kosten der Filialen stark zu senken und effizienter zu werden.[253]</td><td colspan="3">Einnahmequellen
1. Direkte Einnahmen über den Warenverkauf
2. Provisionseinnahmen über den Marktplatz</td></tr>
</table>

Bewertung und Perspektive aus Sicht der Autoren [253]

Staples ist aus unserer Sicht ein klassisches Opfer der Wachstumsambitionen von Amazon. Das Sortiment ist einfach zu handeln und die B2B-Kundenbeziehungen, auf die Staples noch heute seinen Erfolg begründet, dürften zunehmend brüchiger werden. Zudem besteht noch eine zentrale strategische Herausforderung im Staples-Modell: Moderne Büros brauchen viel weniger Papier sowie anderes Zubehör und setzen zunehmend auf digitale Lösungen. Apple und Samsung sind die neuen Staples-Konkurrenten. Darauf muss zuerst eine Antwort gefunden werden. Mit Serviceangeboten alleine ist das Geschäftsmodell nicht tragfähig.

253 www.investor.staples.com (abgerufen Dezember 2016)

3.35 Stitch Fix – persönlicher Style-Berater als nächste Evolutionsstufe des E-Commerce?

Key Facts

Name: Stitch Fix, Inc.
Firmensitz: San Francisco, USA
Mitarbeiter weltweit: 4.400 (inklusive Stylisten)[254]
Umsatz weltweit 2015: ca. 200 Mio. USD[255]
Gründungsjahr: 2011
Ursprung: Online-Pure-Payer

Stitch Fix bietet „Curated Shopping" an: Nach einem kurzen Fragebogen zum Fashion-Geschmack und Stil bekommt ein Neukunde einen persönlichen Stylisten zugewiesen. Daraufhin erhält der Kunde seine ersten fünf Kleidungsstücke, wovon er eine beliebige Anzahl behalten und mit der ersten Servicegebühr von 20 US-Dollar verrechnen kann. Der gesamte Prozess von der Zuweisung des Stylisten bis hin zu den Produktempfehlungen wird durch zahlreiche Algorithmen unterstützt, was das gesamte Geschäftsmodell extrem datengetrieben macht und zum Erfolg geführt hat. Etwa 60 Data-Scientists unterstützen die über 2.800 Stylisten bei der Beratung ihrer Kunden und optimieren damit diesen Prozess.[256] Dabei können Kunden sich jeweils von ihrem Fashion-„Fix" überraschen lassen oder jederzeit bestimmte Wünsche für die Lieferung der nächsten fünf Artikel äußern. Zunächst nur für Frauen konzipiert, kam im September 2016 der Fashion-Service für Männer hinzu, und für 2017 ist eine Erweiterung des Angebots für große Größen geplant. Neben externen Marken betreibt Stitch Fix auch Eigenmarken wie zum Beispiel 41 Hawthorn oder Market & Spruce, die auch in anderen Shops angeboten werden.[257] Anhaltendes Wachstum des mit über 45 Millionen US-Dollar Venture-Capital finanzierten Unternehmens[258] lässt sich anhand der Eröffnung einer neuen Verbriebszentrale mit zukünftig rund 500 Mitarbeitern ableiten.[259]

254 www.computerworld.com (abgerufen Dezember 2016)
255 www.recode.net (abgerufen Dezember 2016)
256 www.computerworld.com (abgerufen Dezember 2016)
257 www.modernmrsdarcy.com (abgerufen Dezember 2016)
258 www.mystatesman.com (abgerufen Dezember 2016)
259 www.mcall.com (abgerufen Dezember 2016)

Handelspositionierung

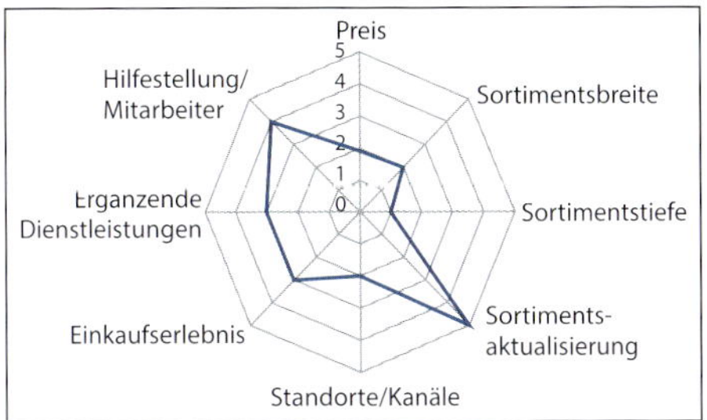

Stitch Fix positioniert sich in erster Linie über Service, mit dem Ziel, jede Kundin und jeden Kunden so persönlich und stilsicher wie möglich zu beraten und somit die Kaufwahrscheinlichkeit der zugesandten Artikel zu erhöhen. Eine persönliche Notiz und die Möglichkeit, den Stylisten online bestimmte Fragen und Wünsche zukommen zu lassen, bestärken dies. Der Preis ist mittel- bis hochpreisig, kann aber auch vom Kunden individuell angepasst werden.

Business Model Canvas

Partner	Aktivitäten	Value Proposition	Kundenbeziehung	Kundensegment
Markenhersteller, Stylisten	Kuration, Sourcing **Ressourcen** Algorithmen, 2.800 Stylisten	Kuration von Kleidung für jeden Geschmack auf den Kunden zugeschnitten und Lieferung nach Hause	Beratung durch persönliche Stylisten **Kanäle** online, mobile	Frauen und Männer, die entweder keine Zeit zum Einkaufen haben oder es scheuen beziehungsweise Schwierigkeiten haben selbst einzukaufen

Kostenstruktur	Einnahmequellen
Personal, Sourcing, Technologie	Stylinggebühren, transaktionsabhängige direkte Erlöse

Bewertung und Perspektive aus Sicht der Autoren

Wir glauben, dass es für dieses Handelsmodell einen kleinen, aber sehr stabilen Markt gibt. Zudem ist die Loyalität der Kunden in diesem Modell gesichert. Spannend wird es, wenn Curated-Shopping-Anbieter dieser Art versuchen, das Geschäftsmodell über ihre Technologie zu skalieren, und in diesem Schritt die Datensätze auch externen Unternehmen zur Verfügung stellen. In diesem Bereich dürfen wir noch viel erwarten in den nächsten Jahren.

3.36 Tmall – Weltmeister im Bruttowarenvolumen

Key Facts
Name: Zhejiang Taobao Mall Network Co., Ltd.
Firmensitz: Hangzhou, China
Mitarbeiter weltweit: n. a.
Umsatz weltweit 2015: n. a. (Alibaba 2015/16: 101,1 Mrd. CNY [14,3 Mrd. EUR])[260]
Gründungsjahr: 2008
Ursprung: Online-Pure-Player

Tmall.com, bezüglich des Bruttowarenvolumens Chinas größter B2C-Online-Marktplatz für Marken und Einzelhändler, ist eine Tochtergesellschaft der Alibaba-Gruppe. Der Marktplatz ist aufgeteilt in Tmall Global, ein Marktplatz für ausländische Händler, und Tmall, das inländische Pendant. Während inländische Händler die Auftragsabwicklung selbst handhaben oder von Dritten handhaben lassen, können ausländische Händler das Logistiknetz des Tmall-Partners Cainiao nutzen. Ausländische Marken und Händler wie beispielsweise Amazon oder Procter & Gamble betreiben auf Tmall ihre eigenen virtuellen Ladenzeilen, insgesamt umfassen sie mehr als 140.000 Marken. Dabei sind vor allem gezielte Werbekampagnen, das enorme Umsatzpotenzial sowie der vergleichsweise einfache Zugang zum chinesischen Endkunden attraktiv für internationale Akteure. Tmalls Geschäftsmodell setzt auf eine Transaktionsgebühr von bis zu 5 Prozent auf das vom Händler umgesetzte Handelsvolumen, welches zum größten Teil von Alipay abgewickelt wird. Zudem zahlt der Händler eine jährliche Servicegebühr. Das Umsatzpotenzial über Tmall zeigt sich vor allem im Absatz am sogenannten Singles' Day, an dem die Alibaba Group[261] 2015 binnen 24 Stunden insgesamt 14,4 Milliarden US-Dollar Umsatz generierte. Heute ist Singles' Day der größte Online-Shopping-Tag der Welt, welcher maßgeblich von der Alibaba Group vermarktet wird.[262]

Handelspositionierung

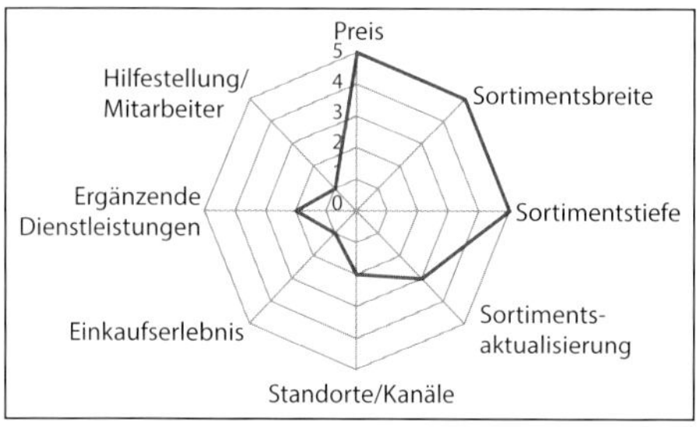

Tmall positioniert sich über die Riesenauswahl an Markenprodukten, welche sowohl von inländischen als auch ausländischen Marken und Händlern angeboten werden. Dabei ist Tmall der größte Marktplatz für ausländische Marken und Händler in China und kann sich mit der unerreichten Sortimentsbreite deutlich vom Konkurrenten JD abheben. Tmall besticht weder durch besonderes Shoppingerlebnis noch Service. Die Plattform zeichnet sich aus Händlersicht maßgeblich durch die hohe Besucherzahl aus.

260 www.statista.com (abgerufen Dezember 2016)
261 Es ist davon auszugehen, dass Tmall einen Großteil dieses Umsatzes für sich verbucht hat.
262 www.chinadaily.com (abgerufen Dezember 2016)

Business Model Canvas				
Partner Hersteller und Marken, Market-place-Händler, Alibaba-Öko-system	**Aktivitäten** Marketing, Kommunikation, Singles' Day **Ressourcen** Daten	**Value Proposition** riesige Auswahl an Marken-produkten und Premium-Shop-ping-Erfahrung	**Kundenbeziehung** Selfservice für Endkonsumenten, Logistik für auslän-dische Händler **Kanäle** online und mobile	**Kundensegment** wachsende Mittelschicht Chinas, in- und ausländische Händler
Kostenstruktur Traffic-Akquise, Website-Operation		**Einnahmequellen** Provision über die Handelsplattform, Online-Marketing-Services (Pay-for-Performance-Marketing, Display-Marketing), Kommission auf Transaktionen		

Bewertung und Perspektive aus Sicht der Autoren

An dieser Stelle empfehlen wir noch einmal die Bewertung zu JD.com. Uns überzeugt aus Perspektive dieses Buchs die Strategie der Alibaba-Gruppe in China bisher am meisten, weil sie sehr klar die Dimensionen Preis, Angebot und Verfügbarkeit bedient. Tmall dürfte nach unserer Einschätzung als Gewinner im Wettstreit mit JD.com übrig bleiben.

3.37 Vente-Privée – die Mutter aller Flash-Sales

Key Facts

Name: vente-privee.com SA
Firmensitz: La Plaine Saint Denis, Frankreich
Mitarbeiter weltweit: 2.500[263]
Umsatz weltweit 2015: 2 Mrd. EUR[264]
Gründungsjahr: 2001
Ursprung: Online-Pure-Player

Vente-Privée launchte 2001 die erste Flash-Sales-Plattform, die heute weltweit Copycats hervorgebracht hat (zum Beispiel Gilt in den USA, Brands 4 Friends in Deutschland). Das Konzept verbindet Exklusivität durch ein „Members-only"-Konzept mit stark reduzierten Premiumprodukten und Dringlichkeit, da die Angebote jeweils nur für drei bis fünf Tage gelten. Der Shopping-Club bietet eine vorteilhafte Option für Premiummarken, die über Vente-Privée ihre Überbestände an eine geschlossene Community vermarkten können und somit die Preise im restlichen Markt nicht verwässern. Heute ist die Plattform mit 30 Millionen Mitgliedern[265] in acht Ländern vertreten und hat der Kategorie Mode weitere Segmente wie Technik, Schmuck und Reisen hinzugefügt. Aus seiner Expansion in die USA[266] hat Vente-Privée sich nach drei Jahren 2014 wieder zurückgezogen.[267] Europaweit wächst das Unternehmen zweistellig, 2015 stellte es fast 800 neue Mitarbeiter ein, um mit dem Umsatzwachstum mitzuhalten.[268] 2015 erwirtschaftete Vente-Privée noch 70 Prozent seines Umsatzes in Frankreich.[269]

Handelspositionierung

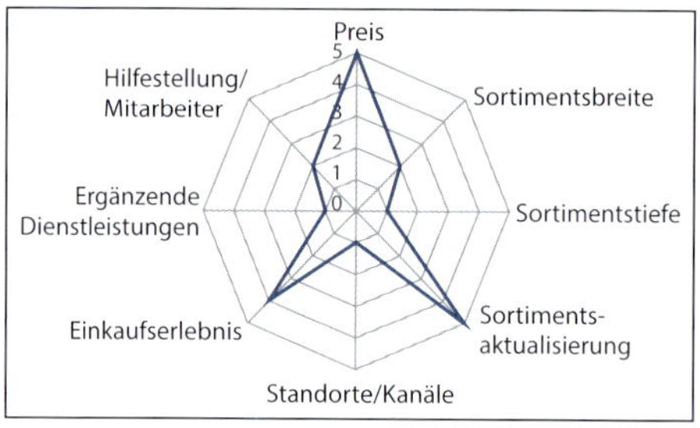

Vente-Privée positioniert sich sehr stark über die Faktoren Preis und Sortimentsaktualisierung. Die Kombination ist sehr clever, denn die stark reduzierten Produkte sind jeweils nur für eine kurze Zeit zu bestellen. Die entstehende Dringlichkeit bringt Kunden oftmals dazu, eine Bestellung spontan zu tätigen und Produkte zu erwerben, die sie ansonsten womöglich gar nicht gekauft hätten.

263 www.pressroom.venteprivee.com (abgerufen Dezember 2016)
264 www.de.fashionmag.com (abgerufen Dezember 2016)
265 www.pressroom.venteprivee.com (abgerufen Dezember 2016)
266 www.businessinsider.com (abgerufen Dezember 2016)
267 www.fortune.com (abgerufen Dezember 2016)
268 www.de.fashionmag.com (abgerufen Dezember 2016)
269 www.textilwirtschaft.de (abgerufen Dezember 2016)

Business Model Canvas				
Partner 2.500 Marken	**Aktivitäten** Sourcing, Plattform, Logistik **Ressourcen** Infrastruktur, Mitglieder (=Abonnenten)	**Value Proposition** Preise 30 bis 70 Prozent reduziert, emotionales exklusives Shoppen	**Kundenbeziehung** Selfservice, aktionsgetriebene E-Mail-Kommunikation **Kanäle** Online, Mobile	**Kundensegment** marken- und preisbewusste Kunden, hoher Anteil weiblicher Mitglieder
Kostenstruktur Plattform, Logistik, Sourcing, CRM		**Einnahmequellen** transaktionsabhängige direkte Erlöse, allerdings mit wenig Risiko, da die Ware in vielen Fällen erst nach dem Flash-Sale vom Markenhersteller bezogen wird		

Bewertung und Perspektive aus Sicht der Autoren

Vente-Privée war eines jener heißesten Start-ups 2007/2008, die mit dem Shopping-Club-Modell begannen. Großer Vorteil dieses Geschäftsmodells ist ein funktionierendes Customer-Relationship-Management. Mitglieder des Clubs werden per E-Mail angesprochen und müssen nicht erneut über andere, teure Marketingmaßnahmen zurückgewonnen werden. Wir sehen Anwendungen dieses Modells weltweit, zum Beispiel in der Gilt Group oder bei Limango, die im Wesentlichen auf der Idee von Vente-Privée basieren. Vente-Privée selbst hat es jedoch nicht geschafft, erfolgreich zu internationalisieren, und zieht sich aus internationalen Märkten teilweise wieder zurück. Der Shopping-Club macht über 80 Prozent seines Umsatzes national. In Frankreich ist Vente-Privée auf einem Niveau angekommen, das es erlaubt, Neues auszuprobieren. Das schafft heute die spannende Situation, in der Vente-Privée exklusiver Absatzkanal für einige Hersteller ist und auch für die Neueinführungen von Marken und Produkten genutzt wird. Wir glauben nicht, dass Vente-Privée den Markt in Deutschland in den nächsten Jahren stark verändern wird. In Frankreich sind aber nach unserer Einschätzung einige spannende Entwicklungen zu erwarten, auch wenn Vente-Privée etwas von seinem urspünglichen Esprit verloren hat und viel Energie in die nicht funktionierende Außenexpansion gesteckt hatte.

3.38 Vipshop – Chinas Fab.com mit Börsengang und Profitabilität

Key Facts
Name: Vipshop Holdings Limited
Firmensitz: Guangzhou, China
Mitarbeiter weltweit: 16.920[270]
Umsatz weltweit 2015: 40,2 Mrd. CNY (5,6 Mrd. EUR)[271]
Gründungsjahr: 2008
Ursprung: Online-Pure-Player

Vipshop ist eigenen Aussagen zufolge der drittgrößte Online-Händler Chinas und hat sich auf reduzierte Markenprodukte in diversen Kategorien spezialisiert (zum Beispiel Kleidung, Möbel und Beautyprodukte). Das Geschäftsmodell basiert auf Blitzverkäufen, bei denen eine limitierte Anzahl von Markenprodukten reduziert für einen begrenzten Zeitraum angeboten wird.[272] Wie bei einem Outlet-Modell besteht dabei das Sortiment in der Regel aus überschüssigem Inventar, meist aus der letzten Fashion-Saison.[273] 2013 wurde Vipshop das erste profitable E-Commerce-Unternehmen in China und konnte seinen Jahresüberschuss 2015 mit 72 Prozent Wachstum zum Vorjahr auf stolze 1,53 Milliarden US-Dollar steigern, bei einer Umsatzrendite von 5,2 Prozent. Beachtlich ist außerdem der enorme mobile Anteil der Umsätze, der 2015 bei 82 Prozent lag – im Vergleich dazu liegt der mobile Umsatz bei JD und Alibaba bei jeweils etwa 60 Prozent[274] und 50 Prozent[275]. Weiterhin macht das börsennotierte Unternehmen durch sein rasantes Wachstum auf sich aufmerksam. 2015 steigt Vipshop beim französischem Online-Shopping-Club Showroomprivé mit 30 Millionen Euro zu dessen Börsengang ein.[276]

Handelspositionierung

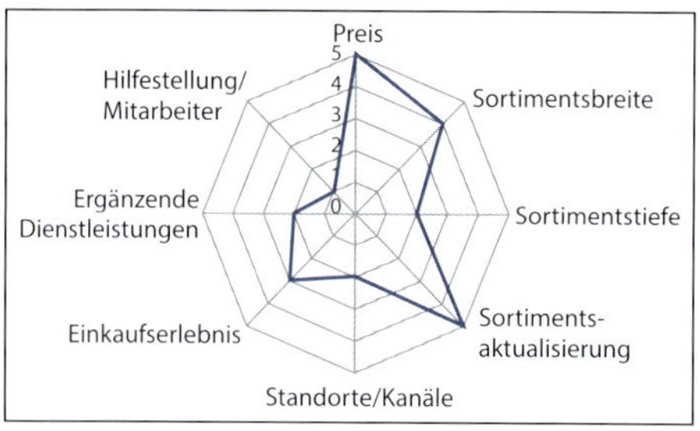

Vipshop positioniert sich mit dem Flash-Sale-Modell deutlich über günstige Preise für Markenprodukte und hat seinen Sortimentsfokus auf Markenprodukte über eine große Breite verteilt, die unter anderem Bereiche wie Mode, Accessoires, Kosmetik, Einrichten und Lifestyle abdecken. Ebenfalls basierend auf dem Flash-Sale-Geschäftsmodell wird das Produktsortiment täglich durch wechselnde Rabattaktionen

270 www.macroaxis.com (abgerufen Dezember 2016)
271 www.ir.vip.com (abgerufen Dezember 2016)
272 www.reuters.com (abgerufen Dezember 2016)
273 www.bloomberg.com (abgerufen Dezember 2016)
274 www.ir.jd.com (abgerufen Dezember 2016)
275 www.ar.alibabagroup.com (abgerufen Dezember 2016)
276 www.excitingcommerce.de (abgerufen Dezember 2016)

aktualisiert, wodurch die Sortimentstiefe allerdings leidet. Für die Mitgliedschaft fallen keine Gebühren an.

Business Model Canvas				
Partner Markenhersteller	**Aktivitäten** Sourcing, Flash-Sales, Kuration **Ressourcen** Merchandizing-Expertise, Mitglieder	**Value Proposition** reduzierte Markenware, emotionales exklusives Shoppen	**Kundenbeziehung** Selfservice, aktionsgetriebene Kommunikation **Kanäle** online, mobile, Outlet-Stores	**Kundensegment** marken- und preisbewusste Kunden
Kostenstruktur Fulfillment, Marketing, CRM, Sourcing		**Einnahmequellen** transaktionsabhängige direkte Erlöse		

Bewertung und Perspektive aus Sicht der Autoren

In der Welt der europäischen Shopping-Clubs ist Vente-Privée mit Abstand am erfolgreichsten. Allerdings ist dieser Erfolg begrenzt auf den französischen Markt, in dem Vente-Privée seine Stammsegmente im Clubgeschäft stark dominiert und beinahe eine Monopolstellung einnimmt. Möglicherweise ist Vipshops in China ähnlich stark positioniert, was zu einer deutlich erhöhten Profitabilität in Zukunft führen dürfte. Uns ist allerdings nicht klar, warum das Unternehmen Anteile an Shopping-Clubs außerhalb Chinas erwirbt, zumal es in diesem Geschäftsmodell nur begrenzte Skalierungspotenziale im Cross-Border-Bereich gibt. In Summe aber ein sehr vielversprechendes Geschäftsmodell.

3.39 Walmart – stationärer Riese in der Online-Falle

Key Facts

Name: Wal-Mart Stores, Inc.
Firmensitz: Betonville, USA
Mitarbeiter weltweit: 2,2 Mio.
Umsatz weltweit 2015/16[277]: 485,7 Mrd. USD
Gründungsjahr: 1962
Ursprung: stationärer Einzelhandel

Die Erfolgsgeschichte der Walton-Familie begann 1962 mit dem ersten Walmart-Geschäft[278] und ebnete den Erfolg für den heute größten Einzelhandelskonzern in den USA.[279] Das Unternehmen betreibt über 11.000 Geschäfte in 27 Ländern und bedient 260 Millionen Kunden wöchentlich. Neben Walmart gehören dem Unternehmen weitere Einzelhandelsketten an, wie beispielsweise Sam's Club und ASDA in Großbritannien.[280] Der Gesamtumsatz stieg 2015 um gerade einmal 2 Prozent auf 486 Milliarden US-Dollar,[281] wovon 28 Prozent im Ausland erwirtschaftet wurden.[282] Die Online-Umsätze des 2007 gelaunchten Walmart.com erreichten 2015 ein Wachstum von 12 Prozent, ebenfalls deutlich unter Marktwachstum, und schafften es mit 13,7 Milliarden US-Dollar E-Commerce-Umsatz gerade auf 3 Prozent des Gesamtumsatzes.[283] Mit intensiven Technologie- und Entwicklungsinvestitionen von 1,1 Milliarden US-Dollar will Walmart seine Online-Aktivitäten in Zukunft noch mehr vorantreiben.[284] Dagegen werden hunderte Filialen, darunter viele Walmart-Express-Geschäfte, geschlossen, um sich dem Kundenverhalten weiter anzupassen.[285] Die Öffnung der eigenen Plattform zu einem Marktplatz für Dritthändler wird momentan in der Anfangsphase getestet.[286] Im Sommer 2016 akquirierte Walmart den aufstrebenden E-Commerce-Player Jet.com für etwa 3 Milliarden US-Dollar und erhofft sich damit Vorteile im Wettbewerb mit Amazon.[287]

277 Geschäftsjahr endet am 31.1.2016.
278 www.corporate.walmart.com (abgerufen Dezember 2016)
279 www.internetretailer.com (abgerufen Dezember 2016)
280 www.corporate.walmart.com (abgerufen Dezember 2016)
281 www.s2.q4cdn.com (abgerufen Dezember 2016)
282 www.corporate.walmart.com (abgerufen Dezember 2016)
283 www.internetretailer.com (abgerufen Dezember 2016)
284 www.internetretailer.com (abgerufen Dezember 2016)
285 www.fortune.com (abgerufen Dezember 2016)
286 www.internetretailer.com (abgerufen Dezember 2016)
287 www.fortune.com (abgerufen Dezember 2016)

Handelspositionierung

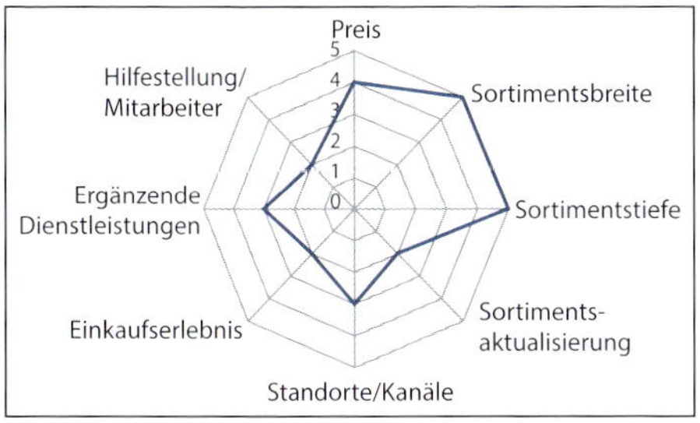

Walmart ist absoluter Experte der Niedrigpreis-Positionierung, bekannt für seine aggressiven Rabatte und die Unterbietung von Preisen der Konkurrenz, darunter sowohl andere Stationärgeschäfte als auch Online-Shops wie beispielsweise Amazon. Auch über Sortimentsbreite und -tiefe will sich Walmart von seiner Konkurrenz abheben. Einkaufserlebis und Service bieten keine konkreten Alleinstellungsmerkmale für den größten Händler der USA.

Business Model Canvas

Partner	Aktivitäten	Value Proposition	Kundenbeziehung	Kundensegment
Marken, Zulieferer, Aktionäre	Sourcing, Entwicklung, Marketing	sehr große Auswahl an Artikeln unterschiedlichster Produktgruppen zu attraktiven Preisen	Selfservice	Massenmarkt
	Ressourcen		**Kanäle**	
	Distributionsnetzwerk von über 150 Logistikzentren		Filialien, online, mobile	

Kostenstruktur	Einnahmequellen
Umsatzkosten, Technologie, Logistik und Infrastruktur, Marketing	transaktionsabhängige direkte Erlöse, seit Kurzem auch Marktplatzeinnahmen

Bewertung und Perspektive aus Sicht der Autoren

Walmart sitzt in der Amazon-Falle. Es gibt keine erkennbare Strategie, die Online-Maßnahmen wirken hilflos, das Unternehmen wächst deutlich langsamer als der Markt und es gibt zu wenige kluge Ideen, was man denn mit den stationären Filialen noch alles machen könnte, um online erfolgreich zu sein – ein extrem trauriges Beispiel eines Unternehmens, das trotz bester Voraussetzungen (Assets und Budget) keinen Weg in der digitalen Welt für sich findet. Wir hoffen sehr auf innovativere Maßnahmen in den Jahren 2016 und 2017.

3.40 Wanelo – kann ein soziales Netzwerk die Modebranche aufmischen?

Key Facts
Name: Wanelo
Firmensitz: San Francisco, USA
Mitarbeiter weltweit: n. a.
Umsatz weltweit 2015: n. a.
Gründungsjahr: 2012
Ursprung: Online-Pure-Player

Wanelo ist 2012 als soziales Netzwerk rund um Fashion und Inspiration gestartet und hat vor allem unter weiblichen „Millenial"-Kunden schnell eine aktive Userschaft von 12 Millionen erreicht. Diese posten Produkte, erstellen Produktlisten, folgen einander und interagieren mit ihren Lieblingsmarken. Heute hat sich das Unternehmen von einem Netzwerk mit Pinterest-ähnlicher Sammel-und-Teil-Logik zu einem Fashion-Online-Marktplatz mit 550.000 Stores entwickelt.[288] Dazu zieht und visualisiert das Unternehmen aus San Francisco über 30 Millionen Produkte anderer Webseiten besonders nutzerfreundlich und zielgruppenkonzentriert, ohne eigenes Inventar zu führen. Anfangs wurde die Bestellabwicklung ausschließlich über die verlinkten Händler abgewickelt; die User wurden also zum Kauf immer direkt auf den externen Online-Shop geschickt und der Umsatz wurde mit einem klassischen Affiliate-Modell generiert. Seit Ende 2014 können nun zusätzlich Produkte von über 200 Modemarken im Netzwerk selbst gekauft werden. 2015 kam eine Shopify-Integration hinzu, um auch kleinen Händlern den direkten Verkauf auf der Plattform zu erleichtern.[289]

Handelspositionierung

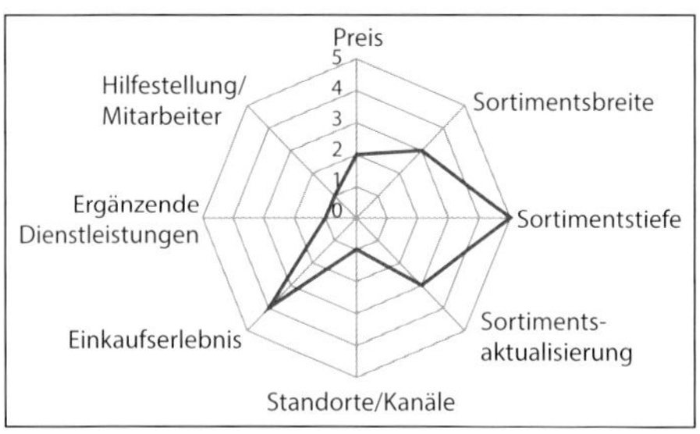

Wanelo, was für „Want, need, love" steht, positioniert sich vor allem über die Sortimentsbreite sowie das Einkaufserlebnis. Das Sortiment des Marktplatzes ist recht breit und noch viel tiefer, Wanelo führt über 30 Millionen Produkte aus 550.000 Shops zusammen. Das simple und ansprechend designte Einkaufserlebnis, welches sich auf junge digitalaffine Smartphone-User konzentriert, steht im Fokus der Unternehmensaktivitäten.

---

288 https://wanelo.com/about (abgerufen Dezember 2016)
289 www.blog.wanelo.com (abgerufen Dezember 2016)

Business Model Canvas				
Partner Modemarken, Hersteller, Etsy-Seller im Fashion-Bereich, Investoren	**Aktivitäten** Marketing **Ressourcen** Kundenstamm, Technologie, Markenbeziehungen	**Value Proposition** inspirierendes Online-Shoppen in einer Pinterest-ähnlichen App-Umgebung	**Kundenbeziehung** Selfservice **Kanäle** 10 Prozent online, 90 Prozent mobile[290]	**Kundensegment** weibliche Millennials, Modebegeisterte
Kostenstruktur Technologie, Marketing		**Einnahmequellen** Affiliate-Einnahmen		

Bewertung und Perspektive aus Sicht der Autoren

Spannend, sehr spannend – vor allem deshalb, weil wir bisher nicht erkennen können, wohin sich das Geschäftsmodell entwickeln soll. Irgendwie wirkt es, als wäre das Modell aus seiner Zeit gefallen, als Fork aus Instagram und Pinterest. Ob die Kunden das weiterhin so brauchen, halten wir für sehr fraglich.

290 www.wanelo.com (abgerufen Dezember 2016)

3.41 Warby Parker – das Modell für erfolgreichen Direktvertrieb

Key Facts
Name: JAND, Inc.
Firmensitz: New York, USA
Mitarbeiter weltweit: 500
Umsatz weltweit 2015: n. a.
Gründungsjahr: 2009
Ursprung: Online-Pure-Player

Warby Parker designt, fertigt und verkauft verschreibungspflichtige Brillen und Sonnenbrillen zu niedrigen Preisen verglichen mit herkömmlichen Herstellern. Der Brillenmarkt ist besonders spannend, da er hohe Margen verspricht und bis heute zu 80 Prozent von dem Unternehmen Luxottica dominiert wird. Das vertikal integrierte Warby Parker macht sich zunehmend einen Namen mit seinen modischen und bezahlbaren Brillen, einer bequemen virtuellen Anprobe sowie der Zusendung kostenloser Anprobeexemplare mit einem komfortablen Rückversand.[291] Vermarktet werden die Brillen bisher nur im kanadischen und amerikanischen Markt.[292] Zusätzlich zu seinem Online-Shop betreibt Warby Parker seit April 2013 Ausstellungsräume mit aktuell 27 Geschäften[293] sowie seit Kurzem eine Partnerschaft mit der Kaufhauskette Nordstrom, die dem Unternehmen zusätzliche Reichweite und Markenbekanntheit verschaffen soll.[294] Das mit 1,2 Milliarden US-Dollar bewertete Unternehmen sammelte bislang in fünf Finanzierungsrunden 115 Millionen US-Dollar von 21 Investoren ein.[295]

Handelspositionierung

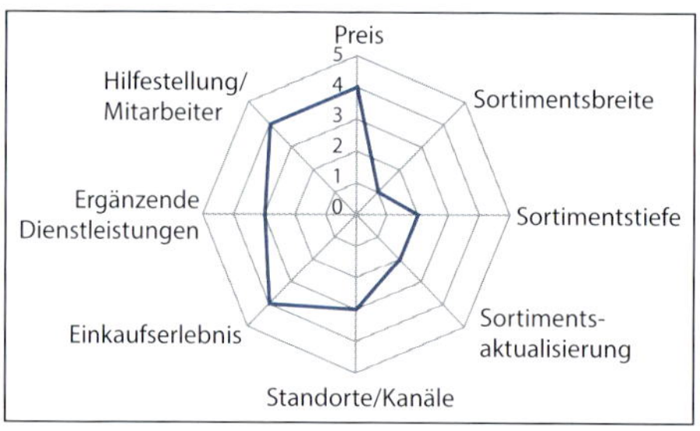

Warby Parker positioniert sich vor allem über sehr gute Preise bei sehr guter Qualität. Das erreicht das hippe New Yorker Start-up, da der Mittelsmann in der Vermarktung seiner Brillengestelle übersprungen wird. Außerdem macht das Unternehmen Eindruck durch ein sehr positives Einkaufserlebnis als auch hervorragenden Service. Dazu zählen neben einem sehr guten Kundenservice auch die virtuelle Anprobe und die clevere Zusendung von fünf Anprobemodellen.

291 www.techcrunch.com (abgerufen Dezember 2016)
292 www.ca.warbyparker.com (abgerufen Dezember 2016)
293 www.ca.warbyparker.com (abgerufen Dezember 2016)
294 www.fashionista.com (abgerufen Dezember 2016)
295 www.crunchbase.com (abgerufen Dezember 2016)

Business Model Canvas				
Partner Zulieferer, Investoren, Influencer	**Aktivitäten** Produktdesign, Marketing **Ressourcen** Markenimage, Kundenstamm	**Value Proposition** Brillen und Sonnenbrillen zum günstigen Preis mit guter Qualität und Hipness-Faktor	**Kundenbeziehung** Selfservice online, servicefokussiert offline **Kanäle** online, Show-rooms	**Kundensegment** preisbewusste Kunden mit Seh-schwäche
Kostentruktur Marketing, Personal, Technologie			**Einnahmequellen** transaktionsabhängige direkte Erlöse	

Bewertung und Perspektive aus Sicht der Autoren

Warby Parker wird auf fast allen E-Commerce-Konferenzen als Paradebeispiel kluger Digitalisierung genannt. Und in der Tat, das Unternehmen macht sein Business sehr geschickt und hat online eine starke Marke aufgebaut, die nun für die stationäre Expansion genutzt wird. Warby Parker profitiert allerdings auch davon, dass im US-amerikanischen Optikermarkt bisher unerhört viel Geld verdient wurde – zulasten der Kunden. In diesem Umfeld macht E-Commerce Spass.

3.42 Wayfair – der Beweis, dass der Möbelversand online funktioniert

Key Facts
Name: Wayfair, Inc.
Firmensitz: Boston, USA
Mitarbeiter weltweit: 3.250
Umsatz weltweit 2015: 2,3 Mrd. USD[296]
Gründungsjahr: 2002
Ursprung: Online-Pure-Player

Wayfair ist ein seit Herbst 2014 börsennotierter US-amerikanischer Online-Pure-Player im Bereich Möbel und Wohnaccessoires. Das Gründerduo startete 2002 mit diversen vertikalen Online-Shops rund um Möbel und Wohnen. Nach der Gründung von rund 270 Shops, die meisten beruhend auf dem Prinzip kompetitiver Suchmaschinenoptimierung wie allbarsstools.com oder everymirror.com,[297] entschied das Team 2008, aus den hunderten kleinen einen großen Shop zu erstellen, um Kunden besser zu binden und teure Akquisitionskosten zu reduzieren. Heute bündelt wayfair.com über 10 Millionen Produkte, die per Dropshipping an über 7.000 Händler verschickt werden.[298] Neben dem Verkauf der Ware im Shop verdient Wayfair außerdem durch den Verkauf von Werbeflächen auf seiner Plattform sowie durch den Verkauf von Ware bei anderen Online-Händlern.[299] Das Umsatzwachstum betrug 2015 gigantische 71 Prozent,[300] doch bislang ist Wayfair nicht profitabel, zumal vor allem die Marketingausgaben sehr hoch sind. Wayfair ist in fünf Ländern aktiv (USA, Kanada, Deutschland, Österreich und UK), nachdem 2015 das Geschäft in Australien verkauft wurde.[301]

Handelspositionierung

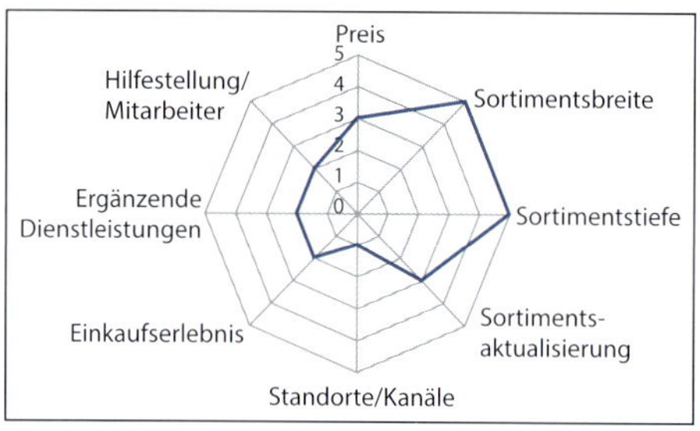

Wayfair positioniert sich vor allem über eine besonders große Auswahl. Sortimentsbreite und -tiefe sind mit 10 Millionen Produkten um vieles größer als die seiner Wettbewerber. So hat der Pure-Player beispielsweise über 3.400 Kissenbezüge, 12.000 Tischlampen und 3.700 Esstische im Angebot. Der State-of-the Art-Online-Shop bietet außerdem ein vergleichsweise emotionales Einkaufserlebnis.

296 www.s2.q4cdn.com (abgerufen Dezember 2016)
297 www.businessinsider.com (abgerufen Dezember 2016)
298 www.forbes.com (abgerufen Dezember 2016)
299 www.internetretailer.com (abgerufen Dezember 2016)
300 www.excitingcommerce.de (abgerufen Dezember 2016)
301 www.investor.wayfair.com (abgerufen Dezember 2016)

Business Model Canvas				
Partner Händler und Hersteller, Distributions- und Vertriebspartner	**Aktivitäten** Logistik, CRM, Sourcing, Plattform **Ressourcen** Sortiment, Kunden, Marke	**Value Proposition** sehr große Auswahl und inspirierendes, bequemes Möbelshoppen online.	**Kundenbeziehung** Selfservice **Kanäle** online, mobile	**Kundensegment** Kernzielgruppe: Frauen zwischen 35 und 65
Kostenstruktur Marketing, Technologie, Personal		**Einnahmequellen** transaktionsabhängige direkte Erlöse		

Bewertung und Perspektive aus Sicht der Autoren

Wayfair hat sich erst relativ spät im Wachstumsprozess für die Aufnahme von Fremdkapital entschieden und seitdem einen massiven Wachstumskurs eingeschlagen, der bisher noch sehr wenig Trend zur Profitabilität aufzeigt. Die Wette von Wayfair auf den Durchbruch des E-Commerce ins Home-and-Living-Segment ist aus unserer Sicht vertretbar, allerdings wird auch in diesem Fall sehr viel von der Leistungsexzellenz abhängen, um Kunden nachhaltig zu binden. In dem gewählten Dropshipping-Modell von Wayfair halten wir das für schwer lösbar. Erst wenn Wayfair wesentliche eigene Lagerkapazitäten aufbauen kann, dürfte diese Hürde zu bewältigen sein.

3.43 Williams-Sonoma – ein wahrer Omnichannel-Händler?

Key Facts

Name: Williams-Sonoma, Inc.
Firmensitz: San Francisco, USA
Mitarbeiter weltweit: 28.100
Umsatz weltweit 2015: 5 Mrd. USD[302]
Gründungsjahr: 1956
Ursprung: stationärer Einzelhandel

Williams-Sonoma ist auf den Verkauf von hochwertigen Möbeln und Produkten für den Haushalt spezialisiert. Neben der Händlermarke Williams-Sonoma gehören sieben weitere Merchandising-Strategien wie Pottery Barn, Mark and Graham und West Elm zu der Unternehmensgruppe. Das 1956 gegründete Unternehmen vertreibt seine Waren über 618 Geschäfte in vier Ländern,[303] online (weltweit) und weiterhin über seine Kataloge,[304] die heute allerdings hauptsächlich als Content-Marketing-Strategie und ein zentrales Werbemittel vor allem für die Marke Williams-Sonoma zu verstehen sind. Dank hoher Investitionen im E-Commerce-Segment verbucht die Unternehmensgruppe 2015 bereits über 50 Prozent seiner knapp 5 Milliarden US-Dollar Umsätze online[305] und gilt damit als einer der Vorzeige-Multichannel-Strategen. Allerdings wächst 2015 der Online-Umsatz mit 6,4 Prozent deutlich unter dem Marktwachstum von etwa 15 Prozent; das Unternehmen erklärt dies durch den erhöhten Wettbewerb im Einrichtungs- und Möbelmarkt, in dem immer mehr Modelle online entstehen oder aus dem traditionellen Stationärgeschäft Richtung online shiften.[306]

Handelspositionierung

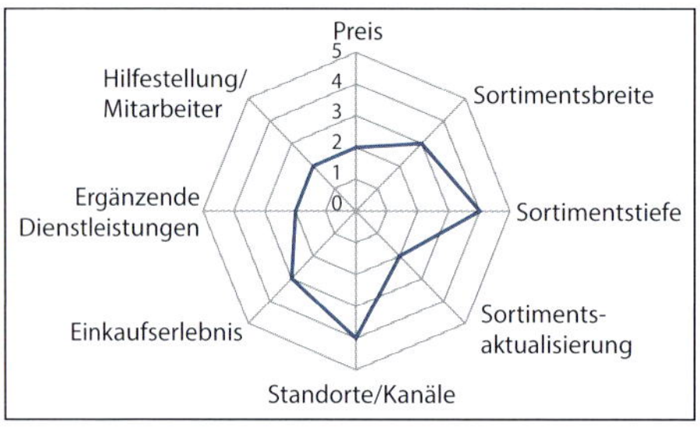

Williams-Sonoma positioniert sich vor allem über die Sortimentsbreite sowie die Anzahl seiner Verkaufskanäle. In einem Marktumfeld, das besonders online stetig neuen Wettbewerb sieht, kann sich Williams-Sonoma vor allem über seinen hohen Eigenmarkenanteil von 85 bis 90 Prozent[307] und das starke Markenimage abheben. Mit schlechter Vergleichbarkeit der Produkte aufgrund der Eigenmarkenstrategie und der Betonung auf Marke und Qualität positioniert sich Williams-Sonoma vergleichsweise hochpreisig.

302 ir.williams-sonomainc.com (abgerufen Dezember 2016)
303 ir.williams-sonomainc.com (abgerufen Dezember 2016)
304 www.multichannelmerchant.com (abgerufen Dezember 2016)
305 www.internetretailer.com (abgerufen Dezember 2016)
306 www.internetretailer.com (abgerufen Dezember 2016)
307 www.multichannelmerchant.com (abgerufen Dezember 2016)

Business Model Canvas				
Partner Zulieferer, Marken, Advertiser	**Aktivitäten** Sourcing, CRM, Marketing **Ressourcen** starke Marke, Immobilien in Toplagen	**Value Proposition** Einrichten, Küche und Wohnen im anspruchsvollen Design	**Kundenbeziehung** persönlich in Filialen, Selfservice online **Kanäle** online, offline, Katalog, mobile	**Kundensegment** designbewusste Kunden mit Affinität zu hochwertigen Waren
Kostenstruktur Personal, Inventar, Operations, Marketing		**Einnahmequellen** transaktionsbasierte direkte Erlöse		

Bewertung und Perspektive aus Sicht der Autoren

In diversen Presseberichten wird zwar davon gesprochen, dass Williams-Sonoma die Handelskanäle zunehmend besser verzahnt, aber was genau da passiert, bleibt für uns unklar. Das Unternehmen macht in einer ersten Analyse den Eindruck, dass es als eines der ersten klassischen Retailer die Potenziale des Marktes erkannt hat und mit dem Markt gewachsen ist. Die Learnings aus den vertikalen Bereichen (insbesondere Möbel mit 90 Prozent Eigenmarkenanteil) lassen sich aber kaum auf klassische Kaufhäuser in Europa übertragen, neue wachstumsstarke Plattformen fehlen zudem. Glücklicherweise werden ehemals populäre Online-Modelle wie One Kings Lane und Co. gerade nicht sehr hoch gehandelt, sodass auch keine akute Gefahr aus dem Online-Handel droht, aber ein echtes Vorbild ist Williams-Sonoma für uns im Bereich E-Commerce-Strategie nicht. Wenn, dann versteht sich das Unternehmen besonders gut darauf, seine Marke weiter auszubauen und online hervorragend zu monetarisieren. Aber auch bei Williams-Sonoma gilt die Liebe noch den Katalogen.

3.44 Windeln.de – wenn Expansion zum Treiber und zum Problem wird

Key Facts

Name: Windeln.de GmbH
Firmensitz: München, Deutschland
Mitarbeiter weltweit: über 400[308]
Umsatz 2015: 178,6 Mio. EUR[309]
Gründungsjahr: 2010
Ursprung: Online-Pure-Player

Windeln.de ist Deutschlands größter Online-Shop für Babyprodukte. Mit 55.000 Artikeln und 800 Marken bietet der Pure-Player eine große Auswahl sowohl an Konsumgütern wie Windeln als auch an Kinderwagen, Kindermode und Spielzeug. Mittlerweile nutzen über eine Million aktive Kunden den Online-Shop.[310] Nach Angaben des Unternehmens sind Konsumgüter allerdings für den Online-Shop ein sehr margenschwaches Segment, und so konzentriere sich der Pure-Player vor allem auf Cross-Selling-Aktivitäten, um Marge und Warenkorb zu maximieren.[311] Nach beeindruckenden Wachstumsraten 2014 von 100 Prozent musste sich das seit Mai 2015 börsennotierte Unternehmen 2015 mit 30 Prozent zufriedengeben, und auch für 2016 wurde bereits in der ersten Jahreshälfte die Ganzjahresprognose von 50 Prozent Wachstum auf 30 Prozent heruntergesetzt. Diese Entwicklung basiert vor allem auf der Stagnation des Umsatzwachstums in China, da die im April 2016 durchgesetzten Änderungen der Importregelungen Chinas Unsicherheiten bei den chinesischen Käufern hervorriefen.[312] Heute ist windeln.de in zehn Ländern aktiv.

Handelspositionierung

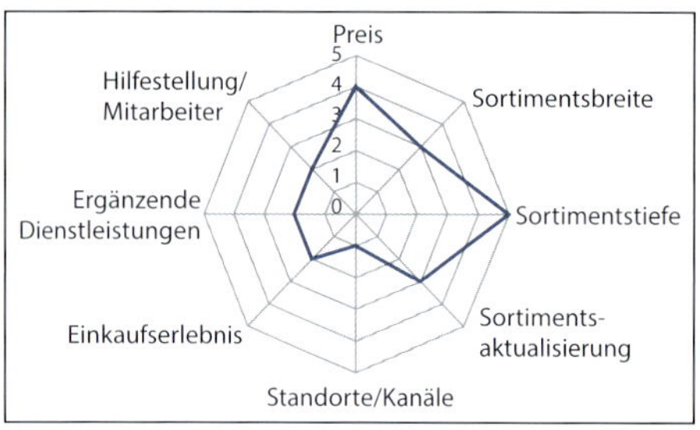

Windeln.de positioniert sich ähnlich wie Amazon über Angebot und Preis. Der Online-Shop bietet die größte Sortimentsbreite und -tiefe an Babyprodukten in Deutschland. Attraktive Preise werden unter anderem durch Großpackungen von Konsumgütern erreicht, wodurch der Stückpreis insgesamt fällt. Beim Service und Einkaufserlebnis ist windeln.de im Mittelfeld aufgestellt, hebt sich nicht besonders vom Wettbewerb ab.

308 www.corporate.windeln.de (abgerufen Dezember 2016)
309 www.corporate.windeln.de (abgerufen Dezember 2016)
310 www.finanznachrichten.de (abgerufen Dezember 2016)
311 www.neuhandeln.de (abgerufen Dezember 2016)
312 www.internetworld.de (abgerufen Dezember 2016)

Business Model Canvas				
Partner Marken und Hersteller, Logistiker, Affiliates	**Aktivitäten** Sourcing, Plattform, Analytics, CRM **Ressourcen** Marke, Onlineexpertise, Logistiknetzwerk	**Value Proposition** Babyprodukte wie Windeln bequem von zu Hause aus zu attraktiven Preisen bestellen.	**Kundenbeziehung** Selfservice **Kanäle** online, mobile	**Kundensegment** Mütter, werdende Mütter und junge Familien
Kostenstruktur Plattform, Personal, Marketing		**Einnahmequellen** transaktionsabhängige direkte Erlöse		

Bewertung und Perspektive aus Sicht der Autoren

Windeln.de kann aus unserer Sicht ohne Weiteres als exzellentes Beispiel für einen Pure-Player genannt werden. Alle operativen Themen scheinen auf hohem Niveau gelöst zu werden, was die Entwicklung der wesentlichen KPIs auch widerspiegelt. Problematisch ist die Abhängigkeit vom China-Geschäft und das zur Zeit fehlende Wachstumsmomentum. Wir fragen uns allerdings, ob die gewählte Nische groß genug ist, um dauerhaft Kunden binden zu können. Warum sollten die Kunden in Zukunft die Produkte bei windeln.de kaufen und nicht bei Amazon? Zudem spricht die Wahl der Domain gegen eine starke Ausweitung des Sortiments in den Kinder- und Jugendbereich hinein. Ein Problem, dem notebooksbilliger.de und buch.de auch gegenüberstehen. Spannend zu beobachten ist in diesem Zusammenhang die Eigenmarkenstrategie von Amazon (Amazon Elements), die 2015 und 2016 neue Bewegung in den Markt bringt.

3.45 Wish – mobiler Ramschladen will das nächste Walmart werden

Key Facts

Name: ContextLogic, Inc.
Firmensitz: San Francisco, USA
Mitarbeiter weltweit: 900[313]
Umsatz weltweit 2015: n. a.
Gründungsjahr: 2011
Ursprung: Mobile-First-Online-Pure-Player

Wish ist eine mobile Marktplatz-Applikation mit Fokus auf Mode, Kosmetik und Accessoires, auf dem meist unbekannte Händler aus China direkt an Endkunden weltweit verkaufen. Die Ware ist stark preisreduziert und die Vermarktung der Produkte übernimmt Wish. Die Applikation startete 2011 als Wunschlisten-App mit Produktfeed aus anderen Online-Shops. Per Affiliate-Model wurden die User dann zu den Händlern weitergeleitet.[314] Heute wird der Kauf direkt über wish.com abgewickelt, während der Hersteller/Händler den Versand übernimmt, was durchschnittliche Lieferzeiten von zwei bis drei Wochen verursacht. Die Shopping-App, die stark an das Pinterest-Design erinnert, beschreibt sich selbst als besonders technologiegetrieben. Die entwickelten Algorithmen sollen so sowohl die Positionierung der Produkte im Katalog als auch die individuelle Bepreisung der Produkte je Kunde und die Marketingmaßnahmen in sozialen Netzwerken automatisiert optimieren.[315] Dabei sollen die Werbeausgaben allein auf Facebook jährlich etwa 100 Millionen US-Dollar umfassen.[316] Wish setzt nach eigenen Aussagen über seine hunderte Millionen Kunden bereits ein Bruttowarenvolumen im einstelligen Milliardenbereich um[317] und verdient daran rund 12 bis 15 Prozent Provision.[318] Kontrovers bleibt vor allem, dass ein Großteil der Artikel Fälschungen sind oder beschädigt beim Kunden ankommen.

Handelspositionierung

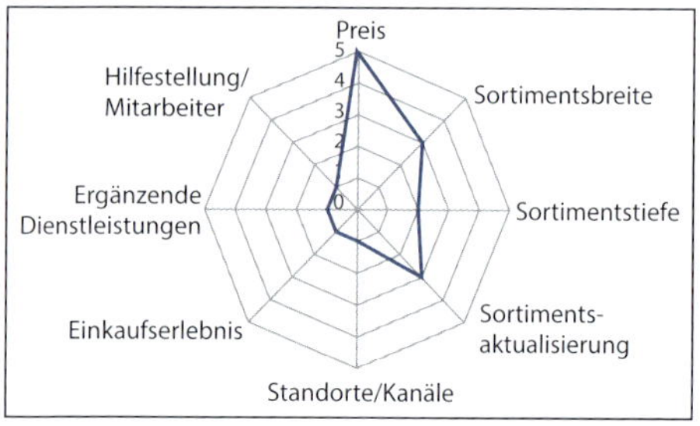

Wish positioniert sich ganz klar fast ausschließlich über den Preis. So sind fast alle Artikel für unter 25 US-Dollar und viele Kleidungsstücke bereits für 2 bis 5 US-Dollar zu haben. Damit erinnert Wish an das Primark-Modell mit Fokus auf eine sehr junge, weibliche Zielgruppe. Ergänzende Dienstleistungen und Einkaufserlebnis sind sehr rudimentär, nicht selten erreicht

313 www.recode.net (abgerufen Dezember 2016)
314 www.recode.net (abgerufen Dezember 2016)
315 www.bloomberg.com (abgerufen Dezember 2016)
316 www.recode.net (abgerufen Dezember 2016)
317 www.techcrunch.com (abgerufen Dezember 2016)
318 www.recode.net (abgerufen Dezember 2016)

die Ware den Kunden nach mehrwöchentlicher Lieferzeit beschädigt oder in der falschen Größe. Die Sortimentsbreite wird stets ausgeweitet.

Business Model Canvas

Partner	Aktivitäten	Value Proposition	Kundenbeziehung	Kundensegment
ausländische, meist chinesische Hersteller	Marketingmaßnahmen, Erstellung von Algorithmen für passende Produktempfehlungen	extrem günstige Ware direkt vom Hersteller/Händler	Selfservice	junge, vor allem weibliche, preissensible Kunden, die Marken und Qualität nachrangig bewerten
	Ressourcen		**Kanäle**	
	mobile Applikation, Algorithmen		mobile, online	

Kostenstruktur	Einnahmequellen
Technologie, Marketing	Provisionseinnahmen von 15 Prozent auf alle Verkäufe

Bewertung und Perspektive aus Sicht der Autoren

Das Modell von Wish ist verblüffend. Obwohl die Produkte laut diversen Produktreviews oft unter erheblichen Qualitätsmängeln leiden, schafft es Wish durch den Fokus auf den Verkaufspreis scheinbar, das letzte Stück Rationalität aus dem Einkaufsprozess zu nehmen. Man kann es auch andersherum sehen: Der Preis ist alles, was zählt. Inwieweit dieses Modell skalierbar ist, muss sich noch zeigen, allerdings ist diese Art von Direktgeschäft mit chinesischen Herstellern aus unserer Sicht erst der Anfang. Amazon und Co. dürften bald ähnliche Angebote im Programm haben. Denn für Käufer sinkt so die Hemmschwelle, im fernen Ausland zu bestellen. Beeindruckend!

3.46 Xiaomi – Chinas Hardware- und Technologie-Powerhouse

Key Facts:
Name: Xiaomi Inc.
Firmensitz: Beijing, China
Mitarbeiter weltweit: 8000
Umsatz weltweit 2015: 20,5 Mrd. USD (geschätzt)[319]
Gründungsjahr: 2010
Ursprung: Hardware-/Softwarehersteller

Xiaomi ist der größte asiatische Hersteller von Smart Devices und expandiert zunehmend in den Internet-of-Things-Bereich, in dem die Smartphones des chinesischen Herstellers als zentrales Steuerungsgerät für andere Smart Devices dienen sollen.[320] Dabei verspricht sich Xiaomi die Marktopportunität, die überwiegend junge chinesische Bevölkerung, ebenfalls Hauptabnehmer seiner Smartphones, dazu zu animieren, ihre Apartments oder ersten Häuser direkt mit passenden digitalen Geräten von Xiaomi auszustatten. Im Ökosystem rund um seine Smartphones gibt es eine eigene Android-Abspaltung mit hauseigenem App-Store. Der Vertrieb der Geräte passiert ausschließlich über die Marke selbst, hauptsächlich über den Online-Shop des Herstellers sowie eine kleine Anzahl von Stationärgeschäften. 2015 verkaufte die Firma etwa 70 Millionen Smartphones weltweit.[321] Dabei konzentriert sich der Vertrieb auf China, Indien, Brasilien und andere Entwicklungsländer.[322] Besonders im Fokus steht Indien aufgrund seines rasanten Wirtschaftswachstums. Der Umsatz, der zum größten Teil durch den Verkauf von Smartphones, Tablets und Wearables generiert wird, betrug 2015 schätzungsweise 20,5 Milliarden US-Dollar.[323]

Handelspositionierung

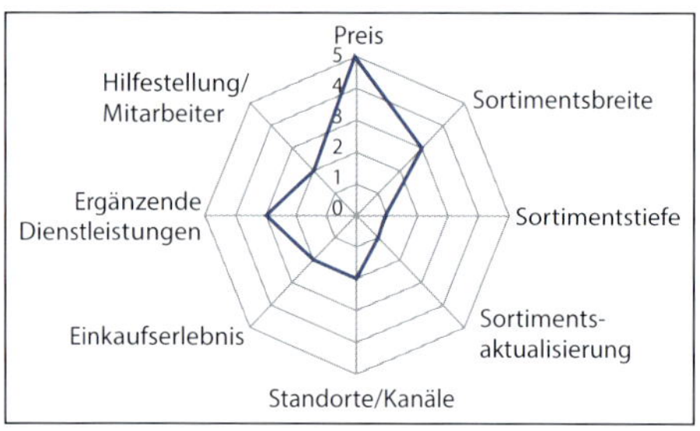

Xiaomis Positionierung stützt sich vor allem auf die geringen Preise für hochwertige Smartphones und andere Smart Devices wie beispielsweise die hauseigenen Fitnesstracker. Die Smartphones kosten zwischen 100 und 300 US-Dollar. Die Sortimentsbreite wird außerdem durch ein eigenes Android-Betriebssystem, den App-Store und Internet-Services im Bereich Payments und Gaming erweitert. Kanalseitig ist die Positionierung klar durch den Online-Direktvertrieb geprägt.

319 www.forbes.com (abgerufen Dezember 2016)
320 www.stratechery.com (abgerufen Dezember 2016)
321 www.fortune.com (abgerufen Dezember 2016)
322 www.businessinsider.de (abgerufen Dezember 2016)
323 www.forbes.com (abgerufen Dezember 2016)

<table>
<tr><th colspan="6">Business Model Canvas</th></tr>
<tr><td rowspan="2">Partner
Foxconn, Hersteller und Marken</td><td>Aktivitäten
Herstellung, Softwareentwicklung</td><td rowspan="2" colspan="2">Value Proposition
hohe Produktqualität mit hohem Nutzen und niedrigen Kosten</td><td>Kundenbeziehung
Fankultur, Selfservice neben ein paar wenigen Läden</td><td rowspan="2">Kundensegment
junge Chinesen (Connected Spenders)</td></tr>
<tr><td>Ressourcen
Marke, Daten, Software (Android-Fork), App-Store</td><td>Kanäle
online, offline nur für Abholung oder Zubehör</td></tr>
<tr><td colspan="3">Kostenstruktur
Forschung und Entwicklung, Produktion</td><td colspan="3">Einnahmequellen
Verkäufe von Hardware, Software und Services</td></tr>
</table>

Bewertung und Perspektive aus Sicht der Autoren

Auf den ersten Blick erscheint uns Xiaomi als hoffnungsvoller neuer Gatekeeper in der Welt von Alibaba, Amazon und Co. Insbesondere die Top-Positionierung bei der Bewertung nicht öffentlich gelisteter Unternehmen bringt Xiaomi immer wieder zurück in den Beobachtungsfokus. Uns fehlt bei dem Geschäftsmodell allerdings der echte Lock-in-Effekt. Das Wachstumsmomentum in China schwächelt, die Konkurrenten Huawei und One Plus wachsen stärker und die Geräte selbst sind nicht innovativ genug, um analog zu Apple von 2007 bis heute ein eigenes geschlossenes Ökosystem zu rechtfertigen. Trotzdem glauben wir, ähnlich wie die Investoren, dass es Xiaomi gelingt, neue Services auf Basis der bestehenden Plattform zu entwickeln, die Zusatzgeschäft bedeuten.

3.47 Zalando – Online-Händler oder Technologieunternehmen?

Key Facts

Name: Zalando SE
Firmensitz: Berlin, Deutschland
Mitarbeiter weltweit: 9.987[324]
Umsatz weltweit 2015: 3 Mrd. EUR
Gründungsjahr: 2008
Ursprung: Online-Pure-Player

Bis vor Kurzem war Zalando „einfach nur“ ein deutscher Modehändler mit beeindruckenden Umsatzergebnissen, 1.500 Markenpartnerschaften und einem der erfolgreichsten Börsengänge der europäischen E-Commerce-Geschichte. Heute präsentiert sich Zalando ambitionierter denn je als Fashion-Plattform mit dem Ziel, ein Ökosystem rund um die komplette Wertschöpfungskette des E-Commerce zu etablieren. So soll eine vielseitige Plattform entstehen, auf der Marken ihre zugeschnittenen Shops haben, mit relevanten Daten versorgt werden und Advertising-Services nutzen können. Die Lieferung mit Same-Day-Delivery-Option soll zukünftig ebenfalls durch Zalando geschehen („Fulfilment by Zalando“).[325] Gleichzeitig werden im mobilen Bereich durch Apps wie Fleek und Movmnt Konzepte unabhängig von der Zalando Marke geschaffen, die zum Beispiel die direkte Lieferung vom Hersteller anbieten.[326] Trotz intensiver Investments in den Ausbau der Technologie konnte der EBIT, welcher 2014 erstmalig positiv war, 2015 auf 107,5 Millionen Euro gesteigert werden bei einer EBIT-Marge von 3,6 Prozent. Neben der Region DACH ist Zalando in 13 weiteren europäischen Ländern vertreten und verzeichnete dort letztes Jahr ein Umsatzwachstum auf rund 1,2 Milliarden Euro mit einem Gesamtumsatz knapp unter 3 Milliarden Euro.[327]

Handelspositionierung

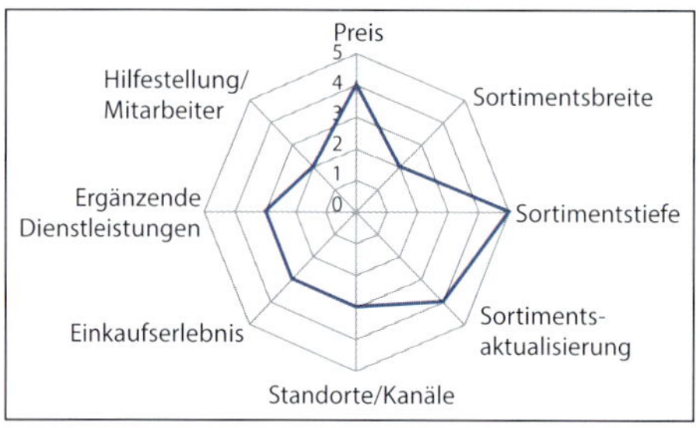

Zalando hat lange Zeit massiv in Marketing investiert und sich eine starke Händlermarke aufgebaut. Dabei positioniert sich Zalando über die große Sortimentstiefe in den Bereichen Schuhe und Mode, ergänzende Dienstleistungen (kostenloser Versand und Rückversand, 100 Tage Rückgaberecht, Curated Shopping) und oftmals preisliche Vorteile gegenüber Konkurrenten wie Otto.

324 www.corporate.zalando.de (abgerufen Dezember 2016)
325 www.excitingcommerce.de (abgerufen Dezember 2016)
326 Strategie der App „Movmnt“.
327 www.excitingcommerce.de (abgerufen Dezember 2016)

Business Model Canvas				
Partner 1.500 Markenhersteller, Affiliates, Logistik, Investoren	**Aktivitäten** Analytics, CRM, Sortimentsaktualisierung **Ressourcen** Daten, interne Experten	**Value Proposition** große Auswahl, bequemes Bestellen und Rücksenden, gute Preise	**Kundenbeziehung** Selfservice **Kanäle** online, mobile	**Kundensegment** Massenmarkt, vor allem Frauen
Kostenstruktur Marketing, Technologie, Service (vor allem Logistik bei 50 Prozent Retourenquote)		**Einnahmequellen** transaktionsabhängige direkte Erlöse, zukünftig auch Verkäuferservices und Provisionseinnahmen über den Marktplatz		

Bewertung und Perspektive aus Sicht der Autoren

Zalando hat uns überrascht. Nach einem furiosen Start in den Jahren 2009 und 2010 wurde in den letzten Jahren sehr viel Zeit damit verbracht, das Unternehmen zu professionalisieren. Heute ist Zalando mit seinen Größenstrukturen auf einem Niveau angekommen, das es zu einem der Top-Unternehmen des E-Commerce in Deutschland und gegebenenfalls sogar in Europa macht. Der Börsengang hat sehr, sehr viel Kapital ins Unternehmen gespült. Zalando wird das sicherlich einzusetzen wissen, um seine Strukturen noch effizienter zu gestalten und insbesondere Kosteneinsparungspotenziale zu heben. Wir schätzen also, dass die Gewinnerwartungen, die an der Börse geschürt wurden, sicherlich zu halten sind. Mit Spannung werden wir beobachten, ob die relativ teuren Werbemaßnahmen, die sechs bis zwölf Monate vor dem Börsengang deutlich zurückgefahren wurden, in den nächsten Jahren wieder aufgenommen werden. Dann könnten wir den 2009 bis 2011 erlebten „Zalando-Effekt" noch einmal beobachten. Besonders interessant war auch der Curated-Shopping-Ableger, der Ende 2014 startete. Es bleibt spannend zu sehen, ob Zalando es schaffen kann, relevante – das heißt umsatzbringende – Innovationen im Markt zu etablieren, jetzt, wo man auf Quartalsbasis planen muss. Der Schritt von Zalando, mehr und mehr Technologieunternehmen zu werden, wurde im Jahr 2013 eingeläutet. So konsequent wie Zalando geht bisher kaum ein Unternehmen diesen Weg, insbesondere durch technologiegetriebene Zukäufe wie jener des Plattform-Technologieunternehmens Tradebyte im Frühjahr 2016. Weiter so!

3.48 Zappos – Amazon träumt von Schuhen und Mode

Key Facts:
Name: Zappos.com , Inc.
Firmensitz: Las Vegas, USA
Mitarbeiter weltweit: 1.600[328]
Umsatz weltweit 2015: n. a.
Gründungsjahr: 1999
Ursprung: Online-Pure-Player

Zappos ist einer der weltweit größten Online-Schuhverkäufer mit einem Sortiment von über 59.000 Schuhen[329] sowie Mode, Schmuck, Taschen und Accessoires. Das 1999 gegründete Unternehmen hat schon früh und sehr erfolgreich dem Stationärhandel Kunden und Umsatz streitig gemacht und den E-Commerce in der schwierigen und damals noch stark umstrittenen Produktkategorie Schuhe stark vorangetrieben. Besonders erfolgreich hat sich Zappos bis heute über seine Unternehmenskultur, eine starke Servicefokussierung sowie wirksame Social Media und PR vom Wettbewerb abgehoben. So ist die Unternehmensstruktur heute als Holacracy in einem Unternehmen dieser Größe einzigartig.[330] Ein Drittel aller Mitarbeiter ist im Service tätig, und jeder Mitarbeiter, egal welche Position er im Unternehmen innehat, wird regelmäßig im Service eingesetzt, um die Kundennähe nicht zu verlieren. 2009 wurde Zappos von Amazon für 1,2 Milliarden US-Dollar übernommen[331] und macht heute nach Expertenschätzungen über 2 Milliarden US-Dollar Umsatz.[332] Seit der Einstellung des Vertriebs im kanadischen Markt verkauft Zappos ausschließlich seine Produkte in den USA.[333]

Handelspositionierung

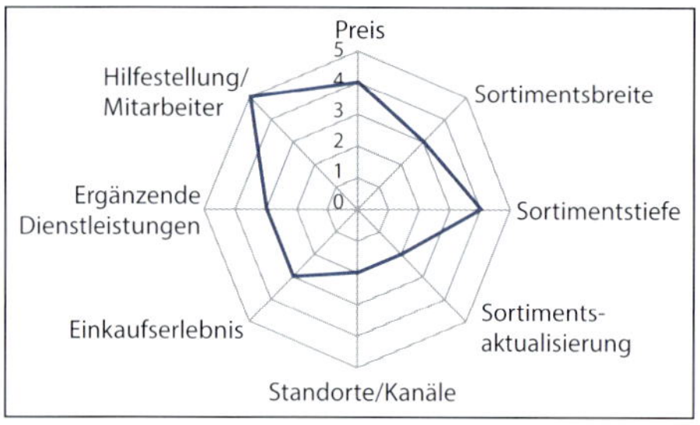

Zappos hat sich sehr stark auf den Kundenservice fokussiert und sich durch außergewöhnliche Strategien einen Namen gemacht. So haben Mitarbeiter des Callcenters so viel Zeit je Kunde, wie sie für richtig halten. Medienwirksam inszeniert wurde zum Beispiel ein stundenlanges Kundengespräch.[334] Außerdem positioniert sich Zappos über ein breites und tiefes Sortiment sowie wettbewerbsfähige Preise.

328 www.businessinsider.de (abgerufen Dezember 2016)
329 www.zappos.com (abgerufen Dezember 2016)
330 www.forbes.com (abgerufen Dezember 2016)
331 www.zappos.com (abgerufen Dezember 2016)
332 www.forbes.com (abgerufen Dezember 2016)
333 www.zappos.com (abgerufen Dezember 2016)
334 www.zappos.com (abgerufen Dezember 2016)

Business Model Canvas				
Partner Amazon, Marken, Ad-Netzwerke	**Aktivitäten** Sourcing, Marketing, Service **Ressourcen** Amazon, Kundenbeziehungen, Brand	**Value Proposition** besonders große Auswahl an Schuhen und Mode online zu guten Preisen mit hervorragendem Service	**Kundenbeziehung** Selfservice mit sehr gutem Kundenservice **Kanäle** online, mobile	**Kundensegment** Massenmarkt
Kostenstruktur Umsatzkosten, Marketing, Technologie		**Einnahmequellen** transaktionsabhängige direkte Erlöse		

Bewertung und Perspektive aus Sicht der Autoren

Wir müssen hier mit großer Trauer feststellen, dass all der Esprit, den Zappos vor der Übernahme durch Amazon versprüht hat, vergangen ist. Es war ein vielversprechendes technisches und soziales Experiment, heute ist es nur noch ein langweiliger Shop ohne erkennbare Strategie.

3.49 Zooplus – erfolgreicher Nischenshop mit weiterem Wachstumspotenzial

Key Facts
Name: zooplus AG
Firmensitz: München, Deutschland
Mitarbeiter weltweit: 267[335]
Umsatz weltweit 2015: 742 Mio. EUR[336]
Gründungsjahr: 1999
Ursprung: Online-Pure-Player

Der Händler für Heimtierprodukte weist seit Jahren ein starkes Umsatzwachstum auf[337] und wuchs im Geschäftsjahr 2015 um beeindruckende 30 Prozent auf einen Gesamtumsatz von 742 Millionen Euro.[338] Mit seinen 8.000 Produkten ist Zooplus in über 30 verschiedenen Ländern in Europa aktiv, und bei 25 Milliarden Euro Marktvolumen für Heimtierbedarf scheint kein Ende des zweistelligen Wachstums in Sicht.[339] Grund dafür scheint vor allem auch eine effektive Bestandskundenbindung zu sein,[340] die über regelmäßige Bestellungen von Verbrauchsgütern erreicht wird. Ganz nach dem Amazon-Prinzip gibt Zooplus interne Kostensenkungen und durch das starke Wachstum bedingte Skaleneffekte über Preissenkungen direkt an den Kunden weiter und kann sich so langfristig vom Wettbewerb absetzen.[341] Die Strategie scheint aufzugehen: Zooplus wird häufig für die hohe Kundenzufriedenheit ausgezeichnet.[342]

Handelspositionierung

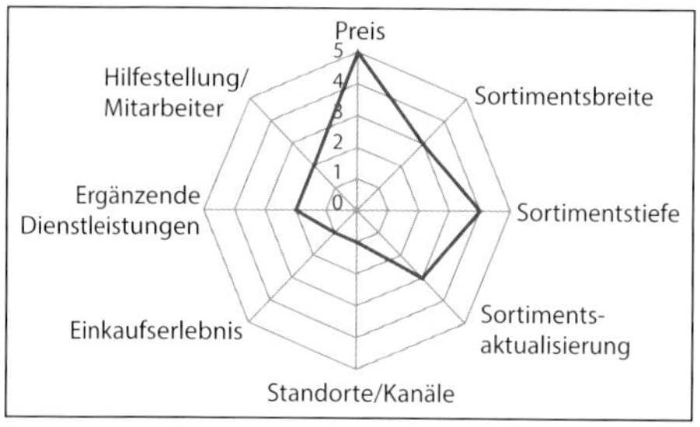

Zooplus konzentriert seine Strategie vor allem auf attraktive Preise und Sortimentstiefe. Je weiter Zooplus wächst, desto bessere Preise können an die Kunden weitergegeben werden – eine Strategie, die Zooplus bislang erfolgreich betreibt. Der größte Fachhändler für Tierbedarf in Europa bietet seinen Kunden über 8.000 Produkte. Außerdem versucht sich Zooplus im Bereich Content-Marketing abzuheben und führt einen Blog sowie ein stark frequentiertes Forum rund ums Thema Haustiere.

335 www.investors.zooplus.com (abgerufen Dezember 2016)
336 www.investors.zooplus.com (abgerufen Dezember 2016)
337 www.de.statista.com (abgerufen Dezember 2016)
338 www.investors.zooplus.com (abgerufen Dezember 2016)
339 www.investors.zooplus.com (abgerufen Dezember 2016)
340 www.internetretailer.com (abgerufen Dezember 2016)
341 www.finanzen.net (abgerufen Dezember 2016)
342 www.haufe.de (abgerufen Dezember 2016)

Business Model Canvas				
Partner Hersteller, Online-Werbeplattformen	**Aktivitäten** Logistik, CRM, Plattform **Ressourcen** Marke, Online-Kompetenz	**Value Proposition** Auswahl, Preise, Service	**Kundenbeziehung** Selfservice **Kanäle** online, mobile	**Kundensegment** Tierbesitzer
Kostenstruktur Logistik, IT, Personal[343]		**Einnahmequellen** transaktionsabhängige direkte Erlöse		

Bewertung und Perspektive aus Sicht der Autoren

Zooplus ist eines der beeindruckendsten Beispiele aus dem Pure-Player-Sektor. Die Idee und das Geschäftsmodell, Tierfutter und Tierbedarf online anzubieten, kommen aus dem Jahre 1999, einer Zeit, als die meisten der heute größeren Pure-Player entstanden oder vorangetrieben worden sind. Aus unserer Sicht ist die preisaggressive Positionierung von Zooplus ein schwieriges Merkmal, was insbesondere vor dem Hintergrund des Einstiegs von Amazon in den Tierfuttermarkt in Zukunft kaum zu halten sein dürfte. Wir erwarten jedoch von Zooplus aufgrund seiner Größe und aufgrund der relativ klaren Shareholder-Struktur nicht nur spannende Impulse im Tierfuttermarkt in den nächsten Jahren, sondern auch entsprechende Konsolidierungsbemühungen, weil viele Anbieter in diesem Markt für strategische Partnerschaften durchaus offen sein dürften.

343 www.investors.zooplus.com (abgerufen Dezember 2016)

3.50 Zulily (QVC) – ein weiterer Flash-Sales-Verlierer

Key Facts

Name: zulily, inc.
Firmensitz: Seattle, USA
Mitarbeiter weltweit: 3.000
Umsatz weltweit 2015: 1,4 Mrd. USD
Gründungsjahr: 2010
Ursprung: Online-Pure-Player

Zulily ist ein Flash-Sale-Retailer, der mit einem Sortiment für Familien in den Kategorien Kleidung, Schuhe, Hausdekoration und Spielwaren vor allem junge Mütter anspricht.[344] Angebote stehen bei dem Pure-Player jeweils bis zu 72 Stunden zur Verfügung. Erst anschließend kauft Zulily die Ware von den Lieferanten und verschickt diese an ihre Kunden weltweit in über 100 Länder.[345] Diese Besonderheit des Geschäftsmodells hat es Zulily lange erlaubt, besonders gute Angebote profitabel anbieten zu können, doch das Modell bedingt ebenfalls lange Lieferzeiten von durchschnittlich 14 bis 18 Tagen.[346] Mit zunehmender Konkurrenz sieht Zulily hier eine deutliche Wachstumsbremse, da viele Kunden verloren werden und nicht genügend Neukunden zu anständigen Akquisitionskosten gewonnen werden können. So will der Seattler Pure-Player nun auf eigene Logistik und Inventar setzen, um die Lieferzeiten deutlich senken zu können. Das 72-prozentige Umsatzwachstum von 2014 konnte 2015 nicht gehalten werden und sank auf 17 Prozent. Das seit 2013 notierte Börsenunternehmen wurde im Oktober 2015 vom Teleshopping-Unternehmen QVC für 2,4 Milliarden US-Dollar übernommen.[347]

Handelspositionierung

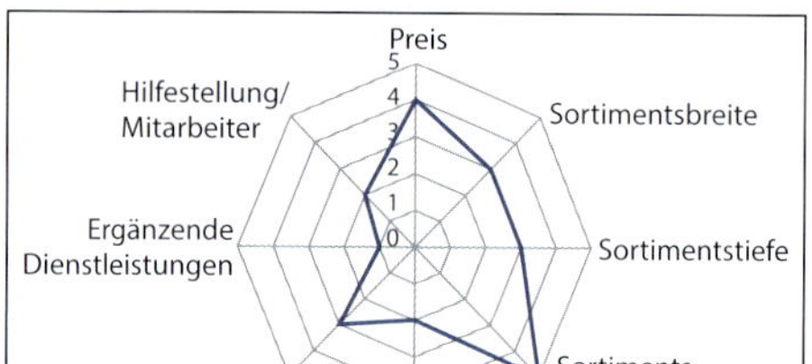

Zulily ist als Flash-Sales-Modell vor allem über günstige Preise und eine hoch frequentierte Sortimentsaktualisierung positioniert. Neue Angebote gibt es täglich, und diese sind jeweils maximal 72 Stunden aktuell, was den Kundinnen eine Dringlichkeit vermittelt und erfolgreich als Conversion-Treiber genutzt wird. Das Einkaufserlebnis ist auf Neugier ausgelegt, wobei der Service zu wünschen übrig lässt; es wird kein Rückversand der Ware angeboten, nur bei Beschädigungen gibt es Ersatz.

344 www.mcdn.zulilyinc.com (abgerufen Dezember 2016)
345 www.zulily.com (abgerufen Dezember 2016)
346 www.wsj.com (abgerufen Dezember 2016)
347 www.excitingcommerce.de (abgerufen Dezember 2016)

Business Model Canvas				
Partner Marken, Hersteller, Advertiser Netzwerke, QVC	**Aktivitäten** Sourcing, Kundenbeziehungsmanagement **Ressourcen** Kundenstamm	**Value Proposition** stets neue Angebote für junge Mütter zu stark reduzierten Preisen	**Kundenbeziehung** Selfservice **Kanäle** online, mobile	**Kundensegment** junge Mütter, Familien
Kostenstruktur Marketing, Technologie- und Infrastrukturausbau		**Einnahmequellen** transaktionsabhängige direkte Erlöse		

Bewertung und Perspektive aus Sicht der Autoren

An dieser Stelle verweisen wir auf die Bewertungen der anderen Shopping-Clubs in diesem Buch. Zulily ist klar einer der Verlierer dieser Nische, weil sie nie einen Weg gefunden haben, die Kunden organisch an sich zu binden. Schade!

4 Strategie im E-Commerce

4.1 Die Plattformökonomie

Google ist eine Suchmaschine. Apple stellt Handys her. Facebook betreibt ein soziales Netzwerk. Und Amazon verkauft Produkte. So weit richtig? Selbstverständlich. Allerdings bleibt auch bei einer korrekten Beantwortung eine falsche Frage falsch. Denn obwohl diese Aktivitäten doch den Ursprung der Unternehmen in ihrer jetzigen Form bilden, sind sie nicht mehr die einzigen – und längst nicht mehr die wichtigsten.

Wir könnten an dieser Stelle zu einer mehrere Seiten langen Auflistung der Geschäftsbereiche jedes der vier genannten Konzerne ansetzen. Allein für die Aktivitäten Amazons brauchten wir aber ein Mini-Kapitel. Und vielmehr liegt die Krux woanders. Die ist nämlich in sechs Wörtern auszuformulieren: Sie kontrollieren den Zugang zum Kunden. Die Schwierigkeiten, Google, Apple, Facebook und Amazon (kurz: GAFA) zu erfassen und auf sie angemessen zu reagieren, rühren daher, dass sie immer noch primär als Dienstleister, Hersteller und Einzelhändler aufgefasst werden – und nicht als die Makler, zu denen sie in Wirklichkeit geworden sind.

Dabei spaltet der Versuch, GAFA-Geschäftsmodelle und ihre Auswirkungen auf die Wirtschaft zu begreifen, die meisten Beobachter in zwei Lager. Während die einen die klassischen betriebswirtschaftlichen Werte bemühen – vor allem: die Rendite und deren Missachtung bei GAFA-Unternehmen –, erklären die anderen die alten Regeln zu Makulatur und sehen GAFA in einer durch nichts zu unterbrechenden Wachstumsspirale, bei der die dünnen Margen nur vom Wesentlichen ablenken. Wer versucht, zwischen diesen beiden Extremen eine Synthese herauszuarbeiten, ist zum Scheitern verurteilt. Insofern erinnert diese Debatte aus der Betriebswirtschaftslehre an den nie enden wollenden, zwischen Keynesianern und Ökonomen klassischer Prägung tobenden Streit aus der benachbarten Disziplin der Volkswirtschaftslehre. Während Letztere an dem Say'schen Theorem festhalten, wonach

	Google	Apple	Facebook	Amazon
Telekommunikation & IT	Fiber	Apple Sim	WhatsApp	Cloud Drive
Gesundheit	Calico	HealthKit	Move	Marketplace
Handel	Shopping Express	iBeacon	Facebook „Buy" Button	Grocery Delivery
Energie & Utilities	Smart Home	Solar Power	Internet.org Project	Fulfillment by Amazon
Medien & Entertainment	Play	iTunes Radio	Oculus	Gamers Video Platform
Finanzen	Wallet	Apple Play	Friend-to-Friend Payment	Payments API
Mobilität, Reisen & Freizeit	Mobilität, Reisen & Freizeit Car	CarPlay	Messenger + Uber Integration	Media App for Connected Cars

Abbildung 4.1: Verschiedene Industrietätigkeiten von Google, Apple, Facebook und Amazon
Quelle: http://zurumnewsdigest.blogspot.de/2015/07/disruptive-innovation-gafanomics-and.html

Angebot automatisch Nachfrage schafft, und daher für das Laissez-faire eintreten, schreiben Erstere dem Staat eine Schlüsselrolle in der Regulierung des Marktes zu, um Angebot und Nachfrage zu verwalten.

Obwohl sie unversöhnlich gegensätzliche Schlüsse aus denselben Sachverhalten ziehen, sind sich klassische Volkswirte und Keynes-Anhänger mitnichten in allen Punkten uneins. Im Gegenteil, teilen sie doch eine gemeinsame Auslegung vieler der wirtschaftlichen Ursache-Wirkungs-Mechanismen. Dennoch fußen ihre Modelle auf komplett entgegengesetzten Prämissen und ergeben daher sich widersprechende Handlungsempfehlungen. Aus diesem Grunde kann es nie zu einer Verständigung zwischen den zwei Lagern kommen: Greift eine regelnde Instanz – insbesondere eine Notenbank – in das Marktgeschehen ein, so sind die beschlossenen Maßnahmen nie sowohl klassische als auch Keynes'sche, was in wirtschaftlichen Krisenzeiten immer wieder klar wird.

Ein ähnlich schwer zu übersehender Riss tritt immer dann zutage, wenn sich Betriebswirte mit Amazons himmelhohen Wachstumsraten und unterirdisch niedrigen Renditen befassen: Auf der einen Seite befinden sich die „Traditionalisten", auf der anderen die „Evangelisten".

Der einen Renditeflaute ist der anderen Zukunftsinvestition. Während manch ein Traditionalist im Umkehrschluss in Amazon eine Art glorifiziertes Schneeballsystem auszumachen glaubt, empfiehlt es der Evangelist folgerichtig als letztendlich einziges Wertpapier, das sich in zehn Jahren noch lohnen wird. Wir sind genauso wenig im Stande, endgültig darüber zu urteilen, wer bezüglich GAFA Recht behalten wird, wie wir es vermögen, einen seit 200 Jahren währenden Streit mittels einer allen bekömmlichen Synthese von Keynes und Hayek beizulegen. Vielleicht handelt es sich bei GAFA tatsächlich um ein Kartenhaus, das irgendwann einmal in sich zusammenfällt, wenn die Investoren merken, wie hoffnungslos die Aussicht auf Rendite doch ist und immer war. Aber ebenso gut könnten diese Unternehmen es schaffen, ihre Wachstumsraten stetig weiter anzukurbeln, bis alle anderen Anlagemöglichkeiten auf der Müllhalde der Wirtschaftsgeschichte gelandet sind. Wer kann es wissen? Was wir allerdings mit Sicherheit sagen können: Diese Debatte zwischen Rendite-Nörglern und Wachstums-Befürwortern wird weitergehen, und zwar ohne Lösung. Ganz einfach, weil hier zwei fundamental verschiedene Modellwelten im Spiel sind.

Ab wann ist ein Unternehmen eine Plattform?

Im Versuch, das Phänomen GAFA zu begreifen, ist es ratsamer, diese polarisierende Debatte hinter sich zu lassen, um über Unternehmen wie Google, Apple und Co. außerhalb der üblichen betriebswirtschaftlichen Rahmen nachzudenken. Wie wäre es zum Beispiel, wenn wir damit experimentierten, GAFA-Unternehmen als Wirtschaftsinstitutionen statt als Marktteilnehmer anzusehen? So könnte man die GAFA-Ökonomie durchaus mit den Finanzmärkten vergleichen: Hier reguliert eine kleine Anzahl an Banken weltweit den zentralen Wert: nämlich Geld. In der GAFA-Ökonomie ist diese Währung der Kundenzugang. Wer jetzt von diesem Modell ausgeht, erkennt sofort, dass es für Unternehmen viel mehr Sinn ergibt, sich innerhalb dieses Systems eine Nische zu suchen, als dagegen konkurrieren zu wollen. In einem Wort: Es ist lohnender, Goldman Sachs zu sein, als – sagen wir mal – die argentinische oder venezolanische Regierung. Wer den E-Commerce aus dieser GAFA-als-Institution-Perspektive heraus betrachtet, sieht, wie interessant Curated-Shopping-Angebote oder Whatsapp-Commerce-Ansätze sein können, während Unternehmen, die gegen GAFA in ihren angestammten Disziplinen antreten, davon zermürbt werden.

Was sich schnell wie ein mitreißendes, aber zugleich etwas aus der Bahn geratenes Volkswirtschaftslehre-Seminar an der Uni anhört, klingt fachlich vertrauter, wenn man von „GAFA als Plattformen" spricht. Denn genau dieser Sachverhalt wird angesprochen, wenn es mal wieder irgendwo heißt:

„Amazon is a platform, not a business."

Plattformen nehmen auch Geld ein, nur nicht zu denselben Konditionen wie diejenigen, die die Plattform-Infrastruktur benutzen (siehe Börsenbetreiber). Darüber hinaus vertreibt dieser Wechsel der Perspektiven die apokalyptischen Sturmwolken, die schnell heraufziehen, wenn von GAFA als unanfechtbaren Monopolisten gesprochen wird, denen es nur darum geht, alle anderen Teilnehmer aus dem Markt zu jagen und uns alle zu versklaven. Schließlich sind auch Yahoo und Ebay Plattformen – Plattformen, die zur Jahrtausendwende unglaublich mächtig waren. Und bald könnten durchaus auch Uber, Alibaba und sogar Zalando den Sprung in die GAFA-Ränge schaffen (und dabei eine der jetzigen Initialen rauskegeln).

Nicht, dass diese Überlegung den Praktikern der Geschäftsmodelle, die in der Schusslinie stehen oder demnächst stehen werden, viel Trost spenden könnte. Ganz im Gegenteil: Tatsächlich raubt es ihnen die allerletzte Hoffnung. Denn selbst wenn einer der GAFA-Konzerne morgen plötzlich verschwände, bedeuten die strukturellen Veränderungen zugunsten des Plattform-Ansatzes, dass der Nächste in den leer gewordenen Raum vorpreschen wird. Hier wird der Wandel der New Economy gegenüber deutlich. In der ersten Internetwelle der 2000er waren viele Unternehmen hinter den kernigen Sprüchen und ungeachtet der Markterwartungen in der Tat doch relativ konservativ: Sie waren produktgetrieben und gaben Geld vorwiegend für Verbesserungen und Optimierungen, nicht für Sales-Teams aus. Ihr Angebot sollte stets besser sein als jenes der Mitbewerber. Die heutige Welle aus Silicon Valley ist anders – radikal anders – und versucht mit missionarischem Eifer so viel Marktfläche so schnell einzunehmen, wie sie es nur irgend können. Ob das Produkt wirklich marktreif ist (oder in manchen Fällen: ob es überhaupt ein Produkt gibt), ist dabei unwesentlich. Wozu versuchen, besser zu sein als der Mitbewerber, wenn man doch den Mitbewerber ganz ausschalten kann? Diese Unternehmen sehen das Rennen als Sprint, nicht als Marathon – sind sie sich doch darüber im Klaren, dass die GAFA-Ökonomie lediglich eine begrenzte Zahl an Plattformen zulässt. Von Uber aus gesehen könnte UGAFA funktionieren; und da zu viele Buchstaben den Brei verderben, gibt es da keinen Platz mehr für L wie Lyft. Zeitgleich strebt Whatsapp die Ergänzung von GAFA um sein W an – dem direkten Konkurrenten Viber ist klar, dass sein V dann nicht mehr aufgenommen werden kann. Dass Google sich in Alphabet umstrukturiert hat, zeigt, wie vollkommen das Unternehmen diesen Wandel begriffen hat: Sollte es eines Tages keinen Platz mehr für G wie Google geben, so kann der neustrukturierte Mischkonzern einfach weitere, für andere Plattformen in seinem Portfolio stehende Konzepte und damit Buchstaben abfeuern, bis einer sitzt.

GAFA: Jeder ist sich selbst der Nächste

Das Gesetz von GAFA ist: Dem Gewinner das Ganze, in jedem Bereich. Allerdings ist es nicht immer der frühe Vogel, der den Wurm fängt. Vielmehr hat derjenige Vogel Erfolg, der am aggressivsten ein Territorium absteckt, in dem er anschließend nach dem Wurm suchen kann. Aus dieser Einsicht stammt der immerwährende Hunger der jungen Nimmersatt-Start-ups. Hierher rührt ihre Bereitschaft, die Rendite erst einmal hinten anzustellen und ohne Rücksicht auf Verluste auf Größe zu gehen. Immer wieder scheint irgendwo die Morgenstund gerade Gold im Mund zu haben – und die Vogelscharen schwärmen rein. Derzeit lässt sich das Phänomen in Europa bei der Essenslieferung beobachten. Zwar ist das Konzept, Kunden Speisen aus ihren Lieblingsrestaurants nach Hause zu liefern, keineswegs neu: In New York gehört das seit den 1980ern zum Usus. Aber bis vor Kurzem war der Funke nicht auf Städte wie London, Paris oder Berlin übergesprungen. Allerdings schnellen auch auf dem alten Kontinent die Mietpreise in den Metropolen in die Höhe, während dafür die Größe der Küchen immer weiter abnimmt und die Arbeitszeiten länger werden. Auch auf dieser Seite des Atlantiks sind damit die Voraussetzungen gegeben – und nun haben die Vögel Foodora, Lieferando und Deliveroo alle einen Wurm gewittert. So stochern sie alle im Boden herum im vollen Wissen darüber, dass in ein paar Jahren wohl nur einer von ihnen noch da sein wird, um den Wurm zu fangen und zu fressen. So wird von Anfang an mit großen Geschossen gekämpft. Was dieser Krieg für die Margen der Restaurants bedeutet, wie er sich auf Supermärkte, Nahrungsmittelhersteller und – allen voran – bestehende Essenslieferdienste auswirken wird, steht dabei in den Sternen. Dass es hier aber keine Kollateralschäden geben wird, gilt als ausgeschlossen.

Wie sollen sich aber Restaurantbesitzer, Supermarktbosse und Nahrungsmittelkonzern-Manager darauf vorbereiten? Allgemeingültiger gefragt: Wie sollen sich auch Banken, Versicherer und Autohersteller auf die GAFA-Ökonomie gefasst machen? Eins steht fest: Einfache Antworten gibt es nicht. Es gibt nicht einmal schwierige Antworten. Mit einer Analyse der eigenen Aufstellung aus folgenden drei verschiedenen Perspektiven ist aber der erste Schritt getan:

1. Ergibt unser Geschäftsmodell in der GAFA-Welt noch Sinn?
2. Ab wann wird Risikomanagement selbst zu einem Risikofaktor?
3. Gibt es eine zu besetzende Nische in den GAFA-Strukturen?

Die Antworten auf diese Fragen werden anders ausfallen je nachdem, wo der Fragesteller in der Wertschöpfungskette angesiedelt ist. Das Geschäftsmodell eines Bauern hat grundsätzlich immer einen Sinn, da sich die Menschen ernähren müssen und irgendjemand dieses Essen auch anbauen muss. Produzenten von Edel-Fertiggerichten könnte es aber anders ergehen, wenn es sich Konsumenten angewöhnen, teures Restaurantessen nach Hause zu ordern. Dabei gibt es keine feststehenden Antworten, weil die Topografie von Bereichen, die noch nicht die „GAFA-Behandlung" über sich haben ergehen lassen, noch unklar ist. So könnte es sich langfristig als weniger profitabel als bislang erweisen, Autos zu bauen, wenn die wichtigste Komponente im Fahrzeug eine Eigensoftware von Google oder Uber wird. In welcher Industrie auch immer: Unternehmen mit Geschäftsmodellen, die anfangen zu wackeln, müssen entweder versuchen, selbst Plattformen ins Leben zu rufen (und so rücksichtslos wie die hungrigen Start-ups zu dem Zwecke investieren), oder sich Aktien in den sich herausbildenden Siegerunternehmen sichern.

Hört sich riskant an? Ist es auch. Aber Bemühungen, in klassischer Konzern-Manier Risiken zu „managen" – also: zu minimieren –, stellen in der Tat selbst ein Risiko dar. In der GAFA-Welt muss man es halten wie Mark Zuckerberg, der sagt:

> *„In a world that is changing really quickly, the only strategy that is guaranteed to fail is not taking risks."*

Unternehmen, deren Antwort auf die GAFA-Ökonomie sich darin erschöpft, „Innovationsarbeitsgruppen" zu errichten und diesen einzubläuen, sie müssten „disruptiver werden", während sie volle Gehälter kassieren (und dennoch von der Mittelausstattung her erst in der zweiten Anlage des Jahresberichts auftauchen), gehen keine Risiken ein. Oder genauer gesagt: Sie gehen ein einziges ein – das Risiko der eigenen kompletten Irrelevanz in der Zukunft.

Scheinbar haben kleinere Dienstleister wie Agenturen und Serviceanbieter den beneidenswerten Vorteil der Flexibilität. Können sie doch ihre Taue kappen, wenn der Tanker unterzugehen droht, und sich in Richtung stabilerer Anlegestellen aufmachen. Zumal viele Externe, die etablierte Großkonzerne beraten, mit der „Sicht von außen" kommen und faules, frommes Wunschdenken sofort erkennen. Allerdings bleiben viele Projekte zum Kentern verurteilt, da der Lotse den großen Pott nicht umsteuern kann, wenn er mit vollem Dampf auf einen Eisberg losfährt. So werden viele Agenturen in aussichtslose Initiativen – die sie teilweise stark kritisiert haben – hineingezwängt, weil der Kunde das eben so will und nur dafür bereit ist zu zahlen. Für kleinere Firmen wird es im GAFA-Zeitalter also darum gehen, den Mut zu eigenen Überzeugungen zu bewahren und den richtigen Moment zum Ablegen nicht zu verpassen, damit sie weder im Schlepptau mit hinuntergezogen werden noch allein auf hoher See bleiben.

In den folgenden Abschnitten gehen wir näher auf die strategischen Überlegungen in verschiedenen Fällen der „GAFAnomics" ein. Wir fangen mit der Entwicklung an, die am weitesten fortgeschritten ist: die Auswirkungen von **Amazon** auf den Einzelhandel bislang und das Potenzial des Konzerns, viele andere Bereiche durcheinanderzuwerfen. Dabei beleuchten wir, wie etablierte Einzelhändler den Wandel verpassten und die strategischen Lektionen allzu spät erst begriffen. Danach nehmen wir uns ein Segment des Einzelhandels vor, in dem der Umbruch gerade im vollen Gange ist: **Möbel**. Im Anschluss geht es um einen der vielen Märkte, in der – unserer Meinung nach – eine „GAFAlution" längst fällig ist: Die **Versicherungswirtschaft**. Wir schließen das Kapitel mit einer näheren Betrachtung des im E-Commerce-Krieg eingesetzten Arsenals: **Technologie**. Dabei stellen wir die Frage nach der strategischen Beschaffung von Technologie, um für die Veränderungen gewappnet zu sein, die bald über ganze Bereiche der Wirtschaft hinwegfegen werden.

4.2 Amazon = kaufen

Wie verändert Amazon den Markt?

23:59 Uhr am 24. Dezember 2015 unter dem Vordach eines Einfamilienhauses irgendwo in den Außenbezirken von San Antonio, Texas: Ein Paketbote überreicht einem angespannten Kunden die letzte Amazon-Prime-Now-Lieferung des Tages und schreibt so – wohl unwissentlich – an einem Stück Wirtschaftsgeschichte mit.

Dem Kunden muss der Bote sprichwörtlich wie der Weihnachtsmann vorkommen.

Dem Mythos getreu fährt er mitten in der Nacht zum *Christmas Day* mit Geschenken vor, die bei der in angelsächsischen Ländern traditionell am ersten Weihnachtstag abgehaltenen Bescherung eine ganze Familie beglücken. Nur sind seine acht Rentiere einem Kleinlaster gewichen und er nimmt sich keine Zeit, um an den Keksen zu knabbern, die seinetwegen obligatorisch von den Kindern des Hauses vor dem Schlafengehen ausgelegt wurden: Denn *Santa* hat endlich Feierabend.

Hinter ihm – und seinem Arbeitgeber – liegt einer der geschäftigsten Tage des Jahres: Am 24. Dezember 2015 verbucht Amazon Prime Now nämlich einen Umsatzrekord. Prime Now ist ein Weiterdreh des vor zehn Jahren eingeführten Konzeptes Prime, in dem Kunden eine Art Rundum-sorglos-Paket bei Amazon buchen: Gegen eine jährliche Gebühr erlässt Amazon seinen Kunden sämtliche Lieferkosten auf alle Artikel und sichert deren Auslieferung binnen weniger Tage zu. Ergänzend dazu gibt es einen Zugang zu Streaming-Inhalten über Amazon sowie weitere Vorteile. Prime Now ist der nächste Schritt: In 28 US-Metropolen und momentan zwei deutschen Städten dürfen Kunden nun mit einer Lieferung binnen nur zwei Stunden rechnen. Denn Amazon verfügt in Städten wie Berlin, New York, Chicago und eben San Antonio über innerstädtische Logistikflächen, die Tausende beliebte Produkte dort bereithalten, wo Millionen Menschen im Umkreis von zehn Kilometern wohnen und arbeiten. Damit geht der Traum von gestressten, um Geschenkideen verlegenen Ehemännern in Erfüllung, die sonst noch an Heiligabend losrennen und kurz vor Ladenschluss eines der eigens für diesen Fall angebotenen Blitzpräsente zu einem horrenden Preis kaufen müssten. Aber vielmehr stellt Prime Now die Wahrwerdung eines Traums von Amazon dar: Für Kunden dieses Programms gibt es nun überhaupt keinen Grund mehr, einen stationären Händler aufzusuchen. Dies spiegelt sich auch in den zahlreichen Patenten Amazons wider, die auf eine Verbesserung und insbesondere Beschleunigung der Logistikprozesse abzielen – von der Prognose zukünftig bestellter Artikel und Vorabverlagerung der Ware in den Logistikzentren[1] über den 3D-Druck von Produkten auf dem Lieferfahrzeug[2] bis hin zu den Luftschiff-Lagerhäusern, aus denen Drohnen die Belieferung auf der letzten Meile übernehmen.[3] Es bleibt abzuwarten, ob diese Konzepte und insbesondere die Luftschiffe nicht doch eher „Luftschlösser" darstellen – deutlich wird aber, dass Amazon stehts Innovationen vorantreibt, um Kundenbedürfnisse besser und schneller befriedigen zu können.

1 pdfpiw.uspto.gov
2 blogs.wsj.com
3 de.engadget.com

Eigentlich ist es erstaunlich, dass der Eigenname „Amazon“ noch kein Verb ergeben hat: Schließlich „googeln“ wir andauernd Sachen, während andere „tweeten“ und „instagrammen“, was das Zeug hält. Im Englischen gibt es noch dazu *to facebook* und *to snapchat*. Doch auch im englischen Sprachraum fehlt *to amazon* bislang. Mit der Ausdehnung von Prime Now auf weitere Ballungsgebiete dürfte ein Eigenverb allerdings nicht viel länger auf sich warten lassen: Die Kombination aus einer Bestellung durch das Smartphone mit einer fast unverzüglichen Auslieferung an Ort und Stelle schreit förmlich nach einer eigenen Kurzformulierung. Schließlich gelang genau dies dem Kurier FedEx in einem ähnlichen Kontext: „I'll fedex it to you“ ist nun eine geläufige Formulierung für „Ich lasse es dir per Kurierdienstleister schnellstmöglich zukommen“.

Ob es bald heißt „I'll prime it“, wenn es darum geht, etwas zu bestellen?

Ob im Deutschen das umständliche „auf Amazon bestellen“ dann dem schnellen „primen“ das Feld überlassen muss?

Denn eines steht fest: So langsam kommen gängige Formulierungen wie „Amazon ist für viele Kunden die erste Anlaufstelle“ im Einzelhandelsanalysten-Sprech an ihre Grenzen. Vielmehr ist für viele Kunden der Begriff „Amazon“ bereits heute fast gleichbedeutend mit „kaufen“. Schon jetzt fangen 30 Prozent aller Produktsuchen im Netz in der Amazon-Suchmaschine an. Was Google für die Wissenssuche bedeutet, wird Amazon für die Produktsuche sein. Ein erheblicher Anteil der Konsumenten denkt in vielen Produktkategorien also überhaupt nicht mehr daran, einen anderen Anbieter als Amazon aufzusuchen.

Warum sollten sie das auch? Kunden wollen am liebsten immer alles überall und sofort (siehe *2.1 Beschaffung*). Und mit jedem Monat kommt Amazon seinem Ziel näher, ihnen genau das anbieten zu können. Auf einer klassischen Matrix zur Handelspositionierung schiebt sich der Riese immer weiter an jeder Achse voran. Während andere Anbieter sich nur mit viel Mühe zwei oder drei Alleinstellungsmerkmale erarbeiten können, dehnt sich Amazon auf geradezu bahnbrechende Art in alle Richtungen aus. Preis, Sortimentsbreite, Sortimentstiefe, Aktualität, Einkaufserlebnis, ergänzende Dienstleistungen sowie Service und AGB: In jedem dieser Punkte setzte Amazon bereits vor Jahren Maßstäbe oder holte zu seinen Konkurrenten auf. Nun fällt die letzte Bastion des stationären Einzelhandels: die Standorte. Mit Prime Now ist Amazon in unter zwei Stunden zur Stelle. Und mit diesem Standortvorteil hat der Riese nicht nur den verbleibenden Stützpunkt der

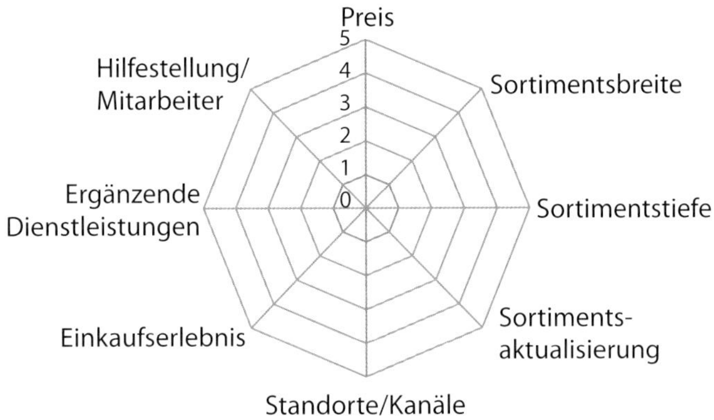

Abbildung 4.2: Matrix zur Handelspositionierung
Quelle: in Anlehnung an S. Finne und H. Sivonen, The Retail Value Chain, Kogan Page, 2009

Brick-and-Mortar-Händler eingenommen, sondern nun außerdem eine Festung unter seiner Kontrolle, die er ausbauen und gegen Mitwerber aus dem Online-Handel verteidigen kann. Wer als E-Commerce-Akteur das Zwei-Stunden-Ziel nicht einhalten oder unterbieten kann, wird über kurz oder lang in die Irrelevanz verbannt.

Mit seinem hervorragenden Kundenservice und seiner effektiven Suche A9, mit einer nie zuvor dagewesenen Sortimentsbreite und -tiefe sowie einer entsprechenden Aktualität, mit einer immer weiter anwachsenden Fülle von Extras wie Streaming-Diensten und nicht zuletzt mit Preisen, die nie nennenswert über anderen Angeboten liegen (und sehr oft gut darunter), stellt Amazon alle anderen Anbieter im Einzelhandel – ob Händler oder Hersteller – regelmäßig in den Schatten. Wenn Amazon nun an jedem Punkt der Handelspositionierung als Erster das wirkliche Maximum erreicht, dann heißt „kaufen" de facto nur noch „Amazon".

Insofern revolutioniert Amazon den Markt – und gestaltet ihn dadurch mit, dass das Unternehmen in allen Vergleichspunkten die Grenzen des Möglichen immer weiter hinausschiebt.

Der Riese trägt kein Gramm Fett.

Jeglicher Gewinn wird reinvestiert, um Prozesse effizienter zu machen und damit einen niedrigeren Preis zu immer vorteilhafteren Konditionen anbieten zu können – und um mit dem daraus resultierenden Gewinn dann neue Geschäftsfelder aufzubauen. Grob gesagt wurden so die Einnahmen aus dem originären Buchverkauf, mit dem Amazon 1994 anfing, ins Segment Musik investiert. Aus dem CD-Verkauf schöpfte der Konzern dann Mittel, um Webhosting-Kapazitäten aufzubauen und in neue Segmente wie Elektronik, Haushalt und Mode einzusteigen. Jetzt, da der Konzern damit gutes Geld verdient, wird massiv in Zukunftsfelder investiert: in stadtnahe und vollautomatisierte Lagerhallen, Streaming-Services für Medien, futuristische Auslieferungsmöglichkeiten wie Drohnen et cetera. Interessant dabei: Das Investitionsvolumen wächst schneller als je zuvor in der Geschichte des Unternehmens. Amazon könnte längst höchst profitabel sein – und schraubt gerne mal den Gewinn für ein Quartal hoch, um Zweiflern dies klarzumachen –, glaubt aber daran, dass jeder Dollar, der aus dem Unternehmen herausgenommen werden könnte, innerhalb des Unternehmens doch besser angelegt ist.

Es ist also nicht nur eine Aufwärts-, sondern auch eine Auswärtsspirale, durch die der Konzern immer größer, immer flächendeckender wird. Einst fürchtete nur der Buchhandel Amazon. Dann traf es die Musikhändler. Und dann die Elektronikfachhändler. Nun bedroht Amazon Verlage, Plattenlabels und Fernsehsender, da es Medienprodukte nicht nur verkauft, sondern auch selbst produziert.

Selbst andere agile Konkurrenten aus der Internetökonomie müssen sich in Acht nehmen.

Auf eigens für Online-Videodienste produzierte TV-Serien wie „Narcos“ von Netflix kommen jetzt Eigenproduktionen von Amazon wie „The Man in the High Castle“. Star-Autojournalist Jeremy Clarkson nahm der Konzern direkt nach seinem öffentlichkeitswirksamen Abgang bei der BBC unter Vertrag.

Nicht nur Medien, sondern auch Alltagsprodukte wie Akkus, Kaffeetassen und Rucksäcke werden von Amazon zu Billigstpreisen verkauft – und neuerdings auch produziert. In naher Zukunft wird der Konzern es ernsthaft mit den bislang unbescholtenen Industriezulieferern aufnehmen. Denkbar ist, dass dann sogar Weltkonzerne wie Autohersteller in Gefahr geraten. Kurzum: Indem Amazon seinen extrem effizienten Ansatz auf immer neue Segmente und Branchen ausdehnt und sich die Wertschöpfungskette vom Handel zur Herstellung hinauffrisst, schafft sich der Riese ein eigenes Ökosystem, in das immer mehr ehemals eigenständige Akteure hineingezogen werden.

Wen bedroht Amazon – und wie?

Das sind düstere Aussichten. Aber sie fallen für manch einen düsterer aus als für andere. Die größte und imminenteste Bedrohung gilt reinen Händlern, die mit standardmäßigen Verbraucherwaren Geld verdienen wollen – ob **stationäre Händler** oder **klassische Distanzanbieter**. Denn Amazon kann aufgrund seiner schieren Größe und Prozesseffizienz jeden Preiskampf gewinnen. Wer also Produkte verkauft, die ebenfalls bei Amazon zu haben sind und bei denen der Preis ein starkes Entscheidungskriterium ist, hat schlechte Karten.

Von Karstadt und Kaufhof über Media-Markt und Co. bis Bauhaus und Obi: Alle sehen sich durch Amazon maßgeblich unter erheblichen Zugzwang gesetzt.

Noch schlimmer erging es bereits Kataloghändlern wie Quelle und Neckermann: Diese konnten nicht einmal mit den (dank verbesserten Verbindungsgeschwindigkeiten und technischem Fortschritt immer schneller an Wert verlierenden) Argumenten ihrer Strategie „Ansehen und Anfühlen vor dem Kauf" punkten.

Auch für **andere Online-Händler** ist Amazon brandgefährlich. Ob Pure-Player wie Zalando oder erfolgreiche Quereinsteiger wie Otto: Auch hier gibt Amazon ebenfalls das Lauftempo vor, dem die anderen hinterherhecheln müssen – Preise, Retourenkonditionen, Kundenservice, Produktdarstellung. In allen wichtigen Punkten schreitet Amazon im Schweinsgalopp voran. Dass andere Online-Händler bislang trotzdem noch nennenswerte Umsatzzuwächse verbuchen, liegt eher daran, dass der Anteil der Online-Produkte im Handel insgesamt wächst. Der Umsatzanteil von Amazon wächst aber schneller. Andere Player können zwar Nischen besetzen – Otto beispielsweise stellt sich als eine für Kunden faire und freundliche Alternative zum gefräßigen Konzern dar, die auf soziale Verantwortung Wert legt; Zalando mit neuen Eigenmarken, die günstig und exklusiv sind –, aber in der Fläche gewinnt der türmende Riese.

Etwas besser kommen exklusive Händler weg – sowie die integrierten Hersteller-Händler-Ketten.

Letztere verkaufen schon immer eigene Produkte durch eigene Strukturen und behalten so die komplette Kontrolle über Ware und Vertrieb in der Hand. Wer beispielsweise Kleidung von H & M kaufen will, muss dies direkt bei H & M tun – ob

In-Store, im Netz oder sogar ganz altmodisch über den Katalog. Auch Ikea bleibt nach wie vor eine Marke, an die Konsumenten nur durch den unternehmenseigenen Vertrieb kommen. Die Rechnung geht aber auch nur so lange auf, wie diese Marken an und für sich eine Ausstrahlungskraft besitzen und Kunden nicht anfangen, gleichwertige Produkte ohne bekannten Namen über Amazon zu beziehen.

Am längsten Hebel sitzen **Hersteller**: Dem Hersteller ist es grundsätzlich egal, ob seine Ware im stationären Handel oder im Netz verkauft wird. Und solange sich Amazon mit der dünnen Marge zufriedengeben kann, die er nimmt, muss es einen Hersteller nicht einmal stören, wenn seine Produkte vom Konzern zu Kampfpreisen angeboten werden. Dann steigen eben die Verkaufszahlen. Der Hersteller bestimmt jedenfalls immer den Preis, zu dem er seine Ware verkauft – und verkauft durch Amazon mehr als je zuvor. Oder?

Hersteller und Amazon: Faust und Mephisto?

Ungeachtet – oder gerade wegen – der Aussichten auf Umsatz, die Amazon Herstellern eröffnet, ist der Konzern auch für jene nicht gänzlich ungefährlich. Das trojanische Pferd, der Rattenfänger von Hameln, Hänsel und Gretel oder eben Doktor Faustus: Die Evolution einer typischen Beziehung zwischen Herstellern und Amazon hat einen oft parabelhaften Charakter. Zuerst kommt der Konzern mit attraktiven Einkaufskonditionen, beschert dem Hersteller reichlich Umsatz und treibt ihm gar mit Aufwand Kunden zu – um dann später doch noch zuzuschlagen und seine Macht auszuspielen. Plötzlich merkt der Hersteller, dass er Amazon ausgeliefert ist, und muss sich schnell etwas einfallen lassen, wenn er seine Stadt retten/seine Kinder zurückholen/aus dem Ofen herauskommen will. Oder, um beim Faust zu bleiben: Amazon verleiht Herstellern die Kraft, um weiter wachsen zu können als in ihren kühnsten Träumen, verlangt aber dafür nichts Geringeres als deren Seele – sprich deren Produkte.

Doch wie sieht diese doch etwas mythologische Erzählung im Detail aus?

Umsatzrechnung: Verheißung

Hersteller, die über Amazon zu verkaufen anfangen, merken fast immer spürbare Umsatzzuwächse – was angesichts der Gesamtumsätze von Amazon kaum verwunderlich ist. Obwohl der Konzern mit konkreten Zahlen geizt und eine sehr eigenwillige Buchhaltung dafür benutzt, Genaueres über Umsatzquellen vor Kon-

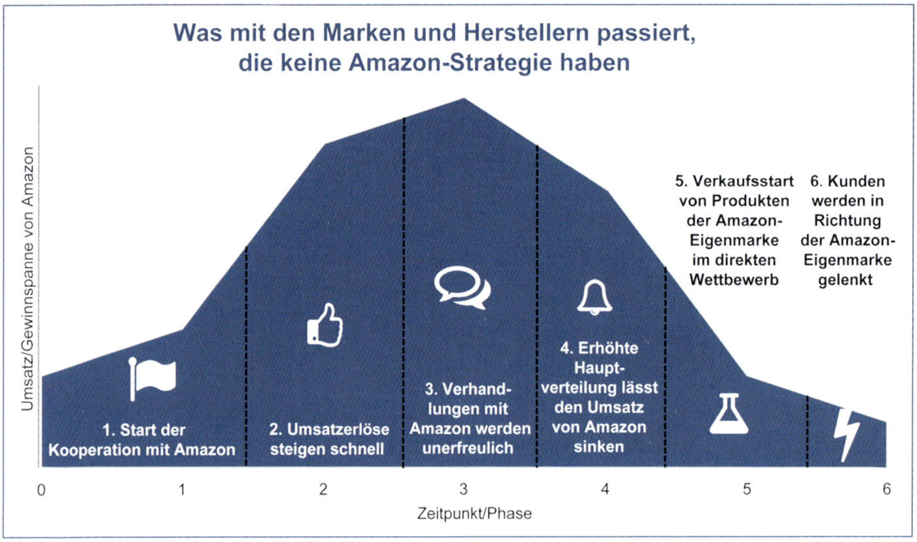

Abbildung 4.3: Warum jeder eine Amazon-Strategie benötigt
Quelle: The Global Marketplace Group GmbH

kurrenten (und mitunter auch dem Fiskus) zu schützen, lässt sich mit großer Sicherheit behaupten, dass rund 50 Prozent des deutschen E-Commerce bei Amazon stattfinden.

Darauf kommen alle, die in Detektivarbeit entweder die bekannten Umsätze hochrechnen oder Quervergleiche hinsichtlich der Paketsendungen innerhalb Deutschlands anstellen. Bei Ersterem stellt der Hybridaufbau von Amazon eine große Hürde dar, da der Konzern nicht nur als Händler Produkte einkauft und direkt an Kunden weiterverkauft, sondern auch als Ebay-artiger Marktplatzbetreiber es anderen Händlern gegen Geld ermöglicht, ihre Produkte über sein Portal zu verkaufen. Der Umsatz, den Amazon für Deutschland ausweist, besteht aber lediglich aus eigenen Verkäufen (Amazon als Händler) sowie aus den von Dritthändlern eingezogenen Provisionen (Amazon als Markplatzbetreiber) – nicht gesondert aufgeführt. So müssen Schätzungen herangezogen werden, wie hoch die durchschnittliche Provision für Drittverkäufer ist, die bei Amazon je nach Kategorie und Menge variiert, und wie hoch schließlich der Anteil der Marketplace-Umsätze insgesamt ausfällt.

In Sachen Provision gehen geschulte Beobachter von einem Schnitt um die 15 Prozent aus. Dies ergibt sich aus Gesprächen mit einem Querschnitt von Drittanbietern. Bei der Gesamthöhe der Marketplace-Umsätze müssen aber alle zugeben, dass sich verlässliche Zahlen nicht erfragen lassen, denn fast alle Informationsquellen sitzen innerhalb des Konzerns. Grob geschätzt aber liegt der Marketplace-Anteil zwischen einem unteren Wert von 30 und einer Obergrenze von 60 Prozent.

Hinzu kommt die Verzögerung in der Herausgabe der Zahlen: Wie stark wird Amazon wohl über das Jahr 2015 gewachsen sein? Entsprechend muss der Gesamtumsatz von Amazon über alle Verkäufe hinweg geschätzt werden. Für 2015 kommen wir unter Berücksichtigung all dieser Faktoren auf einen Minimalwert von 15 Milliarden und einen Maximalwert von 30 Milliarden Euro Gesamtumsatz. Präziser: Bei einem angenommenen Wachstum von 20 Prozent, ausgehend von 15 Prozent durchschnittlicher Provision sowie einem Marketplace-Anteil von 40 Prozent, liegt unser Best Guess bei knappen 20 Milliarden Euro Umsatz für 2015.

Prognosen zufolge liegt der Gesamtumsatz des Online-Handels in Deutschland bei knappen 50 Milliarden Euro. Amazon kratzt nach unseren Hochrechnungen also an der 50-Prozent-Anteilsmarke.

Diese Behauptung lässt sich mit einem Quervergleich hinsichtlich der Zahlen für Paketsendungen einigermaßen verifizieren, obwohl die Angaben auch in diesem Bereich zum Teil erheblich variieren. Für 2013 kursieren Zahlen von 2,8 bis 3 Milliarden versendeten Paketen in Deutschland, wovon je nach Quelle 400 bis 700 Millionen von Amazon stammten. Branchenstatistikern zufolge verteilten sich diese Pakete zu circa 7 Prozent auf C2C, 52 Prozent auf B2C und 41 Prozent auf B2B, wobei sich der B2C-Anteil im Vergleich zu den Vorjahren auf Wachstumskurs befand. Wenn man der Einfachheit halber davon ausgeht, dass die B2C-Quote 2015 bei 60 Prozent liegt und die Gesamtmenge in diesem Jahr konservativ bei 3 Milliarden einschätzt, kommen wir auf 1,8 Milliarden Pakete, die Unternehmen an Privatkunden verschickt haben. Je nach Quelle läge der Amazon-Anteil somit bei 400 Millionen (22 Prozent) bis 700 Millionen Paketen (38 Prozent). Bereinigt um die Zahlen aus Katalogversendungen und Shopping-TV dürften also 50 Prozent der versendeten Pakete innerhalb des deutschen E-Commerce von Amazon stammen.

Zudem wächst der E-Commerce seit Jahren schneller als der gesamte Einzelhandel. Letzterer bleibt bei einem Umsatz von 300 Milliarden Euro relativ stabil, während der Online-Handel 2010 bereits einen Anteil von 20 Milliarden ausmachte – und 2015 fast 50 Milliarden umgesetzt haben dürfte. Selbst dann, wenn sich der Zuwachs innerhalb des E-Commerce verlangsamen sollte – wofür überhaupt nichts spricht –, kann getrost davon ausgegangen werden, dass 2020 der Umsatz im

Segment bei 100 Milliarden Euro liegen wird. Das wäre dann ein volles Drittel des Gesamtumsatzes im deutschen Einzelhandel.

Ein Drittel, das maßgeblich von den herkömmlichen Handelskanälen weggefressen werden wird. Und wovon immer mehr über Amazon laufen wird. Das ist die Horrorvorstellung, die Hersteller nach Alternativen zu bestehenden stationären Partnern suchen lässt – und zugleich die Verheißung, die sie zum Konzern hinzieht. Es ist ein Versprechen auf ein nennenswertes Umsatzwachstum, das durchaus wahr wird, sobald Hersteller anfangen, dort Produkte zu listen und auch nur halbwegs optimiert darzustellen. Doch sollten sie – genau wie Faust – nicht daran glauben, dass es sich um ein Versprechen ohne Gegenleistung handelt.

Konditionen: Verblendung

Der Konzern zeigt sich neuen Kooperationspartnern, die direkt als Händler an Amazon verkaufen wollen (vulgo: Vendor-Modell), natürlich zunächst von seiner Schokoladenseite. Wie der perfekte Abnehmer aus dem BWL-Fachbuch zahlt er geforderte Preise und kauft dank seiner enormen Lagerkapazitäten ordentliche Bestellungsvolumina ein. Gegen einen geringen Pauschalrabatt von unter 3 Prozent wickelt Amazon sogar Retouren in Eigenregie ab, was Herstellern, die in Sachen Kundenkontakt bislang recht unerfahren sind und keine eigenen Direktvertriebsstrukturen haben, sehr entgegenkommt.

Doch die Hersteller haben es hier mit einem Wolf in Schafspelz zu tun.

Zwar übernimmt Amazon beispielsweise gern Retouren, um seinen eigenen astronomisch hohen Standards im Kundenservice gerecht werden zu können, doch genau diese Maßstäbe setzt das Unternehmen auch bei den Herstellern an: Diese müssen pünktlich, korrekt und einwandfrei liefern. Passiert das nicht, hagelt es Prügel. Denn: Gerade weil Amazon viel Marge durch Prozessoptimierung im Bereich Fullfilment herausholt (und so Kunden sowie Herstellern beste Preise anbieten kann), fressen auch kleinste Störungen im Logistikablauf dem Konzern bares Geld weg. Deswegen werden in neuen Vertriebsvereinbarungen mit Amazon oft Strafzahlungen für den Fall aufgesetzt, dass der Hersteller vereinbarte Lieferzeiten oder operative Anforderungen nicht einhält. Beispiele aus bestehenden Verträgen: 60 Cent kostet jedes im falschen Lager zugestellte Stück, 20 Euro werden pro Artikel fällig, der nicht im vereinbarten Verpackungsmaterial angeliefert wird, eine ausgebliebene Lieferung kostet stolze 500 Euro. Solche Verstöße werden auf der

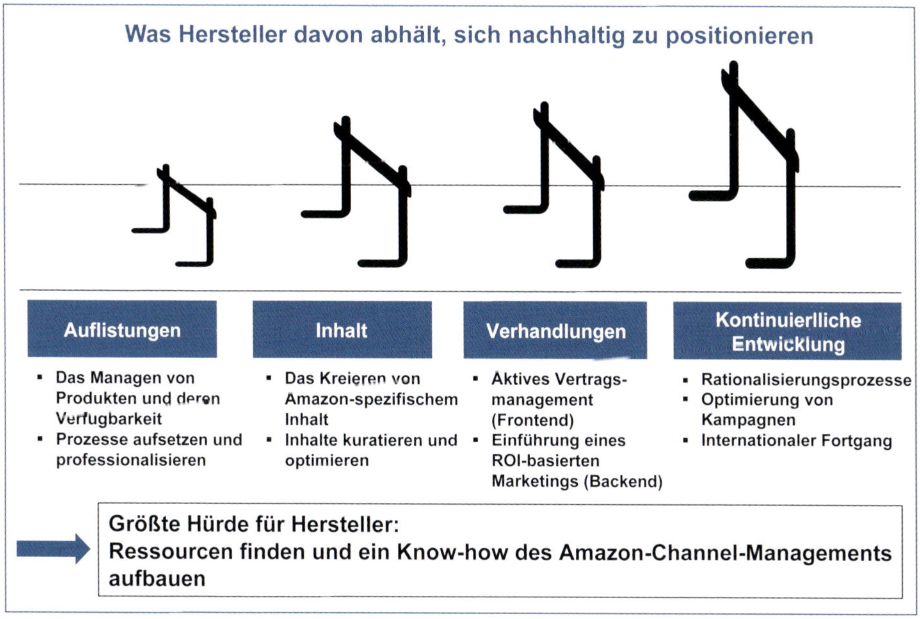

Abbildung 4.4: Die 5 Ps – Prozesse
Quelle: The Global Marketplace Group GmbH

berühmt-berüchtigten internen *Vendor Score Card* vermerkt. Und wer bei „Logistik" eine schlechte Note hat, kann damit rechnen, dass im Jahresgespräch deswegen Konzessionen gefordert werden. „Kulanz" ist dem Konzern ein Fremdwort.

Selbst bei einem reibungslosen Logistikablauf kann der Verkauf bei Amazon schnell kostenfressend werden. Der gute Preis, den der Konzern dem Hersteller für seine Ware bezahlt, ist das eine. Die Gebühren für allerhand Zusatzleistungen stehen aber auf einem anderen Blatt. Vor allem größere Unternehmen, die angesichts des in die Höhe schießenden Umsatzes Teams erstellen, die mit Amazon zusammenarbeiten, verlieren schnell den Überblick. Sogar Premiummarken wie WMF, 3M oder L'Oréal nehmen an einem sogenannten Special-Vendor-Services-Programm teil und bezahlen darüber hinaus Mitarbeiter, die bei Amazon mit der Marke arbeiten. Die Einarbeitung wird selbstverständlich vom Hersteller übernommen. Selbst für die Einstellung von Produktbeschreibungen werden Gebühren fällig.

Die gezahlten Leistungen kaufen aber in der Regel keine wirkliche Partnerschaft (nicht einmal einen freundlichen Umgang) ein. Vendor-Manager bei Amazon betreuen ohnehin bis zu 350 Lieferanten, wechseln intern recht häufig und bedienen sich daher gern unpersönlicher Rundmails – vorwiegend um Konditionsnachlässe zu fordern, sobald der Hersteller auf Amazon gut etabliert ist und dort hohe Umsätze erzielt. Der Schafspelz wird abgelegt.

Abhängigkeit: Vergeltung

Nun: Dass ein Händler, dem klar geworden ist, dass er nunmehr einen nennenswerten Anteil der Umsätze der Hersteller verantwortet, diese Situation zu seinen Gunsten auszunutzen versucht, ist zu erwarten. Dass sich ein Hersteller, an dessen Produkten der Händler bereits gutes Geld verdient, dagegen wehrt, mehr Marge abzugeben, ebenfalls. Was man allerdings nicht vermutet, ist, mit welch harten Bandagen Amazon kämpft – und was für ein breites Folterinstrumentarium dem Konzern dabei zur Verfügung steht.

Amazon zeigt zunächst unmissverständlich, wie es um die Machtverhältnisse bestellt ist. Missliebige Hersteller, die nicht mit dem Einkaufspreis heruntergehen wollen, werden mit Schikanen abgestraft: Plötzlich tauchen etwa Banner auf dessen Produktseiten auf, die „ähnliche Produkte mit besseren Kundenbewertungen" von konkurrierenden Marken anpreisen. Dabei lässt sich anhand einfacher Rechenarbeit beweisen, dass diese Ergebnisse manipuliert sind. Unvergessen bleibt beispielsweise der Fall, in dem auf Produktseiten von Kappsägen der Marke Metabo preislich komplett anders aufgestellte „ähnliche Produkte" von Bosch und Makita „mit besseren Kundenbewertungen" beworben wurden, die aber tatsächlich schlechter bewertet worden waren (es reichte, die Anzahl der Bewertungen mit deren Höhe zu multiplizieren, um einzusehen, wie weit die Modelle auseinanderlagen). Eingriffe in den Kernbereich der Markenrechte sind auch nicht unbekannt: Selbst bei einer Suche nach dem Markenwort „Brita" blendete Amazon schon einmal per prominenter Suchanzeige Konkurrenzprodukte der deutlich unbekannteren BWT an erster Stelle ein.

Ob so ein Angriff strafrechtlich relevant ist, steht aus – und wird weiter ausstehen –, denn wer wird schon mit einem seiner größten Händler vor Gericht ziehen? Zumal mit einem, dem zumindest die nahe Zukunft des Handels gehört?

> *Welcher Hersteller würde aufhören, seine Produkte über Amazon zu verkaufen, wenn Amazon für mehr als jeden zweiten Euro Online-Umsatz verantwortlich ist (Tendenz: steigend)?*

So zeigt es sich, dass sich Hersteller mit Amazon sehr oft in einen goldenen Käfig begeben.

Zudem geben sie mit den Daten über Produktverkäufe und Endkunden den Schlüssel zu diesem Käfig bereits an der Tür ab, hat im Vendor-Modell schließlich Amazon den direkten Kontakt zu den Konsumenten und weiß aus Verkaufszahlen schnell und gut um ihre Präferenzen Bescheid. Es ist dann naheliegend, eigene Produkte zu entwickeln, um diese Kundenwünsche selbst zu bedienen. Da der Konzern bereits auf so vielen Gebieten den Sprung vom Verkäufer zum Erzeuger geschafft hat (Buchhändler zum Verlag, Streaming-Dienst zum TV-Produzenten), müssen sich auf allen Segmenten selbst gestandene Marken um Amazon-Imitate Sorgen machen, die der Konzern dann wahlweise in der Darstellung der Suchergebnisse favorisieren oder auf Produktseiten der Hersteller als günstigere Alternativen bewerben könnte.

So befinden sich Hersteller bei Amazon im schlimmsten Fall in der Zwickmühle: Sie partizipieren immer weniger am Wachstum bei Amazon, bleiben aber auf den Konzern und die Umsätze, die doch noch mit ihm erzielt werden, angewiesen. Um überhaupt annähernd das Wachstum dort zu erzielen, das sie gewohnt waren, müssen sie ein hohes Marketingbudget investieren – gegen das Unternehmen Amazon selbst, das sich genau die gleichen Marketingmaßnahmen für seine Produkte intern kostenfrei leisten kann. Mephisto hat gesiegt und Faust sitzt wehklagend im goldenen Käfig.

Wie können Hersteller dagegenhalten?

Da kein Hersteller schlüssig erklären kann, warum Amazon nicht in allen Sortimenten Eigenmarken entwickeln sollte, wenn er dies in einem sinnvollen Verhältnis von Aufwand zu Ertrag erreichen kann – und da keiner weiß, wer ihn davon abhalten soll, wo er doch den Kundenkontakt und die Warenpräsentation selbst in der Hand hält –, müssten Hersteller Amazon eigentlich meiden wie der Teufel das Weihwasser. Nun gibt es Hersteller, die über so starke Marken verfügen, dass sie gegen jegliche Vereinnahmung immun sind: Adidas ist eben Adidas, und kein Fan der Marke würde lieber eine Jogginghose der Marke „Amazodas" kaufen. Prada bleibt Prada: Da würde ein „Amazada" mit Sicherheit das Ziel verfehlen. Aber auch ohne diese Drohkulisse ist es nicht im Interesse auch nur eines einzelnen Herstellers, dass es einen übermächtigen Händler gibt.

Wie könnte das verhindert werden? Ein Beispiel aus der wissenschaftlichen Spieltheorie zeigt, wie groß die Hürden wären. Denn es erwächst aus der Kon-

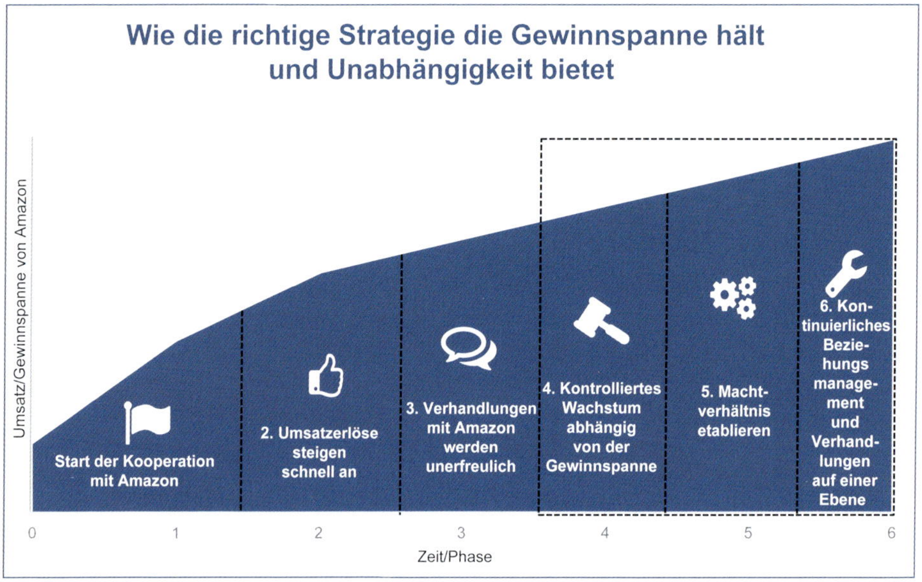

Abbildung 4.5: Beispiele einer erfolgreichen Amazon-Strategie
Quelle: The Global Marketplace Group GmbH

stellation Amazon versus Hersteller eine Parallele zum klassischen **Gefangenendilemma**.

Das Gefangenendilemma

Zwei Gefangene werden verdächtigt, gemeinsam eine Straftat begangen zu haben. Beide Gefangene werden in getrennten Räumen verhört und haben keine Möglichkeit, sich zu beraten beziehungsweise ihr Verhalten abzustimmen. Die Höchststrafe für das Verbrechen beträgt sechs Jahre. Wenn die Gefangenen sich entscheiden zu schweigen (Kooperation), werden beide wegen kleinerer Delikte zu je zwei Jahren Haft verurteilt. Gestehen jedoch beide die Tat (Defektion), erwartet beide eine Gefängnisstrafe, wegen der Zusammenarbeit mit den Ermittlungsbehörden jedoch nicht die Höchststrafe, sondern lediglich von vier Jahren. Gesteht nur einer (Defektion) und der andere schweigt (Kooperation), bekommt der erste als Kronzeuge eine symbolische einjährige Bewährungsstrafe und der andere bekommt die Höchststrafe von sechs Jahren. Das Entscheidungsproblem lässt sich in einer einfachen Matrix darstellen:

	B schweigt	B gesteht
A schweigt	A: 2 Jahre Haft B: 2 Jahre Haft	A: 6 Jahre Haft B: 1 Jahr Haft
A gesteht	A: 1 Jahr Haft B: 6 Jahre Haft	A: 4 Jahre Haft B: 4 Jahre Haft

Subjektiv scheint es für beide vorteilhafter zu sein, auszusagen. Für den einzelnen Gefangenen stellt sich die Situation individuell so dar: Unter der Annahme, dass der andere gesteht, reduziert er mit seiner Aussage die Strafe von sechs auf vier Jahre. Sofern der andere aber schweigt, kann er mit seiner Aussage die Strafe von zwei Jahren auf ein Jahr reduzieren!

Individuell gesehen ist also auf jeden Fall die Strategie „gestehen" zu empfehlen. Diese Aussage hängt nicht vom Verhalten des anderen ab, und es ist scheinbar immer vorteilhafter, zu gestehen. Eine solche Strategie, die ungeachtet der gegnerischen gewählt wird, wird in der Spieltheorie als „dominante Strategie" bezeichnet.

Das Dilemma beruht darauf, dass die kollektive und die individuelle Analyse jeweils zu unterschiedlichen Handlungsempfehlungen führen. Für beide Spieler wäre also ein kollektives Schweigen zu empfehlen, aber sie entscheiden sich beide dafür zu gestehen und stellen sich damit schlechter. Der Gesamtverlust für die Variante „schweigen/schweigen" beträgt vier Jahre, für „gestehen/gestehen" acht Jahre.

Im Fall Amazon versus Hersteller gestaltet sich das Gefangenendilemma in etwa wie folgt: 1.000 Hersteller verkaufen ihre Ware an Amazon. Ihnen ist bewusst, dass sie ihre Preisstellung bei Amazon gefährden und somit die Gesamtrendite des Unternehmens zunehmend sinkt, je höher der Marktanteil von Amazon ist, da Amazon immer bessere Einkaufspreise erzwingen kann. Der Außenumsatz wird vorerst nicht beeinflusst. Aufgrund der großen Menge von Herstellern teilweise ähnlicher Ware besteht keine Möglichkeit, sich sinnvoll abzusprechen – genauso wie bei den Gefangenen. So haben die Hersteller nun zwei Möglichkeiten:

1. Die Ware weiterhin an Amazon verkaufen („gestehen").
2. Die Ware nicht mehr an Amazon verkaufen („schweigen").

Trotz der großen Anzahl von Herstellern lässt sich der Fall auf zwei Akteure vereinfachen, weil die Entscheidung eines Herstellers die Handlungsoptionen der verbleibenden 999 gleichermaßen beeinflusst. In dem Fall, dass nur ein Hersteller nicht mehr an Amazon verkauft, werden die anderen bessergestellt, die weiterhin an Amazon verkaufen. Derjenige, der schweigt, würde also bestraft, wenn die anderen gestehen. Die Hersteller, die weiterhin verkaufen, stellen sich sogar leicht besser als vorher, weil sich nun der gleiche Umsatz auf weniger Anbieter verteilt.

Im Fall allerdings, dass alle Hersteller nicht mehr an Amazon verkaufen – also schweigen – nehmen all diese Hersteller einen leichten Umsatzverlust in Kauf, der rein fiktiv einen Nominalwert in Höhe von 10 Prozent des Gesamtumsatzes beträgt. In dem Fall aber, dass alle Anbieter weiterhin an Amazon verkaufen, verlieren alle – wieder nur ein Rechenwert – 50 Prozent ihres Umsatzes (und wahrscheinlich noch mehr Marge), weil der Marktanteil von Amazon so noch schneller wächst und das Unternehmen die bestehenden Anbieter noch besser durch Eigenmarken ersetzen beziehungsweise Marge auf die eigene Seite ziehen kann. Verkauft nur ein Teil der Anbieter nicht mehr an Amazon (und schweigt somit), werden die anderen Anbieter bessergestellt, weil sich der Umsatz auf diese verteilt. Die schweigende Gruppe verliert 70 Prozent ihres Umsatzes, weil Amazon auch weiterhin den Markt dominiert und sie nicht mehr dabei ist. Diejenigen, die gestehen – also die Anbieter, die weiterhin aktiv sind –, verlieren so vorerst nur 5 Prozent des Umsatzes, weil sie einen größeren Anteil am Umsatz von Amazon ausmachen dürfen. Langfristig verlieren sie natürlich auch.

In Matrixform stellt sich Folgendes dar:

	B verkauft nicht	**B verkauft**
A verkauft nicht	A verliert 10 Prozent B verliert 10 Prozent	A verliert 70 Prozent B verliert 5 Prozent
A verkauft	A verliert 5 Prozent B verliert 70 Prozent	A verliert 50 Prozent B verliert 50 Prozent

Das Optimum für alle Hersteller ist es also, den Verkauf an Amazon ad hoc einzustellen. Aber aus einer individuellen Sicht ist der fortgesetzte Verkauf immer dominant.

Soweit zur Theorie. In der Praxis, in der bereits alle bei Amazon verkaufen und den Teufel tun und damit aufhören werden, gibt es natürlich einige Taktiken, die Hersteller anwenden könnten – mit dem strategischen Ziel, die Etablierung Amazons als unanfechtbar übermächtigen Alleinhändler zu verhindern. Größere Anbieter könnten etwa ihr Sortiment auslisten und Amazon so zu langfristigen Zugeständ-

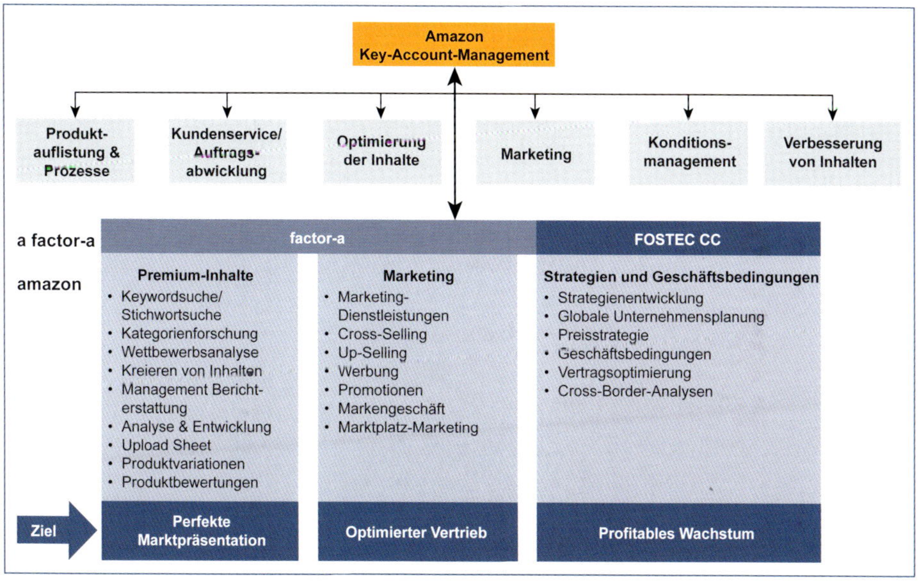

Abbildung 4.6: Benötigte Funktionen und Ressourcen für Amazon
Quelle: The Global Marketplace Group GmbH

nissen zwingen. Kleinere, aber gut vernetzte Anbieter könnten ihr Angebot absprechen, um bessere Verhandlungspositionen zu erreichen. Aus einer abgeschotteten Konkurrenzsituation müssten einstige Verkaufsrivalen ein Vertrauensverhältnis aufbauen. Geschlossen ginge es dann mit gut vorbereiteten Angeboten, mit denen alle Hersteller auf Dauer gut leben können, in die Jahresgespräche. Darüber hinaus kann es eine interessante Vorgehensweise darstellen, beim Seller-Modell – also Marketplace-Verkäufer – zu bleiben. So überlässt man den Kundenkontakt und alle damit verbundenen Daten nicht dem Konzern.

Ebenfalls gilt es für Hersteller, die eigene Online-Präsenz wo immer möglich aufrechtzuerhalten und auszubauen. Obwohl größere Hersteller eigene Shops wahrscheinlich bereits deswegen eingestellt haben, weil die Kosten den Ertrag nicht rechtfertigten – zuletzt Sony im Herbst 2015 –, ist dies ein Schritt, der aus strategischer Sicht nicht ratsam ist. Wer alle Ressourcen dann für eine bessere Produktdarstellung sowie Vermarktung bei Amazon investiert, setzt eben alles auf ein Pferd (das ja eher einem Wolf gleicht). Klüger ist es, den Verkauf über Amazon und den im eigenen Online-Shop konzeptuell und sortimentspolitisch so miteinander zu verzahnen, dass Kunden einen konkreten Nutzen davon haben, vom Erwerb über Amazon zum Direktkauf zu wechseln. Gelingt dieses Kunststück, ist Amazon das, was es für Hersteller immer sein kann und soll: ein Wachstumstreiber sonderglei-

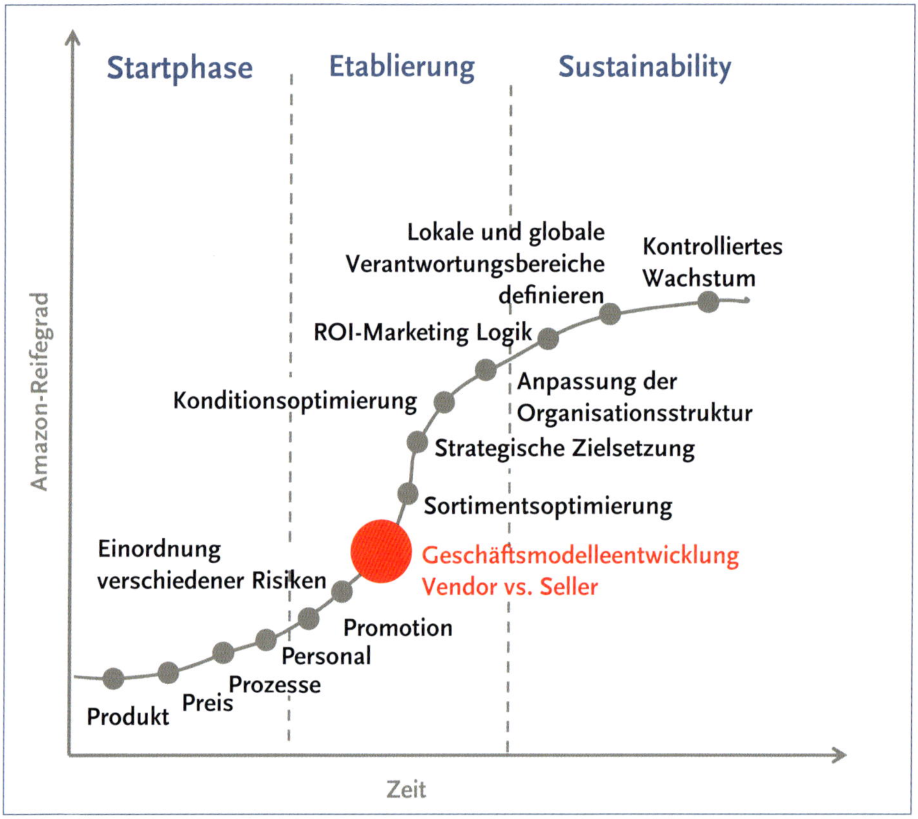

Abbildung 4.7: Die Entwicklung der idealen Beziehung zwischen Herstellern und Amazon im Laufe der Zeit
Quelle: FOSTEC Commerce Consultants (2016)

chen. Und die Abhängigkeitsverhältnisse sind ausgeglichener, was sich wiederum positiv auf die Marge der Volumina auswirken kann, die doch noch über Amazon verkauft werden. So wird aus dem goldenen Käfig eine goldene Waage – und Faust wischt dem Mephisto doch noch eins aus.

Hilfe bei der passenden Amazon-Strategie benötigt? Die Agentur **The Global Marketplace Group** berät Sie bei der Vorbereitung, Optimierung und Gewichtung Ihres Auftritts bei Amazon. Erfahren Sie die Bedeutung der fünf Ps – Produkt, Preis, Prozesse, Personal und Promotion – und treffen Sie beim Umgang mit dem Konzern die richtigen Entscheidungen.

4.3 Möbel: noch einzurichten

E-Commerce-Ausnahme Möbel?

Aus der Sicht von Online-Handel-Experten ist die Möbelbranche eines der strategisch interessantesten Felder – und wird es auf mehrere Jahre hinaus auch bleiben. Bislang hat sich der Verkauf von Sofa, Tisch und Co. über das Internet nämlich nur schleppend durchgesetzt: Je nach Quelle liegt der Online-Anteil im deutschen Möbelhandel irgendwo zwischen minimal 3 und maximal 10 Prozent. Gleichzeitig ist allen Beobachtern allerdings klar, dass die außerstädtischen Möbelhäuser ihre profitabelsten Tage hinter sich haben – und dass die überfällige Disruption aus dem Internet kommen wird. Nur wann? Und wie?

Warum aber ist gerade den Möbelhändlern das soweit erspart geblieben, was Buchhandel, Elektronikmärkte und Modeketten längst über sich haben ergehen lassen müssen? Warum greift Amazon den Poco-Domänen und Bauhäusern des Landes innerhalb des Möbelsegments nicht bereits heute jegliches Wachstum ab? Wo sind die hungrigen Zalandos der Branche? Und warum schleppen sich so viele Kunden noch in die Einrichtungshäuser und ihre großformatigen Einkäufe unter Beschwerden und Flüchen wieder nach Hause, obwohl sich die Mühe ersparen ließe? Wie kann, fragen sich E-Commerce-Fachleute, der stationäre Möbelhandel weiter in Wile-E.-Coyote-Manier geradeaus durch die leere Luft rennen, wo ihm eigentlich der existenzberechtigende Boden unter den Füßen fehlt? Die Verzögerung des Falls lässt sich zu einem nicht unerheblichen Teil auf die Eigenschaften der Produkte in der Branche zurückführen.

Der Möbelmarkt ist unter anderem deswegen noch stationär geprägt, weil Couch und Bett sich nun einmal nicht so einfach online schön darstellen und vom Paketboten anliefern lassen wie Bücher und Hosen.

Zudem haben Kunden bei Medien- und Modeartikeln keine Sonderwünsche: Wer ein Buch seiner Gesinnung anpassen möchte, muss eher selbst eines schreiben. Wem der Schnitt einer Hose nicht gefällt, kauft sie nicht oder lässt sie beim Schneider anpassen. Wer aber eine Couchgarnitur kauft, möchte meist über Farbe und Material des Bezugs entscheiden. Auch stehen verschiedene Füllstoffe zur Auswahl, außerdem die Zahl der Sitze und Hocker. Oft genug wird das gute Stück aus diesem Grund erst nach der Bestellung überhaupt angefertigt: „Klick und kauf!" mit Lieferung am nächsten Tag sieht anders aus.

Doch damit ist längst nicht alles erklärt. Und nicht selten führen diese scheinbar unverrückbaren Produktfakten zu einer falschen Herleitung, zu einer Fehleinschätzung von Ursache und Wirkung. Bei vielen Akteuren in der Möbelbranche heißt es immer wieder, die Kunden wollten überhaupt keine Möbel online kaufen: „Wer will schon ein Sofa kaufen, ohne vorher mal Probe gesessen zu haben?" Der stationäre Handel ziehe seine Berechtigung daraus, dass Möbel eben keine austauschbaren Waren für eine Saison seien. Außerdem bedeute so eine Anschaffung, die gleich mehrere Jahre abdecken soll, den Konsumenten zu viel, als dass sie eine entsprechende Bestellung schnell online erledigen würden.

Hier wird aber der Karren vor das Pferd gespannt. Der noch hohe stationäre Anteil wird als Ursache an und für sich begriffen. Dabei handelt es sich in Wirklichkeit aber lediglich um eine Auswirkung der derzeitigen Bedingungen, die sich in kürzester Zeit ändern können – und werden. Denn Kunden meiden bei Möbeln den Online-Einkauf nicht, weil sie sich nicht vorstellen können, Sofas und Tische im Internet zu kaufen: Sie sind nur deswegen bislang nicht in Scharen dazu übergegangen, weil wirklich attraktive Angebote mit der Ausstrahlungskraft und Allgemeingültigkeit eines Online-Händlers wie Amazon im Segment nach wie vor fehlen.

Gewiss sind die Darstellungsschwierigkeiten und Verfügbarkeitsverzögerungen bei Möbelstücken Gründe dafür, dass diese Angebote erst jetzt entstehen. Zudem stellen die Sperrigkeit und die Komplexität der Produkte bei Anlieferung, Aufbau und vor allem Retoure zweifelsohne ernstzunehmende Probleme für die Online-Händler der Branche dar. Sie sind aber keineswegs Totschlagargumente. Wer davon ausgeht, dass diese Hürden von innovativen internetbasierten Modellen nicht genommen werden können – und dass Kunden diese Neuerungen nicht honorieren werden – baut Luftschlösser. Oder um im Bild zu bleiben: Ohne in den Abgrund zu blicken, läuft er wie Wile E. Coyote emsig weiter.

Der Beweis? Die Zahlen. Der Online-Handel mit Möbeln hängt dem E-Commerce zwar insgesamt hinterher, wächst allerdings erstaunlich schnell.

Dieses Wachstum entfällt zum großen Teil auf neue Akteure des Online-Handels.

Bereits im Jahr 2013 setzte Home 24, ein Online-Versand für Möbel, mit guten 90 Millionen Euro online so viel um wie Ikea: Nur zwei Jahre zuvor konnte das Unternehmen lediglich die Hälfte der Online-Verkäufe des schwedischen Riesen verbuchen. Für 2014 sprang der Umsatz dann erneut an: um sagenhafte 72,5 Prozent auf 160 Millionen Euro. Schon 2013 passierte Otto die Milliarden-Marke im Umsatz mit Möbeln, vorwiegend online. Befragungen haben zudem ergeben, dass nur noch 15 Prozent der deutschen Konsumenten es sich nicht vorstellen können, Möbelstücke im Internet zu erwerben. Rund ein Viertel hat es laut Bitkom bereits getan. Ähnliches ergab eine Studie des IfH 2014, in welcher ebenfalls die für Verfechter der „Möbel-sind-keine-Hosen!"-Theorie verblüffende Tatsache zu lesen ist, dass sich 60 Prozent aller Befragten sogar vorstellen können, der Online-Kauf von Möbeln werde zukünftig so alltäglich sein wie aktuell bei Kleidung und Schuhen.

Insofern ist mittlerweile klar, dass die Möbelbranche eben keine Ausnahme von den Zwängen des E-Commerce darstellt, sondern einfach eine der letzten Festungen des stationären Handels abbildet. Egal, wie entschlossen ihre Verteidiger handeln – sie wird auf jeden Fall irgendwann überrannt werden. Bei allen erfolgreichen Ruckzugskämpfen: Der Krieg ist verloren.

In den Zeichentrickfilmen rund um Road Runner und Wile E. Coyote fällt Letzterer bekanntermaßen immer erst dann, wenn er nach unten blickt. Viele klassische Einrichtungshäuser bemerken ebenfalls nicht, dass ihnen der Boden unter den Füßen bereits fehlt. Doch für sie hat der Fall schon jetzt begonnen.

Warum erst jetzt der Umbruch – und wo sind Amazon und Ikea?

Abgesehen von der Sperrigkeit, Komplexität und Preiskategorie vieler Möbelstücke – die zwar gewiss deren Verkauf im Netz verzögert, aber eben nicht verhindert haben –, gibt es andere und viel wichtigere Gründe für diesen Verzug innerhalb der Branche. Auch der gern angeführte „lange Lebenszyklus" von Möbeln entpuppt sich bei näherer Betrachtung als irreführend: Möbel sind seit Längerem zu einer Konsumware geworden und werden in immer kürzeren Abständen ausgetauscht. Der „Mahagoni-Esstisch fürs Leben" war gestern. Heute gibt es MDF-Platten, die mit der nächsten Neueinrichtung zwei Jahre später als Sperrholz auf dem Müll landen. Die echten Hindernisse waren bislang vielmehr im Aufbau des Marktes zu finden – und bei den Akteuren selbst.

Zunächst war der Möbelhandel stark vom Dreieck Hersteller–Verbundgruppe–Handel geprägt.

Da der Markt für Einrichtungsgegenstände unterhalb des Premiumsegments äußerst markenarm ist, sind **Hersteller** schon immer zu einem überdurchschnittlichen Grad auf den Handel angewiesen gewesen. Für die zahlreichen B- und C-Marken der Möbelbranche ist also sowohl die Belieferung von Neuankömmlingen, die mit etablierten Händlern konkurrieren, als auch der Direktvertrieb an Kunden schon immer äußerst schwierig gewesen. So haben nur Markenstars wie Vitra, Rolf Benz und Kartell erfolgreich eigene Online-Shops launchen oder groß angelegte Kooperationen mit neuen Online-Händlern eingehen können. Andere hatten keinen Draht zum Endkunden und mussten sich um die Gunst ihrer bestehenden Partner sorgen: Alleingänge und Seitensprünge waren da tabu. Außerdem bedeutete die fehlende Markenstärke oft auch mangelndes Interesse seitens neuer Online-Pure-Player. Diese Situation ändert sich zwar gerade, doch geht dieser Prozess nur langsam vonstatten.

Die rund 20 aus Zusammenschlüssen von Möbelhändlern bestehenden **Verbundgruppen** stellen im Gegensatz zur Vielzahl der Hersteller eine massive Marktmacht dar. Trotz dieser Omnipräsenz stehen auch sie vor einem kaum lösbaren Problem: Die Umsätze und die Frequenz in den Möbelhäusern stagnieren oder sinken. Ideen für wettbewerbsfähige Lösungen im Online-Handel mit Möbeln scheitern an internen oder rechtlichen Strukturen, weil viele Mitglieder die Kannibalisierung aus den eigenen Reihen fürchten. Zudem ist in der Regel keine Umsetzungskompetenz vorhanden. So hat es bei den Verbundgruppen zahlreiche Fehlstarts gegeben: Einige Shops mussten wieder aus dem Netz genommen werden. Die Internetauftritte, die sie gegenwärtig pflegen, bieten oft nicht mehr als eine Merkzettelfunktion und ein Verzeichnis der stationären Händler an.

Und dann kommen eben diese **Händler**. In den letzten Jahren waren viele große Namen eher damit beschäftigt, in eine ruinöse Flächenexpansion zu investieren, um nach einem Verdrängungswettbewerb auf einem längst gesättigten Markt am Ende zu den Überlebenden zu gehören. 2015 überschritten die Einkaufspaläste des Segments erstmals eine Rekordmarke von sechs Millionen Quadratmetern Verkaufsfläche. Über eine halbe Million werden bis Ende 2017 dazukommen. Aber bereits jetzt geht die Frequenz in den Möbelhäusern stark zurück und wird allein aus demografischen Gründen nie wieder ansteigen, weil es junge Menschen in die Innenstädte zieht und der personalisierte motorisierte Verkehr – sprich: der Besitz eines Autos – auf lange Sicht zurückgehen wird.

Gruppen wie Steinhoff und Höffner haben sich also sehenden Auges einer brutalen Schlacht ausgeliefert, in der die Flächenproduktivität auf eine beispiellose Art und Weise wird leiden müssen und nur derjenige dies über Jahre hinnehmen kann, der eine Aussicht auf einen (Pyrrhus-)Sieg hat.

Dass hier für echte Investitionen – und, viel wichtiger, echte Innovationen – im Online-Handel wenig Kapazitäten frei waren, versteht sich von selbst. Zwar haben fast alle der Top 10 des stationären deutschen Möbelhandels mittlerweile Online-Shops, aber die Entwicklung läuft schleppend. Monatliche Besucherzahlen lassen sich eher auf fünf- als auf siebenstellige Zahlen beziffern. Einige sind wieder offline geschaltet worden.

Denn: Der Aufbau und Betrieb des eigenen Shops ist nicht günstig zu haben – vor allem, wie immer wieder in den Führungen der Möbelhäuser betont wird, bei Artikeln wie Möbeln. Hinzu kommen die Probleme des sogenannten Multichannel-Ansatzes: Die kanalübergreifende Pflege von Bildern, Artikelbeschreibungen, Variantenanpassungen sowie die Aussteuerung von Sonderangeboten über mehrere Kanäle hinweg verursachen erhebliche wiederkehrende Kosten, falls sie nicht automatisiert ablaufen. Zudem erzwingt die im klassischen Möbelgeschäft grassierende „Rabattitis" („70 Prozent günstiger – *nur* am kommenden Samstag, den 05.05.!"; „80 Prozent auf alles – *nur* am kommenden Samstag, den 12.05.!") hohe Listenpreise, damit nach vielen Abschlagsrunden eine Marge übrigbleibt. Werden aber diese Listenpreise online ausgesteuert, schrecken sie Kunden ab und tauchen in Produktmaschinen wie moebel.de erst gar nicht auf, wenn Kunden die Ergebnisse nach Preis sortieren. Und letztendlich behandeln viele Möbelhäuser ihre Shops etwas stiefmütterlich: Bis zu 50 Prozent ihres Umsatzes werden nicht mit Betten, Sofas und Co., sondern mit kleineren Mitnahmeartikeln, Gastronomieangeboten vor Ort und allerhand anderen Angeboten erzielt, die nicht online verkauft werden können.

Daher bieten einige Händler nur eine Vormerkfunktion an, damit die Kunden dann doch noch schön mit einem Ausdruck der Artikelnummer in die Filiale kommen und – so die Hoffnung – eine Handvoll Euros für Kaffee, Kuchen und Krimskrams ausgeben.

Beim größten Möbelhändler des Landes – und der Welt –, *Ikea*, kommt der Online-Shop zum Teil deswegen ebenfalls nur stockend in Schwung. Denn auch Ikea dürfte wenig

Interesse daran haben, seine stationären Kunden in seinen Webauftritt zu kanalisieren. Können sie sich dort doch keinen Kaffee und keine Köttbullar holen, wo sie dabei sind. Und mit Mitnahmeartikeln wie Kunststoffbehältern, Teppichen oder Gläsern verdient Ikea mehr als mit Küchen oder Schränken. Daher sorgt der Riese dafür, dass diese Produkte auch weiterhin in der Filiale gekauft werden. Die vielen kleinen und beliebten Frequenzbringer sind daher nur stationär – und nicht im Webshop – zu kaufen.

Zwar werden bei Ikea fast alle Artikel online abgebildet, aber analog zu vielen mittelständischen Möbelhändlern wird bei einigen nur die Merkzettelfunktion angeboten. Das stellt einen erzwungenen Medienbruch für Online-Käufer dar, die nicht nur ihre Billy-Schrankwand, sondern auch gleich andere Produkte mit im Online-Shop bestellen möchten – das ist den „Alles-gibt's-bei-Amazon!"-gewohnten Kunden kaum vermittelbar.

Falls sich der Kunde trotzdem für einen Kaufabschluss im Online-Shop entscheidet, geht die Schikane weiter: Lieferkosten summieren sich gerne auf über 10 Prozent des Warenwerts. Will der Kunde seine Waren wiederum in der Filiale abholen, wird er auch noch mit einer Click-&-Collect-Gebühr bestraft. Zudem warten Kunden mindestens fünf Werktage auf ihr Paket und können mit keinem einzigen der drei im deutschen Online-Handel beliebtesten Zahlungsverfahren bezahlen (Paypal, Rechnung und Lastschrift, siehe *2.5.2 Zahlungsmöglichkeiten*).

Eine solche Panne in einem Online-Shop zeugt von Schlampigkeit, zwei von Torheit. Drei oder mehr „Fehler" hingegen haben System. Ikea will aus dem Grund online vertreten sein, da sich das Unternehmen bewusst ist, dass das Nichtbesetzen seines Namens im Internet keine Option ist. Die Kunden sollen dort allerdings bloß nicht zu viel einkaufen und lieber in die Läden kommen.

So macht Ikea aus eigener Sicht alles richtig. Die Zurückhaltung dürfte dem Unternehmen kurzfristig auch kaum schaden. Letztendlich kontrolliert das Unternehmen die gesamte Wertschöpfungskette seiner Produkte, und Ikea-Möbel wird man im Gegensatz zu Produkten von anderen Möbelherstellern auch zukünftig nur bei Ikea kaufen können.

Ob sich der Riese aber diese Verweigerung längerfristig leisten kann, bleibt abzuwarten.

So lange die Marke dieselbe Ausstrahlungskraft hat, geht das Konzept auf. Ändern sich aber die Kundenvorlieben – oder einfach nur die Gewohnheiten derselben –, könnte Ikea sich gezwungen sehen, den Hebel schnell umzulegen. Doch von wem kommt die Bedrohung? Das Aussterben des Kaufhausbummels ist nicht zuletzt *Amazon* zuzuschreiben, das Schwinden des Schmökerns in Buchhandlungen und des Probehörens von CDs im Elektronikfachhandel ebenfalls. Aber in absehbarer Zeit erwächst vom Konzern keine Gefahr für den stationären Möbelhandel. Obwohl viele Hersteller und Händler mittlerweile dort per Seller-Modell Ware anbieten, ist an der Zahl der Artikelbewertungen ersichtlich, dass hier keine branchenverändernden Verkaufshits generiert werden. Oft lässt die Produktdarstellung zu wünschen übrig: Es gibt viele Bilder direkt aus dem Katalog, in dem das jeweilige Produkt als Teil eines ablenkenden Hintergrundensembles gezeigt wird. In vielen Fällen fehlen umfassende Detailaufnahmen von wichtigen Elementen des Stücks (Betten ohne Nahaufnahme des Lattenrostes, Schränke ohne Innenansicht). Dies ist vor allen Dingen – und auffälligerweise – bei solchen Möbeln der Fall, die Amazon selbst im Vendor-Modell anbietet. Das ist ungewöhnlich und zeigt, dass der Konzern, aus welchem Grund auch immer, den Bereich (noch) nicht priorisiert hat.

Wer springt jetzt in die Bresche?

Gerade weil sich Schwergewichte wie Ikea und Amazon bei Möbeln online bedeckt halten, ist der Markt hinsichtlich der Umsatzanteile noch weitestgehend stationär geprägt. Aber in seiner Dynamik ist der Möbelmarkt bereits im Umbruch hin zum Online-Handel (siehe Zahlen oben). Denn die Lücke, die zwischen lieblosen Einrichtungshaus-Webshops, Amazons fehlender Attraktivität im Segment und Kundenwünschen nach einem Möbelkauf im Internet entsteht, ist nicht unbemerkt geblieben. Es handelt sich dabei um die gleiche Art von Lücke, die sich vor zehn Jahren beim Thema Mode auftat und in die der Online-Pure-Player Zalando durch den Einsatz von sehr viel Geld von Rocket Internet enorm schnell hineingewachsen ist – noch bevor Amazon anfing, auf diesem Gebiet ebenfalls ernst zu machen.

So lange die Gelegenheit noch da ist, versuchen Pure-Players jetzt auch beim Thema Möbel das Rennen für sich zu entscheiden. Dabei wiederholt sich die Geschichte bekanntlich nie zu 100 Prozent, sondern es tragen sich – ausgehend von ähnlichen Ausgangsbedingungen – die Ereignisse jedes Mal auf eine etwas andere Art und Weise zu. Diesmal stehen sich zwei Ansätze gegenüber: Auf der einen Seite reihen sich Pure-Plays mit dem Versuch auf, es im Zalando-Verfahren zügig zu einer erheblichen Größe zu bringen. Auf der anderen sammeln sich neue Pure-Play-Modelle, die mit Kurations- und Shopping-Club-Ansätzen arbeiten.

Erstere setzen unübersehbar auf den transaktionalen Bereich. Die US-amerikanische Marke *Wayfair* versucht, mit den klassischen E-Commerce-Erfolgsfaktoren Preis, Angebot und Verfügbarkeit zu überzeugen – wobei der Begriff „Verfügbarkeit" wegen der Make-to-Order-Prozesse bei Möbelherstellern als relativ verstanden werden will. Ergänzend wird ein schwindelerregendes Marketingbudget eingesetzt, um Kunden zu akquirieren und – koste es, was es wolle – Wachstum zu erzeugen. So sind zwischen 2012 und 2014 die Marketingkosten um rund 50 Prozent angewachsen und müssten sich daher am Umsatz gemessen mittlerweile mindestens halbieren, wenn Geld verdient werden soll. Während die Zahl der aktiven Kunden durch sagenhafte TV-Spendings in die Höhe getrieben wird, zeigt sich die Wachstumskurve bei wiederkehrenden Käufern hartnäckig flach. So ist es unwahrscheinlich, dass sich die bisherigen Wachstumsraten hier vom immer größer werdenden Werbeaufwand entkoppeln lassen.

Das ist eben die Schwäche des schnellen, gekauften Wachstums: Wie ein Drogenabhängiger auf Entzug sacken die Zahlen zusammen, wenn die Dosis an Werbeausgaben gekürzt wird.

Das gleiche Problem kann man bekanntermaßen bei einigen Beteiligungen von Rocket Internet – vor allem bei Zalando – auch nach Jahren immer noch beobachten. Aber bei Home 24, einem Rocket-Pure-Player im Segment Einrichtung, verfolgt das Unternehmen eine andere Strategie: Wachstum soll nicht zu jedem Preis generiert werden und das Marketingbudget fällt keineswegs zu üppig aus. Dennoch sind die Ergebnisse bislang ernüchternd: Mögen die Kosten für die Kundenakquisition im Vergleich zu Wayfair geringer sein, die Verbesserungen sind marginal. Echte Profitabilität bleibt bislang auch bei Home 24 aus – ein Manko, das das Unternehmen laut Eigenauskunft durch Skaleneffekte vor allem in den Bereichen Einkauf, Logistik und Marketing aufheben will. Doch Erstere verlangen nach hohen Investitionen, um erst später Ersparnisse zu erzielen, während es sich bei Letzterem wahrscheinlich um eine Fehleinschätzung handelt. Denn obwohl Möbel heute öfter ausgewechselt werden als je zuvor, dreht sich der Kreis beim Fashion-Sortiment eines Zalando erheblich schneller. Den Kleiderschrank tauscht man jetzt vielleicht im Fünf- statt im 20-Jahres-Rhythmus aus, der Inhalt hingegen wird mehrmals im Jahr verändert. Ein Möbelsortiment bleibt also ein vergleichsweise niedrigfrequentiertes, das wenig Marketingpotenziale bietet. Bekannte E-Commerce-Ansätze wie personalisierte Empfehlungen auf Basis von früheren Käufen greifen bei Möbeln nicht, da die allermeisten Kunden einfach nicht oft genug bestellen, um aussagekräftige Datensätze zu generieren und auf daraus hergeleitete Empfehlungen zu reagieren. In diesem Fall wird sich Big Data wohl als ein zahnloser Tiger entpuppen. Zudem: Kostenlosen Traffic über Google mittels SEO gibt es selbst für Portale mit vielen Produktseiten nur noch mit Ach und Krach.

Es müssen für teures Geld zur Neukundengewinnung also doch Anzeigen geschaltet werden – wenn nicht im TV, dann bei Google. Auch Traffic via Facebook wird immer teurer.

Und dann kommt das Problem, dass für rund ein Drittel der Kunden, die online nach Produkten suchen, Amazon die bevorzugte Suchmaschine ist (siehe *4.2 Amazon = kaufen*). So ist es schwierig zu sehen, wie Home 24 weiter anwachsen und profitabel werden will.

Bisher konnte Home 24 die Gründungsidee eine „Zalandos für Möbel" nicht nachweisen. Das Schwesterunternehmen Westwing verfolgt einen vielversprechenderen Shopping-Club-Ansatz, der fürs Erste sehr gut auf den Online-Möbelmarkt zu passen scheint. Westwing veranlasst potenzielle Kunden dazu, sich zu registrieren, damit diese zeitlich begrenzte und zahlenmäßig limitierte Angebote in täglich wechselnden Kampagnen einsehen können. Mittels E-Mails werden User dazu gebracht, die neuen Möbelstücke und Einrichtungsgegenstände anzusehen. Dazu werden redaktionelle Beiträge produziert, die sie durch das wechselnde, mit hochwertigem Fotomaterial einladend inszenierte Sortiment führen. Rabatte und Deals machen den Kaufabschluss attraktiv: Wer weitere Freunde wirbt, die sich im Club anmelden, bekommt zudem einen Gutschein. So läuft die Kundenakquisition von selbst – und für kleines Geld.

Zwar ist der Aufwand für so einen Plattformbetrieb enorm. Aber auf der anderen Seite fallen sämtliche externe Marketingkosten weg. Dass diese horrend sind, zeigt das Beispiel von Wayfair. Auch scheint der Club-Gedanke Kunden zu weiteren Käufen zu animieren: Bei Westwing kommt eine große Anzahl der Kunden wieder. Zudem baut das Portal mit seinem exklusiven Auftritt ein Umfeld, in dem Marken aufgebaut werden können – eine seltene Errungenschaft in der Möbelbranche –, wofür die Hersteller folglich gerne Werbekostenzuschüsse zahlen dürften.

Bei Shopping-Clubs ist dennoch Vorsicht geboten. Die Pioniere der geschlossenen Shopping-Communitys im Modesegment wie vente-privee.com, private-outlet.com oder brands4friends.de haben in den Jahren 2007 bis 2010 ein Muster von Aufstieg und Fall vorgelebt, welches das Modell immer wieder treffen könnte. Nach einem fulminanten Start wandte sich nämlich ihr Erfolg gegen sie, als die Zahl der Marktteilnehmer sprunghaft anstieg: Bald entstand unter den vielen neu gegründeten Clubs ein Wettbewerb um die Restposten, die einst nur einige Anbieter vermarkteten, sodass sich die Einkaufskonditionen schlagartig verschlechterten. Wegen dieses Drucks wurden sogar Kollektionen direkt für die Clubs produziert, was aber deren Angebote schnell entwertete, da den Kunden das schöne Gefühl abhanden kam, sie würden „durch die Hintertür" an limitierte, exklusive Ware kommen. Zudem entbrannte ein harter Wettbewerb auch um diese Kunden, denen man folglich immer attraktivere Deals vorlegen musste, damit sie angesichts der Vervielfachung der Clubs bei der Stange blieben. Der ganze Ansatz fraß sich selbst innerhalb kürzester Zeit auf und viele dieser einst so mit Hype umworbenen Clubs fristen jetzt ein mittelrentables Nischendasein.

Möbel online: mitten in der Einrichtungsphase

Aber die Geschichte wiederholt sich ja nie in exakt der gleichen Form. Und Möbel sind eben nicht mit Mode gleichzusetzen. Da Westwing das Shopping-Club-Modell um eine aufwendige, nicht leicht zu replizierende Kuration ergänzt hat und ohnehin nicht bloß mit Restbeständen arbeitet, scheint eine übermäßige Zunahme kopierender Konkurrenten unwahrscheinlich. Sehr viel eher zeigt Westwing jenseits von eingekauftem Traffic einen Wachstumspfad auf, der breit genug ist, um einige ähnliche Anbieter aufzunehmen.

Ebenfalls zu erwarten ist eine zunehmende Emanzipierung der Möbelhersteller, die mit Pure-Plays sowie Shopping-Clubs arbeiten und – vor allem in Nischen und im Premiumsegment – in den Direktvertrieb starten. Die starke und branchenprägende Abhängigkeit von den stationären Händlern ist zwar noch gegeben, bröckelt aber mit dem Eintritt jedes neuen Online-Pure-Players immer sichtbarer. Bis vor einigen Jahren war die Anzahl an Online-Shops für Möbel noch überschaubar. Handelspartner konnten schnell erkennen, wenn ihr Lieferant auch Online-Händler belieferte, und entsprechend gegensteuern. Heute wissen die stationären Händler zwar, dass ihre Lieferanten auch bei Home 24, Ikarus, Reuter, Connox oder anderen Online-Händlern gelistet sind, erkennen aber die Auswirkungen nicht. Für stationäre Handelspartner und Verbundgruppen ist nicht mehr abschätzbar, welche Umsätze ihre Lieferanten über die Vielzahl an intermediären und Online-Shops im In- und Ausland generieren. So tritt eine Kehrtwende der

Kräfteverhältnisse ein. Und nicht zuletzt beäugen alle Akteure weiterhin die zwei Giganten Amazon und Ikea.

Wie lange lässt Amazon das Möbelsegment links liegen?

Und vor allen Dingen: Wie lange begnügt Ikea sich damit, mit seiner Multichannel-Strategie das bestehende stationäre Geschäft zu optimieren und lediglich mit oder knapp hinter dem Markt online zu wachsen? Denn selbst bei aller Abschreckung der Kunden im Netz stiegen Ikeas Online-Umsätze von 92 Millionen Euro im Jahr 2013 auf 145 Millionen im Jahr 2014 an und bilden insofern für das Segment eine Art Nulllinie. Kann Ikea online nämlich von Jahr zu Jahr um 60 Prozent zulegen, dann können das eigentlich auch alle anderen. Ändert der Riese irgendwann doch noch die Strategie und reduziert die Barrieren in seinem Online-Shop, weil die Frequenz in der Fläche trotz allen Bemühungen stagniert, wird dies nicht spurlos an den anderen Marktteilnehmern vorbeigehen – vor allem nicht an der stationären Garde.

Wenn nämlich Ikea in einigen Jahren zur Einsicht kommt, dass jegliches zukünftige Wachstum online stattfindet, wird das für die gesamten Einrichtungshäuser des alten Schlages der Wile-E.-Coyote-Moment, in dem der Abgrund unter den Füßen plötzlich sichtbar wird.

4.4 Versicherungen

Lässt sich über das Internet wirklich *alles* verkaufen?

Ein Zeitreisender aus den 90er-Jahren würde sich wohl über einiges wundern: Wieso ist die Erderwärmung immer noch nicht im Griff und das elektrische Auto gerade erst im Kommen? Und wer hätte denn gedacht, dass das Internet zu gefühlt 78 Prozent aus Katzenbildern bestehen würde? Stichwort „Internet“: Als der E-Commerce vor 20 Jahren mit Büchern anfing, muss vielen die Vorstellung, dass man binnen zwei Jahrzehnten auch größere Möbelstücke über das Internet beziehen würde, absurd vorgekommen sein.

Bücher: Da konnte man sich vorstellen, dass sie im Distanzhandel gut laufen würden.

So hatten sich Bücher doch schon immer prima verpacken und versenden lassen. Zudem ist es sehr einfach, über Bücher anhand ihres Titels, ihres Autors und der jeweiligen Auflage zu kommunizieren. Dazu noch ein (stark verpixeltes) Bild von der Titelseite und der Kunde weiß ganz genau, was er erwirbt. Aber einen Telefontisch oder eine Fernsehschrankwand (wir sind ja in den 90ern!) über das Internet beziehen?

Insofern prognostizierten Betriebswirte immer wieder, es würden eher kleinere und ausgesuchte Artikel über das Netz vertrieben werden – und natürlich auch immaterielle Güter, die nicht einmal gelagert und versendet werden müssten. So wurden in den 80er-Jahren einige der ersten E-Commerce-Applikationen im B2B-Bereich der Tourismusbranche entwickelt: In der Transaktion zwischen einer Linienfluggesellschaft und einem Reiseveranstalter musste erst einmal kein Produkt aufwendig transportiert werden. Später gehörten dann nach Büchern und Musik Flüge und Urlaubspakete zu den ersten Produkten, die schnell von stationären zu Online-Anbietern migrierten: Bereits um die Jahrtausendwende verspürten die Reisebüros den Druck durch Internetbuchungsmaschinen der ersten Generation wie Expedia.de und den Direktvertrieb der Fluggesellschaften.

In die Logik dieser frühen Entwicklungen passte die Vorstellung, dass Produkte wie Versicherungen, die im Grunde genommen in ihrer Textform bestehen (in der physikalischen Welt also höchstens aus einem als Brief versendbaren DIN-A4-Schein samt beiliegender Informationsbroschüre), schnell ins Netz wandern. Vielen kam die Idee, dass zum Beispiel teure Designerkleidung und Schuhe im Wert von mehreren Tausend Euro online vertrieben werden würden, von denen nicht einmal bis zur Anlieferung bekannt wäre, ob sie den Kundenanforderungen sowie den entsprechenden Körperformen wirklich gerecht werden, um einiges gewagter vor.

Heute wissen wir, dass es doch anders gekommen ist. Amazon beispielsweise vertreibt Damenhosen von Prada mit einem Warenwert von 1.119 Euro (zu 529 Euro, ein absolutes Schnäppchen!) sowie Taschen von Marc Jacobs zu über 1.200 Euro. Das teuerste Bett, das Kunden über Amazon erwerben können, kostet rund das Zehnfache. Versicherungen führt der Konzern aber nur äußerst wenige im Sortiment: Geräteschutz wird für Handys und sonstige technische Geräte in einer Preisspanne von 30 bis 100 Euro angeboten. Das war es dann aber auch schon.

Vermutlich hätte jemand, der sich bereits anno 1996 für E-Commerce interessierte, eher auf Versicherungen als auf Betten getippt, wenn ihm die Frage gestellt worden wäre, wofür man in 20 Jahren über das Internet wahrscheinlicher Tausende von Euro würde ausgeben können. Schließlich lässt sich eine Versicherungspolice in Worten (nur) genau beschreiben, die auch in elektronischer Textform verbrei tet werden können. Benötigte kundenseitige Angaben wie Alter, Geschlecht und Wohnort lassen sich ebenfalls elektronisch erfassen. Wozu braucht man sich eigentlich noch zu treffen? Für den rechtskräftigen Abschluss gibt es notfalls das Faxgerät (ja, die 90er!).

Die Logik ist sogar insofern bestechender, da durch einen Direktvertrieb im Internet die Wertschöpfungskette deutlich effizienter gestaltet werden könnte (kein Makler mit Büro, Firmenwagen und Aktenkoffer mehr!) und damit auch Konsumententarife attraktiver würden. Wo sind also die Anbieter, die so neue Kunden anlocken wollen? Und wo sind die Kunden, die den traditionellen Mittelsmännern und Vertretern den Rücken kehren?

Kurzum: Wieso sieht die Welt von heute anders aus, als man sie sich gestern vorgestellt hat?

Versicherungen sind anders

Zunächst einmal: Es gibt doch gute Gründe, warum heute eine große Mehrheit der Versicherungen noch nicht im Netz abgeschlossen wird, obwohl das bei anderen immateriellen Gütern schon seit Jahren anders aussieht. Folgende Besonderheiten sind in der Versicherungsbranche zu berücksichtigen:

- **Versicherungsarten und gesetzliche Vorgaben:** Es gibt verschiedene Arten von Versicherungen, die unterschiedlich verkauft werden müssen – und Versicherer müssen komplizierte gesetzliche Vorgaben erfüllen. Der Bedarf nach Versicherungen ist nicht mit dem Verlangen nach Konsumgütern gleichzusetzen. Einige Policen sind zudem derartig kompliziert und zugleich lebenswichtig, dass Kunden ohne fachliche Hilfe nicht weiterkommen.
- **Begrenztes Einsparpotenzial durch neue Handelsformen:** Skaleneffekte bei Versicherungen sind in der Regel viel weniger wichtig als bei sonstigen Gütern. Ab einem gewissen Grundstock an Prämien können die meisten Versicherungen

mit marginalen Grenzkosten kalkulieren. Mit einem Switch zum Direktvertrieb über das Internet sowie hin zu einem hohen Volumenwachstum lassen sich nicht unbedingt aufsehenerregende Einsparungen erzielen. Unkontrolliertes Wachstum kann sogar zu gefährlichen Versicherungsrisiken führen.

- **Fehlender Raum für Preisoffensiven:** Viele Versicherungen sind heute schon zu billig und werden im Preis zukünftig eher steigen (zum Beispiel die Kraftfahrzeugversicherung) – egal, auf welchem Wege und mit welchen Fixkosten sie vertrieben werden. Es gleicht einem Himmelfahrtskommando, die Kunden mit Kampfpreisen zu locken.
- **Ausgeprägter Konservatismus innerhalb der Branche:** Versicherungen sind oft hochprofitabel und scheuen das Thema E-Commerce zu Recht, weil damit (bisher) kein Geld verdient werden kann. Zudem sind sie von ihrem Temperament her naturgemäß oft extrem risikoscheue Organisationen. Im E-Commerce gilt wohl daher die bekannte Devise: „Wer sich früher aus der Deckung wagt, ist länger tot."

Wie in so vielen anderen Branchen muss keine einzige dieser Überlegungen für immer und ewig eine unüberwindbare Barriere bedeuten. Zusammengenommen zeigen diese Gründe allerdings, warum bisher viel mehr mit anderen Gütern – ob materiell oder immateriell – im Internet experimentiert worden ist. Vor allem aus Sicht der Anbieter, aber auch aus Sicht der Kunden sowie potenzieller Angreifer lohnt es sich noch nicht, auf neue Modelle des Vertriebs zu setzen.

Die Versicherungen, die doch schon massenhaft im Netz angeboten werden, stellen oft die Erweiterung eines verkauften Produkts dar (Reiserücktrittsversicherungen, Geräteversicherungen) oder reihen sich bei den unkompliziertesten Policen ein (etwa bei Kraftfahrzeugversicherungen).

Viele komplexere Produkte werden im Netz höchstens beworben: Für den Abschluss geht es dann zur Bank, zum Versicherungsmakler oder in eine Konzernfiliale.

Das Produkt Versicherung

Aus den Besonderheiten vieler Versicherungsarten sowie aus deren gesetzlichem Status gehen Komplikationen hervor, die einen wichtigen Grund darstellen, warum man auf Amazon eine fünfstellige Summe für ein Bett ausgeben kann, aber beispielsweise noch nicht für eine Risikolebensversicherung.

Zunächst existieren zwei grundlegende Formen von Versicherungen. Zum einen gibt es die **Pflichtversicherungen**, die der Gesetzgeber der Bevölkerung vorschreibt: Am weitesten verbreitet ist die für alle verpflichtende Krankenversicherung. Dazu kommen andere, fallgebundene Policen wie die Kraftfahrzeugversicherung für denjenigen, der ein Auto fahren möchte, sowie die vom Gesetzgeber festgeschriebenen Versicherungen für verschiedene Berufsstände (kontrovers war in diesem Zusammenhang beispielsweise kürzlich die obligatorische Berufshaftpflichtversicherung für Hebammen). Zum anderen gibt es die **freiwilligen Versicherungen**, die man abschließen kann, aber nicht muss: zum Bespiel eine private Haftpflichtversicherung oder eine Police gegen Schäden an einem teuren technischen Gerät.

Diese zwei Versicherungsformen entsprechen den zwei zugrunde liegenden Handelsformen: Pflicht gleich **Pull**, Freiwilligkeit gleich **Push**. Denn für Pflichtversicherungen gibt es summa summarum gerade so viel Nachfrage wie gesetzlich vorgeschrieben: Kunden kommen grundsätzlich zum Versicherer. Im Falle von freiwilligen Versicherungen müssen Anbieter Kunden von der Nützlichkeit des Produktes über- und so Nachfrage erzeugen.

Allerdings muss diese vereinfachte Definition für eine Analyse des aktuellen Stands sowie der Chancen und Gefahren für Versicherungen im E-Commerce etwas ausgeweitet werden. Denn es gibt ja durchaus auch sehr sinnvolle Versicherungen wie die Privathaftpflicht- oder die Berufsunfähigkeitsversicherung, die zwar nicht verpflichtend sind, deren Abschluss sich aber oft aufdrängt. Hier soll die Handlungsform Pull also nicht eins zu eins mit Pflichtversicherungen gleichgesetzt werden, sondern davon ausgegangen werden, dass alle Policen, die entweder Pflicht oder für große Kundengruppen äußerst sinnvoll sind, im Pull-Verfahren vertrieben werden. Anbieter können hier in der Regel höchstens Kunden, die bereits im Entscheidungsprozess stecken, von den Vorzügen ihrer Policen im Vergleich mit anderen überzeugen. Kunden haben hier eine Wahl zwischen verschiedenen Anbietern, müssen aber einen der Anbieter auf jeden Fall wählen. Schließlich sind sie – oder aber sie fühlen sich – zum Abschluss einer Versicherung verpflichtet: Sie dazu überreden muss oder kann man nicht. Der Rest der Versicherungsprodukte wird aber im Push-Verfahren verkauft.

Eine Reiserücktrittsversicherung ist beispielsweise nicht für alle Kunden bei allen Reisen sinnvoll.

Kunden muss oft ihre Funktion erklärt und dazu ein entsprechender Anwendungsfall dargestellt werden, bis sie einen Kauf auch nur überlegen. Gesundheitszusatzversicherungen sind ebenfalls Produkte, die proaktiv vermarktet werden müssen: Nicht allen Bundesbürgern ist klar, wie viel Eigenanteil sie beim Zahnersatz übernehmen müssten. Andere sind sich dessen durchaus bewusst, sie entscheiden sich aber lieber dafür, für einen Behandlungsfall eigene Geldreserven aufzubauen.

Neben den Handelsformen Pull und Push benötigen wir bei Versicherungen noch eine weitere Dimension: **Einfachheit** versus **Komplexität**. Es gelingt einem Fachmann wahrscheinlich viel schneller als einem Privatmann, alle relevanten Informationen zu einer Berufsunfähigkeitsversicherung einzuholen: Welche Gesundheitsfragen werden gestellt und was bedeutet das für das Angebot? Wird in der Police auf die notorische „abstrakte Verweisung" verzichtet? Ist im Schadensfall eine monatliche Rente oder doch eine Einmalzahlung am sinnvollsten? Eine Kraftfahrzeugversicherung hingegen ist weitestgehend standardisiert. Wer in der Lage ist, ein Auto käuflich zu erwerben, ist generell ebenfalls in der Lage, ohne Beratung eine passende Police abzuschließen. Damit ergibt sich für die Versicherungs- und Handelsformen ein Raster wie in *Abbildung 4.8* dargestellt.

Der graue Bereich markiert die Versicherungen, die einfach strukturiert sind und die ohnehin fast jeder braucht. Und siehe da: Diese Versicherungen lassen sich schon heute hervorragend über das Internet verkaufen. Was dabei herausgekommen ist, macht den Versicherungen allerdings nicht unbedingt Mut für eine Ausdehnung des Online-Vertriebs auf andere Segmente. Hier haben Versicherer nämlich einen besonders hohen Margenverfall zu beklagen und stellen teilweise sogar die Abkehr von Direktversicherern zugunsten anderer Anbieter fest. Warum den Vertrieb im Internet auf andere bisher geschonte Bereiche ausweiten?

Ohnehin wäre es deutlich schwieriger, in den beiden hellblau eingefärbten Bereichen über den Online-Kanal zu verkaufen. Kunden suchen deutlich seltener nach vergleichsweise einfachen Produkten wie Hausratversicherungen oder Rechtsschutzversicherungen im Netz – vor allem die besonders attraktiven Kunden nicht.

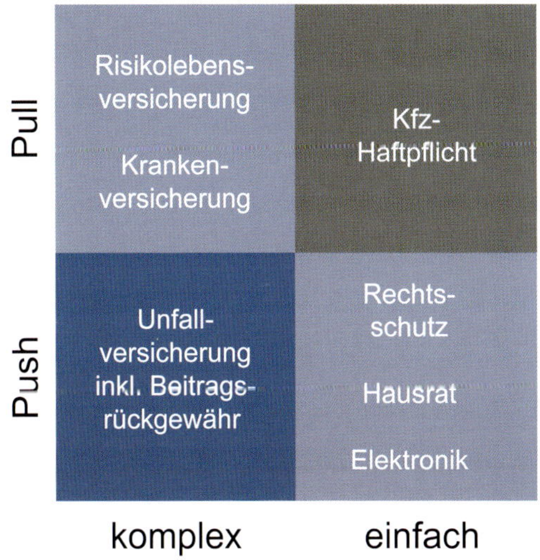

Abbildung 4.8: Versicherungsverträge klassifiziert in Komplexität vs. Einfachheit und Pull- vs. Push-Prinzip im Marketing
Quelle: www.kassenzone.de

Denn wer von sich aus etwa nach einer Rechtsschutzversicherung sucht, dürfte sich alleine damit schon als negatives Risiko für die Versicherungsgesellschaften klassifizieren. Diejenigen Kunden, die nicht aktiv nach einer Rechtsschutzversicherung suchen, sondern eine von ihrem „Versicherungsberater" (Grund Anführungsstriche: siehe unten) oder Versicherungsmakler angedient bekommen, sind viel attraktiver, weil sie diese nicht gerade wegen einer konkreten Streitigkeit dringend brauchen – und sie möglicherweise vergessen und nie in Anspruch nehmen werden. Den idealen Kunden für viele Produkte dieser Kategorie finden Versicherer also nicht im Internet. Ganz im Gegenteil: Setzen die Versicherer zu sehr auf Online-Anfragen und reagieren sie zu intensiv auf eine kundenseitige Nachfrage, handeln sie sich damit möglicherweise hohe Risiken ein.

Bei den komplexen im Pull-Verfahren vertriebenen Produkten wie der Krankenversicherung oder einer Risikolebensversicherung verhält es sich gegenteilig. Diese werden zwar im Internet nachgefragt und für Versicherer ergibt sich dadurch kaum ein höheres Risiko – eine Krankenversicherung brauchen schließlich auch Gesunde –, aber der Vertrieb scheitert an den Komplexitäten. Die vielen Fragen, die zur Klassifizierung des Kunden notwendigerweise gestellt werden müssen, ergeben einen langwierigen und stressigen Buchungsprozess oder – noch schlimmer, für Anbieter und Kunde gleichermaßen – sogar Fehler bei der Versicherungsauswahl.

Dass Versicherer fast durchweg darauf verzichten, die komplexen Push-Produkte, die Kunden ohnehin nicht benötigen und selten nachfragen, im Netz zu vertreiben, wundert dann nicht.

Ob diese Probleme beispielsweise mit einer personell gut ausgestatteten Hotline oder stark verbesserten Prozessen bei der Buchung im Browser behoben werden könnten, steht in den Sternen. Zwar gibt es bereits seit Jahren erfolgreiche Direktversicherer – also Versicherer, die schon immer ohne ein Beraternetz ausgekommen sind – und diese pflegen nun Internetauftritte, die viele Informationen und Beitragsberechnungsmaschinen für fast alle Produkte online anbieten. Cosmos Direkt, Europas größter Direktversicherer, bietet beispielsweise zudem eine Live-Beratung als Webchat an. Doch wie viele wirklich komplexe Policen bei Cosmos Direkt online abseits vom Brot- und Butter-Geschäft mit den Basics Kraftfahrzeugversicherung und Co. direkt von Kunden gebucht werden, ist fraglich. Wer zum Beispiel über 30 Jahre alt ist und einen Kostenvoranschlag für eine Berufsunfähigkeitsversicherung über den Online-Beitragsrechner einholen möchte, bekommt Folgendes zu lesen: „Der Berufsunfähigkeitsschutz für Einsteiger kann höchstens bis zum 30. Lebensjahr vereinbart werden. Wir empfehlen Ihnen für die Absicherung Ihrer Arbeitskraft den klassischen Berufsunfähigkeitsschutz." Worin der Unterschied zwischen Berufsunfähigkeitsschutz für Einsteiger und Berufsunfähigkeitsschutz besteht – und warum man dann doch keinen Berufsunfähigkeitsschutz erwerben kann, obwohl die Rubrik der Webseite doch genauso heißt, wird nicht erklärt. Der Gang zum Fachmann, der diese Art von Berechnungsmaschinerie ebenfalls auf seinem Bildschirm hat, den Aufbau dahinter aber besser versteht, scheint hier unausweichlich.

Solange sich selbst erfahrene Direktanbieter schwer damit tun, die Komplexitäten ihrer Produkte online nachvollziehbar darzustellen – und solange Kunden es bei potenziell derart lebensverändernden Entscheidungen mit einem mulmigen Gefühl zu tun bekommen und dann doch nach der ersten Internetrecherche zum Berater oder Makler gehen –, dürften sich bestimmte Bereiche der Versicherungswirtschaft dem Direktvertrieb im Netz entziehen.

Das Geschäft mit dem Produkt Versicherung

Zu den oben genannten Gründen gesellt sich aber noch ein weiterer: Die jetzigen Akteure in der Branche haben kein Interesse daran, komplexe Produkte online so zu erklären und darzustellen, dass sie auch massenweise von Nichtfachkundigen verstanden und erworben werden könnten. Denn ein Geschäft, das bisher intransparent ist, würde dann zu einem transparenten – was aus Anbietersicht noch nie wünschenswert war (die seit den 90ern in Scharen geschlossenen Reisebüros lassen grüßen!).

Fast alle der derzeitigen Anbieter von Versicherungen haben mehr oder weniger Grund, ein verbessertes Kundenwissen sowie den verbreiteteren Direktvertrieb zu fürchten. Man kann sie in vier Typen einteilen:

- Ausschließlichkeitsvermittler (angestellt oder frei), gebunden an eine Marke;
- Makler/unabhängige Vermittler, keine Markenbindung;
- Banken, oft gebunden an eine oder wenige Marken;
- sonstige Anbieter, zum Beispiel Autohäuser oder Airlines.

Sonstige Anbieter betreiben in der Regel Upselling von einfachen und zu Produkten passenden Einmalversicherungen und stellen insofern einen lukrativen, aber vergleichsweise einfachen Kanal dar. In Deutschland arbeiten aber circa 250.000 Versicherungsvermittler – oder, wie sie sich irreführenderweise oft nennen und genannt werden, „Versicherungsberater" –, deren Rolle zunehmend kritisch gesehen wird. Denn ob **Ausschließlichkeitsvermittler**, **unabhängige Vermittler** oder **Bankangestellte**: Alle verdienen sie an der Provision, die ihnen beim Abschluss einer Versicherung gezahlt wird und deren Kosten in den Versicherungsprämien enthalten – einige würden sagen: „versteckt" – sind.

Beratung bieten sie insofern nicht an: Jegliche „Beratung" ist an Produkte gebunden und müsste als Verkaufsgespräch eingestuft werden.

Zudem ist das Provisionsmodell hoch umstritten, weil der Vermittler incentiviert wird, die für ihn profitabelste Versicherung zu empfehlen und nicht das für den Kunden beste Modell zu wählen. Das lässt sich nur umgehen, indem man das komplette Modell auf eine Honorarberatung umstellt. Profiteure der Honorarberatung wären die Kunden, weil sie keine eingepreiste und oft nicht einfach einzusehende Beraterprovision mehr an die Versicherung zahlen und so den Makler für seine Arbeit direkt honorieren. Die Beratung für jemanden, der dann auch eine Versicherung abschließt, würde nach diesem Modell im Durchschnitt sogar günstiger ausfallen, da im Provisionsmodell ja der abschließende Kunde den Aufwand für Beratungen ohne Vertragsabschluss mittragen muss. In der Theorie müssten also die Kunden förmlich nach der Möglichkeit eines wirklich unverbindlichen, dafür aber einmalig zu entlohnenden Beratungsgesprächs schreien.

Soweit die Theorie. In Großbritannien ist eine solche Beratung für Anlage und Altersvorsorge ausschließlich gegen Honorar seit über einem Jahr Pflicht. Als erstes Ergebnis lässt sich festhalten, dass viele Kunden überhaupt keine Beratung mehr in Anspruch nehmen und oft auch den notwendigen Versicherungsschutz gar nicht mehr abschließen, weil sie einsehen, wie viel sie an die Berater zahlen. Mangelnder Versicherungsschutz kann aber eher nicht das Ziel der Übung sein – weder für Versicherer noch Kunden. Da werden Gesetzgeber an anderer Stelle zweimal überlegen, ob sie ein ähnliches System einführen.

Grundsätzlich haben also alle Akteure in diesem System, abgesehen von den Kunden, ein enorm hohes Interesse daran, dass alles so bleibt, wie es ist.

Und Kunden, obwohl sie theoretisch doch eher an einem Wechsel Interesse hätten, fordern dies nicht ein beziehungsweise schöpfen Möglichkeiten dazu dann nicht aus.

Diese Intransparenzen bleiben also ein Segen für Versicherer. Sie verdienen im Regelfall ihr Geld durch Informationsasymmetrien, und die bestehenden Handelsformen garantieren diese Asymmetrien in vielerlei Hinsicht. Da der Durchschnittskunde schon die Materie einer komplexen Police wie beispielsweise für eine Berufsunfähigkeitsversicherung kaum in seiner Gesamtheit auffassen kann, wird er es doppelt so schwer haben, selbstständig die Kalkulation nachzuvollziehen und verschiedene Angebote zu vergleichen. Wie viel Prozent der Beraterprovision er mitbezahlt und wie hoch die von der Versicherung erzielte Marge ausfällt, kann er unter den derzeitigen Bedingungen einfach nicht wissen.

Versicherer: Hase im Scheinwerferlicht?

Allerdings ermöglicht das Internet den Austausch, die Zusammenführung und die Veröffentlichung von Informationen, während der E-Commerce neue Akteure mit neuen Geschäftsmodellen strukturell favorisiert. Das sind zusammengenommen zwei Wahrheiten, die Profiteuren des Status quo nichts Gutes verheißen. Und erste Angriffe auf das Mausern der Versicherungskonzerne und -vermittler in Deutschland gibt es bereits in Form des „Supermaklers" Check 24. Zudem lässt das rasante Wachstum des Online-Direktversicherers Hastings Direct auf dem britischen Markt auch bei einigen hiesigen Versicherern die Alarmglocken läuten: Hastings Direct definiert sich als „agil, datengetrieben und digital". Kunden schließen ihre Kraftfahrzeug- und Hausratversicherungen online ab, reichen auch dort Schadensfälle ein und pflegen ihre eigenen Daten.

Dass Hastings Direct durch diese aufwandsarmen kundenseitig gesteuerten Prozesse effizienter als klassische Versicherer arbeitet, ist klar. Dass die Effizienzeinsparungen so üppig ausfallen wie die satten Rabatte, die das Unternehmen gewährt, ist ausgeschlossen. Branchenkenner schätzen, dass Hastings Direct gerade noch kostendeckend arbeiten wird. Die Marge – wenn es sie denn gibt – wird hauchdünn sein: Nur durch beständiges Wachstum kann das Unternehmen überleben, weswegen es weiterhin alles daran setzen wird, weiterzuwachsen. Andere Versicherer auf dem Markt in Großbritannien schwanken zwischen Zuversicht („Die gehen dann eh bald pleite!") und Panik („Wo sind unsere ganzen Neuabschlüsse hin? Und warum kündigen gerade so viele ihre Verträge?").

In Europa fürchten die Versicherer die Ausbreitung eines solchen Geschäftsmodells wie sonst nichts anderes.

Damit nimmt Hastings Direct in der Versicherungsbranche heute ungefähr die Rolle von Amazon vor zehn Jahren im Einzelhandel ein: Das Wachstum des Unternehmens ist beträchtlich, die Marge existiert nicht – und so sitzen alle wie der Hase im Scheinwerferlicht und machen nichts. Die Hoffnung ist, dass das Licht bald ausgeht. Die Realität ist aber wohl, dass das mit immer höherem Tempo heranrückende Fahrzeug sie erfasst.

Grundsätzlich ist die Haltung in den Vorstandsetagen der Versicherer sehr gut nachvollziehbar. Es ist ausgesprochen wenig reizvoll, als derjenige Konzernlenker in die Firmengeschichte einzugehen, der ein 10-Prozent-Margen-Geschäft gegen ein Plus-/Minus-Null-Margen-Geschäft eingetauscht hat. Dennoch wissen die Versicherer, dass die Zukunftsaussichten nicht gerade rosig sind: Irgendwann muss der Hase laufen, sonst stirbt er. So ist ein ähnliches Verhalten zu beobachten wie im deutschen Einzelhandel vor gut einem Jahrzehnt: Es werden „Initiativen" gebildet, die der Fragestellung nachgehen, wie die Konzerne in Zukunft aus den Risiken des Internets Chancen machen können. Dabei wird das Internet aber allzu oft mit einem reinen Vertriebskanal verwechselt und grundsätzliche Fragestellungen wie diese können so ignoriert werden: „Hat unser Geschäft für die Kunden so in zehn Jahren noch Sinn?" Bis solche Fragen auch gestellt werden, sind sämtliche Thinktanks und Projektgruppen in ihrer Arbeit so beschnitten, dass sie keine sinnvollen Ergebnisse hervorbringen werden.

Neben den klassischen Strategien versuchen sich Versicherer allerdings auch an den hippen Inkubatoren, die es kurz vor dem Dammbruch im Einzelhandel so noch nicht gab. Die Allianz hat sich beispielsweise einen sogenannten „Digital Accelerator" aufgebaut, der es sich zur Aufgabe gemacht hat, neue Geschäftsmodelle für die Gruppe zu finden und diese innerhalb des Konzerns zu verankern. Dennoch ist das Ganze an den Stammstandort München gebunden und sieht nach eingängiger Betrachtung eher nach einem – zugegebenermaßen relativ unabhängigen – internen Bereich des Konzerns aus. Sowohl der eher gesetzte und nicht gerade für Startups bekannte Stadtstandort München sowie die unmittelbare Nähe zur Zentrale dürften dazu tendieren, diesen Accelerator von den wirklich revolutionären Ideen abzuschneiden. Nicht überall, wo „Inkubator" draufsteht, ist auch Innovation drin.

Einen Schritt weiter geht die Axa-Gruppe mit ihrem Axa Lab in San Francisco.

Analog zu anderen Konzernen aus der alten Ökonomie wie die Springer-Reisegruppe versucht Axa in Silicon-Valley-Spuckweite näher an den Trends zu sein, um sie dann später zurück in die Axa-Gruppe hineinzutragen. Das ist wohl der vielversprechendere Ansatz. Allerdings müssen wesentliche Axa-Vorstände regelmäßig vor Ort sein, um die Themen voranzutreiben, ansonsten wäre dieser Schritt sinnlos. Zudem besteht das Problem oft nicht im Mangel an neuen Ideen, sondern an deren Transplantation zurück in das Kernunternehmen sowie an den hemmenden Strukturen in der Zentrale. So hat es im deutschen Versandhandel beispielsweise nur Otto überzeugend geschafft, sich in das digitale Zeitalter hinüberzuretten. Quelle, Neckermann und Co. waren die Hasen, die sich nicht bewegt haben. Sie waren in der Mehrheit – und sind es auch heute noch mit ihren Grabsteinen. Rein statistisch stehen die Chancen also schlecht, dass sich eine Mehrheit der heutigen Akteure rechtzeitig und radikal genug bewegt.

Und wenn schon Einzelhändler an mangelndem Problembewusstsein, internen Beharrungskräften und dem Wunschdenken, es könne alles so schön übersichtlich und profitabel bleiben, wie es ist, reihenweise gescheitert sind, dann fällt die Hoffnung bei Versicherern noch geringer aus. Schließlich ist das Geschäft noch hochprofitabel, es sind noch wenige ernstzunehmende Wettbewerber in Sicht, und Versicherungsvorstände dürften zudem zu den risikoscheuesten Managern der Welt gehören.

So werden sich klassische Versicherungsunternehmen davor hüten, ihr hübsches profitables Geschäft vorzeitig in einen auf ein Preis-Leistungs-Verhältnis ausgerichteten Wettbewerb im Internet umzuwandeln und damit ihre eigenen Margen sowie die der Wettbewerber zu zerstören. Alles soll bleiben, wie es ist. Wahrscheinlich ändert sich nichts daran, bis Amazon, Google oder sogar Facebook anfangen, in dem Bereich eigene Produkte zu entwickeln. Auszuschließen ist es keineswegs, denn diese Unternehmen wissen ohnehin dank ihren Schätzen an persönlichen Daten mehr über die Risikoklassifizierung ihrer Kunden als Versicherer je herausfinden könnten. Solche Player gehören auch zu den einzigen Akteuren, die die notwendigen regulatorischen Akkreditierungen über mehrere Länder hinweg mehr oder weniger aus der Portokasse zahlen können und über die Sorte Rechtsabteilung verfügen, die für einen reibungslosen Ablauf in diesem Bereich sorgen kann. Für Start-ups ist dieser Bereich zwar etwas schwerer zu knacken, weil zum einen die Hürden für eine Versicherungslizenz recht hoch sind und zum anderen ganz neue Unternehmen noch keine Querfinanzierung aus den Kapitalerträgen einpreisen können, aber ab 20 bis 50 Millionen Euro Einsatz kann Branchenkennern zufolge auch hier auf der grünen Wiese alles erreicht werden. Zur Erinnerung: Rocket Internet investiert regelmäßig Beträge um die 20 Millionen Euro in Unternehmen, die über das Internet Möbel verkaufen. Wie schnell aus dem Nichts der Game-Changer kommen kann, haben zahlreiche Online-Händler schon bewiesen.

Wenn es Zeitreisende aus der nahen Vergangenheit wundern würde, dass es bis heute noch keine Internetrevolution in der Versicherungsbranche gab, wird diese Tatsache Zeitreisende aus der nahen Zukunft wohl umso mehr in Unverständnis versetzen.

4.5 Tech: Silberkugel oder Wunderwaffe?

Es ist nicht nur die (völlig berechtigte) Angst, bislang renditestarke Geschäftsmodelle aufs Spiel zu setzen, die es Versicherungskonzernen oder etablierten Akteuren in sämtlichen anderen Bereichen erschwert, auf Neueinsteiger zu reagieren. Denn: Sie haben nicht nur die Fähigkeit, als junge agile schnelle Unternehmen heute auf Marge zu verzichten für ... na ja, was auch immer in der Zukunft (siehe *4.1 Die GAFA-Ökonomie*).

Start-ups bringen darüber hinaus einen anderen gefährlichen Vorzug mit: ihre Beziehung zu Technologie.

Vereinfacht gesagt, ist für die Mehrzahl der erfolgreichen Herausforderer über alle Segmente hinweg die Technologie der Treiber, nicht das Geschäft. Nehmen wir Uber als Beispiel. Die Alpträume der Taxifahrer mal beiseite: Uber ist nicht darauf aus, der größte und beste Taxidienst aller Zeiten zu werden. Nein, der Ehrgeiz von Uber ist es, so viel darüber zu erfahren wie möglich, wohin die Menschen wollen und zu welchen Zeiten. Heute ermöglichen es zwar genau diese Informationen Uber, zu einem einschüchternden Gegner der Taxifirmen zu werden. Morgen werden diese Daten aber Uber in die Lage versetzen, es mit allen aufzunehmen – von Verkehrsverbünden bis hin zu Autoherstellern. Ubers Geschäftsmodell wird sich seinen technologischen Möglichkeiten anpassen. Uber und andere Firmen haben den teleologischen Technologieansatz – das heißt eine von Anforderungsprofilen geleitete Entwicklung, in der die fertige Technik das können muss, was der Businessplan eingangs verlangte – durch einen Technologieansatz (Punkt, Ende) ersetzt. Diese Firmen gehen dahin, wo die Technologie sie nimmt.

Dieser Fakt sollte nicht – und wird wohl auch nicht – als Überraschung daherkommen. Nicht umsonst schreiben die Medien von „Technologiefirmen" und „Hightech-Konzernen", wenn sie über Google, Apple und Co. berichten. Dass er aber mittlerweile ein Gemeinplatz ist, heißt eben nicht, dass dieser Fakt auch nur annähernd in seiner Gesamtheit erfasst wird – weder von DAX-Konzernlenkern noch von politischen Entscheidungsträgern. Sie sehen Technologie als Silberkugel, die – je nach Ansichten – ihre Geschäfte/Gesetze zu zerstören droht oder zu retten vermag. Dass es sich aber bei Technologie um die Wunderwaffe handelt, die die Kugeln schießt, wird verkannt.

Die Sache mit den Konzernen und der IT

Im Online-Handel tritt dieser Kategorienfehler besonders markant hervor. Es gibt immer noch Einzelhändler da draußen, die im Irrglauben verharren, das einzige, was zwischen ihnen und dem E-Commerce-Erfolg bisher ungeahnten Ausmaßes liege, sei das neue von der IT-Abteilung angepriesene System. Sie glauben, sie brauchten das nur einmal umzusetzen und schon schnellen die Absatzzahlen in die Höhe. Oh Wunder! Dass sie einer Illusion nacheilen, ist vielen noch überhaupt nicht klar.

Auf der einen Seite ist die Herkunft des Missverständnisses gut nachvollziehbar. Denn in den frühen Jahren des E-Commerce waren die von großen Händlern eingesetzten Softwarelösungen eigentlich nur Anbauten an die bereits existierenden **Warenwirtschaftssysteme**: Es handelte sich um Website gewordene Kataloge mit Warenkorbfunktion. So konnte man im Netz erste Absätze herbeiführen und die Ergebnisse konnten sich oft sogar sehen lassen. Was aber als erster Schritt durchaus logisch war, kam schnell an seine Grenzen: Mit einem System, das primär darauf aufbaut, Kunden in stationären Filialen Waren zu verkaufen, lässt sich schlecht auf Wettbewerb im Web reagieren. Nicht, dass Enterprise-Systeme wie Hybris, ATG und Intershop je behaupteten, etwas anderes als ein Online-Schaufenster zu sein. Das verstanden viele große Handelsorganisationen um die Jahrtausendwende herum und begannen, zur nächsten Generation zu wechseln. Diese war abgekoppelt von den bestehenden Warenwirtschaftssystemen: Ab 2003 machten **Internet-First-Shopsysteme** wie Demandware, Magento und GSI das Rennen, was mehrere Dinge zur Folge hatte. Zuallererst führte es aber dazu, dass viele Unternehmen fortan intern aufgeteilt wurden: Nicht wenige Einzelhändler sahen sich gezwungen, eine Art Super-IT-/E-Commerce-Abteilung zu gründen, die sich rasch verselbstständigte. Der Vorteil war die Beinfreiheit im Online-Handel. Der Nachteil war aber, dass es oft zu gespaltenen und duplizierten Kundendatensätzen, Marketingangaben, ja sogar Produktinformationen führte. Das Ergebnis heutzutage: Viele Unternehmen plagen sich nun mit wachsenden Kosten für sowohl eine ERP- als auch eine Online-Shop-Infrastruktur herum. Und sie stoßen sich dabei an einer sehr mächtig gewordenen IT-Abteilung, die komischerweise nichts dagegen hat, wenn immer viel Geld und Ressourcen in die Informatik fließen müssen ... Versuche, die beiden Lösungen zusammenzuführen und von den typischen Ineffizienzen des Multichannel-Aufbaus wegzukommen, zeigen die Schwierigkeiten auf. Diese sehen so aus, dass viele Unternehmen verständlicherweise noch einmal ganz von vorne anfangen wollen – mit einer dritten Softwaregeneration, die weder auf Warenwirtschaft noch auf den Shop fokussiert, sondern sich ausschließlich an **Kundenbedürfnissen** orientiert.

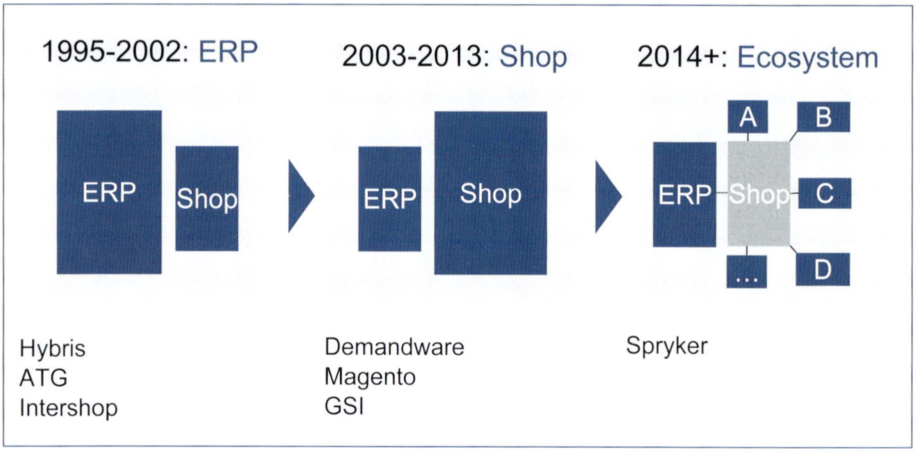

Abbildung 4.9: Entwicklung der E-Commerce-Technologie
Quelle: www.kassenzone.de

Kundenfokussierte Systeme? Vollblut-Online-Händler hatten ja nie etwas anderes. Zwar läuft auch E-Commerce auf Basis von ERP-Software, damit die Warenwirtschaft stimmt. Diese ist aber nur eine dem Shop untergeordnete Komponente. Und aus dem Shop geht alles hervor. Zudem sind die Shops von vielen Category-Leadern wie Asos, Wayfair oder Zalando von Grund auf selbstgebaut. Sehr viele E-Commerce-Pure-Players bauen auf **Eigenentwicklungen**, in die seit Jahren investiert wurde. Wichtig ist, sich dabei zu vergegenwärtigen, dass diese Lösungen nicht in erster Linie „Shopsysteme" sind. Es handelt sich vielmehr um Software, die zufällig auch sehr gut darin ist, einen Online-Shop am Laufen zu halten – während sie viele andere Dinge macht, die diesen Unternehmen ihre Wettbewerbsfähigkeit verleihen. Solche Plattformen bilden die Kerne von ganzen Ökosystemen, die neben einem Shop ebenfalls OMS, CMS, PIM, BI, CRM und eine Fülle an Apps für die ganze Bandbreite an Endgeräten umfassen. So können diese neuen Unternehmen nicht nur schnell auf Bewegungen im Markt eingehen, sondern Eigenentwicklungen aus dem eigenen Bestand vorantreiben und selbst den Markt bewegen. Insofern sind die ganzen Fachdiskussionen darüber, ob nun Magento 2 gelungen ist und wie beliebt Shopware wird, Nebenschauplätze. Ebenso Plädoyers für den anhaltenden Nutzwert von noch aktuellen Enterprise-Systemen wie Hybris. Der eigentliche Knackpunkt ist der, dass viele angestammte Unternehmen immer noch der „**Endgame-Fallacy**" hinterherhecheln. So nennt Donald Ferguson, der als Erfinder der populären Websphere-Plattform von IBM gilt, den Versuch, eine bestehende IT-Infrastruktur so anzupassen, dass sie mit allen möglichen

Herausforderungen der Gegenwart und Zukunft fertigwerden kann. Ferguson lässt keine Gelegenheit aus, zu betonen, dass die Informatikabteilungen größerer Organisationen rund drei Viertel ihrer Budgets nur dafür aufwenden, bereits im Betrieb befindliche Systeme zu warten. Der Versuch, diese Systeme im laufenden Betrieb so grundlegend umzugestalten, dass sie auch fürs „Endspiel" bereit sind, ist wahnsinnig.

Die daraus folgenden Schlüsse sind natürlich hochgradig unbequem. Händler, denen wirklich etwas an E-Commerce-Erfolg in der Zukunft gelegen ist (sowie Organisationen in einer breiten Reihe von Industrien, denen die GAFA-Behandlung bevorsteht), werden sich mit dem Gedanken anfreunden müssen, zwei bis drei Jahrzehnte der IT-Entwicklung abzuschreiben und neu anzufangen. Dabei wird für viele der erste Schritt – vielleicht kontraintuitiverweise – darin bestehen, dass diese Neuentwicklung den vorhandenen Informatik- und E-Commerce-Abteilungen entrissen wird. Nur so kann sich der Neustart von den alten Denkmustern und bekannten Lösungen wirklich befreien. Softwareentwicklung wird dabei von einer Aufgabe, mit der sich eine Abteilung befasst, zum Kernstück des Unternehmens; zu dem Bereich, in dem das Unternehmen dem eigenen Selbstverständnis nach auch Werte schöpft. Konzerne, die behaupten, E-Commerce sei fortan Chefsache, bei denen aber kein einziges Vorstandsmitglied in der Technologie wirklich versiert ist, schreiben Schecks, die sie nicht in der Lage sind einzulösen. Der Erfolg wird ausbleiben.

Anstatt die Kräfte auf die Erfindung einer einzelnen Silberkugel zu richten, sollten Unternehmen eher darüber nachdenken, wie eine völlig neue Schusswaffe aussehen könnte.

Den Vogel abgeschossen

Über den Königsweg in der Neuentwicklung wird schon debattiert. Die IT-Beratungsfirma Gartner hat den Begriff „**bi-model IT**" gemünzt, um eine Strategie zu beschreiben, bei der etablierte Großkonzerne die noch aus bestehenden Strukturen zu erzielende Rendite dazu verwenden, eigene digitale Neugründungen zu finanzieren. Vereinfacht gesagt wird ein langsam abebbender Cash-Flow noch in den Aufbau des nächsten Geschäftsfeldes gelenkt, bevor er endgültig versiegt. Bis dahin, so die Überlegung, sind neue Quellen angezapft, es fließt neues Geld – und das Unternehmen hat die Kurve gekriegt.

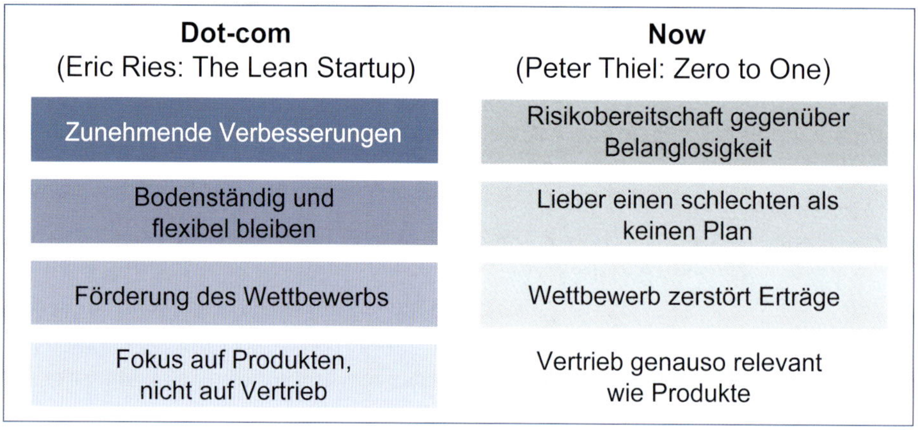

Abbildung 4.10: Rat für Gründer 2005 vs. 2015
Quelle: www.kassenzone.de (basierend auf den Büchern von Eric Ries und Peter Thiel)

Die Herangehensweise ist zwar wohlüberlegt und kann bestimmt in ein paar Fällen erfolgreich angewendet werden. Mit Blick auf die Regeln der GAFA-Ökonomie (siehe *4.1 Die GAFA-Ökonomie*) sehen wir aber hier versteckte Risiken. Um noch einmal die Wortwahl von Mark Zuckerberg zu bemühen: „The only strategy that is guaranteed to fail is not taking risks." Die Neugründung einiger weniger digitaler Einheiten innerhalb bestehender Strukturen ist eine Null-Risiko-Angelegenheit: Die Menschen in diesen Einheiten werden weder das Gefühl haben, Risiken einzugehen, noch – nachdem sie ihre Gehaltsabrechnung bekommen haben und das nächste Treffen mit dem Vorstand vorbereiten müssen – das Bedürfnis haben, welche auf sich zu nehmen.

Wirkliche Risiken sehen anders aus als die trendigen Inkubatoren der Versicherer (siehe *4.4 Versicherungen*). Sie kommen eher wie Google daher, das sich gerade am Ende einer völligen Neustrukturierung als Alphabet befindet. Ziel war es, die Technologie und die Geschäftsfelder des Konzerns in ihrer Struktur besser wiederzugeben. Ist es denkbar, dass ein führendes Unternehmen mit einer Bewertung um die halbe Milliarde in irgendeinem anderem Industriezweig alles vom Aufbau des Organigramms bis hin zum Geschäftsnamen umkrempeln würde – und das im Eiltempo? Tja.

Es muss aber nicht einmal so weit gehen. Hier in Deutschland haben sowohl der ehemalige Versandhändler Otto als auch der traditionsreiche Verleger von gedruckten Zeitungen Axel Springer gezeigt, dass es durchaus reichen kann, die digitale Innovation ernstzunehmen – und sie im **Greenfield**-Verfahren außer Reichweite von internen Neidern auszustatten und aufzubauen. Dem Otto-Konzern kommt dieser Schritt jetzt insofern wieder zugute, als er im Online-Handel mithalten kann. Bei Springer haben sich die einst steifen Manager nicht nur eine Silicon-Valley-Bräune vom Feinsten und auffällig lange Bärte zugelegt, sondern auch immer höher ausfallende digitale Erlöse. Im Umkehrschluss gelingt es nicht jedem Angreifer, sich auf Dauer zu behaupten: Jugend und ein technologiegetriebener Ansatz reichen nicht automatisch aus. Und auch erfolgreiche Herausforderer werden älter; dem können alle Hot-Desk-Initiativen, Scrumming-Sessions und Microservices dieser Welt keinen Riegel vorschieben. Große Organisationen werden schwerfälliger, ohne dass dabei das Tempo des Marktes nachließe. Sogar ein Amazon (Betonung auf „sogar") kann nicht immer blitzschnell an allen seiner vielzähligen Fronten reagieren: Netflix bietet eindeutig den besseren Streaming-Dienst an (Amazon ist hier primär preislich wettbewerbsfähig, da der Zugang mit dem Prime-Konto ohne Extra-Gebühr gewährt wird); derweil gibt es durchaus Bereiche des Einzelhandels, die normalerweise an den Riesen aus Seattle gefallen wären, die aber noch einmal davonkommen könnten (siehe *4.3* Möbel).

Wiederum bleibt Amazon auf der überwiegenden Mehrzahl der Segmente der Störer – nicht der Gestörte.

Und bei dem Stellenwert, den der Konzern der Forschung und Entwicklung zuschreibt, wird ihm bis auf Weiteres die Disruption regelmäßig gelingen. Zwar werden es einige vermögen, dem Riesen hier und da den Vormarsch zu vereiteln. Aber er ist in der Lage, den Druck an mehreren anderen Fronten gleichzeitig konstant zu halten. In der Zwischenzeit tüftelt er an immer neuartigeren, immer mächtigeren Waffen, die das Schlachtfeld völlig werden umgestalten können. Ihren Gegnern mag es vorkommen, als ob die GAFA-Unternehmen mit Silberkugeln schießen – und das tun sie gewissermaßen auch. Dennoch ist das nicht das Entscheidende. Sie sind dabei, sich auf den Krieg der Zukunft vorzubereiten, während es anderen erst dämmert, dass sie vielleicht eine neue Waffe brauchen.

Danke Mareike, Danke Brian

Normalerweise steht an dieser Stelle ein großes Dankeschön an den Ehe- oder Lebenspartner, der in den Monaten des Schreibens, den vielen Nächten ohne Schlaf und unzähligen Stunden der Rückschläge mit Rat zur Seite stand und die Autoren selbstlos unterstützt hat. Das würden wir hier auch gerne schreiben – aber es wäre nicht wahr.

Wir haben das Buch zwar neben unseren normalen Tätigkeiten im Job geschrieben, aber wir hatten Hilfe. Hilfe, die uns die schlaflosen Nächte erspart hat. Brian Melican und Mareike Stobbe haben uns intensiv bei der Recherche, beim Formulieren, beim Fußnotensetzen und den vielen anderen Dingen für dieses Buch unterstützt. Ihnen gilt unser Dank. Danke Brian! Danke Mareike! Es war toll. Bücher schreiben mit Euch ist leicht. Diese Hilfe hat sich auch bei der englischsprachigen Ausgabe fortgesetzt und bei der nächsten Ausgabe müssen wir ernsthaft überlegen, Euch zu Co-Autoren zu ernennen. Außerdem hat Karl Bischoff einen erheblichen Teil zum Thema China beigetragen und Clara Bertram hat im Hintergrund gewirkt, damit auch wirklich alle Profile auf einem aktuellen Stand sind.

Support auf diesem Niveau kostet allerdings auch Geld. Wir haben dieses Buch so günstig wie möglich bepreist, weil wir viele Menschen damit erreichen wollen. Deshalb haben wir nach Unterstützung gefragt; bei führenden Unternehmen, die auch ein großes Interesse daran haben, E-Commerce besser erklären zu lassen, und wir haben drei Unternehmen gefunden, die für die erste Auflage sofort zugesagt haben. Mit der Otto Group, Shopware und Procter & Gamble haben uns drei Unternehmen bei der Finanzierung dieses Buchs unterstützt. Bei der aktuellen Auflage hat auch Spryker Systems einen erheblichen Teil zum Erfolg beigetragen. Dafür bekommen sie unsere große Dankbarkeit, einen Stapel Belegexemplare und diese Widmung hier. Liebe Leser, kauft mehr Ware bei den genannten Unternehmen. Sie haben es verdient. Mitsprache bei den Inhalten hatten sie nicht.

Vielen Dank an alle – auch an die Liebsten zuhause.

Zu den Autoren

Alexander Graf

Alexander Graf ist Herausgeber des Blogs Kassenzone.de, Gründer des Beratungsunternehmens eTribes sowie Gründer und Geschäftsführer von Spryker Systems, einem Joint Venture, das er zusammen mit Project A Ventures im November 2014 gegründet hat. Er ist außerdem Autor zahlreicher Fachbeiträge und -bücher zur Strategie digitaler Geschäftsmodelle. Zusammen mit Nils Seebach und Tarek Müller, den weiteren eTribes-Gesellschaftern, ist Alexander Graf aktiver Gesellschafter in führenden Digitalunternehmen und engagiert sich in verschiedenen Hamburger E-Business-Gremien. Er ist außerdem Kurator des Digital Commerce Day und der K5 Cruise.

Nach seinem BWL-Studium in Kiel (CAU) und Madrid (Autónoma) sowie diversen unternehmerischen Erfahrungen im Online- und Offline-Umfeld begann er seine Laufbahn bei der Otto Group im Corporate Development New Media. Von 2006 bis 2011 hat er dort, unter anderem zusammen mit Prof. Dr. Holger Schneider, viele der in diesem Buch vorgestellten Modelle und Methoden kennengelernt und weiterentwickelt. Seit 2011 ist er an mittlerweile über 20 Unternehmensgründungen und -beteiligungen im E-Commerce-Sektor aktiv beteiligt und arbeitet für führende deutsche Unternehmen, um bestehende und sich abzeichnende Herausforderungen im E-Commerce zu bewältigen. Alexander Graf lebt mit seiner Frau und zwei Kindern in Kiel.

alexander.graf@etribes.de
+49 (40) 328 929 690
www.kassenzone.de
www.etribes.de
www.spryker.com
twitter.com/supergraf
www.facebook.com/herrgraf
www.xing.com/profile/Alexander_Graf8

Prof. Dr. Holger Schneider

Holger Schneider leitet die E-Commerce-Bachelor- und Master-Studiengänge an der Fachhochschule Wedel. Seine Lehrtätigkeit umfasst strategische sowie operative Themen des E-Commerce. Zudem berät er als Partner der Digitalberatung eTribes Hersteller, Händler und Medienhäuser zu Fragen des Digital Business. Darüber hinaus engagiert er sich als Vorstandsmitglied der Digital Analytics Association Germany für die Förderung und Ausbildung zukünftiger Data-Scientists. Gemeinsam mit Alexander Graf ist er Kurator des Digital Commerce Day.

Zuvor war Holger Schneider Leiter des Business Development New Media der Otto Group. Der Fokus seiner Tätigkeit lag auf der Bewertung von E-Commerce-Geschäftsmodellen hinsichtlich der Relevanz für die Otto Group. Auf Basis dessen wirkte er an der E-Commerce-Strategieentwicklung der Otto Group mit und erarbeitete Handlungsempfehlungen bezüglich des Aufbaus sowie der Akquise von E-Commerce-Geschäftsmodellen im In- und Ausland.

Sein Studium der Betriebswirtschaftslehre/Unternehmensführung absolvierte Holger Schneider an der WHU – Otto Beisheim School of Management (Vallendar), wo er frühzeitig mit den Themen E-Commerce und Digital Business in Berührung kam. Die sich anschließende Promotion an der Christian-Albrechts-Universität zu Kiel widmete er dem Thema „Pricing in Digital Business“. Internationale Erfahrungen sammelte Holger Schneider im Rahmen diverser Praxisprojekte sowie durch Studienaufenthalte an der HEC Montréal (Kanada), der KEIO Business School (Japan) und dem Center for Digital Business der MIT Sloan School of Management (USA).

holger.schneider@etribes.de
+49 (40) 328 929 641
www.etribes.de
www.de.linkedin.com/in/holgerschneider/
www.xing.com/profile/Holger_Schneider2

Quellen

1 E-Commerce: Was bisher geschah

1 http://www.huffingtonpost.com/michaellevin/the-everything-store-jeff_b_5332348.html (abger. 12.2016)
2 https://www.internetretailer.com/2009/02/26/the-history-of-e-commerce (abger. 12.2016)
3 Brad Stone, The Everything Store, Little, Brown and Company, 2013
4 http://www.referenceforbusiness.com/history2/44/Ebay-Inc.html (abger. 12.2016)
5 http://www.wikinvest.com/stock/Amazon.com_(AMZN)/Data/Revenue_Growth/1998 (abger. 12.2016)
6 http://www.encyclopedia.com/topic/Initial_public_offerings.aspx (abger. 12.2016)
7 http://news.cnet.com/Amazon,-BN-settle-lawsuit/2100-1023_3-204480.html (abger. 12.2016)
8 http://www.handelsblatt.com/technologie/it-tk/it-internet/gruendergeist-am-couchtisch-reich-werden-mit-ebay/2428146.html (abger. 12.2016)
9 http://www.businessinsider.com.au/nick-swinmurn-zappos-rnkd-2011-11 (abger. 12.2016)
10 https://de.statista.com/statistik/daten/studie/3979/umfrage/e-commerce-umsatz-in-deutschland-seit-1999 (abger. 12.2016)
11 http://www.zappos.com/self-service-return-instructions (abger. 12.2016)
12 http://www.presseportal.de/pm/70464/2133143/falsche-preispolitik-neue-media-markt-strategie-geht-an-realitaet-vorbei-batten-company (abger. 12.2016)
13 Brad Stone, The Everything Store, Little, Brown and Company, 2013
14 http://etailment.de/thema/marketing/Das-Ende-der-Milieus---und-was-das-fuer-Collins-bedeutet-1638 (abger. 12.2016)
15 http://www.wikinvest.com/stock/Amazon.com_(AMZN)/Data/Revenue/2002 (abger. 12.2016)
16 http://www.deutsche-startups.de/2008/06/06/leguidecom-schluckt-dooyoo/ (abger. 12.2016)
17 http://www.google.com/about/company/history/ (abger. 12.2016)
18 http://www.heise.de/newsticker/meldung/Otto-Versand-steigert-Online-Umsatz-56941.html (abger. 12.2016)
19 http://www.ecckoeln.de/News/Tchibo---Gelungenes-Multi-Channel-Marketing (abgerufen März 2016)
20 http://www.internethandel.de/vnl/Adidas_Schuhe (abger. 12.2016)
21 http://www.wsj.com/articles/SB10001424052702303277704579347942836197338 (abger. 12.2016)
22 https://www.internetretailer.com/2009/02/26/the-history-of-e-commerce (abger. 12.2016)
23 http://de.statista.com/statistik/daten/studie/379/umfrage/e-commerce-umsatz-in-deutschland-seit-1999/ (abger. 12.2016)
24 Beruhend auf deutschen Marktstatistiken
25 Brad Stone, The Everything Store, Little, Brown and Company, 2013
26 Brad Stone, The Everything Store, Little, Brown and Company, 2013
27 http://www.deutsche-startups.de/2008/06/06/leguidecom-schluckt-dooyoo/ (abger. 12.2016)
28 http://www.wsj.com/articles/SB111766137860748552 (abger. 12.2016)
29 http://www.golem.de/0710/55405.html (abger. 12.2016)
30 http://www.mediamarkt.de/static/pressemitteilung/120116_media_markt_deutschland_start_onlineshop_2012.pdf (abger. 12.2016)
31 http://www.brickmeetsclick.com/the-multi-channel-future-of-retail-1 (abger. 12.2016)
32 http://www.forbes.com/forbes/2010/0830/entrepreneurs-groupon-facebook-twitter-next-web-phenom.html?lc=int_mb_1001 (abger. 12.2016)
33 http://www.businessinsider.com/inside-groupon-the-truth-about-the-worlds-most-controversial-company-2011-10(abger. 12.2016)
34 http://www.nytimes.com/2009/10/23/books/23price.html?_r=0 (abger. 12.2016)
35 http://www.bevh.org/presse/pressemitteilungen/details/artikel/umsatzzahlen-des-interaktiven-handels-im-2-quartal-2013-die-positive-branchenentwicklung-setzt-sic/ (abger. 12.2016)
36 http://www.ecckoeln.de/PDFs/2013/de__de_de__smarter_commerce__crosschannel_einkaufserlebnis.pdf (abgerufen März 2016)
37 z. B. OC&C, Wenn zwei sich streiten ... entscheidet der Kunde (https://www.springerprofessional.de/vertriebskanaele/handel/stationaere-haendler-lassen-online-potenzial-ungenutzt/6603660?redirect=1) (abger. 12.2016)
38 https://excitingcommerce.de/2013/07/19/zalando-2013-2/ (abger. 12.2016)
39 http://heftarchiv.internetworld.de/2012/Ausgabe-15-2012/Markenhersteller-unter-Druck (abger. 12.2016)

40 Caruso Affiliated ist einer der größten Immobilienbesitzer von Einzelhandelsflächen in den USA.
41 http://www.prnewswire.com/news-releases/rick-j-caruso-opens-national-retail-federations-2014-big-show-with-keynote-address-the-traditional-mall-is-dead-retail-is-timeless-239823051.html (abger. 12.2016)
42 http://www.bloomberg.com/gadfly/articles/2015-11-16/retail-earnings-slowing-internet-sales-aren-t-helping?utm_content=buffere8979&utm_medium=social&utm_source=linkedin.com&utm_campaign=buffer (abger. 12.2016)
43 http://www.wiwo.de/unternehmen/handel/details-aus-insolvenzakten-warum-neckermann-nicht-zu-retten-war/8786524.html (abger. 12.2016)
44 http://retailgeek.com/jason-scot-show-episode-7-big-amazon-really/ (abger. 12.2016)
45 http://www.kassenzone.de/2015/11/05/wie-gross-ist-amazon-de/ (abger. 12.2016)
46 http://www.bloomberg.com/news/articles/2015-12-16/amazon-is-capturing-bigger-slice-of-u-s-online-holiday-spending (abger. 12.2016)
47 http://www.marketwatch.com/investing/stock/bby/financials (abger. 12.2016)
48 http://www.forbes.com/sites/antoinegara/2015/02/05/radioshack-cuts-the-cord-after-90-years-files-for-bankruptcy/ (abger. 12.2016)
49 S. 337
50 http://mashable.com/2012/11/06/ecommerce-statistics/ (abger. 12.2016)
51 http://internetretailing.net/2015/12/45-of-ecommerce-sales-now-made-via-mobile-devices/ (abger. 12.2016)
52 http://www.kassenzone.de/2014/01/23/otto-find-ich-gut/ (abger. 12.2016)
53 http://www.bloomberg.com/news/articles/2015-04-06/amazon-woos-ebay-s-once-loyal-merchants-with-faster-sales-growth (abger. 12.2016)
54 http://www.wiwo.de/unternehmen/handel/e-commerce-90-prozent-aller-reinen-online-shops-werden-nicht-ueberleben/9893008.html (abger. 12.2016)
55 http://dealbook.nytimes.com/2013/10/29/sears-considers-split-of-lands-end-and-auto-centers/?_r=0 (abger. 12.2016)
56 http://www.marketwatch.com/story/jc-penney-is-resurrecting-its-catalog-2015-01-19-144852655 (abger. 12.2016)
57 http://www.bloomberg.com/gadfly/articles/2015-11-11/macy-s-sales-fall-as-competition-heats-up (abger. 12.2016)
58 http://www.buchreport.de/nachrichten/handel/handel_nachricht/datum/2013/05/28/multichannel-ist-dringend-notwendig.htm?no_cache=1 (abger. 12.2016)
59 http://www.bundeskartellamt.de/SharedDocs/Meldung/DE/Pressemitteilungen/2014/02_07_2014_adidas.html (abger. 12.2016)
60 http://www.handelsblatt.com/unternehmen/handel-dienstleister/kampf-mit-online-haendlern-kartellamt-setzt-adidas-unter-druck/10136662.html (abger. 12.2016)
61 http://etailment.de/news/media/1/Whitepa-Wie-Mar-den-Kontrollverl-bei-Direktvertr-i-9345.pdf (Alexander Graf & Nils Seebach, Knut geht baden) (abger. 12.2016)
62 http://www.statista.com/statistics/287950/leading-e-retailers-worldwide-based-on-revenue/ (abger. 12.2016)
63 Vgl. Alibaba, Ali Express, JD.com, Tmall, Xiaomi, Vipshop in *3. Case Studies*
64 http://www.ecommercetimes.com/story/420.html (abger. 12.2016)
65 http://theconversation.com/two-decades-of-chinese-economic-policy-prepared-the-way-for-jd-com-and-alibaba-26735 (abger. 12.2016)
66 USA International Business Publications, China E-Commerce Business and Investment Opportunity Handbook, 2009, Seite 185f
67 http://www.indexmundi.com/united_states/internet-users.html (abger. 12.2016)
68 http://technode.com/2009/01/22/a-brief-history-and-future-of-alibabacom/ (abger. 12.2016)
69 Taobao lässt sich mit „nach Schätzen suchen" übersetzen.
70 http://businessideaslab.com/taobao-a-short-story/ (abger. 12.2016)
71 http://www.forbes.com/2010/01/18/china-internet-commerce-markets-equities-alibaba.html (abger. 12.2016)
72 http://www.chinainternetwatch.com/tag/jingdong/ (abger. 12.2016)
73 http://multichannelmerchant.com/must-reads/difference-chinas-biggest-b2c-platforms-06082014/#_ (abger. 12.2016)
74 http://www.investopedia.com/articles/investing/062315/understanding-alibabas-business-model.asp (abger. 12.2016)
75 http://multichannelmerchant.com/must-reads/difference-chinas-biggest-b2c-platforms-06082014/#_ (abger. 12.2016)
76 https://www.techinasia.com/talk/online-payment-provider-alipay-chinese-equivalent-paypal (abger. 12.2016)
77 http://www.forbes.com/sites/ryanmac/2014/09/22/alibaba-claims-title-for-largest-global-ipo-ever-with-extra-share-sales/#21611f4a7c26 (abger. 12.2016)
78 http://www.nytimes.com/2015/01/27/business/international/jdcom-chinas-other-e-commerce-giant-follows-its-own-path.html?_r=0 (abger. 12.2016)
79 http://www.chinainternetwatch.com/tag/jingdong/ (abger. 12.2016)
80 http://phys.org/news/2015-05-fakes-chinese-e-commerce-giant.html#jCp (abger. 12.2016)
81 http://www.chinainternetwatch.com/6031/tencent-rising-of-penguin-empire/(abger. 12.2016)
82 http://www.tencent.com/en-us/content/ir/news/2016/attachments/20160317.pdf (abger. 12.2016)
83 http://investor.fb.com/releasedetail.cfm?ReleaseID=952040 (abger. 12.2016)
84 www.fortune.com/2015/07/22/tencent-chinese-e-commerce/ (abger. 12.2016)
85 http://www.bloomberg.com/news/articles/2014-03-10/tencent-agrees-to-buy-15-stake-in-jd-com-for-214-7-million (abger. 12.2016)
86 http://recode.net/2015/10/08/facebooks-david-marcus-the-asian-paradigm-has-shown-messaging-is-the-next-frontier/ (abger. 12.2016)

87 http://walkthechat.com/wechat-payment-5-reasons-tencent-might-kill-alipay/ (abger. 12.2016)
88 http://www.investopedia.com/articles/investing/062315/understanding-alibabas-business-model.asp (abger. 12.2016)
89 http://techcrunch.com/2015/11/10/tencents-wechat-messaging-app-reaches-200m-users-on-its-payments-service/ (abger. 12.2016)
90 http://asia.nikkei.com/magazine/20151119-SOMETHING-TO-PROVE/Business/Foreign-brands-dive-into-China-s-online-retail-market-on-Singles-Day http://www.chinainternetwatch.com/15957/chinas-b2c-sales-q3-2015/ (abger. 12.2016)
91 http://edition.cnn.com/2015/12/15/asia/wuzhen-china-internet-xi-jinping/ http://www.chinainternetwatch.com/15957/chinas-b2c-sales-q3-2015/ (abger. 12.2016)
92 http://www.businessinsider.de/demand-report-on-chinas-middle-class-2015-11?r=US&IR=T (abger. 12.2016)
93 https://www.techinasia.com/chinas-singles-day-crushed-black-friday-offering-lessons-ecommerce (abger. 12.2016)
94 http://www.practicalecommerce.com/articles/94777-Sales-Report-2015-Thanksgiving-Day-Black-Friday-Cyber-Monday (abger. 12.2016)
95 http://asia.nikkei.com/magazine/20151119-SOMETHING-TO-PROVE/Business/Foreign-brands-dive-into-China-s-online-retail-market-on-Singles-Day (abger. 12.2016)
96 http://corporate.windeln.de/wp-content/themes/spacious-child/reports/q3%202015/EN/4_press_release/20151125_windeln.de_9m_Press_release.pdf (abger. 12.2016)
97 http://www.freshfields.com/uploadedFiles/SiteWide/Knowledge/33482(1).pdf (abger. 12.2016)
98 https://www.techinasia.com/china-embed-police-internet-company-offices (abger. 12.2016)
99 http://technode.com/2012/04/21/the-best-and-the-brightest/ (abger. 12.2016) und http://technode.com/2014/09/17/the-coming-out-of-china-tech-companies-part-1/ (abger. 12.2016)

2 Wertschöpfungsstufen im E-Commerce

1 Ralf T. Kreutzer, Praxisorientiertes Online-Marketing: Konzepte – Instrumente – Checklisten, Springer Gabler, 2014, Seite 54.
2 Chris Anderson, The Long Tail, DTV, 2009, Seite 130 ff.
3 Marco Hassler, Web Analytics: Metriken auswerten, Besucherverhalten verstehen, Website optimieren, MITP, 2011, Seite 183 ff.
4 Ulrich Müller, Kundenbindung im E-Commerce: Personalisierung als Instrument des Customer Relationship Marketing, Deutscher Universitätsverlag, 2005, S. 36 ff.
5 http://t3n.de/news/produktbeschreibungen-vermeidest-532847 (abger. 12.2016)
6 http://www.looklet.com (abger. 12.2016)
7 Manfred Bruhn, Marketing: Grundlagen für Studium und Praxis, Springer, 2014, Seite 28
8 Ralf T. Kreutzer, Praxisorientiertes Online-Marketing: Konzepte – Instrumente – Checklisten, Springer Gabler, 2014 , S. 256.
9 http://moz.com/blog/whiteboard-friday-the-seo-fundamentals-pyramid (abger. 12.2016)
10 Erwin Lammenett, Praxiswissen Online-Marketing: Affiliate- und E-Mail-Marketing, Suchmaschinenmarketing, Online-Werbung, Social Media, Online-PR, Springer, 2013, Seite 124 ff.
11 Ralf T. Kreutzer, Praxisorientiertes Online-Marketing: Konzepte – Instrumente – Checklisten, Springer Gabler, 2014, S. 175 ff.
12 http://www.emarketer.com/Article/Pinterest-Really-Leading-Product-Purchases/1009083 (abger. 12.2016)
13 ECC / IFH Köln (2013) „Cross-Channel beim Kauf von Markenartikeln – Wie Konsumenten Kanäle kombinieren" zu beziehen unter http://shop.ecc-handel.de/de/ECC-SHOP/Themen/Multi-Channel-Management/Cross-Channel-beim-Kauf-von-Markenartikeln-Wie-Konsumenten-Kanaele-kombinieren
14 Björn Schäfers in G. Heinemann und A. Haug (2010), Web-Exzellenz im E-Commerce
15 Gerrit Heinemann, Cross-Channel-Management: Integrationserfordernisse im Multi-Channel-Handel, Gabler Verlag, 2012, S. 52 f.
16 Gerrit Heinemann, No-Line-Handel: Höchste Evolutionsstufe im Multi-Channeling, Springer, 2013, S. 150 ff.
17 http://phx.corporate-ir.net/phoenix.zhtml?c=176060&p=irol-newsArticle&ID=2130275 (abger. 12.2016)
18 http://baymard.com/lists/cart-abandonment-rate (abger. 12.2016)
19 http://seewhy.com/wp-content/uploads/SeeWhy_eBook_The_Science_of_Shopping_Cart_Abandonment.pdf (abger. 12.2016)
20 http://seewhy.com/wp-content/uploads/SeeWhy_eBook_The_Science_of_Shopping_Cart_Abandonment.pdf (abger. 12.2016)
21 http://www.konversionskraft.de/conversion-optimierung/infografik-perfekte-warenkorb.html (abger. 12.2016)
22 https://www.forrester.com/Understanding+Shopping+Cart+Abandonment/fulltext/-/E-RES56827 (abger. 12.2016)
23 http://www.ebusiness-lotse-koeln.de/Downloads/2014/PaymentimE-CommerceDerInternetzahlungsverkehrausSicht-derHndlerundderVerbraucherIZ2013.pdf (abger. 12.2016)
24 Bastian Dombret, Zahlungssysteme im Internet, BoD – Books on Demand, 2011, Seite 23 ff.
25 http://www.ebusiness-lotse-koeln.de/Downloads/2014/PaymentimE-CommerceDerInternetzahlungsverkehrausSicht-derHndlerundderVerbraucherIZ2013.pdf (abger. 12.2016)
26 EHI Retail Institute (2014), Online-Payment-Studie
27 http://www.ifhkoeln.de/pressemitteilungen/details/fast-jeder-siebte-online-kunde-geht-waehrend-des-zahlungsprozesses-verloren/ (abger. 12.2016)
28 EHI Retail Institute (2012), Online-Payment-Studie

29 http://www.ibi.de/files/ibi_research_Gesamtkosten_von_Zahlungsverfahren.pdf (abger. 12.2016)
30 http://www.internetworld.de/e-commerce/e-commerce-services/saturn-eroeffnet-24-stunden-abholstation-746540.html (abger. 12.2016)
31 http://www.wiwo.de/unternehmen/handel/versandriese-sieben-gruende-warum-amazon-so-maechtig-ist-seite-all/9951552-all.html (abger. 12.2016)
32 http://www.internetworld.de/e-commerce/ebay/ebay-eroeffnet-fulfillment-center-leipzig-747568.html (abger. 12.2016)
33 http://www.estrategy-magazin.de/versand-fulfillment-anbieter.html (abger. 12.2016)
34 https://krautreporter.de/232–das-packstation-roulette (abger. 12.2016)
35 http://www.zeit.de/2014/15/retouren-onlinehandel-umweltbilanz (abger. 12.2016)
36 Jan Thieme, Versandhandelsmanagement: Grundlagen, Prozesse und Erfolgsstrategien für die Praxis, Gabler, 2013, Seite 318 ff.
37 http://www.focus.de/finanzen/paketkopter-im-test-dhl-drohne-bringt-paeckchen-auf-die-insel-juist_id_4156737.html (abger. 12.2016)

3 Case Studies

1 M. E. Porter, Strategy & Internet, Harvard Business Review 03/2001.
2 M. E. Porter, Competitive Strategy: Techniques for Analyzing Industries and Competitors, New York: Free Press, 1980.
3 www.businessmodelgeneration.com/canvas (abger. 12.2016)
4 Alexander Osterwalder, Business Model Generation, John Wiley and Sons, 2010.
5 https://startupweekend.org/attendees/resources (abger. 12.2016)
6 In Anlehnung an Finne & Sivonen (2009), The Retail Value Chain.
7 http://www.ecckoeln.de/News/Erfolgsfaktoren-im-E-Commerce (abgerufen Januar 2015)
8 https://www.bcgperspectives.com/content/articles/supply_chain_management_sourcing_procurement_omnichannel_retail_still_about_detail/ (abger. 12.2016)
9 https://www.amazon.de/gp/help/customer/display?nodeId=200182340 (abger. 12.2016)
10 http://www.wsj.com/articles/peter-thiel-competition-is-for-losers-1410535536 (abger. 12.2016)
11 http://www.economist.com/news/briefing/21635077-online-businesses-can-grow-very-large-very-fastit-what-makes-them-exciting-does-it-also-make
12 http://www.handelsblatt.com/unternehmen/handel-konsumgueter/about-you-chef-tarek-mueller-bei-mode-sind-wir-besser-als-zalando-oder-amazon/12460390.html (abger. 12.2016)
13 http://www.internetworld.de/e-commerce/e-commerce-trends/about-you-startet-massive-tv-kampagne-1022230.html (abger. 12.2016)
14 http://www.internetworld.de/e-commerce/otto-group/e-commerce-start-up-collins-verdreifacht-umsatz 1034459.html (abger. 12.2016)
15 http://t3n.de/magazin/collins-e-commerce-labor-239063/ (abger. 12.2016)
16 http://www.internetworld.de/e-commerce/otto-group/e-commerce-start-up-collins-verdreifacht-umsatz-1034459.html (abger. 12.2016)
17 http://etailment.de/thema/player/Tarek-Mueller-About-You-Wir-haben-ein-ueberraschendes-Potenzial-der-Apps-entdeckt-2726 (abger. 12.2016)
18 www.chinainternetwatch.com/7695/alibaba-group/ (abger. 12.2016)
19 https://evigo.com/16165-report-whats-behind-global-success-alibabas-aliexpress/ (abger. 12.2016)
20 www.internetretailer.com/commentary/2014/09/09/alibaba-tops-e-commerce-sites-russia-well-china (abger. 12.2016)
21 http://www.bloomberg.com/news/articles/2015-10-20/alibaba-s-marketplace-adds-russian-merchants-to-boost-expansion (abger. 12.2016)
22 https://www.internetretailer.com/2015/06/23/alibaba-says-its-aliexpresscom-leading-retail-site-ru (abger. 12.2016)
23 https://www.chinacheckup.com/blogs/articles/what-is-aliexpress (abger. 12.2016)
24 https://www.internetretailer.com/2015/06/23/alibaba-says-its-aliexpresscom-leading-retail-site-ru (abger. 12.2016)
25 http://www.businesswire.com/news/home/20160128005635/en/Alibaba-Group-Announces-December-Quarter-2015-Results (abger. 12.2016)
26 Geschäftsjahr endet am 31.März.2016
27 http://www.statista.com/statistics/225614/net-revenue-of-alibaba/ (abger. 12.2016)
28 Nach Unternehmensdefinition sind diese chinesischen Marktplätze Taobao Marketplace, Tmall und Juhuasuan
29 http://www.marketwatch.com/investing/stock/amzn/financials (abger. 12.2016)
30 http://www.alibabagroup.com/en/news/press_pdf/p160505.pdf (abger. 12.2016)
31 https://www.techinasia.com/alibaba-biggest-investments-2015 (abger. 12.2016)
32 http://digitalkaufmann.de/es-ist-still-geworden-um-die-40-raeuber/ (abger. 12.2016)
33 http://www.reuters.com/article/us-amazon-com-alibaba-group-store-idUSKBN0M205Q20150306 (abger. 12.2016)
34 http://phx.corporate-ir.net/phoenix.zhtml?c=97664&p=irol-reportsannual (abger. 12.2016)
35 http://www.statista.com/statistics/237810/number-of-active-amazon-customer-accounts-worldwide/ (abger. 12.2016)
36 http://www.usatoday.com/story/tech/news/2016/01/25/amazon-prime-54-million-one-in-five-prime-grew-35-2015/79306470/ (abger. 12.2016)
37 http://www.mwpvl.com/html/amazon_com.html (abger. 12.2016)
38 http://www.cnet.com/news/amazon-business-bolts-and-beakers-boom/ (abger. 12.2016)
39 http://phx.corporate-ir.net/phoenix.zhtml?c=97664&p=irol-reportsannual (abger. 12.2016)

40 http://www.shopanbieter.de/news/archives/8594-amazon-marketplace-haendler-unterbieten-immer-haeufiger-den-markt.html (abger. 12.2016)
41 http://www.prosiebensat1.com/files/download/uploads/2015/11/13/p7s1_q3_2015_Bericht_d.pdf (abger. 12.2016)
42 http://www.amorelie.de/media/wysiwyg/presse/AMORELIE_Factsheet.pdf (abger. 12.2016)
43 http://t3n.de/magazin/amorelie-lea-sophie-cramer-238318/ (abger. 12.2016)
44 https://excitingcommerce.de/2016/01/05/amorelie-hat-in-den-ersten-9-monaten-133-mio-euro-erzielt/ (abger. 12.2016)
45 http://ao.com/corporate/wp-content/uploads/2015/11/AO-Results-Presentation-24-November-2015.pdf (abger. 12.2016)
46 Geschäftsjahr endet März 2016
47 https://excitingcommerce.de/2016/03/04/ao-erwartet-deutschland-umsatze-von-60-mio-e-im-1-jahr/ (abger. 12.2016)
48 https://www.insidermedia.com/insider/northwest/uk-revenues-and-earnings-beat-expectations-at-ao.com(abger. 12.2016)
49 http://neuhandeln.de/analyse-warum-es-ao-in-deutschland-nicht-einfach-hat/ (abger. 12.2016)
50 http://neuhandeln.de/elektronik-handel-ao-com-beziffert-deutschland-umsaetze/ (abger. 12.2016)
51 http://www.bloomberg.com/news/articles/2015-07-20/apple-said-to-lease-office-space-in-seattle-tower (abger. 12.2016)
52 http://de.statista.com/statistik/daten/studie/39388/umfrage/umsatz-von-apple-seit-2004/ (abger. 12.2016)
53 http://www.forbes.com/pictures/mli45fdhfm/1-apple/ (abger. 12.2016)
54 https://www.internetretailer.com/top500/#!/ (abger. 12.2016)
55 http://www.apple.com/choose-your-country/ (abger. 12.2016)
56 https://www.fool.de/2015/09/23/tim-cook-apple-findet-reisenden-absatz-in-china/ (abger. 12.2016)
57 http://images.apple.com/de/pr/pdf/q4fy15datasum.pdf (abger. 12.2016)
58 http://www.wikinvest.com/stock/Apple_%28AAPL%29/Data/Operating_Margin (abger. 12.2016)
59 http://www.asosplc.com/~/media/Files/A/ASOS/results-archive/pdf/2015-annual-report.pdf (abger. 12.2016)
60 http://www.kassenzone.de/2013/06/17/projekt-collins-warum-otto-so-handelt/ (abger. 12.2016)
61 http://uk.reuters.com/article/uk-asos-results-idUKKCN0SE0IW20151020 (abger. 12.2016)
62 http://www.bloomberg.com/news/articles/2014-06-05/asos-cuts-full-year-margin-forecast-as-pound-strengthens (abger. 12.2016)
63 http://www.businessoffashion.com/community/companies/asos (abger. 12.2016)
64 http://www.businessoffashion.com/community/companies/asos (abger. 12.2016)
65 https://news.markets/shares/asos-big-opportunity-brand-fashions-says-berenberg-6631/ (abger. 12.2016)
66 http://www.asosplc.com (abger. 12.2016)
67 http://www.businessoffashion.com/community/companies/asos (abger. 12.2016)
68 https://www.onlinehaendler-news.de/handel/allgemein/5340-asos-deutschland-schnittmenge-zalando.html (abger. 12.2016)
69 http://www.asosplc.com/~/media/Files/A/ASOS/results-archive/pdf/2015-annual-report.pdf (abger. 12.2016)
70 http://www.forbes.com/sites/alexkonrad/2015/10/14/inside-blue-apron-and-the-meal-kit-rush/ (abger. 12.2016)
71 http://www.forbes.com/sites/alexkonrad/2015/10/14/inside-blue-apron-and-the-meal-kit-rush/#780c25b77af9 (abger. 12.2016)
72 http://www.fastcompany.com/3047254/fast-feed/with-new-135-million-series-d-blue-apron-takes-the-lead-in-funding-for-meal-kit-st (abger. 12.2016)
73 http://www.businessinsider.com/blue-apron-plated-hello-fresh-difference-2015-4?IR=T (abger. 12.2016)
74 https://www.mobilestrategies360.com/2016/04/14/blue-aprons-app-its-secret-sauce-engaging-customers (abger. 12.2016)
75 http://www.fastcompany.com/3051332/fast-feed/you-can-now-have-wine-delivered-with-your-blue-apron-dinner (abger. 12.2016)
76 https://www.blueapron.com/pages/mission (abger. 12.2016)
77 http://www.businessinsider.com/blue-apron-plated-hello-fresh-difference-2015-4?IR=T (abger. 12.2016)
78 http://www.stockpup.com/companies/NILE/10-K.html (abger. 12.2016)
79 http://investor.bluenile.com/releasedetail.cfm?ReleaseID=954457 (abger. 12.2016)
80 http://www.bluenile.com/inside-blue-nile (abger. 12.2016)
81 https://www.internetretailer.com/2015/12/10/blue-nile-braces-late-holiday-rush (abger. 12.2016)
82 http://www.bluenile.com/de/policies/shipping/where-we-ship (abger. 12.2016)
83 http://investor.bluenile.com/releasedetail.cfm?ReleaseID=940841 (abger. 12.2016)
84 http://investor.bluenile.com/releasedetail.cfm?ReleaseID=954457 (abger. 12.2016)
85 http://www.fool.com/investing/general/2016/02/11/shares-plunge-as-blue-nile-inc-reins-in-its-growth.aspx (abger. 12.2016)
86 https://www.internetretailer.com/2015/11/06/blue-niles-q3-revenue-increases-4 (abger. 12.2016)
87 https://www.internetretailer.com/2015/06/05/leading-jewelry-e-retailer-blue-nile-opens-its-first-showroom (abger. 12.2016)
88 http://www.businessinsider.com/how-bonobos-is-maturing-into-a-major-brand-2015-8?IR=T (abger. 12.2016)
89 http://www.huffingtonpost.com/entry/casper-mattress-startup_us_564c9928e4b06037734bd61d (abger. 12.2016)
90 https://casper.com (abger. 12.2016)
91 http://www.conrad.com/ce/en/content/cms_au_company/Unternehmen?WT.ac=-footer_unternehmen (abger. 12.2016)
92 http://neuhandeln.de/geschaeftsjahr-2014-conrad-kratzt-an-der-umsatzmilliarde/ (abger. 12.2016)

93 https://www.conrad.de/de/ueber-conrad/unternehmen/geschichte.html (abger. 12.2016)
94 http://www.elektroniknet.de/distribution/strategie-trends/artikel/101111/ (abger. 12.2016)
95 http://www.channelpartner.de/a/wir-wollen-zu-einem-e-commerce-unternehmen-werden,3043921 (abger. 12.2016)
96 https://www.conrad.de/de/filialen/filialservice/bringservice.html (abger. 12.2016)
97 http://www.logistra.de/news-nachrichten/nfz-fuhrpark-lagerlogistik-intralogistik/6735/maerkte-amp-trends/conrad-electronic-das-wachstum-bewaeltigen-mit (abger. 12.2016)
98 http://neuhandeln.de/offiziell-conrad-gruppe-beerdigt-hoh-und-getgoods-de/ (abger. 12.2016)
99 http://locationinsider.de/conrad-electronic-der-hidden-champion-unter-den-multichannel-haendlern/
100 http://www.deliveryhero.com/delivery-hero-launches-premium-brand-urban-taste-in-germany/ (abger. 12.2016)
101 http://www.welt.de/wirtschaft/webwelt/article152432009/DasgrosseGeschaeftmitdemEssen-ausdemInternet.html (abger. 12.2016)
102 http://www.deliveryhero.com/about/ (abger. 12.2016)
103 http://www.gruenderszene.de/allgemein/delivery-hero-streicht-tech-stellen (abger. 12.2016)
104 http://www.welt.de/wirtschaft/webwelt/article152432009/DasgrosseGeschaeftmitdemEssen-ausdemInternet.html (abger. 12.2016)
105 http://www.internetworld.de/e-commerce/e-commerce-trends/delivery-hero-boersengang-im-vierten-quartal-1073248.html (abger. 12.2016)
106 http://www.welt.de/wirtschaft/webwelt/article151733093/AufderJagdnachDeutschlands-Einhoernern.html (abger. 12.2016)
107 https://investors.ebayinc.com/annuals.cfm (abger. 12.2016)
108 Bedingt vor allem durch den schwachen Euro
109 http://www.ebay.com/s/valet (abger. 12.2016)
110 http://presse.ebay.de/pressrelease/ebay-feiert-20-jahre-und-startet-ebay-plus-deutschland (abger. 12.2016)
111 http://investors.etsy.com/phoenix.zhtml?c=253952&p=proxy (abger. 12.2016)
112 www.investopedia.com/articles/personal-finance/062915/etsy-new-and-improved-ebay.asp (abger. 12.2016)
113 http://investors.etsy.com/phoenix.zhtml?c=253952&p=proxy (abger. 12.2016)
114 https://excitingcommerce.de/2015/10/09/handmade-amazon-kann-etsys-wundesten-punkt-gut-nutzen/ (abger. 12.2016)
115 http://www.forbes.com/sites/quora/2015/11/20/the-cat-and-mouse-game-of-amazon-handmade-versus-etsy/#3050f65e187e (abger. 12.2016)
116 https://excitingcommerce.de/2016/01/23/die-internetstores-mit-10-mio-e-ebitda-bei-140-mio-e-umsatz/ (abger. 12.2016)
117 http://www.internetstores.de/portfolio.html: (abger. 12.2016)
118 http://www.internetstores.de/ueber-uns/auszeichnungen.html (abger. 12.2016)
119 http://de.statista.com/statistik/daten/studie/311751/umfrage/umsatzvonInternetstoresfahrradde/ (abger. 12.2016)
120 http://www.internetstores.de/presse/detailansicht-news/article//internetstores-holding-gmbh-starkes-wachstum-bei-umsatz-und-ebitda-zum-30062015.html (abger. 12.2016)
121 https://excitingcommerce.de/2016/01/23/die-internetstores-mit-10-mio-e-ebitda-bei-140-mio-e-umsatz/ (abger. 12.2016)
122 http://www.internetstores.de/presse/detailansicht-news/article//internetstores-holding-gmbh-starkes-wachstum-bei-umsatz-und-ebitda-zum-30062015.html (abger. 12.2016)
123 https://www.deutschergruenderpreis.de/preistraeger/2010/internetstores/ (abger. 12.2016)
124 http://www.internetstores.de (abger. 12.2016)
125 http://www.internetstores.de/portfolio/bike/bikester.html (abger. 12.2016)
126 http://www.internetworld.de/e-commerce/uebernahme/karstadt-mutter-uebernimmt-fahrrad.de-1146901.html (abger. 12.2016)
127 http://www.recode.net/2015/3/16/11560292/giltgroupesverycloudyfuture (abger. 12.2016)
128 http://www.orckestra.com/en/ideas/blog/2015/january/flashsalesinomnichannelretailecommerce (abger. 12.2016)
129 http://www.forbes.com/sites/clareoconnor/2016/01/07/saks-parent-hudsons-bay-buys-gilt-groupe-in-250-million-cash-deal-will-fold-into-saks-off-fifth/#60492a7635dd (abger. 12.2016)
130 http://www.businessinsider.com/gilt-groupe-story-2015-2?IR=T (abger. 12.2016)
131 phx.corporate-ir.net/External.File?item=UGFyZW50SUQ9MzM0OTI3fENoaWxkSUQ9LTF8VHlwZT0z&t=-1&cb=635972059069994322 (abger. 12.2016)
132 phx.corporate-ir.net/External.File?item=UGFyZW50SUQ9MzM0OTI3fENoaWxkSUQ9LTF8VHlwZT0z&t=-1&cb=635972059069994322 (abger. 12.2016)
133 phx.corporate-ir.net/External.File?item=UGFyZW50SUQ9MzM0OTI3fENoaWxkSUQ9LTF8VHlwZT0z&t=-1&cb=635972059069994322 (abger. 12.2016)
134 https://www.internetretailer.com/2015/04/16/wwgraingerclosescapturing40salesonline (abger. 12.2016)
135 http://www.inddist.com/news/2016/01/grainger-close-55-branches-2016-q4-sales-profit-dip (abger. 12.2016)
136 https://www.internetretailer.com/2015/04/16/wwgraingerclosescapturing40salesonline (abger. 12.2016)
137 http://www.businessinsider.de/harrys-ceos-explain-how-they-acquired-a-million-customers-in-2-years-2015-12?r=-US&IR=T (abger. 12.2016)
138 http://www.forbes.com/sites/stevenbertoni/2015/07/07/razor-wars-harrys-raises-75-million-to-fight-gillette-and-dollar-shave-club/#53db369346a7 (abger. 12.2016)
139 http://www.businessinsider.de/harrys-ceos-explain-how-they-acquired-a-million-customers-in-2-years-2015-12?r=-US&IR=T (abger. 12.2016)

140 http://www.businessinsider.de/harrys-ceos-explain-how-they-acquired-a-million-customers-in-2-years-2015-12?r=-US&IR=T (abger. 12.2016)
141 http://www.welt.de/print/die_welt/wirtschaft/article151745098/AufderSuchenachEinhoernern.html (abger. 12.2016)
142 https://excitingcommerce.de/2015/12/17/fur-hellofresh-hat-der-geplatzte-borsengang-kaum-folgen/ (abger. 12.2016)
143 https://excitingcommerce.de/2015/12/17/fur-hellofresh-hat-der-geplatzte-borsengang-kaum-folgen/ (abger. 12.2016)
144 http://www.hellofreshgroup.com/hellofresh-facts-and-figures/(abger. 12.2016)
145 https://excitingcommerce.de/2015/10/29/hellofresh-gewonnene-kunden-rechnen-sich-nach-2-quartalen/ (abger. 12.2016)
146 https://excitingcommerce.de/2015/07/23/wie-hellofresh-die-umsatze-auf-250-mio-e-explodieren-lasst/ (abger. 12.2016)
147 http://www.focus.de/finanzen/news/handel-baumarkt-kette-home-depot-schraubt-gewinnziele-nach-oben_id_4070267.html (abger. 12.2016)
148 https://www.internetretailer.com/2016/02/24/mobile-sparks-q4-sales-home-depot (abger. 12.2016)
149 https://www.internetretailer.com/2015/06/04/homedepotwinsinternetretailersfirstexcellence-awards (abger. 12.2016)
150 https://www.internetretailer.com/2016/01/20/home-depot-hammers-away-online-growth(abger. 12.2016)
151 http://www.bloomberg.com/gadfly/columnists/ASkbVJ3fYAA/shelly-banjo/articles/2015-12-09/home-depot-shareholder-meeting-no-new-stores (abger. 12.2016)
152 http://cdn.home24.net/static/media/om/cms/presse/151110-pressemitteilung-home24-uebernimmt-fashion-for-home.pdf (abger. 12.2016)
153 https://www.rocket-internet.com/sites/default/files/investors/2015-09-30_Rocket_CMD_Presentation_Part2.pdf (abger. 12.2016)
154 http://cdn.home24.net/static/media/om/cms/presse/151215-pressemitteilung-home24-app-auszeichnung.pdf (abger. 12.2016)
155 http://cdn.home24.net/static/media/om/cms/presse/151215-pressemitteilung-home24-app-auszeichnung.pdf (abger. 12.2016)
156 http://cdn.home24.net/static/media/om/cms/presse/151110-pressemitteilung-home24-uebernimmt-fashion-for-home.pdf (abger. 12.2016)
157 http://cdn.home24.net/static/media/om/cms/presse/151110-pressemitteilung-home24-uebernimmt-fashion-for-home.pdf (abger. 12.2016)
158 https://excitingcommerce.de/2015/10/15/ikea-wachst-online-auf-190-mio-e-home24-kann-vorbeiziehen/ (abger. 12.2016)
159 https://www.home24.de/homepage-dp-0613/ (abger. 12.2016)
160 http://www.berliner-zeitung.de/berlin/interview-mit-berliner--home24--chef--der-klassische-moebelhandel-ist-nicht-mehr-zeitgemaess--23298970 (abger. 12.2016)
161 http://meedia.de/2014/11/03/vier-jahre-im-moebelmarkt-verschollen-wie-sich-home24-ueber-ikea-lustig-macht/ (abger. 12.2016)
162 http://www.ikea.com/ms/de_DE/this-is-ikea/about-the-ikea-group/index.html (abger. 12.2016)
163 http://www.ikea.com/ms/de_DE/this-is-ikea/about-the-ikea-group/index.html (abger. 12.2016)
164 http://www.ikea.com/ms/de_DE/this-is-ikea/about-the-ikea-group/index.html (abger. 12.2016)
165 http://www.ikea.com/ms/de_DE/pdf/yearly_summary/ikea-group-yearly-summary-fy15.pdf (abger. 12.2016)
166 https://www.bloomberg.com/news/articles/2015-12-10/ikea-ceo-sees-online-accounting-for-10-of-revenue-by-2020 (abger. 12.2016)
167 http://www.applianceretailer.com.au/2015/10/retail-trends-watch-out-ikea-pushes-button-on-e-commerce/#.WERKv7RgoqZ (abger. 12.2016)
168 http://ecommercenews.eu/ikea-plans-to-significantly-grow-its-ecommerce-business/ (abger. 12.2016)
169 https://www.onlinehaendler-news.de/handel/allgemein/22303-ikea-erlaeutert-omnichannel-ausrichtung.html (abger. 12.2016)
170 http://www.stern.de/wirtschaft/news/ikeamoebelshoppenimnetzkoennenkundenbeidiesen-unternehmenbesser-6303502.html (abger. 12.2016)
171 http://fortune.com/ikea-world-domination/ (abger. 12.2016)
172 http://www.ikea.com/ms/de_DE/pdf/yearly_summary/ikea-group-yearly-summary-fy15.pdf (abger. 12.2016)
173 http://cx-commerce.de/2013/01/warum-ikea-online-nicht-abhebt/ (abger. 12.2016)
174 https://globenewswire.com/news-release/2016/03/01/815658/0/en/JD-com-Announces-Fourth-Quarter-and-Full-Year-2015-Results.htmlb (abger. 12.2016)
175 Umgerechnet zum EUR – USD vom 31.12.2015 (1,0859)
176 JD ist der zweitgrößte Online Händler nach Bruttowarenvolumen und der Größte nach Umsatz
177 Die Zahlen der Alibaba Gruppe beinhalten unter anderem diese der Firmen Alibaba.com, Tmall, Taobao, Alipay und Juhuasuan
178 http://ir.jd.com/phoenix.zhtml?c=253315&p=irol-reportsOther (abger. 12.2016)
179 http://ir.jd.com/phoenix.zhtml?c=253315&p=irol-homeProfile (abger. 12.2016)
180 http://ir.jd.com/phoenix.zhtml?c=253315&p=irol-newsArticle&ID=2032946 (abger. 12.2016)
181 Für Hintergründe zu der JA-Tencent-Zusammenarbeit siehe auch Kapitel 1.2
182 Kunden, welche ihre Kreditkarten Daten bei Wechat hintergelegt haben und bereits andere Paid Services genutzt haben.
183 http://venturebeat.com/2015/11/16/amazons-other-china-rival-jd-com-hits-double-the-revenue-of-market-leader-alibaba-in-q3/ (abger. 12.2016)

184 http://www.china-briefing.com/news/2015/09/15/tmall-yihaodian-and-jd-a-comparison-of-chinas-top-e-commerce-platforms-for-foreign-enterprises.html (abger. 12.2016)
185 http://www.newsslash.com/n/7444-jet-com-erwirtschaftet-eine-milliarde-us-dollar (abger. 12.2016)
186 https://www.internetretailer.com/2016/04/15/jetcom-predicts-its-sales-will-total-1-billion-may (abger. 12.2016)
187 http://www.investors.com/news/technology/how-e-tail-startup-jet-com-plans-to-take-on-amazon/ (abger. 12.2016)
188 http://fortune.com/2016/09/20/walmart-acquisition-jetcom/ (abger. 12.2016)
189 http://vator.tv/news/2015-05-12-whats-it-like-to-be-a-unicorn (abger. 12.2016)
190 http://www.buzzfeed.com/sapna/justfab-fabletics-target-675-million-in-sales-this-year#.da3BJkA1V (abger. 12.2016)
191 http://www.presseportal.de/pm/109549/3131226 (abger. 12.2016)
192 http://corp.justfab.com/?action=about (abger. 12.2016)
193 http://www.buzzfeed.com/sapna/justfab-fabletics-target-675-million-in-sales-this-year#.da3BJkA1V (abger. 12.2016)
194 https://www.internetretailer.com/2015/11/02/amid-complaints-justfab-will-review-its-vip-program (abger. 12.2016)
195 http://www.ottogroup.com/de/die-otto-group/konzernfirmen/limango.php (abger. 12.2016)
196 http://www.kassenzone.de/2016/03/08/limango-shopping-club-2-0/ (abger. 12.2016)
197 http://www.ottogroup.com/media/docs/de/download/meldungen/2016/pm_jahresbericht2015_limango_final.pdf (abger. 12.2016)
198 www.limango.de und www.ottogroup.com (abger. 12.2016)
199 http://www.internetworld.de/e-commerce/internet/es-bleibt-in-familie-287227.html (abger. 12.2016)
200 http://a3.cdn.limango-media.de/raw/upload/v1/media/presse/info/limango-Unternehmensprofil.pdf (abger. 12.2016)
201 http://www.ottogroup.com/media/docs/de/download/meldungen/2016/pm_jahresbericht2015_limango_final.pdf (abger. 12.2016)
202 http://www.internetworld.de/e-commerce/online-handel/limango-vorne-mitspielen-1092455.html (abger. 12.2016)
203 http://www.internetworld.de/e-commerce/online-handel/limango-vorne-mitspielen-1092455.html (abger. 12.2016)
204 Siehe auch Unternehmensprofil Vente Privee
205 http://www.ottogroup.com/media/docs/de/download/meldungen/2016/pm_jahresbericht2015_limango_final.pdf (abger. 12.2016)
206 http://www.onetoone.de/Limango-geht-nach-Polen-und-in-die-Niederlande-20188.html (abger. 12.2016)
207 http://www.metrogroup.de/~/assets/mag/documents/reports/metro-group-geschaeftsbericht-2014-15_de.pdf?la=de-de (abger. 12.2016)
208 http://www.channelpartner.de/a/befindetsichredcooninderrueckwaertsbewegung,3046763 (abger. 12.2016)
209 http://www.heise.de/newsticker/meldung/NachAmazonstartetauchMediaSaturnLieferungam-TagderBestellung-2969484.html (abger. 12.2016)
210 http://www.metrogroup.de/~/assets/mag/documents/investor-relations/results-presentation-fy-2014-15_en.pdf?la=en (abger. 12.2016)
211 http://www.metrogroup.de/~/assets/mag/documents/reports/metro-group-geschaeftsbericht-2014-15_de.pdf?la=de-de (abger. 12.2016)
212 http://www.channelpartner.de/a/online-wachstum-von-media-saturn-faengt-stationaeren-rueckgang-nicht-auf,3044105 (abger. 12.2016)
213 http://investor.nordstrom.com/phoenix.zhtml?c=93295&p=irol-newsArticle&ID=2140704 (abger. 12.2016)
214 http://investor.nordstrom.com/phoenix.zhtml?c=93295&p=irol-newsArticle&ID=2140704 (abger. 12.2016)
215 https://www.internetretailer.com/2015/11/17/online-accounts-nearly-20-nordstroms-sales (abger. 12.2016)
216 https://www.trunkclub.com/help/what-is-trunk-club-s-affiliation-with-nordstrom (abger. 12.2016)
217 https://www.cbinsights.com/blog/nordstrom-e-commerce-case-study (abger. 12.2016)
218 https://www.internetretailer.com/2016/03/10/e-commerce-eats-nordstroms-profits-and-s-ok (abger. 12.2016)
219 http://www.businessinsider.de/you-can-return-nordstrom-rack-to-nordstrom-2016-2?r=US&IR=T (abger. 12.2016)
220 https://www.internetretailer.com/2015/08/14/nordstrom-e-commerce-sales-jump-24-q2 (abger. 12.2016)
221 http://www.businessinsider.de/you-can-return-nordstrom-rack-to-nordstrom-2016-2?r=US&IR=T (abger. 12.2016)
222 https://www.otto.de/unternehmen/de/unternehmen/kennzahlen.php (abger. 12.2016)
223 https://www.otto.de/unternehmen/de/unternehmen/kennzahlen.php (abger. 12.2016)
224 http://www.wiwo.de/unternehmen/handel/ottogroupumsatzwaechstwieder-kraeftig/13385602.html (abger. 12.2016)
225 http://www.ottogroup.com/de/newsroom/meldungen/Partnerschaft-mit-PowaTag-Otto-Group-treibt-Ausbau-des-weltweiten-Mobile-Geschaefts-B2C-weiter-voran.php (abger. 12.2016)
226 http://www.ottogroup.com/de/newsroom/meldungen/Auf-Wachstumskurs-MYTOYS-GROUP-zieht-positive-Jahres-bilanz-2015-16.php (abger. 12.2016)
227 https://www.otto.de/shoppages/service/ (abger. 12.2016)
228 http://www.overstock.com/81690/static.html?TID=ABOUT:History (abger. 12.2016)
229 http://www.overstock.com/81690/static.html?TID=ABOUT:History (abger. 12.2016)
230 http://www.overstock.com/81690/static.html?TID=ABOUT:History (abger. 12.2016)
231 https://help.overstock.com/app/answers/detail/a_id/1505 (abger. 12.2016)
232 http://www.furnituretoday.com/article/528604-inside-overstockcom-e-tailer-preaches-customer-vendor-worker-care (abger. 12.2016)
233 https://www.internetretailer.com/2016/02/10/overstockcoms-sales-grow-21-q4-107-year (abger. 12.2016)
234 https://www.wired.com/2016/02/why-bitcoin-will-thrive-first-in-the-developing-world/ (abger. 12.2016)
235 https://www.overstock.com/85771/static.html?TID=WORLDRDSP_FAIRTRADE (abger. 12.2016)
236 http://global.rakuten.com/corp/about/overview.html (abger. 12.2016)

237 http://techcrunch.com/2016/02/12/raktrenchment/ (abger. 12.2016)
238 https://newsroom.rakuten.de/unternehmensprofil/rakuten_inc/ (abger. 12.2016)
239 https://newsroom.rakuten.de/unternehmensprofil/rakuten-global/ (abger. 12.2016)
240 https://newsroom.rakuten.de/unternehmensprofil/rakuten_inc/ (abger. 12.2016)
241 http://www.kassenzone.de/2013/06/11/rakuten-gewinnt/ (abger. 12.2016)
242 http://excitingcommerce.de/2012/02/12/rakuten-als-alternative-zu-amazon-und-ebay (abger. 12.2016)
243 https://techcrunch.com/2014/10/22/japans-rakuten-ramps-up-globally-lauches-rakuten-co-uk-marketplace-and-drops-play-com/ (abger. 12.2016)
244 https://excitingcommerce.de/2016/01/03/rakuten-bleibt-noch-ein-jahr-um-an-amazon-vorbeizuziehen/ (abger. 12.2016)
245 http://techcrunch.com/2016/02/12/raktrenchment/ (abger. 12.2016)
246 http://global.rakuten.com/corp/about/ (abger. 12.2016)
247 https://www.internetretailer.com/2013/05/17/rakuten-kicks-its-fifth-european-e-marketplace (abger. 12.2016)
248 http://investor.staples.com/phoenix.zhtml?c=96244&p=irol-newsArticle&ID=2137064 (abger. 12.2016)
249 http://www.computerweekly.com/news/2240226743/CIO-interview-Dave-Ubachs-CIO-Staples-Europe (abger. 12.2016)
250 http://www.staplesadvantage.de/warum_staples/ausdehnung/globale_ausdehnung/ (abger. 12.2016)
251 http://www.pymnts.com/news/2014/staples-launches-ecommerce-marketplace/ (abger. 12.2016)
252 http://investor.staples.com/phoenix.zhtml?c=96244&p=irol-newsArticle&ID=2137064 (abger. 12.2016)
253 http://investor.staples.com/phoenix.zhtml?c=96244&p=irol-reportsannual (abger. 12.2016)
254 http://www.computerworld.com/article/3067264/artificialintelligence/atstitchfixdatascientistsand-aibecomepersonal-stylists.html (abger. 12.2016)
255 http://www.recode.net/2016/2/24/11588184/stitchfixtheonlinepersonalstylingstartuptolaunch-mensbusiness (abger. 12.2016)
256 http://www.computerworld.com/article/3067264/artificialintelligence/atstitchfixdatascientistsand-aibecomepersonal-stylists.html (abger. 12.2016)
257 http://modernmrsdarcy.com/bets-stitch-fix-tips/ (abger. 12.2016)
258 http://www.mystatesman.com/news/lifestyles/fashion-style/how-stitch-fixs-katrina-lake-is-changing-the-retai/nrLYd/ (abger. 12.2016)
259 http://www.mcall.com/news/breaking/mc-stitch-fix-coming-to-lower-nazareth-20160421-story.html (abger. 12.2016)
260 http://www.statista.com/statistics/225614/net-revenue-of-alibaba/ (abger. 12.2016)
261 Es ist davon auszugehen, dass Tmall einen Großteil dieses Umsatzes für sich verbucht hat
262 http://www.chinadaily.com.cn/business/2015-11/12/content_22439883.htm (abger. 12.2016)
263 https://www.macroaxis.com/invest/ratio/VIPS--Number-of-Employees (abger. 12.2016)
264 http://ir.vip.com/phoenix.zhtml?c=250900&p=irol-newsArticle&ID=2142850 (abger. 12.2016)
265 http://www.reuters.com/finance/stocks/companyProfile?symbol=VIPS.K (abger. 12.2016)
266 http://www.bloomberg.com/news/articles/2015-11-24/hedge-funds-focus-on-vipshop-in-shift-away-from-china-e-commerce (abger. 12.2016)
267 http://ir.jd.com/phoenix.zhtml?c=253315&p=irol-reportsOther (abger. 12.2016)
268 http://ar.alibabagroup.com/2015/assets/pdf/20-F.PDF (abger. 12.2016)
269 https://excitingcommerce.de/2015/10/20/showroomprive-vipshop-will-beim-ipo-anteile-fur-30-mio-e/comment-page-1/ (abger. 12.2016)
270 http://pressroom.vente-privee.com/sitecore/content/PR/PressReleases/2016/Le%20Verone.aspx (abger. 12.2016)
271 http://de.fashionmag.com/news/NachzweistelligemWachstumgonntsichVenteprivee einneues-Burogebaude,614554.html#.VrNYYc7igc (abger. 12.2016)
272 http://pressroom.vente-privee.com/sitecore/content/PR/PressReleases/2016/Le%20Verone.aspx (abger. 12.2016)
273 http://www.businessinsider.com/granjon-interview-2011-5?IR=T (abger. 12.2016)
274 http://fortune.com/2014/10/27/vente-privee-usa-to-shut-down/ (abger. 12.2016)
275 http://de.fashionmag.com/news/NachzweistelligemWachstumgonntsichVenteprivee einneues-Burogebaude,614554.html#.VrNYYc7igc (abger. 12.2016)
276 http://www.textilwirtschaft.de/business/VentePriveeruestetsichfuerdieExpansion_100571.html (abger. 12.2016)
277 Geschäftsjahr endet am 31.1.2016.
278 http://corporate.walmart.com/our-story/our-history (abger. 12.2016)
279 https://www.internetretailer.com/2016/01/15/wal-marts-e-commerce-focus-will-grow-stores-close (abger. 12.2016)
280 http://corporate.walmart.com/our-story/our-history (abger. 12.2016)
281 http://s2.q4cdn.com/056532643/files/doc_financials/2015/annual/2015-annual-report.pdf (abger. 12.2016)
282 http://corporate.walmart.com/our-story/our-business (abger. 12.2016)
283 https://www.internetretailer.com/2016/02/18/wal-marts-online-sales-growth-slows-year (abger. 12.2016)
284 https://www.internetretailer.com/2016/02/18/wal-marts-online-sales-growth-slows-year (abger. 12.2016)
285 http://fortune.com/2015/12/22/retail-ecommerce-2015-amazon-walmart/ (abger. 12.2016)
286 https://www.internetretailer.com/2016/04/14/walmartcom-invites-more-merchants-sell-its-marketplace (abger. 12.2016)
287 http://fortune.com/2016/09/20/walmart-acquisition-jetcom/ (abger. 12.2016)
288 https://wanelo.com/about (abger. 12.2016)
289 http://blog.wanelo.com/post/105275701075/news-shopify-merchants-can-now-sell-directly-to (abger. 12.2016)
290 https://wanelo.com/about/shopify (abger. 12.2016)

291 http://techcrunch.com/2015/11/16/wary-of-the-next-warby/?utm_content=buffer5a060&utm_medium=social&utm_source=linkedin.com&utm_campaign=buffer#.vv9bta:gpYA (abger. 12.2016)
292 https://ca.warbyparker.com/retail (abger. 12.2016)
293 https://ca.warbyparker.com/retail (abger. 12.2016)
294 http://fashionista.com/2015/08/warby-parker-nordstrom (abger. 12.2016)
295 https://www.crunchbase.com/organization/warby-parker#/entity (abger. 12.2016)
296 http://s2.q4cdn.com/848638248/files/doc_presentations/2015/W.Presentation_Q4-2015_FINALv2.pdf (abger. 12.2016)
297 http://www.businessinsider.com/the-story-behind-wayfair-2014-10?IR=T (abger. 12.2016)
298 http://www.forbes.com/sites/abrambrown/2014/04/16/how-wayfair-sells-nearly-1-billion-worth-of-sofas-patio-chairs-and-cat-playgrounds/#2dcc894035de (abger. 12.2016)
299 https://www.internetretailer.com/2016/02/26/wayfairs-direct-consumer-sales-nearly-double-q4 (abger. 12.2016)
300 https://excitingcommerce.de/2016/02/29/wayfair-wachst-2015-um-931-mio-auf-225-mrd-71/ (abger. 12.2016)
301 http://investor.wayfair.com/investor-relations/press-releases/press-releases-details/2015/Wayfair-Sells-its-Australian-based-Business-to-Australias-1-Online-Furniture--Homewares-Retailer-Temple--Webster/default.aspx (abger. 12.2016)
302 http://ir.williams-sonomainc.com/sites/williams-sonomainc.investorhq.businesswire.com/files/doc_library/file/WS_15AR.pdf (abger. 12.2016)
303 http://ir.williams-sonomainc.com/press-release/corporate-and-brand-announcements/minted-partners-pottery-barn-kids-and-pbteen-exclusi (abger. 12.2016)
304 http://multichannelmerchant.com/marketing/williams-sonoma-finds-success-digital-age-06102014/ (abger. 12.2016)
305 https://www.internetretailer.com/2016/03/18/williams-sonomas-online-sales-increase-64-year (abger. 12.2016)
306 https://www.internetretailer.com/2016/03/18/williams-sonomas-online-sales-increase-64-year (abger. 12.2016)
307 http://multichannelmerchant.com/marketing/williams-sonoma-finds-success-digital-age-06102014/ (abger. 12.2016)
308 http://corporate.windeln.de/?page_id=111 (abger. 12.2016)
309 http://corporate.windeln.de/?page_id=43 (abger. 12.2016)
310 http://www.finanznachrichten.de/nachrichten-2016-05/37476751-dgap-news-windeln-de-ag-windeln-de-setzt-wachstum-im-ersten-quartal-fort-china-geschaeft-belastet-ausblick-deutsch-016.htm (abger. 12.2016)
311 http://neuhandeln.de/neocom-warum-windeln-de-kein-abo-modell-anbietet/ (abger. 12.2016)
312 http://www.internetworld.de/e-commerce/start-up/windeln.de-schwaechelt-1104750.html (abger. 12.2016)
313 http://www.recode.net/2015/12/28/11621724/meetwishthe3billionappthatcouldbethenext-walmart (abger. 12.2016)
314 http://www.recode.net/2015/12/28/11621724/meetwishthe3billionappthatcouldbethenext-walmart (abger. 12.2016)
315 http://www.bloomberg.com/news/videos/b/8db04ddf-7815-4672-98fd-581cc4b0d1da (abger. 12.2016)
316 http://www.recode.net/2015/12/28/11621724/meetwishthe3billionappthatcouldbethenext-walmart (abger. 12.2016)
317 https://techcrunch.com/2016/03/01/the-hot-e-commerce-app-wish-has-hundreds-of-millions-of-users-plus-other-fascinating-stats/ (abger. 12.2016)
318 http://www.recode.net/2015/12/28/11621724/meetwishthe3billionappthatcouldbethenext-walmart (abger. 12.2016)
319 http://www.forbes.com/sites/melanieleest/2016/01/15/why-chinas-xiaomi-sold-a-disappointing-70-million-smartphones-in-2015/#61d3bad131fe (abger. 12.2016)
320 https://stratechery.com/2015/xiaomis-ambition/ (abger. 12.2016)
321 http://fortune.com/2016/01/15/xiaomi-smartphone-sales-fall-short/ (abger. 12.2016)
322 http://www.businessinsider.de/xiaomi-ceo-backs-off-2015-sales-targets-2015-12?amp?r=US&IR=T (abger. 12.2016)
323 http://www.forbes.com/sites/melanieleest/2016/01/15/why-chinas-xiaomi-sold-a-disappointing-70-million-smartphones-in-2015/#3ceb0b0531fe (abger. 12.2016)
324 https://corporate.zalando.de/de/ir (abger. 12.2016)
325 https://excitingcommerce.de/2016/03/22/zalando-kundigt-fulfilment-by-zalando-service-an/ (abger. 12.2016)
326 Strategie von der App „Movmnt“
327 https://excitingcommerce.de/2016/03/01/zalando-wachst-im-dach-raum-auf-158-mrd-euro-28/ (abger. 12.2016)
328 http://www.businessinsider.de/zappos-ceo-tony-hsieh-on-misconception-about-holacracy-2016-2?r=US&IR=T (abger. 12.2016)
329 http://www.zappos.com/shoes (abger. 12.2016)
330 http://www.forbes.com/sites/danpontefract/2015/05/11/what-is-happening-at-zappos/#29fbfb0f31b3 (abger. 12.2016)
331 http://www.zappos.com/d/about-zappos (abger. 12.2016)
332 http://www.forbes.com/sites/danpontefract/2015/05/11/what-is-happening-at-zappos/#29fbfb0f31b3 (abger. 12.2016)
333 http://www.zappos.com/canada (abger. 12.2016)
334 http://www.zappos.com/blogs/zclt-stories-the-8-hour-call/ (abger. 12.2016)
335 http://investors.zooplus.com/downloads/zooplus_Geschaeftsbericht_2014.pdf (abger. 12.2016)
336 http://investors.zooplus.com/downloads/d_CN_zooplus_PrelimsFY2015_160128.pdf (abger. 12.2016)
337 http://de.statista.com/statistik/daten/studie/151133/umfrage/onlineumsatzvonzooplusag/ (abger. 12.2016)
338 http://investors.zooplus.com/downloads/d_CN_zooplus_PrelimsFY2015_160128.pdf (abger. 12.2016)
339 http://investors.zooplus.com/downloads/d_zooplus_CN%209M_151118.pdf (abger. 12.2016)
340 https://www.internetretailer.com/europe500/ (abger. 12.2016)
341 http://www.finanzen.net/nachricht/aktien/Geldanlage-Report-Zooplus-Das-unter-schaetzte-E-Commerce-Powerhouse-3991674 (abger. 12.2016)
342 http://www.haufe.de/marketingvertrieb/onlinemarketing/ecommercezooplushatbeide nkunden-dienasevorne_132_218054.html (abger. 12.2016)
343 http://investors.zooplus.com/downloads/IR-Presentation_November2014.pdf (abger. 12.2016)

344 http://mcdn.zulilyinc.com/images/press-room/apple_pay_0825_2015.pdf (abger. 12.2016)
345 http://www.zulily.com/faq (abger. 12.2016)
346 http://www.wsj.com/articles/zulily-nips-business-model-in-the-bud-1427165209
347 https://excitingcommerce.de/2015/08/23/als-zulily-merkte-dass-es-auf-die-falschen-kunden-gesetzt-hat/

4 Strategie im E-Commerce

1 http://pdfpiw.uspto.gov/.piw?PageNum=0&docid=08615473&IDKey=2809B9D5217A%0D%0A&HomeUrl=http%3A%2F%2Fpatft.uspto.gov%2Fnetacgi%2Fnph-Parser%3FSect1%3DPTO2%2526Sect2%3DHITOFF%2526p%3D1%2526u%3D%25252Fnetahtml%25252FPTO%25252Fsearch-bool.html%2526r%3D1%2526f%3DG%2526l%3D50%2526co1%3DAND%2526d%3DPTXT%2526s1%3D%252522anticipatory%252Bpack-age%252522%2526OS%3D%252522anticipatory%252Bpackage%252522%2526RS%3D%252522anticipatory%252Bpackage%252522)
2 http://blogs.wsj.com/digits/2015/02/26/when-drones-arent-enough-amazon-envisions-trucks-with-3d-printers
3 http://de.engadget.com/2016/12/30/amazon-schickt-drohnenarmee-aus-dem-warenhaus-zeppelin-muttersch/

Stichwortverzeichnis